U0873685

新编21世纪哲学系列教材

逻辑学

第4版

中国人民大学哲学院逻辑学教研室 编著

Logic

中国人民大学出版社
· 北京 ·

内容简介

本书系统阐述传统逻辑，并简要介绍现代逻辑，力求内容准确充实，案例生动丰富，密切联系当代社会生活和人们思维实际，将逻辑理论与逻辑运用有机结合起来，以提高学习者实际思维能力与素养。本书介绍了概念、命题逻辑、词项逻辑、谓词逻辑、逻辑基本规律、模态逻辑、归纳逻辑、证明与反驳、非形式谬误等内容。除了每章都配有丰富的练习题外，本书还提供了10套知识与能力综合练习题及答案。本书可用作高等学校教材、教学参考书和逻辑学基础读物。

作者简介

中国人民大学哲学院逻辑学教研室于1956年哲学系建系时成立，分别于1981年、1998年开始招收逻辑学专业硕士、博士研究生。教研室一直致力于逻辑教学、逻辑知识普及、推进逻辑学研究现代化的事业，大力开展交叉学科的科研、教学和人才培养工作。教研室现有5位教师，主要研究方向有：现代逻辑及其应用、逻辑哲学、中西方逻辑史等。到目前为止，已经出版重要逻辑教材、专著数十种，论文数百篇，培养了一大批术有专攻的人才，在全国产生了重要影响。近年来依托现代逻辑与科学技术哲学研究所的交流平台，开展了一系列的国际学术交流活动，在海内外受到好评。

说明

本书是中国人民大学哲学院逻辑学教研室集体编写同名教材的 2022 年修订版，在该书 2014 年第 3 版的基础上完成，可继续用作高等教育逻辑学课程教材。此次修订，对命题逻辑、谓词逻辑与模态逻辑相关内容做了较大修改，注重从现代逻辑角度选择主题，界定概念，选编练习题。各章练习题参考答案以及同本教材配套的 PPT 均可在中国人民大学出版社官网 www. crup. com. cn 获得。

此次修订由余俊伟撰写前五章以及第十章，杨武金撰写第六章、第八章和第九章，张炎撰写第七章。全书由余俊伟统稿。修订过程得到了陈慕泽教授与孙中原教授的热情帮助，作者在此致谢！在编辑排版过程中吴冰华女士精心细致地编辑加工了多遍，作者表示衷心感谢！

本书难免有疏漏与不足之处，恳请读者指正。

目录

第一章 绪论

第二章 概念

第四章　词项逻辑

第五章　谓词逻辑

第六章　逻辑基本规律

第七章　模态逻辑

第八章　归纳逻辑

第九章 证明与反驳

第一章
绪论

第一节　逻辑学的对象

一、逻辑学是研究思维形式及其规律的科学

“逻辑”一词是英文 logic 的音译，由严复在译著《穆勒名学》（*A System of Logic*）中首次使用。英文 logic 一词又源于希腊文 logos（逻各斯），有思想、理性、言辞、规律性等含义①。“逻辑”一词有如下四种含义：其一，表示客观事物发展的规律，如“中国革命的逻辑”。其二，表示思维的规律与规则，如“推理论证要符合逻辑”。其三，表示研究思维形式及其规律的科学。如“形式逻辑”“数理逻辑”。其四，表示某种特殊的立场、观点、规则或论证方法，如“我不懂你的逻辑”。

逻辑学属于思维科学。一般认为，思维是人脑对现实世界能动的、概括的、间接的反映，主要包括形象思维与抽象思维。但是也有观点认为，一般动物也具备智慧，而且其发达程度超乎我们的想象②。但是，无论这种智慧有多发达，即使发达到我们应视这些动物也能思维，动物的智慧仍无法到达反思这个层次，不能审视其意识思维本身。而人类具备这种反思的能力。逻辑学正是对人类思维的反思，从思维形式这个角度研究思维。

思维形式是思维内容的存在和联系方式，有两种含义。一种是指人们在思维过程中用以反映现实的那些形式，包括概念、判断与推理。另一种是指每一种不同类型的判断和推理本身所共同具有的思维要素之间的联系方式，也叫**思维形式结构**，包括**逻辑常项**和**变项**

---

① 古希腊哲学家赫拉克利特最早提出有关逻各斯的学说（参见：冯契，徐孝通.外国哲学大辞典.上海：上海辞书出版社，2000:773）。在其后不同的哲学家那里，逻各斯又有不同的含义。

② 央视网视频：自然传奇（3 科教频道）20140808“动物的智慧”。http://tv.cntv.cn/video/C22481/e5962b03a2904ed5932728511a306b88.

两部分。例如，以下为三个表示判断的陈述句（亦称命题）：

（1）如果纯水的温度在一个大气压下为−10℃，那么它会结冰。
（2）如果某甲作案，那么他有作案动机。
（3）如果过度砍伐森林，那么会破坏生态平衡。

其中，句（1）有关水的物理性质，句（2）有关犯罪心理，句（3）有关生态环境。三个句子虽各有不同的具体内容，但有共同的形式，其公式是：

如果 p，那么 q

其中，“如果……那么……”是逻辑常项。逻辑常项是思维形式中的不变成分，决定思维的逻辑内容和思维形式所属的类型。

“p”“q”是变项。变项是思维形式中的可变成分，承载思维的具体内容。此处这种变项，叫命题变项。我们可以用不同的具体命题（陈述句）代入命题变项，得到表达不同的思维内容的具体语句。除命题变项外，还有其他类型的变项。如下列语句：

（1）所有雪松是常绿乔木。
（2）所有哺乳动物是脊椎动物。
（3）所有商品是劳动产品。

类似地，这里三个句子虽然各有不同的具体内容，但有共同的形式，其公式是：

所有 S 是 P

其中“所有……是……”是逻辑常项，“S”“P”是变项。“S”“P”这种变项，叫词项变项。我们可以用不同的具体词项（语词）代入，得到表达不同思维内容的具体语句。

以上两种思维形式的层次不同：前者只是考虑句子与句子之间的联系方式，后者深入构成句子的语词成分的联系方式。我们将在命题逻辑一章详细考察前者，在词项逻辑和谓词逻辑两章详细考察后者。

思维形式除上述命题形式外，还包括推理形式。

所谓推理，简单来说就是由一个或一组陈述句推出某陈述句的思维形式。其中，前者即那一个或一组陈述句，称为推理的前提，后者即所推出的那个陈述句，称为推理的结论。如下例所示：

如果你的计算结果与他的不同，那么你们二位至少有一人计算有误。
你的结果与他的不同。
————————————————
所以，你们二位至少有一人计算有误。

又如：

如果天上正下着雨，那么地上是湿的。
天上正下着雨。
————————————————
所以，地上是湿的。

以上两个推理虽然涉及的内容各不相同，但有共同的形式：

如果 p，那么 q。

p。

所以，q。

再如：

所有金属是导体。

所有重金属是金属。

所以，所有重金属是导体。

所有鸟是有羽毛的。

所有企鹅是鸟。

所以，所有企鹅是有羽毛的。

以上两个推理的内容各不相同，但有共同的形式：

所有 M 是 P。

所有 S 是 M。

所以，所有 S 是 P。

思维形式是撇开思维具体内容的逻辑抽象。这种逻辑抽象的意义在于：思维形式有其自身的规律性，人要通过思维获得正确认识，必须遵循这种逻辑规律的要求，否则将导致思维混乱和认识错误。

二、思维形式的规律性

思维形式不表达具体思维内容，从事实经验层面看，其无真假可言。用具体词项或命题，代入思维形式中的变项，这时思维形式就被赋予了具体内容，就有了真假。不同的代入，思维形式就被赋予了不同的内容，可以有不同的真假情况。

例如，“所有 S 是 P”本身无真假可言。用“金属”与“导体”分别代入“S”与“P”，得到一个事实为真的语句；而用“蝙蝠”与“鸟”做类似代入，则得到一个事实为假的语句。

思维形式的规律性在于：有一类思维形式，在任意代入下，都表达真实的思想内容，如“所有 S 是 S”“p或者非 p”“如果 p，那么p”等。这类思维形式称为逻辑规律。

我们也称逻辑规律为逻辑真，而把依赖具体思维内容而确定的真称为事实真。事实为真的语句描述了经验世界的真实情况，如：北京市，简称“京”，古称燕京、北平，是中华人民共和国首都。逻辑真描述了思维领域里的规律。

与逻辑规律相对的是，另一类思维形式，在任意代入下，都表达虚假的思想内容。这类思维形式称为逻辑矛盾。如“有 S 不是 S”“ p并且非 p”“如果 p，那么非p”等。

还有一类思维形式，在有的代入下，表达真实的思想内容；在有的代入下，表达虚假的思想内容。如“所有 S 是 P”“如果 p，那么 q”等。

逻辑学研究思维形式，找出逻辑规律并运用它们排除逻辑矛盾，使人的思维具有形式上的正确性，即合乎逻辑。

逻辑学的主题，是研究推理的有效性，回答什么样的推理是正确的，什么样的推理是错误的。其与思维形式直接相关。我们先看一个推理例子：

如果你的计算结果小于 1，那么你计算有错误。
你的计算结果不小于 1。
———————————————
所以，你计算没有错误。

现在问：这个推理正确吗？从思维形式角度看，分析一个推理是否正确，就是先找出该推理的形式，然后分析在具有该形式的推理中是否会出现前提为真而结论为假这种情形。如果不出现，则推理正确；否则，推理错误。因此，从思维形式角度看，推理正确是指其推理形式正确。我们称形式正确的推理为有效的推理，其推理形式叫**有效式**。

上述推理形式为：

如果 p，那么 q。
并非 p。
———————————————
所以，并非 q。

不难找出如下具有这种形式的推理：

如果圆周率小于 3.14，那么它的平方小于 15。
圆周率不小于 3.14。
———————————————
所以，圆周率的平方不小于 15。

显然，这个推理的前提是真的，结论是假的。因此，这个推理不是有效的。当然，前面那个推理同样也不是有效的。

类似于命题形式有不同层次，推理形式也有不同的层次。以上推理是分析到命题为止，讨论命题之间的关系，而不再深入命题内部讨论语词如何结合构成命题。这属于命题逻辑考察的主题。而另一些推理正确与否，取决于命题内部语词结合的方式。如下面这个例子所示：

所有真理是经过实践检验的。
上帝创世说不是真理。
———————————————
所以，上帝创世说不是经过实践检验的。

这个推理的形式为：

所有 M 是 P。

S 不是 M。

所以，S 不是 P。

该推理形式深入语词层面，属于词项逻辑探讨的主题。不难找出另一个具有这种形式的推理，如下：

所有人都是有死的。

猫不是人。

所以，猫不是有死的。

显然，其前提是真的，结论是假的，因而，这个推理不是有效的。当然，前面那个推理同样也不是有效的。

再看如下推理：

所有哺乳动物是脊椎动物。

所有猫科动物是哺乳动物。

所以，所有猫科动物是脊椎动物。

事实上，这个推理是正确的。这个推理的形式是：

所有 M 是 P。

所有 S 是 M。

所以，所有 S 是 P。

这是一个有效式，因而不存在一个具有如此形式的具体推理，其前提为真而结论为假，也就不可能找出一个具有如此形式的前提真而结论假的推理。那么，如何确定其有效性呢？这正是逻辑学的任务，也是本教材重点探讨的主题。在命题逻辑、词项逻辑和谓词逻辑这三章，我们将详细进行考察。

以上推理正确与否都是依据其形式判别。准确地讲，有效是指形式有效，其特征是具有保真性：当前提为真时结论必定为真。因此，这种推理也叫**必然性推理**。

与必然性推理相对的叫**或然性推理**：前提真时结论不一定真。也就是说，或然性推理的前提真并不保证结论真，只是在一定程度上支撑结论。因此，对或然性推理做区分不是有效与无效，而是根据前提对结论的支持度。但是，实践上支持度一般难以精确量化，只是大致区分很高、较高、低、很低等几个等级。有时人们使用合理性来评价，区分很合理、较合理、较不合理、很不合理等几个等级。

例如：对同一批次的 1 000 件产品，随机抽取了 500 件做检测，结果都是合格的，由此推出第 501 件产品是合格的，这个结论虽然不是必然为真，但是前提对结论的支持度是很高的。我们可以认为这一推理很合理。

对那同一批次的 1 000 件产品，如果随机抽取了 50 件产品做检测，结果都是合格的，由此推出第 51 件产品是合格的。这一推理的前提对结论的支持度就没有上一个推理那么高。

进而，如果是由随机抽取 10 件产品合格推出抽取的下一件产品合格，此处前提对结论的支持度就更弱了。

反之，如果由随机抽取 100 件产品合格推出抽取的下一件产品合格，其前提对结论的支持度就比第一个推理（抽取 500 件检测合格的情况）低，而比后面两个高。

另外，可以将以上四个推理的结论都改为“这批产品都合格”，而前提都保持不变，如此所得的四个推理依然是或然性推理，类似地，它们的前提对结论的支持度也同样依随机抽取产品做检测的数量多少而有高低之分。

必然性推理的保真性根源于结论所断定的知识范围没有超出前提所断定的知识范围，而或然性推理的结论所断定的知识范围超出了前提所断定的知识范围，因而，或然性推理不具有保真性。

逻辑学对或然性推理的考察重点，是研究这类推理前提与结论联系的方式特点，提出能提高前提对结论支持度的一般原则与方法。我们将在第八章详细考察这一主题。

传统逻辑也按照前提与结论所陈述的知识普遍性将推理区分为演绎推理与归纳推理。前者指由陈述一般性知识的前提推出表述特殊性或个别性知识的结论的推理；而后者指由陈述特殊或个别性知识的前提推出表述一般性知识的结论的推理。演绎推理为必然性推理，归纳推理通常属于或然性推理。

第二节　思维、语言和逻辑

一、对象语言和元语言

思维本身是抽象的，看不见，听不到，摸不着。逻辑学研究思维形式及其规律，需要借助媒介，即语言。

语言是思维的直接实现，是思维的物质外壳。无论是有形语言，还是有声语言，都是看得见或听得到的物质存在。逻辑学透过语言形式的分析，探讨思维的形式。

逻辑学，尤其是现代逻辑研究的一个重要方法是，区分语言的层次：作为逻辑学研究对象的语言和作为逻辑学研究工具的语言。前者叫对象语言，后者叫元语言。这种区分也出现在自然语言以及计算机语言的研究与学习中。中国人学英语，对象语言是英语，元语言通常是汉语。中国人学汉语，对象语言是汉语，元语言通常也是汉语。中国人学习 C 语言，对象语言是 C 语言，元语言通常是汉语。

二、自然语言和人工语言

语言是符号系统。语言可分为自然语言和人工语言。自然语言是人类表达日常思维的语言。汉语、英语、日语等都是自然语言。自然语言是人们在长期社会实践中约定俗成的。人工语言是人类为进行相关的科学研究或其他目的，通过严格定义而特别创制的语言。

例如，数学语言、计算机语言是典型的人工语言。现代逻辑广泛使用的语言，是一套具有精确规则的能表意的人工符号语言系统，叫形式语言。

语言有三个要素。第一个要素是基本符号（也叫初始符号）。如英语的基本符号是26个英文字母，加上若干标点符号。汉语的基本符号是汉字库，加上若干标点符号。基本符号是语言的基本材料，没有基本符号就没有语言。在基本符号构成方面，自然语言与人工语言的规定都非常明确。

语言的第二个要素是语法规则（也叫语形规则）。语法规则规定，什么样的基本符号串是合式的，即被确认是本语言中的词、词组或语句（项或公式），以及什么样的基本符号串不是合式的。人工语言的语法规则非常明确、严格。自然语言的语法规则在词的构成方面相对较模糊，而在句子的构成方面较明确。例如，某些字母的排列是英语单词，而换一种排列则不是，对此并没有明确的规则给出一致的统一说明。如，“honest”是一个英文单词，“tsenoh”则不是。事实上，英语单词库本身在不断地增长变化，某种字母组合以前不被看作一个英语单词，现在却被收录在英文词典中。而对于单词的组合是不是一合适的句子，英语有较为明确的规则。如，“The boy is honest”是一个语句，“honest The is boy”则不是，其原因可以引用明确的语法规则给予解释。

语言的第三个要素是语义规则。语义规则是对语言中合式的词、词组或语句做出解释，即对语言符号赋予意义。如根据英语的语义规则，“honest”的含义是“诚实的”，“The boy is honest”的含义是“这个男孩是诚实的”。没有语义规则，语言就不能表达可理解的意义和内容。

自然语言中一词多义是普遍现象，一句多义也常见。使自然语言产生歧义的各种因素，统称为语境。与语法、语义不同，语境不是语言的构成要素，而是理解自然语言的背景要素。语境与语言的使用者有关，也称为语用。

形式语言的语义规则不允许歧义，严格区分语法与语义，具有高度抽象的特点，强调语言的无歧义性和可操作性。用形式语言表述的逻辑系统，称形式系统。这种使用形式语言的研究方法叫形式化方法。

三、传统逻辑和现代逻辑

逻辑学经历了从传统逻辑到现代逻辑的发展过程。在古代印度和中国，曾经产生类似西方传统逻辑的因明和名辩，但都没有得到充分的发展。西方传统逻辑，从古希腊亚里士多德首创，经由中世纪和近代，到19世纪中叶现代逻辑产生以前，得到了充分的发展。

现代逻辑的发展有两个源泉：一是作为思维科学，来源于日常思维命题形式和推理规则精确研究的推动。二是作为数学科学，来源于对数学基础的研究。

17世纪莱布尼茨提出了普遍语言与理性演算的构想。尽管没有实现，但这可以看作现代逻辑思想的萌芽。人们一般以1879年弗雷格发表《概念文字》作为现代逻辑的开端。弗雷格抛弃了传统逻辑主谓式地分析命题的做法，使用函数与自变元方式分析命题，引进了量词，创制了一套特殊的符号（他称之为概念文字）来表达命题结构，构建了公理演算系统。此后，经过罗素、怀特海、图灵、塔尔斯基、哥德尔等人的工作，现代逻辑进一步发展完善，形成了众多分支。

广义上的现代逻辑，包括两个演算（命题演算和谓词演算）和四论（公理集合论、证明论、递归论和模型论），以及高阶逻辑、各种非经典逻辑和现代归纳逻辑等。

作为思维科学，现代逻辑和传统逻辑在研究对象上没有实质区别。现代逻辑和传统逻辑的区别主要在研究手段与方式上。后者依赖自然语言，结合自然语言的语法结构分析命题。这种方法属于非形式化方法。而前者采用形式化方法，使用形式语言，并借鉴数学中的函数思想，转变了研究视角，深入剖析思维深层的逻辑结构。此外，现代逻辑采用公理化方法——“从少数不加定义的原始概念和少数不加证明的基本命题（公理）出发，按照特定的演绎推理规则，推导出这一学科中的其他命题（定理），从而构成一个演绎系统的方法。”① 借助研究方法与视角的革新，20世纪逻辑学发展突飞猛进，成果丰硕。本教材的命题逻辑（第三章第四节）、谓词逻辑（第五章第四节）和模态逻辑（第七章）清晰地展现了现代逻辑研究的特色与成果。其他章节讲述传统逻辑。

第三节　逻辑学的性质和作用

一、逻辑学的性质

1. 基础性

逻辑学具有基础性地位，是一切知识学科的基础。人类的一切思维活动和知识领域，都要应用逻辑，都应遵守逻辑。世界各国，历来有把逻辑学列为学校的文化基础课而加以研修的传统。逻辑学的基础性地位得到世界各国和地区学者的普遍认同。根据联合国教科文组织（1974）的学科分类，逻辑学(包括逻辑的应用、演绎逻辑、一般逻辑、归纳逻辑、方法论等）被联合国教科文组织列为七大基础学科之一，是相对于各种技术科学的基础学科②。2019年11月，联合国教科文组织在巴黎举行第40次大会，正式将每年的1月14日定为世界逻辑日。

否认逻辑学基础性地位的观点，是十分错误的，其错误性质，如同否认“数理化天地生”等学科的基础性地位一样，有百害而无一利。

2. 工具性

逻辑学是人类正确思维和有效交际的普遍工具。人类的一切思维认识、表达交际，都毫无例外地要借助于逻辑，以逻辑为必要工具。

逻辑学研究思维形式及其规律，从形式结构角度解析思维运行的原理，为人们正确思维提供一般方法与原则。这种形式的特点，决定了逻辑只是起着框架结构性的作用，可适用于不同学科行业。

因而，虽然人们在各行各业从事生产或开展研究的主题内容各不相同，逻辑本身不直

---

① 金炳华，等. 哲学大辞典（修订本）. 上海:上海辞书出版社，2001:443.

② 根据联合国教科文组织（1974）的学科分类，基础学科包括数学、逻辑学、天文学和天体物理学、地理科学和空间科学、物理学、化学、生命科学。

接涉及这些内容，但是在生产研究过程中，任何思维，都是在逻辑的框架结构中运用，遵循形式规律。人们的思维除了要遵循各自领域的规律外，还应遵守逻辑规则。这是获得真知的必要条件。教科文组织总干事奥德蕾·阿祖莱在世界逻辑日致辞中引用诺贝尔文学奖获得者纪德作品中的一句名言:“因为担心失衡跌倒,我们的思想紧紧抓住逻辑这个扶手。”其意与逻辑的工具性是契合的。

事实上，逻辑自产生之日起，就被人们视为工具性的知识。亚里士多德的逻辑论文，被其后继者编为《工具论》一书，是把逻辑视为思维认识和议论交际的工具。英国近代著名哲学家弗兰西斯·培根的逻辑著作，取名为《新工具》（拉丁文 *Novum Organum*，英文 *New Organon*），是把逻辑看作探索与发现真理的工具。

3. 全人类性

逻辑有全人类性，没有民族性和地区性。逻辑学是全人类普遍适用的知识学科，不为某个民族地区所专有。世界上不同的民族地区，语言千差万别，其行为习惯也差异巨大，但在思维领域都依同一个逻辑，都必须遵守其规则。逻辑是全人类共有的精神财富，不以任何民族地区的语言、思想或文化的特殊性为转移。

逻辑在中国古代叫名辩，即研究语言表达和辩论技巧的学问。在印度古代叫因明，即研究推理论证的学问。逻辑在中国、印度和西方历史上，都有源远流长的研讨传播史，这一事实确凿地证明，逻辑是具有全人类性的基础学科。

世界上各民族地区语言的不同，以及其他可想象的各种差别，都丝毫不影响全人类都应用本质相同的逻辑学，犹如全人类都应用本质相同的“数理化天地生”基础学科一样。有人否认逻辑学的普遍性和全人类性，认为全人类没有共同的逻辑，“不同民族有不同的逻辑”，中华民族可以自外于全人类文明的康庄大道，而具有“本质不同的特殊逻辑”。这种观点实质是将“逻辑”视作民族地区历经不同的发展演化形成的观念与文化及其相应的社会规范和交往谈话方式。显然这里“逻辑”一词是在前面指出的该词的第四种含义上使用的。这种观点与我们在通常的“逻辑”意义上（其他三种含义上）持全人类性的观点并不冲突。

二、逻辑学的作用

逻辑形式与规律的知识，从人类思维表达实际中概括出来，反过来约束规范人们的认识交际活动。逻辑是全人类认识交际的必要工具，是探求真理、驳斥谬误的方法。获取新知、科学预见、各种工作以及日常生活都离不开逻辑。

说话写文章和交流思想，都渗透着逻辑，体现着逻辑素养的高低。逻辑有助于表达的准确性和交际的有效性。弗兰西斯·培根说：“史鉴使人明智；诗歌使人巧慧；数学使人精细；博物使人深沉；伦理之学使人庄重；逻辑与修辞使人善辩。”[①] 谬误和诡辩的言词，歪曲地运用逻辑，有悖于事实与真理。全面精准地研修逻辑，有助于正确地认识世界，有效地交流交际，善于识别和驳斥诡辩，避免思维表达中的谬误。逻辑与人相伴，不可须臾

① 弗兰西斯·培根. 培根论说文集. 北京：商务印书馆，1983：180.

脱离。

逻辑学作为一门思维方法论，帮助人们认识事物本质，从而准确地预判事物的发展方向。将逻辑学运用于实践，更加关注人们日常思维中常遇到的现实问题，能更有针对性地帮助人们提高批判性思维能力，更科学地规划，并适时调整战略，实施科学的动态决策，助力迈入新时代的中国稳步前行。

练习题

一、简答下列问题。

1. 什么是逻辑学的研究对象？
2. 什么是思维形式结构？什么是逻辑常项和逻辑变项？
3. 什么是对思维形式结构的代入？
4. 什么是逻辑规律？什么是逻辑矛盾？
5. 什么是思维形式结构的规律？
6. 逻辑学研究的核心问题是什么？
7. 思维、语言和逻辑这三者的关系是什么？
8. 语言有哪几个构成要素？
9. 传统逻辑和现代逻辑的主要区别是什么？
10. 自然语言和人工语言的区别是什么？

二、在下列命题或推理中，哪些具有共同的逻辑形式，用公式表示出来。

1. 一切真知都是来源于实践的。
2. 一切鸟都是卵生的，一切蝙蝠都不是卵生的，所以一切蝙蝠都不是鸟。
3. 只有水量合适，水稻才能丰收。
4. 胜者或因其强，或因其指挥无误。
5. 一切交通事故都是违章造成的。
6. 如果被告已经死亡，就不再追究其刑事责任，现在被告已经死亡，所以不再追究其刑事责任。
7. 一切偶数都能被2整除，一切奇数都不能被2整除，所以一切奇数都不是偶数。
8. 只有充分发挥知识分子在社会主义建设中的积极作用，我国的四个现代化才能实现。
9. 如果溶液是酸性的，就能使试纸变红，这瓶溶液是酸性的，所以它能使试纸变红。
10. 只有你年满18周岁，你才有选举权。

三、选择题（选择一个或多个恰当选项作为答案）。

1. 如果两个思想的表达具有相同的思维形式结构，则（　　）。

A. 它们表达相同的思维内容

B. 它们具有相同的自然语言表达

C. 它们具有相同的逻辑常项
D. 它们具有相同的真假值
E. 它们具有不同的逻辑变项
2. “要么 p，要么 q”与“或者 p，或者 q”这两个命题形式，它们含有（　　）。
A. 相同的逻辑常项，相同的变项
B. 相同的逻辑常项，不同的变项
C. 不同的逻辑常项，相同的变项
D. 不同的逻辑常项，不同的变项
E. 相同的语言表达形式

四、下列各组命题是否具有共同的逻辑形式？为什么？

1. A. 只要功夫深，铁杵磨成针。
   B. 如果你有空，请立即回信。
2. A. 要是寒潮到来，气温就会下降。
   B. 理论一旦掌握群众，就会变成物质力量。
3. A. 只有讲究科学方法，才能取得好成绩。
   B. 只有发烧，才患肺炎。
4. A. 有些花是红色的。
   B. 有些代表不是正式的。
5. A. 只要甲来，乙就来。
   B. 一旦你许下了诺言，你就应当遵守它。

第二章
概念

第一节 内涵和外延

一、概念是反映对象本质属性的思维形式

“思考是人类最大的乐趣之一。”（德国诗人布莱希特语）思考的对象各种各样，千姿万态，但无论什么对象——有形还是无形，物质还是精神，现在的、过去的还是未来的，其自身都有某种性质，如圆的或方的、红色的或蓝色的、大的或小的、美的或丑的、善的或恶的等，其自身与其他对象之间有某种关系，如父子、批评、围绕、胜过或迟于。主体凭借性质与关系思考对象、把握对象。

对象的性质或对象间的关系统称为对象的属性。对于一类事物，其属性有偶有属性、固有属性与本质属性之分。偶有属性为该类事物部分对象具有，部分对象不具有；固有属性则是该类对象全部具有；本质属性则是该类对象全部具有且仅为该类对象具有。例如：对于人类而言，“有黑头发和黄皮肤”是其偶有属性；“有心和肺”“会使用符号交流”是其固有属性；“能制造和使用劳动工具”是其本质属性。

概念是通过反映对象本质属性以反映对象的思维形式。例如，“人”这一概念，舍弃高矮、胖瘦、善恶、性别等偶有属性，将人界定为能制造和使用劳动工具的动物，以此区别人与其他动物。

这里说的本质属性，是指反映不同类之间界限的属性，是逻辑意义上的本质属性。认识论意义上的本质属性是反映对象现象和本质之间界限的属性。所以，尽管在古代人们将人这一物种理解为“二足无毛的动物”，在今天看来这种属性停留于表面现象，但是这种属性能区别人与其他动物，就是逻辑意义上的本质属性，也就能形成“人”这一概念。随着认识的深入，逐渐将人理解为能思想，会使用复杂的语言，能制造和使用劳动工具的动物，于是形成了更加科学、更为深刻的“人”这一概念。因此，逻辑意义上的本质属性比

较宽泛，包含通常说的特有属性。

逻辑学研究的核心问题是推理有效性。推理由命题构成，是一组命题，而命题由概念组成。因此，概念是思维的基本要素，是逻辑学研究的起点。

概念分为逻辑概念和非逻辑概念。逻辑概念刻画与推理相关的属性，如“所有”“有”“或者”等等。非逻辑概念刻画其他领域事物的属性，如“人”“剩余价值”“电子”等等。命题逻辑、词项逻辑和谓词逻辑各章，对逻辑概念和非逻辑概念都有相应的形式处理：命题逻辑将逻辑概念处理为真值联结词，将非逻辑概念处理为命题变项；词项逻辑将逻辑概念处理为量项、联项，将非逻辑概念处理为主项、谓项；谓词逻辑将逻辑概念处理成量词（也仍有命题联结词），将非逻辑概念处理成谓词与个体词等。

本章使用非形式化方法研究概念。

概念和语词既有区别也有联系。概念是思维形式，是语词的思想内容，属于抽象的思想形态。语词是概念的存在或表现形式，是具体的物质形态。任何概念都由语词表达，但有的语词不表达概念。一般而言，语言学认为实词（名词、动词、形容词、代词和数量词等）表达概念，而虚词不表达概念。另外，在不同语境下，同一概念可由不同的语词表达，同一语词也可表达不同的概念。这就是自然语言的歧义性。例如，语词“光”在不同语境下表达不同的概念：“灯光明亮”指光线，“为国争光”指荣誉，“光宗耀祖”指使……显赫，“春光明媚”指景物，“光脚在沙滩上跑”指裸露着。语境及其相关的自然语言歧义，是逻辑思维和逻辑分析密切关注的重要问题。

二、内涵和外延

概念反映对象的本质属性。这些本质属性反映到概念中，构成了**概念的内涵**。而所反映的这些对象构成类，这一对象类就是**概念的外延**。

例如，“商品”的内涵是“为交换而生产的劳动产品”。所有商品组成的类，就是“商品”这个概念的外延。组成类的一件件商品，称为这个类的分子，或外延中的个体。“进口商品”“国产商品”“工业商品”“日用品”等，是“商品”这个类的子类。

“人”的内涵是“能制造和使用劳动工具的动物”。所有人组成的类，就是“人”这个概念的外延。而一个个具体的人，称为这个类的分子，“男人”“女人”是这个类的子类。

任何概念都有内涵和外延，这是概念的逻辑基本特征。明确概念就是明确其内涵和外延。例如，一个人是否把握了“偶数”这个概念，一方面可以问其是否了解这个概念的内涵，另一方面可给出若干具体的数，问这些数是不是偶数，即是否属于“偶数”这个概念的外延。

确定一个对象是否属于某概念的外延，标准是看该对象是否具有这个概念的内涵所相应的属性。

例如，为确定整数 17 是否属于“素数”这个概念的外延，就要了解“素数”这个概念的内涵，明确 17 是否有相应于此内涵的属性，该属性为：不能被 1 和自身之外的整数整除。其实也就是问：17 是不是素数？

类似地，为确定中国是否属于“联合国”这个概念的外延，就要了解“联合国”这个概念的内涵。就是问：中国是不是联合国？“联合国”这个概念的内涵是：“在第二次世界大战后成立的一个由主权国家组成的政府间国际组织。1945 年 10 月 24 日，在美国旧金山签订的《联合国宪章》生效，联合国正式成立。”中国是一个主权国家，而不是一个国际组织，因此，中国不属于“联合国”这个概念的外延。中国属于“联合国成员国”这个概念的外延，因为中国是联合国成员国。

第二节　概念的种类

一、普遍概念、单独概念和空概念

根据概念的外延所包含的分子多少将概念分为普遍概念、单独概念和空概念。一个概念，如果其外延所包含的分子个数多于一，称为**普遍概念**；如果等于一，称为**单独概念**；如果少于一，即不包含分子，称为**空概念**。

在普遍概念中，有的适用具体的可感对象，如：人、建筑物、马、水、面包，等等；有的适用抽象对象，如：整数、集合、时间、友谊、价值、质量、政党、阶级、规律，等等；有的则是表示性状的，如：走、跑、轻、重、缓、急、伟大、重大、英明、丑陋，等等。

表达普遍概念的语词，有的如上面列举的简短的名词、动词或形容词，也有复杂的组合词。如：大于 2 的偶数、具有中国特色的艺术形式、现代科学技术无法解决的难题，等等。

普遍概念的外延是一个含有两个或两个以上的分子的类，因此，由其中的一部分分子就可形成那个类的子类。要注意分子与类之间的关系不同于子类与类之间的关系。如小于 1 的自然数构成的类是自然数类的子类；但是，0 与自然数类之间是分子与类的属于关系。尤其是，涉及抽象名词及属性的时候，需要仔细辨别。例如，“竞争”这个概念的外延以“企业竞争”这个概念的外延为子类，但是，奔驰公司与丰田公司的竞争则属于“企业竞争”这个概念的外延，是其一个分子，当然也是“竞争”这个概念的外延的一个分子。

单独概念如“地球”“圆周率”。表达单独概念的语词一般是专名，如：鲁迅、北京、《射雕英雄传》、2000 年 1 月 1 日。也有摹状词表达单独概念，如：《阿 Q 正传》的作者、中华人民共和国的首都、21 世纪的第一天。

表达空概念的语词，如：永动机、方的圆、小于 0 的自然数、当今的法国国王、独角兽。

概念需要借助语词表达。一个语词表达了哪种概念往往需要借助语境来确定。“无忧无虑的生活使哈姆雷特成为一个单纯善良的理想主义者和完美主义者”中的“哈姆雷特”是单独概念，而“一千个读者心中有一千个哈姆雷特”中的“哈姆雷特”是普遍概念。

二、实体概念和属性概念

概念也可区分为实体概念和属性概念。如“人”是实体概念，而表示实体属性的概念是属性概念。属性概念有两类：表示性质的概念和表示关系的概念。前者如“勇敢”

“美丽”“邪恶”等，后者如“亲密”“团结”“憎恨”等。类似地，“实数”是实体概念，而表示一个个具体实数的性质的概念或实数间关系的概念，都是属性概念。前者如“正的”“负的”等，后者如 “大于”“倍数”等。

三、正概念和负概念

正概念是反映对象具有某种属性的概念。如：合法行为、营运车、正当、健康，等等。

负概念是反映对象不具有某种属性的概念。负概念也叫否定概念。如：非法行为、非营运车、不正当、不健康，等等。

表达负概念的语词往往含有“无”、“不”、“非”和“未”等否定词。如“不允许”“未成年人”“未婚”，等等。不过，这些词都应表达否定的含义，否则，整个语词表达的就不是负概念，如“不丹”“非洲”这些语词所表达的概念就不是负概念。

负概念所反映的是处于某一特定范围内的那些不具有某种属性的对象。这个范围叫作论域。如“非法行为”这个负概念，它的论域是所有行为，它反映了此论域内那些没有合法性这一属性的行为。

四、集合体和类的区别

集合体和类，都是由个体所组成的。但是二者有重要区别。构成集合体的个体，如某一片森林中的一棵树，并不具有森林的本质属性。而某一棵树，是构成 “树”这个概念外延中的一个个体，具有树的本质属性。

集合名词表达的概念所适用的都是集合体，如“森林”“词汇”“部队”等。不过，有些非集合名词在某些语境下也表达集合体。如下例所示：

（1）人有几百万年的历史。

（2）他只是一个普通人。

在第一个句子中，语词“人”表达了其外延中的分子是人的集合体这样一个概念。在第二个句子中，语词“人”表达其外延中的分子是一个个具体的人这样一个概念。因此，相同的语词“人”前后表达了不同的概念。

有人将以上二者的区别表述为，前者表达了集合概念，后者表达了非集合概念。

第三节 概念间的关系

概念是一种思维形式，它通过反映对象的本质属性反映对象。对象之间有各种关系，反映到思维领域，概念之间相应地有各种关系。这些关系既反映在内涵方面，也反映在外延方面。概念所涉及的具体学科研究概念之间具体内涵方面的关系，而逻辑学侧重于从外延方面研究各种概念间关系的一般类型。

首先，根据两个概念的外延是否有共同的分子，将概念间的关系分为相容关系与不相容关系。**相容关系**指概念间有共同的分子，**不相容关系**指概念间没有共同的分子。

一、相容关系

相容关系又进一步分为四种：全同关系、属种关系、种属关系和交叉关系。

1. 全同关系

概念 S 与 P 有**全同关系**是指，它们的外延完全相同。当 S 与 P 是普遍概念时，它们具有全同关系就是指：所有 S 是 P 且所有 P 是 S。例如以下两个概念就是全同关系：等角三角形、等边三角形。具有全同关系的两个概念也有可能是单独概念，这种情况是指：S 是 P，并且 P 是 S。如：“金庸”与“《神雕侠侣》的作者”。

逻辑上通常以圆圈表示一个概念的外延。概念 S 与 P 有全同关系可以用下图表示：

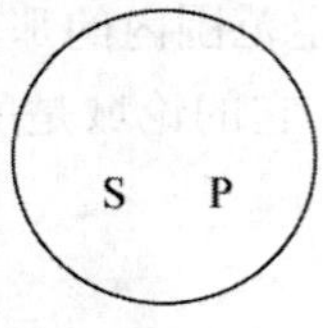

图 2-1

这种表示概念外延间关系的图叫**欧拉图**。

具有全同关系的两个概念，虽然其外延完全相同，但是其内涵有差别。如概念“等边三角形”是从三条边相等刻画一类三角形，而概念“等角三角形”是从三个角相等刻画了那同一类三角形。

另外，“土豆”与“马铃薯”其内涵和外延完全相同，是同一个概念。它们二者属于同一个概念的不同语词表达，不是两个概念具有全同关系这种情况。类似地，“土豆”与“potato”也属于不同语词，但表达了相同的概念。

2. 属种关系

概念 S 与 P 有**属种关系**是指，P 的外延都在 S 的外延中，同时 S 的外延中有分子不在 P 的外延中，即：P 是 S，但有 S 不是 P。例如：“动物”与“人”有属种关系。属种关系用欧拉图表示如下：

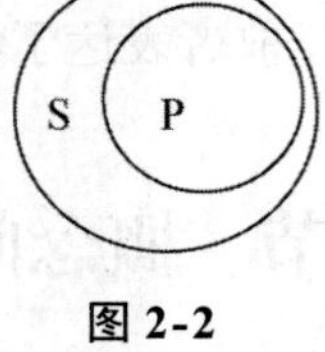

图 2-2

具有属种关系的两个概念可以都是普遍概念，如：“国家”与“欧洲国家”，也可以分别是普遍概念与单独概念，如：“国家”与“丹麦”。

3. 种属关系

当概念 P 与 S 具有属种关系时，我们称 S 与 P 有**种属关系**，详细地说就是：S 的外延都在 P 的外延中，同时 P 的外延中有分子不在 S 的外延中，也即：S 是 P，但有 P 不是 S。

例如："老虎"与"哺乳动物"有种属关系。种属关系用欧拉图表示如下：

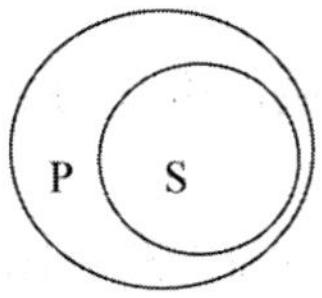

图 2-3

具有种属关系或属种关系的两个概念，一个外延较大，另一个外延较小。外延较大者称为**属概念**，外延较小者称为**种概念**。属种关系也叫**真包含关系**，而种属关系也叫**真包含于关系**。

4. 交叉关系

概念 S 与 P 有**交叉关系**是指，有 S 是 P，同时有 S 不是 P 并且有 P 不是 S。例如："教师"与"作家"有交叉关系。交叉关系用欧拉图表示如下：

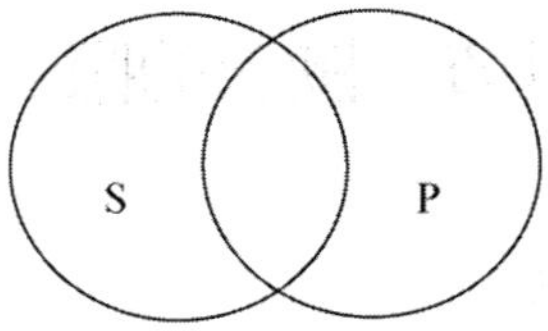

图 2-4

具有交叉关系的两个概念必定都是普遍概念。如："医生"与"军人"。

二、不相容关系

概念 S 与 P 有**不相容关系**是指，所有 S 不是 P。具有不相容关系的两个概念可以都是普遍概念，如"蝙蝠"与"鸟"；也可以都是单独概念，如"悉尼"与"澳大利亚的首都"；也可以一者为普遍概念，另一者为单独概念，如"地球"与"恒星"。不相容关系也叫**全异关系**。不相容关系可以用欧拉图表示如下：

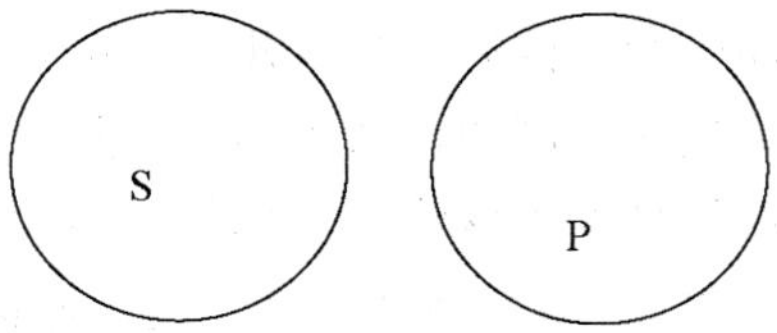

图 2-5

在某种语境情况下，两个不相容概念 S 与 P 作为种概念都包含在同一个属概念中，这个属概念的外延称为论域。例如："中青年教师"与"老年教师"的论域为"教师"的外延。根据 S 与 P 的外延是否穷尽了论域，不相容关系又进一步分为矛盾关系与反对关系两种。

1. 矛盾关系

如果 S 与 P 的外延穷尽了论域，称 S 与 P 具有**矛盾关系**。如："合法行为"与"非法行为”，“正式代表”与“非正式代表”。

2. 反对关系

如果S与P的外延没有穷尽论域，称S与P具有**反对关系**。如：“游玩”与“工作”，“老年人”与“青年人”。

这两种类型的不相容关系可以分别用欧拉图表示如下（图2-6表示矛盾关系，图2-7表示反对关系）：

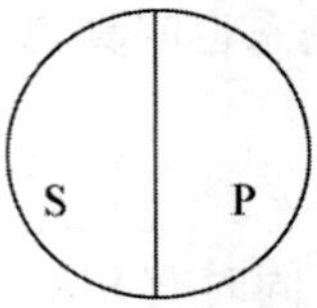

图2-6

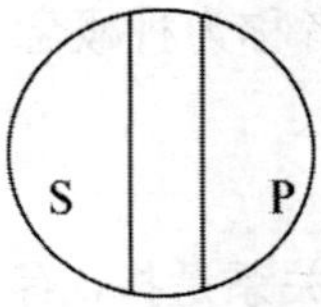

图2-7

第四节　概念的限制和概括

一、内涵和外延的反变关系

在具有属种关系的两个概念中，概念的外延越大，其内涵就越少，外延越小，内涵就越多；反之，内涵越少，外延就越大，内涵越多，外延就越小。这种存在于属概念与种概念之间的内涵和外延的制约关系称为**反变关系**。例如：“脊椎动物”与“鸟”、“鸟”与“企鹅”、“企鹅”与“黄眉企鹅”，每组都具有属种关系，从“脊椎动物”到“鸟”到“企鹅”再到“黄眉企鹅”，内涵越来越多，外延越来越小。

这种反变关系是对概念进行限制与概括的逻辑基础。

二、概念的限制

概念的限制是通过增加概念的内涵、缩小概念的外延以明确概念的逻辑方法。概念的限制就是从属概念过渡到种概念。例如，从“学生”到“大学生”，这就是限制。

从语言角度看，限制往往是增加修饰语。例如，将“产品”限制为“工业产品”。但限制并非都如此，例如，从“艺术家”到“画家”这一限制。而有的增加修饰语并不是限制。例如，从“空谈”到“不切实际的空谈”，并不是限制。限制的唯一标准为增加了内涵、缩小了外延，即从属概念过渡到了种概念。

逻辑学一般认为，限制的极限是单独概念。将概念“文学家”限制为“中国文学家”，再限制到“鲁迅”，此时我们不能再对之进行限制。添加修饰语“青年时期的”，得到“青年时期的鲁迅”，这不是逻辑意义上的限制。因为“青年时期的鲁迅”与“鲁迅”的外延相同，都是由鲁迅这个人构成的类。

三、概念的概括

概念的概括是通过减少概念的内涵、扩大概念的外延以明确概念的逻辑方法。概念的概括就是从种概念过渡到属概念。例如，从“中学教师”到“教师”，这就是概括。

从语言角度看，概括往往是减少修饰语。例如，将“近地行星”概括为“行星”。但概括并非都如此，例如，从“正方形”到“平行四边形”这个概括。而有的减少修饰语并不是概括。例如，从“雄伟的天安门城楼”到“天安门城楼”并不是概括。概括的唯一标准为减少了内涵、扩大了外延，即从种概念过渡到了属概念。

逻辑学一般认为，概括的极限是哲学上的范畴。因为范畴是外延最大的属概念，没有一个概念的外延再比范畴的更大了。

概括能够帮助人们扩大认识范围，把握事物的共性。而错误的概括往往表现为将不具有种属关系的两个概念看作有种属关系，错误地以为某个概念反映了某一类事物的共性。如以下两个例子。

例 2.1 试分析以下两个语句的恰当性。

（1）黄土高原适宜种植小麦、玉米、油菜等粮食作物。

（2）小学生爱看《小学生周报》、《故事会》和《少年报》等报纸。

解析：（1）不恰当。油菜并不是粮食作物，“粮食作物”应改为“农作物”。（2）不恰当。《故事会》不属于报纸，“报纸”应改为“课外读物”。 ■

第五节 概念的定义

一、概念陈述及其恰当性

概念具有内涵，反映了对象的本质属性，是人类理性认识的成果与体现。不过，概念是以一种隐含浓缩的方式反映和体现。将隐含在概念中的思想通过陈述句叙述出来，就是**概念陈述**。如果概念陈述将概念所反映的对象的固有属性揭示出来，就是**适当的概念陈述**；否则，就是不当的。如果将根据所反映的对象的本质属性明确地揭示出来，则概念陈述就是定义。定义就是以简短明晰的语言揭示概念内涵的逻辑方法。因此，定义都是适当的概念陈述。但并非所有适当的概念陈述都是定义。例如，“人是动物”这一概念陈述适当，但不是定义。同样，“社会主义就是解放生产力”这一概念陈述适当，但不是定义。因为“解放生产力”是社会主义的固有属性，不是本质属性。社会主义解放生产力，但解放生产力的不一定是社会主义。

例 2.2 试分析以下概念陈述的适当性。

（1）人是上帝的杰作。

（2）人是自私的动物。

（3）人是社会性动物。

（4）人是有思想的动物。

解析：（1）不当。因为没有人是上帝的杰作。“上帝的杰作”不是人的属性。（2）不当。因为有人自私，但并非人都自私。自私是人的偶有属性，不是固有属性。（3）适当但不是定义。社会性是指生物个体不能脱离群体（集体或社会）而孤立生存的属性。人有社会性，但人并不是自然界中唯一具有社会性的生物。自然界中，还有很多生物看起来比人更具有社会性，如蚂蚁、蜜蜂等。因而，社会性是人的固有属性，但不是本质属性。（4）是定义。因为人都有思想，有思想的都是人。有思想是人的本质属性。■

人们寻求真理，就应避免做出不当的概念陈述，运用适当的概念陈述。适当性是一个语用概念，也即，随语言使用环境的改变，其含义与标准会有相应改变。同一个概念陈述，在不同的语境下，可以具有不同程度的适当性。例如，“社会主义就是解放生产力”与“社会主义就是走共同富裕的道路”，这两个关于社会主义的概念陈述都是适当的，但在强调发展的语境下，前者具有较高的适当性；在强调缩小贫富差距、维持社会公正的语境下，后者具有较高的适当性。需要特别强调，从社会主义的概念内涵来看，上述两种概念陈述本身并不对立，只是语境的片面与孤立使得适当性的程度有高低不同，但这并不是截然的正确错误之分。出现这种情况，根源于片面地、孤立地认识看待事物，未能探究到事物的本质。

为克服这种片面性，我们的思维就需要进入更深入的层面，努力认识事物的本质。一旦把握事物的本质，我们就可以将适当的概念陈述表述得更准确、更全面，获得概念的定义，将概念的内涵叙述出来，也就是揭示事物的本质。

二、定义的结构和方法

定义是以简短明确的语句揭示概念内涵的逻辑方法。如：

重力是物体由于地球的吸引而受到的力。

但简明仅是相对而言的，有的概念，其定义并不是简短的一句话就能概括的。如：

彩虹，又称天虹、绛等，简称虹，是气象中的一种光学现象，当太阳光照射到半空中的水滴，光线被折射及反射，在天空上形成拱形的七彩光谱，由外圈至内圈呈红、橙、黄、绿、蓝、靛、紫七种颜色。

但无论简繁，其一般形式都是：

被定义概念＝（邻近）属概念＋种差

其中，等式左边称为被定义项，右边称为定义项。如以上第一个例子，“重力”是被定义项，“物体由于地球的吸引而受到的力”是定义项，其中“力”是（邻近）属概念，“物体由于地球的吸引而受到的”是种差。定义中，将被定义项与定义项联结起来的部分，称为定义联项。以上两个例子中，定义联项均为“是”。

定义的一般方法是：首先，将定义项恰当地归类，即确定（邻近）属概念；其次，确定被定义概念与同属的其他种概念之间的差别，即种差。种差通常揭示被定义概念的特有性质。这种定义也叫属加种差定义。根据种差的内容，属加种差定义又可分为性质定义、关系定义、功用定义与发生定义等不同类型。

性质定义就是以反映对象的本质为种差的属加种差定义。如：

人是能制造和使用劳动工具的动物。

关系定义就是以反映一定对象与其他对象之间的关系为种差的属加种差定义。如：

叔叔是与父亲辈分相同而年龄较小的男子。

功用定义就是以反映对象的功能或作用作为种差的属加种差定义。如：

笔是用作书写的文具。

发生定义就是以反映对象的产生或形成过程作为种差的属加种差定义。如：

圆是平面上一动点围绕一定点做等距离运动而形成的封闭曲线。

要注意，使用属加种差定义方法给同一个概念下定义，如果选择不同的（邻近）属概念，相应地就要选取不同的种差。如：

长方形是有一个角为直角的平行四边形。
长方形是四个角为直角的四边形。

从不同角度分析事物对象可得到它各种不同的特有性质。例如，水这种物质，有诸如密度、冰点及标准气压下的沸点等物理特性，而同时，它也具备由两个氢原子与一个氧原子组合的化学特性。对同一个概念，不同学科通过揭示其不同内涵反映事物，得到这个概念的不同的属加种差定义。

属加种差定义是明确一个概念的重要方法，是科学研究常用的方法。但是，对一个学科中的范畴，由于其所反映的是该学科领域中外延最大的类，因而它没有属概念，也就不能使用属加种差方法定义它。

单独概念的外延仅含有一个对象，我们不难找到该对象的某种性质将其与同一个种下的其他对象区分开来，该性质可以充当逻辑意义上的本质属性，但无论哪一种性质都难以充当认识论意义上的本质属性。因此，一般而言，我们不能使用属加种差定义给单独概念下定义。

三、定义的规则

正确的定义要遵守以下规则：

1. 定义项的概念认知度要高于被定义项。用词要清楚确切，不能用比喻。

定义是要揭示概念的内涵，要达到这一目的，所使用的概念必定更为人们所熟知。也就是说，相对于被定义项，人们一般更容易把握定义项。违反这一规则，称为**晦涩定义**。例如：“唯信息论指出，信息作为世界的生元，它来自母宇宙族群的模式基因；信息作为世界过程本体的自身，是多阶演进的宇宙秩序模组。”[①] 在这个定义中，“世界的生元”“母宇宙族群”“模式基因”等概念比“信息”这个概念更生僻。如果不先定义这些概念，人们通过刚才的定义无法获得信息是什么。

定义项要揭示概念的内涵，必须使用清楚确切、内涵明确的概念，不能使用比喻。如“数学是研究世界空间形式和数量关系的科学”是正确的定义，而“数学是锻炼思维的体操”只是比喻，不是定义。

2. 定义项与被定义项的外延必须是全同关系。

违反这一规则，有三种情形。第一种是定义项的外延真包含被定义项。这种情形称为**定义过宽**。例如，将人定义为“社会性动物”，就属于这种情形。第二种是定义项的外延真包含于被定义项。这种情形称为**定义过窄**。例如，将人定义为“有良知的动物”就犯定义过窄的错误。其他情形就属于第三种情形。被定义项与定义有可能是交叉关系，也有可能是全异关系。这种情形将定义项归于不恰当的属概念。这种错误称为**归属不当**。例如，如果将鲸定义为“现存地球上最大的鱼”，就犯了这种错误。

3. 定义项不能直接或间接地包含被定义项。

如果定义项直接包含了被定义项，称为**同语反复**。例如，“逻辑学是研究思维的逻辑形式及其规律的科学”，是同语反复。

如果定义项间接包含了被定义项，称为**循环定义**。例如，“生命是有机体的新陈代谢”，是循环定义，因为“有机体”被定义为“有生命的个体”。

4. 定义一般要用肯定陈述，但并非不能用否定性陈述。

定义应当揭示被定义项具有什么内涵，而否定性陈述只能说明被定义项不具有什么内涵。对于负概念，因为有相对的论域，因而通过否定性陈述可以确定论域中另一部分即为其内涵所适用。不过，当用否定性陈述时，即当 A 被定义为非 B（或不是 B）时，A 和 B 必须互补。例如，“健康就是非病状态”，这一定义有误。因为，“健康”和“病”互斥但不互补。“亚健康就是非病非健康状态”，这一定义正确。因为“亚健康就是非病非健康状态”，等同于“亚健康不是病或健康状态”，而“亚健康”与“病或健康”互补。

例 2.3 试分析以下定义：

（1）健康就是非病非亚健康状态。

（2）时尚是流行的生活样式。

（3）1）爱情是男女间的感情。

2）爱情是男女间爱恋的感情。

3）爱情是男女间基于性欲的感情。

4）爱情是男女间排他的感情。

解析：（1） 有误。前面指出，“亚健康就是非病非健康状态”，这一否定性陈述作为定义是正确的。因为“亚健康”与“病或健康”互补。尽管“健康”与“病或亚健康”同样互补，但“健康就是非病非亚健康状态”作为定义有误。因为“亚健康”的概念认知程

① 摘自《百度百科》“唯信息论“词条。网址：https://baike.baidu.com/item/%E5%94%AF%E4%BF%A1%E6%81%AF%E8%AE%BA/5051334?fr=aladdin.

度低于“健康”。另外，如果“亚健康”定义为“非病非健康状态”，而“健康”定义为“非病非亚健康状态”，犯了循环定义的错误。

（2）有误。定义过宽。时尚是流行的生活方式，但流行的生活方式不能都称为时尚，如东方人使用筷子，西方人使用刀叉，这种流行的生活方式目前都不能称为各自的时尚。时尚往往由一部分引领，是流行的生活方式的初始阶段。

（3）1）有误。定义过宽。例如，父女或母子之间的感情不是爱情。2）有误。同语反复。爱情与爱恋是同一概念。二者之间的差别是语言学方面的，前者为名词，后者则也可作动词或形容词。3）有误。定义过窄。性欲只是人的生命特定阶段的机能，但爱情可以伴随终生。4）有误。定义过窄。男女间排他性的感情是爱情的重要特征，但这并非爱情特有，单亲子女对父亲或母亲再婚所表现的排他感情，不是爱情。 ■

四、语词定义

以上讨论的属加种差定义是揭示概念的内涵，又称为**实质定义**。此外，还有一种语词定义，是规定或说明语词的意义。规定语词意义的定义称为**规定的语词定义**，说明语词意义的定义称为**说明的语词定义**。

1. 规定的语词定义

这是人为地给语词规定某种意义。规定意义有宜（适宜、合理、妥当）与不宜之分，但没有真与不真之分。具体地又可细分为如下类型：

（1）为模糊的语词规定确切的含义。如：“成年人指年满18周岁的人。”

（2）为冗长的叙述规定简约的表达。如把“讲文明、讲礼貌、讲卫生、讲秩序、讲道德；心灵美、语言美、行为美、环境美；热爱祖国、热爱社会主义、热爱中国共产党”简称为“五讲四美三热爱”。

（3）为专门用语规定严格的意义。如法律对“故意犯罪”和“过失犯罪”的专门用语规定严格意义：“明知自己的行为会发生危害社会的结果，并且希望或者放任这种结果发生，因而构成犯罪的，是故意犯罪。”“应当预见自己的行为可能发生危害社会的结果，因为疏忽大意而没有预见，或者已经预见而轻信能够避免，以致发生这种结果的，是过失犯罪。”

（4）为旧词赋新义。如东汉史学家班固在《汉书·河间献王传》中，称赞汉景帝之子刘德，说他“修学好古，实事求是”。唐训诂学家颜师古（581－645）注说：“务得事实，每求真是也。”“实事求是”一词，原指从古书中求事实真相，表示读古书的态度。毛泽东在《改造我们的学习》中赋之以新义：“‘实事’就是客观存在着的一切事物，‘是’就是客观事物的内部联系，即规律性，‘求’就是我们去研究。”把“实事求是”作为理论与实际统一的科学态度的代名词。

2. 说明的语词定义

这是对语词已经确定的意义给以说明。说明的语词定义通常用于对多义含混的语词说明特定用法，对罕用语词、古文词、方言词或外来词等说明其意义。如：“驹”是指两岁以下的马。说明的语词定义有真假之分。正确说明原来意义的为真，否则为假。例如，将

"嚆矢"说明为"响箭"为真，而将其说明为"长箭"则为假。

五、递归定义

以上讨论的属加种差定义和语词定义都是通过揭示概念的内涵明确概念。在数理逻辑与计算机科学中，人们还常用递归定义。这是一种揭示概念外延的定义方式。它的最大特点是，定义过程中使用被定义概念。不过，这种使用并没有犯循环定义的错误。例如，概念"偶数"通常定义为"能被2整除的整数"。以下递归定义给出偶数的外延。

首先，0是偶数；

其次，如果a是偶数，那么$a+2$和$a-2$都是偶数；

最后，只有通过以上两种方式得到的是偶数。

通过第一条可知0是偶数，然后由此出发，得到2，-2，4，-4，…，都是偶数。最后一个条件确保只有这些是偶数。因此，偶数的外延确定下来了。

在后面第三章和第五章，定义命题逻辑的公式和谓词逻辑的项与公式时都使用了递归定义。

第六节　概念的划分

一、划分的结构和种类

划分是揭示概念外延的逻辑方法。如，"有理式分为分式与整式"。划分有三个要素：母项、子项和划分标准。母项是通过划分来揭示其外延的概念，如上例中的"有理式"。子项是对母项进行划分后所得到的概念，如上例中的"分式"和"整式"。划分标准是对母项进行划分的根据，如上例的划分标准是除数是否含有表示未知数的字母。同一个母项，在不同的划分标准下可以得到不同的子项。如以性别为划分标准，将"大学生"分为"男大学生"和"女大学生"；以就读院校为划分标准，可将"大学生"分为"师范类大学生"和"非师范类大学生"。

对一个具体的概念如"动物""元素"进行划分，需要具有这个具体概念所属学科的相关知识。这是由各学科提供，逻辑学提供划分的一般方法以及应遵守的形式规则。

根据划分层次的不同，划分可分为一次划分和连续划分。

一次划分是指只包含母项和子项两个层次的划分。如，"小说分为长篇小说、中篇小说、短篇小说和微型小说"，"香料分为天然香料和人工香料"。

连续划分是指将划分所得的子项再作为母项进行划分得到若干子项。如，"实数分为有理数和无理数。有理数又分为整数和分数，无理数又分为正无理数和负无理数"。有时为重点说明某个子项，第一次划分后只对其中的某个子项再作划分。如，"生物分为微生物、动物和植物；微生物又分为细胞类和非细胞类；细胞类又分为原核类和真核类"。

根据所得的子项，划分可分为二分法与非二分法。

二分法是根据对象有无某种属性而将母项分为具有矛盾关系的两个子项。而且，一般还要求这两个子项分别为正概念和负概念。如，“元素可分为金属元素和非金属元素”，“代表分为正式代表和非正式代表”。而“概念分为单独概念、普遍概念和空概念”不是二分法。凡不符合这一要求的都是非二分法。如，“整数分为正整数、负整数和 0”，“人分为男人和女人”。

二、划分的规则

正确的划分要遵守以下规则：

第一，每次划分的标准必须同一。

违反这一规则，就要犯“**划分标准不同一**”的错误。如，“战争分为常规战争和世界战争”，就犯了“划分标准不同一”的错误。如果以是否使用核武器为标准，可将战争分为常规战争和核战争；若以战争的范围为标准，可将战争分为世界战争和局部战争。

第二，每次划分得到的子项必须是不相容关系。

违反这一规则，就要犯“**子项相容**”的错误。如，“汽车分为警车、载客汽车、载货汽车”。第一个子项分别与后面两个子项具有相容关系。

第三，各子项必须是同一层次的概念。

违反这一规则，就要犯“**子项不当并列**”的错误。如，把“复数”分为“虚数、整数、分数、无理数”。此处虽然各子项之间具有不相容关系，但是子项外延并非都是并列关系。“整数”和“分数”是一个层级的，它们的属概念“有理数”与“无理数”并列，属于同一个层级。“有理数”与“无理数”的属概念“实数”与“虚数”并列，属于同一个层级。

第四，所有子项外延之和与母项的外延是全同关系。

违反这一规则，有两种情况。一种是子项外延之和大于母项。这种情况犯了“**多出子项**”的错误。如，把“直系亲属”分为“父母”、“同胞兄弟姐妹”、“配偶”和“子女”，多出了“同胞兄弟姐妹”。另一种是子项外延之和小于母项。这种情况犯了“**划分不全**”的错误。如，把“直系亲属”分为“父母”和“子女”，遗漏了“配偶”。

三、与划分相关的方法

1. 分解

划分是将一个属概念分为若干个种概念，将类分为子类。**分解**是将一个整体对象分为若干部分。如，“计算机可以分为通用计算机和专用计算机”是划分，而“计算机分为硬件和软件”属于分解。

自然语言用“分为”有时表示划分，有时表示分解。如果是划分，子项与母项具有种属关系，因此，子项必定具有母项的内涵。但是，部分与整体之间不具有种属关系。因此，对具体的实例，可以用检验种属关系的方法判断其是划分还是分解。如，人分为男人和女人；人分为头、颈、躯干和四肢。因为“男人（女人）是人”成立，因而前者属于划分；而“头（颈、躯干、四肢）是人”不成立，因而后者不是划分，而是分解。

2. 分类与归类

分类是根据对象的本质属性或显著特征所进行的划分，包括**自然分类**与**辅助分类**两种形式。

自然分类是根据对象的本质属性把对象归为各个类。如，“猫科动物分为豹属和猫属”，就是自然分类。化学元素周期表所给的分类也是自然分类。辅助分类是根据对象的某种显著特征把对象归为各个类。如，《现代汉语词典》正文都是根据字的读音顺序进行编排，这属于辅助分类。

分类是划分的一种特殊形式。划分的标准可以是一般属性，而分类的标准是对象的本质属性或显著特征。因此，分类（尤其是其中的自然分类）是知识系统化与理论化的重要方法。分类的结果具有较大的稳定性，对人们从事生产实践与理论研究具有持久的指导性，如，化学元素周期表所给的分类。

归类是将种概念所反映的较小的类归入属概念所反映的较大的类的过程。归类也分为自然归类与辅助归类两种。例如，新发现某个物种，我们对其研究后找到其本质属性，再据此将其归到生物分类中的某个位置。这就是自然归类。如，将蝙蝠、鲸、鸭嘴兽归为哺乳动物，就是自然归类。辅助归类在日常生活中更常用。它是以对象的某个一般属性为依据将其归入某个类别之下。例如，将图书馆新购买的图书编号上架就要根据书的内容所属学科归类。人代会对代表的提案整理处理要根据提案所涉主题归类。这些都属于辅助归类。

3. 列举

列举是明确概念部分外延的逻辑方法。在有些情况下，不可能或者没有必要将一个概念的全部外延明示出来，只能或只要举出其中的部分。如，

> 信天翁是信天翁科各种类的通称，为大型海鸟，有阿岛信天翁、皇信天翁、漂泊信天翁等14个种类。
>
> 化合物是由两种或两种以上不同元素组成的纯净物，在日常生活里，氯化钠及蒸馏水（水）、糖，均为常见的化合物。

练习题

一、判定下列断定的正误。

1. 对象所具有的性质，统称为对象的属性。
2. 对象的本质属性，就是为该类对象共同具有的属性。
3. 一个对象如果不具有某个概念的内涵，那么它一定不属于这个概念的外延。
4. 空概念只有内涵没有外延。
5. 每一概念的正确定义是唯一的。
6. 定义都是适当的概念陈述，但适当的概念陈述并不都成为定义。

7. 定义不能使用否定句。

8. 任意两个概念之间，都存在内涵与外延的反变关系。这种反变关系是指：内涵越少的概念外延越大；内涵越多的概念外延越小。

二、运用本章的相关知识以及相关常识，回答下列问题。

1. “平反就是对处理错误的案件进行纠正。”作为定义，这一断定是否正确？

2. “科学理论就是符合实际的认识。”作为定义，这一断定是否正确？

3. “勇敢”限制为“勇敢的战士”，是否正确？

4. “喜马拉雅山”概括为“珠穆朗玛峰”，是否正确？

三、在以下各句的括号中填入哪个或哪些选项是适当的？

1. 概念是反映对象的（　　）的思维形式。

A. 偶有属性　　B. 固有属性

C. 本质属性

2. 对象的本质属性是（　　）。

A. 为该类对象共同具有并且仅仅为该类对象具有的属性

B. 仅仅为该类对象具有的固有属性

C. 能够把该类对象与其他对象区别开来的属性

3. 非集合概念是把对象作为一个（　　）来反映的。

A. 类　　B. 集合体

4. 概念的内涵是（　　）。

A. 反映在概念中的对象的本质属性　　B. 概念所反映的对象的本质属性

5. 空概念是（　　）。

A. 只有内涵没有外延的概念　　B. 外延为空类的概念

6. 如果对于同一个概念，甲和乙两人做出了两个不同的定义，则这两个定义（　　）。

A. 必然有一个是错误的　　B. 可能都是正确的

C. 可能都是错误的

7. 循环定义是指（　　）。

A. 定义项中直接包含被定义项　　B. 定义项中间接包含被定义项

8. 当定义过宽时，可运用（　　）的逻辑方法加以纠正。

A. 概括　　B. 限制

9. 如果对于同一个概念，甲和乙两人做出了两个不同的划分，则这两个划分（　　）。

A. 必然有一个是错误的　　B. 可能都是正确的

C. 可能都是错误的

10. “北京”限制为“海淀区”是错误的，因为（　　）。

A. “北京”是单独概念　　B. “海淀区”是单独概念

C. 二者之间不存在属种关系

四、下列各题中括号内的话，是从内涵方面还是从外延方面来说明标有横线的概念的？

1. 社会关系是（人们在社会活动过程中结成的各种关系的总称），（包括经济、政治、思想、文化以及家庭等各方面的关系）。

2. （交流思想的工具）是语言；（记录语言的符号）是文字。

3. 纺织品就是（用各种纤维做原料经过纺织加工而成的产品）。纺织品中以棉纤维做原料的称为（棉纺织品），以麻纤维做原料的称为（麻纺织品），以羊毛之类做原料的称为（毛纺织品），以蚕丝做原料的称为（丝纺织品），这些纺织品统称为（天然纤维纺织品）。随着化学工业的发展，出现了多种以化学纤维做原料的（化学纤维纺织品），例如，（人造棉、锦纶、涤纶、维纶、腈纶）等。

4. “经”，是我国古籍的通称，凡（带有原理、原则性质的著述），皆可称为“经”。现在所指的“十三经”，是历经各代，直到宋代才形成的。它指的是（《周易》、《尚书》、《诗经》、《周礼》、《仪礼》、《礼记》、《左传》、《公羊传》、《穀梁传》、《论语》、《孝经》、《尔雅》和《孟子》）。

5. 地震是（由于地球内部的某种动力活动而产生的地壳震动）。如（火山地震、构造地震、陷落地震等）。（地下深处岩层断裂错动发出震动的地方）叫震源，（地面上正对着震源的地方）叫震中。

6. 森林资源包括（林木和林地，以及林区范围内的植物和动物）。根据森林的不同效益，将它分为五类：（防护林、用材林、经济林、薪炭林、特殊用途林）。

五、从两种概念分类的角度（单独概念和普遍概念、正概念和负概念）说明下列各题中标有横线的概念属于哪一种类。

1. 美术作品是通过线条、色彩、形象反映社会生活，表现思想感情的艺术作品。
2. 《孔乙己》是鲁迅的作品。
3. 非司机开车要处以罚金。
4. 中国女子排球队夺得了世界冠军。
5. 中国工人阶级大公无私。
6. 国家检察机关现在已有1 000多名工作人员。

六、试分析下列各题中标有横线的语词是在集合意义下使用的，还是在非集合意义下使用的。

1. 我们的机关干部来自五湖四海。
2. 在人民的国家中，人民享有广泛的民主和自由。
3. 人贵有自知之明。
4. 中国人死都不怕，还怕困难吗？
5. （1）甲班学生是从华东六省来的；

（2）小王是甲班学生；

（3）甲班学生都应该努力学习。

6. 毛泽东的著作深入浅出，通俗易懂。
7. 昆虫是地球上种类最多的动物。

七、下列各组概念是什么关系？

1. 机器，车床
2. 好书，坏书
3. 数学家，天文学家
4. 玉米，农作物
5. 战场，战士
6. 不变资本，可变资本
7. 《骆驼祥子》的作者，老舍
8. 大气污染，水质污染

八、用欧拉图表示下列各题中标有横线的概念之间的关系。

1. 中国（A）在亚洲（B），是亚洲国家（C），也是发展中国家（D）。
2. 《祝福》（A）是鲁迅（B）写的，不是巴金（C）写的，巴金是《家》的作者（D）。
3. 巴金（A）是文学家（B）不是历史学家（C），郭沫若（D）既是文学家又是历史学家。
4. 《红楼梦》（A）是中国小说（B），也是古代小说（C），但不是武侠小说（D）。
5. 小明是个小学生（A），他表哥是个中学生（B）并且是“三好”学生（C），他爸爸是个工人（D）。

九、用欧拉图表示下列各题中概念之间的关系。

1. A：工人　B：青年人　C：中年人　D：共产党员
2. A：大学毕业生　B：青年团员　C：先进工作者　D：体育爱好者　E：技术革新能手
3. A：党员　B：干部　C：党内高级干部
4. A：普遍概念　B：正概念　C：实体概念　D：概念
5. A：干部　B：司法干部　C：青年
6. A：学生　B：青年　C：青年学生
7. A：中国人　B：巴金　C：现代小说家
8. A：生物学　B：化学　C：植物学　D：自然科学
9. A：米　B：分米　C：厘米　D：毫米

十、对下列概念各做一次限制与概括。

1. 脑力劳动者
2. 诗歌
3. 牛

4. 资本主义国家
5. 机电产品
6. 历史科学

十一、下列概念的限制和概括是否正确？为什么？

1. 将“学生”限制为“中学生”，概括为“知识分子”。
2. 将“勇敢”限制为“勇敢的人”，概括为“品德”。
3. 将“违法行为”限制为“贪污行为”，概括为“犯罪行为”。
4. 将“军队”限制为“人民战士”，概括为“专政工具”。
5. 将“喜马拉雅山脉”限制为“山脉”，概括为“喜马拉雅山最高峰”。
6. 将“非金属元素”限制为“碳”，概括为“元素”。

十二、下列表述作为连续限制或连续概括是否正确？为什么？

1. 全国人民代表大会→省人代会→县人代会→乡人代会
2. 中国北方最大的城市→中国最大的城市→中国的城市→城市
3. 亚洲→中国→河北省→石家庄市
4. 领袖→革命领袖→中国农民革命领袖→太平天国领袖→洪秀全→青年时代的洪秀全

十三、下列判断作为定义是否正确？为什么？

1. 正方形就是四角相等的四边形。
2. 企业就是从事现代化生产的经济活动部门。
3. 建筑是凝固的音乐。
4. 占有土地，自己不劳动，或只有附带劳动，而靠剥削农民为生的，叫作地主。
5. “大国”就是比小国领土较大、人口较多的国家；“小国”则是比大国领土较小、人口较少的国家。

十四、20 世纪初，美国有家报纸征求关于“新闻”这一概念的定义，应征者很多。现将应征的定义举出如下四项，请指出它们是否正确，为什么？

1.“新闻就是关于东西南北所发生事情的报道。”因为在英文中，“新闻”用“news”来表达，“news”正好是“north”（北）、“east”（东）、“west”（西）、“south”（南）四个词取其第一个字母缩写而成的。

2.“新闻就是关于离奇的、非同一般的、出乎意料的事件的报道。”因为狗咬人不是新闻，人咬狗才是新闻。

3.“新闻就是关于多数人感兴趣而带有刺激性事件（如战争、犯罪等）的报道。”

4. “新闻就是新事的记录，不是过去发生事情的报道。”因为它不同于历史，关于过去发生事情的报道，就是历史了。

十五、下面三例从事实上说明关于“健康”这一概念所做出的相关定义是不确切的。请从逻辑上分析这些定义各犯有什么错误。

1. 健康就是主观上感觉良好的状态。但是认为自己健康的人或未被医生检查出有病的人，未必健康。在原发性的心脏病中，有25%是未被病人自己或医生察觉到的。

2. 健康就是没有疾病，这种看法值得商榷。如把“健康”定义为“没有疾病”，那么，“疾病”也就可定义为“不健康”了。

3. 健康是个体在身体上、精神上、社会上的完全安宁状态。什么叫“社会上的完全安宁”？对它的理解可以因人而异，难以规定统一标准，何况社会上的安宁并不取决于个体的生物学状态，按这个目标，必定超出医学的范围。

十六、下列语句是不是语词定义？

1.“文房四宝”指笔、墨、纸、砚四种文具。

2. “四个现代化”就是指工业现代化、农业现代化、国防现代化和科学技术现代化。

3. 艺术是通过塑造形象，具体地反映社会生活，表现作者思想感情的一种社会意识形态。

4. “大辟”是中国古代隋朝以前对死刑的通称。

十七、下列各题是不是划分？为什么？

1. 河北省分为石家庄、保定、衡水、沧州、唐山等地区。

2. 地球上的陆地分为亚洲、欧洲、北美洲、南美洲、非洲、澳洲和南极洲。

3. 这个班的学生，除了七名女生外，其余都是男生。

4. 一年可分春、夏、秋、冬四季。

十八、下列各题作为划分是否正确？请说明理由。

1. 文学作品可分为小说、诗歌、戏剧。小说有长篇小说、短篇小说、现代小说；诗歌有叙事诗、抒情诗、讽刺诗；戏剧有喜剧、悲剧、话剧、舞剧、曲艺、儿童剧、地方剧种等。

2. 直系亲属有祖父母、父母、子女、兄弟、姐妹等。

3. 市场分为国际市场、国内市场、农村市场、商品市场、金融市场、劳动力市场、资本主义市场和社会主义市场。

4. 汉语代词有人称代词、指示代词和疑问代词。

十九、从所列的A、B、C、D、E五个备选答案中选出正确的一个，多选为错。

1. 有一种观点认为，到21世纪初，和发达国家相比，发展中国家将有更多的人死于艾滋病。其根据是：据统计，艾滋病病毒感染者人数在发达国家趋于稳定或略有下降，在发展中国家却持续快速发展；到21世纪初，估计全球的艾滋病病毒感染者将达到4 000万至11亿人，其中，60%将集中在发展中国家。这一观点缺乏充分的说服力。因为，同样权威的统计数据表明，发达国家的艾滋病病毒感染者从感染到发病的平均时间要大大短于发展中国家，而从发病到死亡的平均时间只有发展中国家的二分之一。

以下哪项最为恰当地概括了上述反驳所使用的方法？（ ）

A. 对“论敌”的立论动机提出质疑。

B. 指出“论敌”把两个相近的概念当作同一概念来使用。

C. 对“论敌”的论据的真实性提出质疑。

D. 提出一个反例来否定“论敌”的一般性结论。

E. 指出“论敌”在论证中没有明确具体的时间范围。

2～3 题基于以下题干：

以下是某市体委对该市业余体育运动爱好者一项调查中的若干结论：

所有的桥牌爱好者都爱好围棋；有围棋爱好者爱好武术；所有的武术爱好者都不爱好健身操；有桥牌爱好者同时爱好健身操。

2. 如果上述结论都是真实的，则以下哪项不可能为真？（ ）

A. 所有的围棋爱好者也都爱好桥牌。

B. 有的桥牌爱好者爱好武术。

C. 健身操爱好者都爱好围棋。

D. 有桥牌爱好者不爱好健身操。

E. 围棋爱好者都爱好健身操。

3. 如果在题干中再增加一个结论：每个围棋爱好者爱好武术或者健身操，则以下哪个人的业余体育爱好和题干断定的条件矛盾？（ ）

A. 一个桥牌爱好者，既不爱好武术，也不爱好健身操。

B. 一个健身操爱好者，既不爱好围棋，也不爱好桥牌。

C. 一个武术爱好者，爱好围棋，但不爱好桥牌。

D. 一个武术爱好者，既不爱好围棋，也不爱好桥牌。

E. 一个围棋爱好者，爱好武术，但不爱好桥牌。

4. 据《科学日报》消息，1998 年 5 月，瑞典科学家在有关领域的研究中首次提出，一种对防治老年痴呆症有特殊功效的微量元素，只有在未经加工的加勒比椰果中才能提取。

如果《科学日报》的上述消息是真实的，那么，以下哪项不可能是真实的？（ ）

I. 1997 年 4 月，芬兰科学家在相关领域的研究中提出过，对防治老年痴呆症有特殊功效的微量元素，除了未经加工的加勒比椰果，不可能在其他对象中提取。

II. 荷兰科学家在相关领域的研究中证明，在未经加工的加勒比椰果中，并不能提取对防治老年痴呆症有特殊功能的微量元素，这种微量元素可以在某些深海微生物中提取。

III. 著名的苏格兰医生查理博士在相关的研究领域中证明，该微量元素对防治老年痴呆症并没有特殊功效。

A. 只有I。

B. 只有II。

C. 只有III。

D. 只有II和III。

E. I、II和III。

第三章
命题逻辑

第一节　联结词和复合命题

一、判断、语句和命题

判断是对对象有所断定的思维形式。较简单的判断就是主谓式的陈述句所表达的。如：

(1) 鸟都是有羽毛的。
(2) 塑料不是导电的。
(3) 闯红灯是犯罪行为。

这三个句子都表达了判断，断定了主语所指事物具有或不具有某种性质。例如，第一个句子断定鸟具有"有羽毛"这种性质。第二个句子断定塑料不具有"导电"的性质。它们都是真的。第三个句子断定闯红灯具有"犯罪"这种性质。它是假的。

判断有所断定，都有真假。判断通常由陈述句表达，而反问句也间接地表达了判断。如：难道海水不是咸的吗？

一般疑问句，如"鸟是有羽毛的吗？"，表达了疑问；祈使句，如"请打开窗户"，表达了请求。它们都没有做出断定，都没有真假。

判断与语句不是一一对应的。一方面，同一判断可以由不同语句表达。例如："无人不知"与"所有人都知晓"表达了相同的判断。另一方面，同一语句可以表达两种判断。这是由于有的语句有歧义，有不止一种理解。例如，学校领导对他的批评是有充分思想准备的。"对他的批评"可以理解为学校领导批评他，也可以理解为他批评学校领导。这是由于表述不清晰造成的。

逻辑学，尤其是传统逻辑，一般将表达判断的语句称为命题。所以，命题都有真假。真假在逻辑上统称为**真值**。通常人们都坚持任何一个命题有且仅有一个真值：真命题的真值为真，假命题的真值为假。

二、联结词、原子命题和复合命题

原子命题是不包含和自身不同命题的命题。而任何一个**复合命题**总是由两部分构成：联结词和联结词所联结的成分。所联结的成分必须是命题，因此，联结词又称为命题联结词；其所联结的命题称为**支命题**。联结词属于逻辑常项；支命题属于变项，叫命题变项。我们一般使用 p、q、r 等字母表示命题变项。复合命题的形式结构类型是由联结词决定的。如以下三个句子。

（1）小张下午喝了一杯咖啡。

（2）小张晚上失眠了。

（3）小张下午喝了一杯咖啡并且他晚上失眠了。

其中，（1）与（2）是原子命题；（3）是复合命题，（1）与（2）是它的支命题，“并且”是它的联结词。在它的支命题所处的位置分别代入“北京是中华人民共和国的首都”“它的历史有三千多年”，得到复合命题：“北京是中华人民共和国的首都并且它的历史有三千多年”。这个句子的形式结构与（3）是相同的。它与（3）是同一种复合命题。

由（1）与（2）还可以构成下列复合命题：

（4）因为小张下午喝了一杯咖啡，所以他晚上失眠了。

（3）与（4）是两种不同类型的复合命题。（3）的真值由且仅由其支命题的真值决定。当（1）与（2）都为真时，（3）为真，但（4）可能为真，也可能为假。要判定（4）的真值我们还需要知道除其支命题真值之外的因素。我们称构成（4）这种复合命题的联结词为**非真值联结词**。这类联结词的特点是：使用它们所得到的复合命题的真值不是仅由支命题的真值决定的。像“并且”这种联结词叫**真值联结词**，其特点是，由它们构成的复合命题的真值唯一由支命题的真值决定。我们本章仅研究由真值联结词得到的复合命题。以下除非为了强调，否则，“联结词”均指真值联结词。

要注意，作为复合命题的支命题未必是原子命题。如：

（5）（小张下午喝了一杯咖啡并且他晚上失眠了），但是，并非他第二天上班迟到了。

句子“小张下午喝了一杯咖啡并且他晚上失眠了”和“并非他第二天上班迟到了”都是（5）的支命题，二者本身都是由一个联结词和支命题构成的复合命题。

我们要求命题是有穷长的。据此，即使作为支命题的命题本身是复合命题，但继续分析支命题的构成，最终将抵达不再含有支命题为其构成成分的原子命题。因此，根据真值联结词的定义，如果一个复合命题中的联结词都是真值联结词，那么一旦其中所包含的原子命题的真值确定了，该复合命题的真值就确定了。

有些推理的有效性仅依赖于命题联结词。命题逻辑就是通过研究命题联结词的逻辑特性研究命题推理有效性。

常用的联结词有“并非”、“并且”、“或者”、“如果，那么”和“当且仅当”等五个。为结合自然语言分析，一般都增加“要么，要么”和“只有，才”这两个联结词。下面我们分别介绍与它们相应的七种复合命题类型。

三、基本复合命题及其推理形式

（一）负命题

负命题就是否定某个命题的命题。负命题也叫否定命题。被否定的命题叫否定支。表达否定的联结词中，典型的是“并非”，例如：

并非所有的天鹅都是白的。

并非只有高年级同学才能选修这门课。

因此，负命题可看作由联结词“并非”作用于一个命题所得到的复合命题。

负命题的一般形式是：**并非 p**。其中“并非”是逻辑常项，“p”是命题变项，在此它是支命题，叫**否定支**。为简便易读，有时也写作“非p”。

现代逻辑一般使用“$\neg$”表示“并非”，因而，负命题可表示为：$\neg p$。“$\neg p$”读作“并非p”，称为**否定式**，也称为“p”的负命题。

日常语言中，除了用“并非 p”这种形式否定命题 p 外，其他常见表达方式还有：p 不成立、p 不符合事实等。

根据负命题的定义，负命题在其否定支不成立时为真，在其否定支成立时为假。可以将负命题的这种特征用如下表格展示：

表 3-1

p	$\neg p$
真	假
假	真

这种表格叫**真值表**[①]。左侧列出复合命题中出现的所有命题变项可能有的所有真值组合，右侧列出复合命题在每一种情况下相应的真值。以上真值表实质上定义了一个函数，其定义域和值域都是集合{真，假}。该集合叫**真值集**。我们将此函数记为“$\neg$”。用数学通常的表示方法表示函数$\neg$，即为：

$\neg$：真 $\mapsto$ 假；假 $\mapsto$ 真。

如前面所指出的，否定支本身可能是复合命题，下一节我们会分析这种情况。

（二）联言命题

联言命题就是断定了几种情况同时存在的命题。例如：

① 据《百度百科》“真值表”词条，真值表是在 1917 年由维特根斯坦（Wittgenstein）最先发明的，1921 年波斯特（Emil Post）独立发明了真值表。参见 https://baike.baidu.com/item/%E7%9C%9F%E5%80%BC%E8%A1%A8/5017551?fr=aladdin。

生命不可能有两次，但是许多人连一次也不善于度过。

哲学家们只是用不同的方式解释世界，而问题在于改变世界。

秋天既是一个丰收的季节又是一个凉爽的季节。

联言命题的一般形式是：p 并且 q。其中，“并且”是逻辑常项，p、q 称为**联言支**，是变项。

在日常语言中，联言命题也可表述为“不但 p，而且 q”“既 p，又 q”“虽然 p，但是 q”“不仅 p，也 q”，等等。为表述简洁，有的联言命题省略了联结词，例如：

路遥知马力，日久见人心。

书到用时方恨少，事非经过不知难。

当联言支的主项或谓项相同时，日常语言表达通常省略共同的主项或谓项。例如：

当地政府不但给老人发放了补助金，而且送来了生活必需品。

李白和杜甫都是诗人。

联言命题可以有两个以上的支命题，尤其是在共用主项或谓项的情况下。例如：

鲁迅是伟大的文学家、思想家和革命家。

古埃及、古巴比伦、古印度和中国是被世界公认的文明古国。

现代逻辑用“$\wedge$”表示对“并且”的进一步逻辑抽象，将联言命题记为：$p \wedge q$。符号“$\wedge$”叫作**合取**；$p \wedge q$ 叫作**合取式**，读作“p 合取 q”；命题变项 p、q 称为**合取支**。

以“$\wedge$”这种特制符号来表示联结词等逻辑常项，是现代逻辑研究的一种重要方法。借此人们可以克服自然语言的歧义性与模糊性，而将研究的主题突出出来。当前我们关注的是复合命题的真值是怎样由其支命题的真值所决定的，因此，以上列举的表示联言命题的不同语词，在语气上的差别，如递进、转折、先后等，可不必考虑。

由联言命题的定义可知，联言命题在所有联言支成立这种情况下为真，在其他情况下都为假。联言命题的真值与其联言支的真值之间的这种关系可用真值表刻画如下：

表 3-2

p	q	$p \wedge q$
真	真	真
真	假	假
假	真	假
假	假	假

由上表可知，对每一种真假组合，$p \wedge q$ 与 $q \wedge p$ 的取值相同。但是，由“并且”“虽然，但是”等联结而得到的具体的联言命题，前后两个子句位置互换会改变联言命题的含义。

不难看出，此真值表实质上也定义了一个函数，我们将它记为“$\wedge$”。它的定义域是表格中左侧两列所列举的四种真假组合情况，最右侧列出了各种组合情况下所对应的值。用通常的记法表示最后一行就是，∧：(假、假)$\mapsto$ 假。

当一个联言命题有多于两个支命题时，如前面所举的关于鲁迅的例句，其形式结构为“p 并且 q 并且 r”。从日常语言来看，其联结词似乎将三个支命题“平行地”结合在一起，即，同时作用在 p、q、r 三者上，一次将三者联结在一起。但是，从函数的观点看，应该将“并且”看作一个二元函数，将“p 并且 q 并且 r”看作“(p 并且 q) 并且 r”或“p 并且 (q 并且 r)”的简写，也就是两次使用“并且”的结果，即一个复合函数。以合取符号描述就是，$p\wedge q\wedge r$ 应是指 $(p\wedge q)\wedge r$ 或 $p\wedge(q\wedge r)$。通过以下真值表可以看出，$(p\wedge q)\wedge r$ 或 $p\wedge(q\wedge r)$的真值完全对应相同：恰好在三个支命题均真这唯一一种情况下为真。这说明，简写造成的上述两种理解不会造成实质性的歧义。而且，它们与日常语言表达的联结词“并且”就真值特性方面而言也是同义的。因此，联结词“并且”的确可以看成一个函数。

表 3-3

p	q	r	$p\wedge q$	$q\wedge r$	$(p\wedge q)\wedge r$	$p\wedge(q\wedge r)$
真	真	真	真	真	真	真
真	真	假	真	假	假	假
真	假	真	假	假	假	假
真	假	假	假	假	假	假
假	真	真	假	真	假	假
假	真	假	假	假	假	假
假	假	真	假	假	假	假
假	假	假	假	假	假	假

由真值表可得到有关联言命题如下两种推理形式：

Ⅰ. **分解式**（右侧为相应的符号表示，下同）

p并且q	$p\wedge q$
所以，p	$\therefore p$

或者

p并且q	$p\wedge q$
所以，q	$\therefore q$

例如：

古之立大事者，不唯有超世之才，亦必有坚忍不拔之志。

所以，古之立大事者亦必有坚忍不拔之志。

Ⅱ. 合成式

$$\frac{\begin{array}{c} p \\ q \end{array}}{\text{所以，} p \text{ 并且 } q} \qquad \frac{\begin{array}{c} p \\ q \end{array}}{\therefore p \wedge q}$$

例如：

种花可美化环境。
种花可怡情养性。
所以，种花既可美化环境，又可怡情养性。

上述两种推理形式可推广到多于两个合取支的情况，不再赘述。

（三）选言命题

选言命题就是断定了几种情况至少有一种存在的复合命题。例如：

学习成绩不好，或者是由于主观不够努力，或者是由于方法不得当。
人固有一死，或重于泰山，或轻于鸿毛。

选言命题的支命题称为**选言支**。有的选言命题的选言支可以同时成立，有的则不能。例如，第一个例子中，“主观不够努力”与“方法不得当”这两种情况可以同时存在，共同导致学习成绩不好。第二个例子中，“重于泰山”与“轻于鸿毛”两种情况是不能并存的。

根据支命题是否可以并存兼容，选言命题可进一步分为**相容选言命题**与**不相容选言命题**。上面的第一个例子就是相容选言命题，第二个例子是不相容选言命题。选言命题属于哪种，需要根据内容和语言标志判断，有时还需要借助语境。

这两种选言命题的逻辑特性不同，以下我们分别介绍。

1. 相容选言命题

相容选言命题是断定了几种情况至少有一种存在，而且可以同时存在的选言命题。例如：

这个周末咱们或者去西山踏青，或者去北海划船。

相容选言命题的一般形式是：p 或者 q，“或者”是逻辑常项。现代逻辑通常使用符号“∨”表示对“或者”的进一步逻辑抽象。这个符号读作“**析取**”，“$p \vee q$” 叫作**析取式**，读作“p 析取 q”，p、q 叫作**析取支**。

相容选言命题断定至少一个选言支成立，而且也可以并存，因此，一个相容选言命题只在所有选言支为假这种情况下为假，在其他情况下都为真。我们将相容选言命题这种特征用真值表刻画如下：

表 3-4

p	q	$p \vee q$
真	真	真
真	假	真
假	真	真
假	假	假

类似于对多于两个合取支的合取命题的处理，我们将 $p \vee q \vee r$ 理解为 $(p \vee q) \vee r$ 或 $p \vee (q \vee r)$。这种简写也不会造成实质性的歧义。因此，“或者”的确可看作一个函数，多于两个析取支的相容选言命题可看作由联结词“或者”多次复合所得的一种复合命题。

根据相容选言命题的真值表，我们得到有关选言命题推理的一种常见形式：**否定肯定式**。

Ⅰ. 否定肯定式

p或者q	$p \vee q$
并非p	$\neg p$
所以，q	$\therefore q$

或者

p或者q	$p \vee q$
并非q	$\neg q$
所以，p	$\therefore p$

例如：

这本书的作者或者是张教授，或者是李教授。

这本书的作者不是张教授。

所以，这本书的作者是李教授。

另外，现代逻辑通常还会介绍另一种涉及相容选言命题的推理形式：**析取引入律**。

Ⅱ. 析取引入律

p	p
所以，p或者q	$\therefore p \vee q$

或者

q	q
所以，p 或者 q	$\therefore p \vee q$

例如：

这辆车是国产的。

所以，这辆车是国产的，或者，它的价格在 20 万元以上。

上述两种推理形式可推广到多于两个析取支的情况，不再赘述。

2. 不相容选言命题

不相容选言命题是断定了几种情况有且只有一种存在的选言命题。例如：

计算结果要么是有理数，要么是无理数。

不相容选言命题的一般形式是：要么 p，要么 q。“要么，要么”是逻辑常项。日常语言中也有其他语词表达不相容选言命题，例如，“不是，就是”“或者，或者，二者只居其一”。

现代逻辑中没有通行的符号表示“要么 p，要么 q”，而传统逻辑一般用“$p\dot{\vee}q$”表示。“$p\dot{\vee}q$”读作“**p 不相容析取 q**”，p、q 叫作**析取支**。

不相容选言命题断定选言支恰好有一个成立，因此，对于一个由两个选言支构成的不相容选言命题，它在两个选言支都真或都假这两种情况下为假，在其他两种情况下为真。我们将这种特征用真值表刻画如下：

表 3-5

p	q	$p\dot{\vee}q$
真	真	假
真	假	真
假	真	真
假	假	假

这里需要详细讨论不相容选言命题有三个或更多个选言支的情况。按不相容选言命题的定义，它也是在唯一一个选言支为真的情况下为真；在其他情况下，它都为假。例如，要么明天你再来，要么明天我过去，要么咱们现在就谈妥签字。其选言支的真值情况组合共有 8 种，但它只在 3 种情况——这三个选言支一个为真而其他两个为假——下为真，在其他 5 种情况下都为假。此处如果使用“$\dot{\vee}$”表示该命题，最好表示为$\dot{\vee}(p,q,r)$，而不是 $p\dot{\vee}q\dot{\vee}r$，因为后者会让人误以为是 $(p\dot{\vee}q)\dot{\vee}r$ 或 $p\dot{\vee}(q\dot{\vee}r)$。但是如下表所示，$(p\dot{\vee}q)\dot{\vee}r$ 在三个选言支都为真时为真，这表明，它没有表达我们用日常语言“要么 p，要么 q，要么 r”所表达的意思。[①]

不难看出，并没有一个数学意义上的函数可以表达日常语言中的不相容选言命题。这也解释了为什么现代逻辑没有使用一个特制符号来表示“要么，要么”。我们不能普遍地将所有不相容选言命题看作仅由“要么，要么”多次复合所得到的复合命题。

表 3-6

p	q	r	$p\dot{\vee}q$	$(p\dot{\vee}q)\dot{\vee}r$	$\dot{\vee}(p,q,r)$
真	真	真	假	真	假
真	真	假	假	假	假
真	假	真	真	假	假
真	假	假	真	真	真
假	真	真	真	假	假
假	真	假	真	真	真
假	假	真	假	真	真
假	假	假	假	假	假

① 详细请参阅：余俊伟. 谈谈选言命题的真值表及其推理规则. 九江师专学报，1997（4）：54-57。

由真值表可得到，对含有两个选言支的不相容选言命题，我们有如下两种推理形式：

Ⅰ. 否定肯定式

自然语言	符号
要么p，要么q	$p\dot{\vee}q$
并非p	$\neg p$
所以，q	$\therefore q$

或者

自然语言	符号
要么p，要么q	$p\dot{\vee}q$
并非q	$\neg q$
所以，p	$\therefore p$

例如：

要么处以拘留，要么处以罚款。

不处以拘留。

所以，处以罚款。

Ⅱ. 肯定否定式

自然语言	符号
要么 p，要么 q	$p\dot{\vee}q$
p	p
所以，并非 q	$\therefore\neg q$

或者

自然语言	符号
要么 p，要么 q	$p\dot{\vee}q$
q	q
所以，并非 p	$\therefore\neg p$

例如：

他的出生地要么是北京，要么是上海。

他的出生地是北京。

所以，他的出生地不是上海。

（四）假言命题

1. 条件关系与假言命题

事物之间的条件关系包括**充分条件关系**和**必要条件关系**。

A 是 B 的**充分条件**指：有 A 则有 B。

A 是 B 的**必要条件**指：无 A 则无 B。

因此，从充分与必要两种条件关系考虑，事物之间的关系有四种：充分不必要；必要不充分；既充分又必要；既不充分又不必要。

例如：“大于 6”是“大于 3”的充分条件，但不是必要条件；“年满 18 周岁”是“拥有选举权”的必要条件，但不是充分条件；“是等边三角形”是“是等角三角形”的既充分又必要条件（简称为充要条件）。“感染新冠病毒”既不是 “咳嗽”的充分条件也不是“咳嗽”的必要条件。

日常语言中，表达充分条件关系的句式有：如果 A，那么 B；只要 A，就 B；一旦 A，就 B；若 A，则 B；当 A 时，就 B；等等。它们都断定了 A 是 B 的充分条件。

例如：

谁要是游戏人生，他就一事无成；谁不能主宰自己，他就永远是一个奴隶。

它表达了“游戏人生”是“一事无成”的充分条件，“不能主宰自己”是“永远是一个奴隶”的充分条件。

有时需要凭借内容判断。例如以下两句：

少壮不努力，老大徒伤悲。

人无远虑，必有近忧。

它们都表达了前者是后者的充分条件。

日常语言中，表达必要条件关系的句式有：只有 A，才 B；没有 A，就没有 B；没有 A，就不 B；不 A，就不 B；不 A，就没有 B；等等。它们都断定了 A 是 B 的必要条件。

例如：

没有取得机动车驾驶证，就没有资格驾驶机动车上路行驶。

没有作案时间，就不会是作案者。

玉不琢，不成器。

第一个句子断定了“取得机动车驾驶证”是“有资格驾驶机动车上路行驶”的必要条件。第二个句子断定了“有作案时间”是“是作案者”的必要条件。最后一个句子断定了“玉（被）琢”是“玉成器”的必要条件。

还有一个较为特别的表达必要条件关系的句式：除非A，否则 B，这种句式断定了“A”是“并非 B”的必要条件。例如：

除非你亲自来商谈，否则，我不会签字。

它表达了“你亲自来商谈”是“我签字”的必要条件。上述句子相当于“如果你不亲自来谈，那么，我就不会签字”。

在充分条件与必要条件之间有如下关系：当 A 是 B 的充分条件时，B 就是 A 的必要条件；反之，当 A 是 B 的必要条件时，B 就是 A 的充分条件。

假言命题是断定两种事物之间条件关系的复合命题。它有两个支命题，表示条件的支命题叫**前件**，表示依赖条件而成立的支命题叫**后件**。

根据假言命题断定前件是后件的何种条件，假言命题分为三种：**充分条件假言命题**、**必要条件假言命题**和**充要条件假言命题**。

2. 充分条件假言命题

充分条件假言命题是断定前件是后件的充分条件的假言命题。例如：

如果法国队赢得下一场比赛，它将成功晋级决赛。

它断定“法国队赢得下一场比赛”是“法国队成功晋级决赛”的充分条件。

充分条件假言命题的一般形式是：如果 p，那么 q。其中，“如果，那么”是联结词，p 是前件，q 是后件。现代逻辑普遍采用符号“$\rightarrow$”表示对“如果，那么”的逻辑抽象。“$\rightarrow$”读作“蕴涵”。“$p \rightarrow q$”叫作**蕴涵式**，读作“p 蕴涵 q”。

根据充分条件的定义，一个充分条件假言命题在前件成立、后件亦成立的情况下为真，在前件成立但后件不成立的情况下为假，在前件不成立的情况下，无论后件成立与否，充分条件假言命题都为真。用真值表刻画如下：

表 3-7

p	q	$p \rightarrow q$
真	真	真
真	假	假
假	真	真
假	假	真

此真值表定义了一个函数：它将真假这种组合映射到假，将其他三种组合都映射到真。

同时，它表明，“$p \rightarrow q$”与“如果 p，那么 q”的含义不完全相同。后者更多时候被称为（充分）条件句。前者是对条件句的一种抽象，仅考虑前件、后件与条件句三者之间在真假方面的关系，断定：一个为真的（充分）条件句排除了前件真而后件假这种情况，而不考虑其他如因果、时空等涉及内容意义方面的因素。但人们在日常使用条件句时都会考虑这些。根据这些因素人们还将条件句进一步区分为直陈条件句、虚拟条件句，而有的学者区分出直陈条件句与反事实条件句。这些都反映出条件句内涵的丰富性，而抽象成“$\rightarrow$”将这些内涵都舍弃了，真值关系是其唯一关注的。

因此，人们会认为，“如果 2+2=4，那么雪是白的”是一个病句，因为我们看不出前件与后件之间有什么内容上的关联。另外，断定前件为假的充分条件假言命题的真值都为真，也与直觉不符。例如，一名旅客因为晚到检票口三分钟而错过列车，基于此，人们自然会认为以下两个语句的真值是不同的。

如果这名旅客早五分钟到检票口，那么他能赶上他想坐的那趟列车。

如果这名旅客早五分钟到检票口，那么他不能赶上他想坐的那趟列车。

然而，将“如果，那么”抽象成“$\rightarrow$”，仅考虑真值，那么二者都为真。这也是人们称上述真值表所定义的这种蕴涵为**实质蕴涵**的一个原因。“实质”意为仅考虑最为本质的因素。对于探求知识而言，真是最本质关键的因素。相应地，人们称这种背离直觉为**实质**

蕴涵怪论。然而，尽管实质蕴涵没有充分反映“如果，那么”的含义，在很多情况下与直觉不符，但是现代逻辑提出实质蕴涵的目的是为数学基础服务，在数学领域，实质蕴涵与其他逻辑常项一起组成的符号语言体系达到了简洁方便与效用之间的最佳平衡。这也解释了尽管有实质蕴涵怪论，但今天我们仍然普遍采用它这一事实。而对于数学以外领域条件句的特性，逻辑学家尝试做出比实质蕴涵更精细的刻画，以期得到更能体现日常实际使用的条件句，尤其是反实事条件的逻辑特征。这些内容超出了本书讨论的范围。

根据充分条件假言命题的真值表，可得到两种与之相关的推理形式：

Ⅰ. 肯定前件式

如果p，那么q	$p \to q$
p	p
所以，q	$\therefore q$

例如：

如果计算结果大于 90 度，那么，此三角形就是一个钝角三角形。

计算结果大于 90 度。

所以，此三角形是一个钝角三角形。

Ⅱ. 否定后件式

如果p，那么q	$p \to q$
并非q	$\neg q$
所以，并非p	$\therefore \neg p$

例如：

如果这块材料的密度小于水，那么它浮于水上。

它没有浮于水上。

所以，这块材料的密度不小于水。

特别要指出的是，给定一个充分条件假言命题，不能由否定它的前件来否定它的后件，也不能由肯定它的后件来肯定它的前件。例如，给定“如果天在下雨，那么地上是湿的”，我们不能从前件的否定“并非天在下雨”，得到后件的否定“并非地上是湿的”。给定“如果此嫌疑犯是作案者，那么他有作案时间”，我们不能由确证此嫌疑犯有作案时间得出他是作案者。传统逻辑将此总结为：对于充分条件假言命题，**否定前件式与肯定后件式**都是错误的推理形式。

3. 必要条件假言命题

必要条件假言命题是断定前件是后件的必要条件的假言命题。例如：

只有他年满 18 周岁，他才有选举权。

该条件句断定“他年满 18 周岁”是“他有选举权”的必要条件。

必要条件假言命题的一般形式是：只有 p，才 q。其中，“只有，才”是联结词，p 是前件，q 是后件。现代逻辑没有表示“只有，才”的特制符号，传统逻辑一般使用“←”表示对联结词“只有，才”的进一步逻辑抽象。“←”读作“**逆蕴涵**”。“只有 p，才 q”就可表示为“$p \leftarrow q$”。而现代逻辑通常将其转换为“$q \rightarrow p$”。

根据必要条件的定义，一个必要条件假言命题在前件不成立且后件成立的情况下为假，在其他三种情况下均为真。用真值表刻画如下：

表 3-8

p	q	$p \leftarrow q$
真	真	真
真	假	真
假	真	假
假	假	真

同前面已经讨论的几种复合命题的真值表类似，此真值表也定义了一个函数。该函数将假真这种组合映射到假，将其他三种组合都映射到真。

根据必要条件假言命题的真值表，可得到两种与之相关的推理形式：

Ⅰ. 否定前件式

只有 p，才 q	$p \leftarrow q$
并非 p	$\neg p$
所以，并非 q	$\therefore \neg q$

例如：

只有调查了，你才有发言权。

你没有调查。

所以，你没有发言权。

Ⅱ. 肯定后件式

只有 p，才 q	$p \leftarrow q$
q	q
所以，p	$\therefore p$

例如：

只有取得了机动车驾驶证，你才能驾驶机动车上路行驶。

你能驾驶机动车上路行驶。

所以，你取得了机动车驾驶证。

特别要指出的是，给定一个必要条件假言命题，不能由肯定它的前件来肯定它的后件，也不能由否定它的后件来否定它的前件。例如：给定“只有你把这些题目都搞懂了，你才能够通过这次考试”，我们不能从肯定前件“你把这些题目都搞懂了”，得到后件“你能通过这次考试”。给定“只有取得了深水合格证，你才能进入游泳池的深水区游泳”，我们不能由“你不能进入游泳池的深水区游泳”推出“你没有取得深水合格证”。人们将此总结为：对于必要条件假言命题，**肯定前件式**与**否定后件式**都是**错误的**推理形式。

4. 充要条件假言命题

充要条件假言命题是断定前件是后件的充要条件的假言命题。例如：

当且仅当这个三角形的三条边相等，它的三个角才相等。

该条件句断定“这个三角形的三条边相等”是“它的三个角相等”的充要条件。

充要条件假言命题的一般形式是：当且仅当 p，（才）q（也可写作：q 当且仅当 p）。其中，“当且仅当”是联结词，p 是前件，q 是后件。现代逻辑以“$\leftrightarrow$”表示对联结词“当且仅当”的进一步逻辑抽象。“$\leftrightarrow$”读作“等值”，“$p\leftrightarrow q$”叫作**等值式**，读作“p 等值 q”。

根据充要条件的定义，一个充要条件假言命题在前件与后件同时成立或同时不成立这两种情况下为真，在其他两种情况下均为假。用真值表刻画如下：

表 3-9

p	q	$p\leftrightarrow q$
真	真	真
真	假	假
假	真	假
假	假	真

此真值表定义了一个函数，该函数将真真、假假这两种组合都映射到真，将其他两种组合都映射到假。

根据必要条件假言命题的真值表，可得到四种与之相关的推理形式：

Ⅰ. 肯定前件式

当且仅当 p，才 q	$p\leftrightarrow q$
p	p
所以，q	$\therefore q$

例如：

当且仅当△ABC 有一个角是直角，它才是直角三角形。

△ABC 有一个角是直角。

所以，它是直角三角形。

Ⅱ. 肯定后件式

当且仅当 p，才 q	$p \leftrightarrow q$
q	q
所以，p	$\therefore p$

Ⅲ. 否定前件式

当且仅当 p，才 q	$p \leftrightarrow q$
并非 p	$\neg p$
所以，并非 q	$\therefore \neg q$

例如：

当且仅当对方支付了货款，咱们才能发货。

对方没有支付货款。

所以，咱们不能发货。

Ⅳ. 否定后件式

当且仅当 p，才 q	$p \leftrightarrow q$
并非 q	$\neg q$
所以，并非 p	$\therefore \neg p$

四、组合推理形式

除了上述基本复合命题的推理形式，还有由基本复合命题组合而成的推理形式。重要的有两种：二难推理与反三段论。

（一）二难推理

阿富汗民间故事中有一则题为《谨慎的智者》的小故事。有一天，帕西把智者召来，对他说："智者，你的智慧大家都知道，我任命你担任本城的法官。"智者对这个差事不感兴趣，对帕西说："伟大的帕西，我不能胜任这个职务。"帕西问智者："为什么？"智者回答道："如果我说的是真话，那就不应当任命我为法官；如果我撒谎，难道能任命一个撒谎的人当法官吗？"

智者的回答使用了如下推理：

如果我说的是真话，那么，你不应当任命我为法官。

如果我撒谎，那么，你不应当任命我为法官。

或者我说的是真话，或者我撒谎。

所以，你不应当任命我为法官。

这是一个二难推理的例子。**二难推理**是由两个充分条件假言命题与一个选言命题构成的推理形式，也叫**假言选言推理**。上述例子指出两种情况都会导致某种后果，而那两种情况至少有一种成立，因此那种后果是不可避免的。在辩论中，当这种后果对对方不利时，会令对方处于进退两难的境地，因此得名“二难”。它是论辩说理常用的推理形式。

二难推理细分为四种形式。

1.简单构成式

如果p，那么r	$p\to r$
如果q，那么r	$q\to r$
p或者q	$p\vee q$
所以，r	$\therefore r$

上例就是简单构成式。

2.简单破坏式

如果p，那么q	$p\to q$
如果p，那么r	$p\to r$
非q 或者非r	$\neg q\vee\neg r$
所以，并非 p	$\therefore\neg p$

3.复杂构成式

如果p，那么q	$p\to q$
如果r，那么s	$r\to s$
p或者r	$p\vee r$
所以，q或者s	$\therefore q\vee s$

4.复杂破坏式

如果p，那么q	$p\to q$
如果r，那么s	$r\to s$
非q或者非s	$\neg q\vee\neg s$
所以，非p或者非r	$\therefore\neg p\vee\neg r$

例如：

如果他有勇气，他就敢于同困难做斗争。

如果他有智慧，他就善于同困难做斗争。

他或者不敢同困难做斗争，或者不善于同困难做斗争。

所以，他或者缺少勇气，或者缺少智慧。

（二）反三段论

反三段论是由充分条件假言命题和联言命题组合得到的一种常见的推理形式。

例如：

如果你签订了合同，同时又履行了合同义务，那么你就不承担违约责任。

你签订了合同并且承担了违约责任。

所以，你没有履行合同义务。

反三段论有如下两种形式：

1.

如果 p 且 q，那么 r	$(p\wedge q)\rightarrow r$
p 并且 非 r	$p\wedge\neg r$
所以，并非 q	$\therefore\neg q$

2.

如果 p 且 q，那么 r	$(p\wedge q)\rightarrow r$
q 并且非 r	$q\wedge\neg r$
所以，并非 p	$\therefore\neg p$

第二节 真值形式和命题推理

以上介绍了基本复合命题的推理形式以及两种重要的组合推理形式。虽然命题推理有效性的判定最终都可归结为前面几种基本复合命题的特性，不过，实践中，命题表达及其推理表现是复杂多样的，为了一般地讨论命题推理，下面引入一个与之相关的一般概念——真值形式。

一、真值形式

（一）真值形式与真值表

1. 真值形式

真值形式是由命题变项与（命题）联结词合乎规则地构成的有穷长的符号表达式。它是在命题逻辑层次上解析命题得到的形式结构。特别地，我们规定单个命题变项也是真值形式。

合乎规则主要指两点。首先，所用联结词本身联结多少个支命题必须是明确的。其次，在表达式中出现的联结词作用在哪个或哪些支命题上是明确的。另外，为方便讨论，我们特别约定，所用联结词指常用联结词。后面我们会看到，这种限制本质上不会带来任何损失。

例如：p、q、$(p \lor q) \land \neg p$、$\neg p \to q$、$\neg(p \lor q) \to r$ 都是真值形式。此处我们默认“$\neg$”总是与最短的支命题结合。通常作用于一个支命题上的联结词都默认遵守这一规则。故此，第四个真值形式“$\neg p \to q$”没有歧义，其中的“$\neg$”是与“p”结合。该真值形式是以$\neg p$为前件、q 为后件的蕴涵式，而不是指 $\neg(p \to q)$ 这个否定式。而以下三个表达式：$q \leftrightarrow \neg p \to r$、$\neg p \to q \land p$、$p \land q \to r$ 都不合乎规则，因为它们有歧义。比如，“$p \land q \to r$” 既可以理解为“$(p \land q) \to r$”，也可以理解为“$p \land (q \to r)$”。因此，它不是真值形式。人们一般会像后面两个表达式那样使用括号避免歧义，或者，通过事先声明，比如，“$\land$”的结合力优先于“$\to$”，于是，“$p \land q \to r$” 就是指“$(p \land q) \to r$”。但是，出现太多括号会降低可读性，因而一般又约定，在不会引起歧义的情况下可省略括号。例如，有的体系要求蕴涵式使用括号，即“$p \to q$”应写为“$(p \to q)$”，但通常都会采用省略最外层括号这个办法，于是，“$((p \land q) \to r)$” 可简写为“$(p \land q) \to r$”。以下我们约定，最外层括号可省略。

对于连续出现的相同合取符号（或析取符号），虽然左结合与右结合本质上不会造成差别，不过，为遵守上面合乎规则的要求，同时又便于书写易读，我们约定右结合优先原则。据此，$p \land q \land r$ 是指 $p \land (q \land r)$。析取符号类似。而且，我们进一步推广到所有联结词：对相同联结词的连续出现，一律采取右结合优先原则。

上一节介绍的推理形式的符号表达中，横线以上部分即前提都是真值形式，横线以下即结论也是真值形式，以前提作为前件（有多个前提时用合取号联结它们）、后者作为后件，用“$\to$”联结二者所得的蕴涵式（必要时使用括号消除歧义），也是真值形式，称为该推理形式相应的蕴涵式。

上一节结合自然语言介绍了七种复合命题，它们分别由七个联结词表达。其中，“要么，要么”和“只有，才”这两个联结词较为特殊。

由于充分条件与必要条件之间的转换，我们可以直接将前、后件位置互换，使用“如果，那么”来表达它。这样总体上所考虑的联结词的数目可少一个，同时又不会增加表达式的长度。

“要么，要么”在日常语言中很常见，其形式灵活，可以联结超过两个以上的命题得到不相容选言命题。但是，前面我们指出，并没有一个函数与通常的“要么，要么”相对应。我们完全可以使用其他几种常用的联结词表达恰好取一的含义。

根据定义，含有两个选言支的不相容选言命题，其符号表达 $p \dot{\lor} q$ 实际上就相当于 $(p \lor q) \land \neg(p \land q)$。我们可以通过以下真值表验证：

表中的 α指$(p \lor q) \land \neg(p \land q)$，$\beta$指$p \dot{\lor} q$。

$(p \lor q) \land \neg(p \land q)$与$p \dot{\lor} q$ 在每一种情况下的值都相同，这表明其逻辑含义完全相同。以后我们一般都用前者作为不相容选言命题的真值形式，不再使用“$\dot{\lor}$”这个符号。

表 3-10

p	q	$p\wedge q$	$\neg(p\wedge q)$	$p\vee q$	$(p\vee q)\wedge\neg(p\wedge q)$	$p\dot{\vee}q$	$\alpha\leftrightarrow\beta$
真	真	真	假	真	假	假	真
真	假	假	真	真	真	真	真
假	真	假	真	真	真	真	真
假	假	假	真	假	假	假	真

2. 真值表

前面我们已经多次使用真值表定义联结词。真值表也可用来界定任意真值形式的准确意义。如上例使用真值表验证那两个真值形式的意义相同。之前我们也使用真值表验证了 $(p\dot{\vee}q)\dot{\vee}r$ 的意义与不相容选言命题“要么 p，要么 q，要么 r”的意义不相同。下面详细介绍如何画真值形式的真值表。

首先，分析由命题变项开始如何逐步得到完整的真值形式的过程。例如，$\neg p\rightarrow(r\vee(p\rightarrow q))$ 是从 p、q、r 开始，逐步得到 $\neg p$、$p\rightarrow q$、$r\vee(p\rightarrow q)$ 直至构成真值形式 $\neg p\rightarrow(r\vee(p\rightarrow q))$。按此构造过程，将它们从左至右分别写下来，如下所示：

表 3-11

p	q	r	$\neg p$	$p\rightarrow q$	$r\vee(p\rightarrow q)$	$\neg p\rightarrow(r\vee(p\rightarrow q))$

其次，写下所有命题变项的全部真值组合。假设含有 n 个命题变项，其全部真值组合有 2^n 种。此例中真值组合为 8 种。按照第一列四真四假，第二列两真两假交替，第三列一真一假交替而将其全部列举出来，如下所示：

表 3-12

p	q	r	$\neg p$	$p\rightarrow q$	$r\vee(p\rightarrow q)$	$\neg p\rightarrow(r\vee(p\rightarrow q))$
真	真	真				
真	真	假				
真	假	真				
真	假	假				
假	真	真				
假	真	假				
假	假	真				
假	假	假				

最后，根据常用联结词的定义，计算出每一种组合下每列真值形式的值，如下所示：

表 3-13

p	q	r	$\neg p$	$p\to q$	$r\vee(p\to q)$	$\neg p\to(r\vee(p\to q))$
真	真	真	假	真	真	真
真	真	假	假	真	真	真
真	假	真	假	假	真	真
真	假	假	假	假	假	真
假	真	真	真	真	真	真
假	真	假	真	真	真	真
假	假	真	真	真	真	真
假	假	假	真	真	真	真

一个真值形式的**真值表列值**是指其真值表中，其所在之列对应的值。如上表中最右列即为真值形式 $\neg p\to(r\vee(p\to q))$ 的真值表列值，其都为真。之前分析了 $(p\vee q)\wedge\neg(p\wedge q)$与$p\dot{\vee}q$，它们在每一种取值情况下其值都相同，也就是说，它们的真值表列值相同。

一个真值形式的真值表列值如果都为真，我们称该真值形式为**重言式**；如果都为假，我们称其为**矛盾式**，介于二者之间者，即有真也有假者，为**偶真式**，或**可真可假式**。传统逻辑习惯将所有非矛盾式称为**可真式**，它包括重言式以及此处定义的偶真式。

根据上面真值表，$\neg p\to(r\vee(p\to q))$ 是重言式，$r\vee(p\to q)$ 是偶真式。它们都是可真式。

重言式是一类非常重要的真值形式。它不依赖命题变项的取值而恒为真，因而体现着一种普遍规律性。

上一节介绍的推理形式相应的蕴涵式都是重言式。

真值表除可以用来判定真值形式所属的类型外，还可验证两个真值形式是否等值。两个真值形式 α 与 β，如果其真值表列值相同，我们就说它们等值。也可以表述为，如果 $(\alpha\leftrightarrow\beta)$ 是重言式，我们称 α 与 β 等值。例如，$(p\vee q)\wedge\neg(p\wedge q)$与$p\dot{\vee}q$ 等值。

（二）基本复合命题的负命题

前面讨论负命题时就指出，负命题所否定的命题本身可以是一个复合命题。现在我们分析之前学习的七种基本复合命题的负命题，主要是使用真值表验证这些负命题与某个非负命题等值。

1. 负命题的负命题

“并非‘非p’” 等值于 “p”。用符号表示即为：$\neg\neg p\leftrightarrow p$。可用真值表验证如下：

表 3-14

p	$\neg p$	$\neg\neg p$	$\neg\neg p\leftrightarrow p$
真	假	真	真
假	真	假	真

在$\neg\neg p\leftrightarrow p$ 中，左边蕴涵右边这个方向称为双重否定消去律；反方向称为双重否定

引入律。

2. 联言命题的负命题

“并非‘p 并且 q’” 等值于 “非 p，或者，非 q”。用符号表示即为：$\neg(p\wedge q)\leftrightarrow(\neg p\vee\neg q)$。这也称为德·摩根律。可用真值表验证如下：

表 3-15

p	q	$p\wedge q$	$\neg(p\wedge q)$	$\neg p$	$\neg q$	$\neg p\vee\neg q$	$\neg(p\wedge q)\leftrightarrow(\neg p\vee\neg q)$
真	真	真	假	假	假	假	真
真	假	假	真	假	真	真	真
假	真	假	真	真	假	真	真
假	假	假	真	真	真	真	真

例如，“并非这家超市的商品物美且价廉”，其含义为：这家超市的商品或者物不美，或者价不廉。

以上等值式可以推广到多个联言支的情形，有如下的广义德·摩根律：

$$\neg(p_1\wedge\cdots\wedge p_n)\leftrightarrow(\neg p_1\vee\cdots\vee\neg p_n)$$

3. 相容选言命题的负命题

“并非‘p 或者 q’” 等值于 “非 p 并且 非 q”。用符号表示即为：$\neg(p\vee q)\leftrightarrow(\neg p\wedge\neg q)$。这也是德·摩根律的另一种形式。

例如，“并非小华是北京人或是河北人”的意思是：小华既不是北京人，也不是河北人。

对于析取，也有广义的德·摩根律：

$$\neg(p_1\vee\cdots\vee p_n)\leftrightarrow(\neg p_1\wedge\cdots\wedge\neg p_n)$$

4. 含有两个选言支的不相容选言命题的负命题

“并非‘要么 p，要么 q’” 等值于“p 并且 q，或者，非 p 并且 非 q”。用符号表示即为：$\neg(p\dot{\vee}q)\leftrightarrow((p\wedge q)\vee(\neg p\wedge\neg q))$。不难看出，它也等值于“$p$ 当且仅当 q”。

例如，“并非‘你要么继续上学，要么参加工作’” 相当于：你继续上学并且参加工作，或者，你不继续上学并且不参加工作。它也相当于：你继续上学，当且仅当你参加工作。

含有三个选言支的不相容选言命题的负命题，即：并非“要么 p，要么 q，要么 r”的情况较复杂。“要么 p，要么 q，要么 r”是断言三者之中恰好有一个为真，即：$(p\wedge\neg q\wedge\neg r)\vee(\neg p\wedge q\wedge\neg r)\vee(\neg p\wedge\neg q\wedge r)$，所以，其否定即为：$\neg((p\wedge\neg q\wedge\neg r)\vee(\neg p\wedge q\wedge\neg r)\vee(\neg p\wedge\neg q\wedge r))$。然后再根据析取的广义德·摩根律，可得到此否定式与下列真值形式等值：

$$\neg(p\wedge\neg q\wedge\neg r)\wedge\neg(\neg p\wedge q\wedge\neg r)\wedge\neg(\neg p\wedge\neg q\wedge r)$$

接着，根据合取的广义德·摩根律，可得上式与下列真值形式等值：

$$(\neg p\vee\neg\neg q\vee\neg\neg r)\wedge(\neg\neg p\vee\neg q\vee\neg\neg r)\wedge(\neg\neg p\vee\neg\neg q\vee\neg r)$$

再根据双重否定消去律，转换上式，得到“并非‘要么 p，要么 q，要么 r’”与下列真值形式等值：

$$(\neg p\vee q\vee r)\wedge(p\vee\neg q\vee r)\wedge(p\vee q\vee\neg r)$$

5. 充分条件假言命题的负命题

“并非‘如果 p，那么 q’” 等值于 “p 并且 非 q”。用符号表示即为：$\neg(p\rightarrow q)\leftrightarrow(p\wedge\neg q)$。

例如，“并非‘如果这场比赛甲队赢了，它就一定能晋级’”等值于“甲队赢了这场比赛也不一定能晋级”。

6. 必要条件假言命题的负命题

“并非‘只有 p，才 q’”等值于 “并非‘如果 q，那么 p’”，根据上面对充分条件假言命题的负命题的分析，后者又等值于：q 并且 非 p，即：非 p 并且 q。用符号表示即为：$\neg(p\leftarrow q)\leftrightarrow(\neg p\wedge q)$。

例如，“并非只有通过了外语考试你才可能晋升职称”与“没有通过外语考试你也可能晋升职称”等值。

7. 充要条件假言命题的负命题

“并非‘当且仅当 p，才q’” 等值于 “p 并且 非 q，或者，非 p 并且 q”，也等值于 “要么 p，要么 q”。用符号表示即为：

$$\neg(p\leftrightarrow q)\leftrightarrow((p\wedge\neg q)\vee(\neg p\wedge q))$$

例如，“并非‘你尊重他当且仅当他尊重你’”与“你尊重他并且他不尊重你，或者，你不尊重他并且他尊重你”等值，也与“要么你尊重他，要么他尊重你”等值。

（三）重言式的判定方法

1. 归谬赋值法

给定一个真值形式，可用真值表判定其属于重言式、矛盾式或偶真式中的哪一种。不过，当真值形式含有四个或更多个命题变项时，画真值表非常烦琐甚至实践上不具有可行性。而重言式在三类真值形式中具有独特地位，我们关心一个真值形式属于哪一种类型主要是考虑它是不是重言式。逻辑研究的主题是推理有效性，而根据推理有效性的定义不难看出，在命题逻辑层次判定一个推理是否有效，总是可转换为判定一个蕴涵式是不是重言式。由此，从真值表方法演化出一种**简化真值表方法**。其思想大致是，给定一个蕴涵式，为判定它是不是重言式，先假设它不是重言式，因而其前件真而后件假。接着由此分析其前件与后件所包含的支命题的取值，直至确定其中命题变项的取值。在此过程中如果出现要给同一个真值形式（通常是命题变项）既赋予真又赋予假这种矛盾情况，则说明所给的蕴涵式是重言式；否则，就不是重言式。简化真值表方法也叫**归谬赋值法**。尽管它主要用于判定蕴涵式是不是重言式，但理论上，它可用于判定任何一种真值形式是不是重言式。

例 3.1　使用归谬赋值法判定 $((p\to q)\wedge(r\to q)\wedge(p\vee r))\to q$ 是不是重言式。

解析：

$((p$	$\to$	$q)$	$\wedge$	$(r$	$\to$	$q)$	$\wedge$	$(p$	$\vee$	$r))$	$\to$	q
											假	
			真				真					假
	真	假			真	假			真			
假		假		假		假						
								假	假	假		
									×			

思路讲解：

第一步，先假定该真值形式（蕴涵式）可取值为假。在蕴涵符号下方写下“假”。

第二步，由蕴涵式为假，推出其前件真且后件假。故作为前件的合取式为真。在每个合取符号下方写下“真”，在“q”下方写下“假”。

第三步，由合取式为真，推出其合取支都为真。故前件中的两个蕴涵式和析取式都为真。在蕴涵符号、析取符号下方写下“真”，同时，由上一步得到的 q 为假，因此，在作为两个合取支的蕴涵式的后件 q 的下方也写上“假”。

第四步，由那两个蕴涵式为真但其后件都为假，推出其各自的前件 p 与 r 都为假。在其下方写下“假”。

第五步，由上一步得到 p 与 r 为假，它们也是析取式的两个析取支，所以，在析取支 p 与 r 下方写下“假”。由此得到析取式为假。这与第三步的所得结果矛盾。在下方画“×”表示。

因此该蕴涵式为重言式。

当不止一种取值时，就需要分情况讨论。如下例所示。

例 3.2　使用归谬赋值法判定 $((p\to q)\wedge(p\to r))\leftrightarrow(p\to(q\vee r))$ 是不是重言式。

解析：

	$((p\to q)$	$\wedge$	$(p\to r))$	$\leftrightarrow$	$(p$	$\to$	$(q\vee r))$
				假			
		真				假	
或者							
		假				真	

思路讲解：

假设这个真值形式不是重言式。这时其前后件有两种可能的取值方式：前件真而后件假、前件假而后件真。我们要分别讨论它们是否会出现矛盾。如果两种方式都出现矛盾，则该式为重言式；否则，它就不是重言式。

第一种情况分析如下，它出现矛盾。

$((p$	$\to$	$q)$	$\wedge$	$(p$	$\to$	$r))$	$\leftrightarrow$	$(p$	$\to$	$(q$	$\vee$	$r))$
							假					
			真						假			
	真				真			真			假	
真		真		真		真				真	真	真
											×	

第二种情况如下：

$((p$	$\to$	$q)$	$\wedge$	$(p$	$\to$	$r))$	$\leftrightarrow$	$(p$	$\to$	$(q$	$\vee$	$r))$
							假					
			假						真			
	假				真							
真		假		真		真		真		假	真	真

其中的第二步要求合取式为假、蕴涵式为真。这种取值又将出现支命题有不止一种取值方式。我们选取左侧合取支为假，右侧合取支为真。由此，可以将接下来各部分支命题的取值都确定，直到每一个命题变项的取值都确定下来，并没有出现矛盾。最后得到，在 p、q、r 分别取真、假、真时，所给真值形式为假。因此，它不是重言式。要注意：假如这种选取出现赋值矛盾，则还要分析另两种选取（即左侧合取支为真而右侧合取支为假、两个合取支均假）。只有都出现赋值矛盾时，真值形式才是重言式。

2. *范式方法*

逻辑学所讲的范式是指符合一定规范的表达式。命题逻辑中，范式有合取范式与析取范式两种。根据其形式，非常容易判断前者是不是重言式，后者是不是矛盾式。先定义简单合取与简单析取。

简单合取是指形如 $A_1\wedge\cdots\wedge A_n(n\geqslant 1)$的真值形式，其中 $A_i(1\leqslant i\leqslant n)$为命题变项或命题变项的否定，称为该**简单合取的成员**。

简单析取是指形如 $A_1\vee\cdots\vee A_n(n\geqslant 1)$的真值形式，其中 $A_i(1\leqslant i\leqslant n)$为命题变项或命题变项的否定，称为该**简单析取的成员**。

以下都是简单合取：p，$q\wedge\neg r$，$\neg r$，$q\wedge\neg q\wedge r$。以下都不是简单合取：$\neg\neg r$，$(q\vee r)\wedge\neg r$，$p\vee r$。

一个简单合取是矛盾式，当且仅当其中有某个命题变项及其否定都是该简单合取的成员。以上简单合取的例子中，最后一个是矛盾式，其他的都不是。

以下都是简单析取：$\neg p$，$q\vee\neg r$，$\neg r\vee\neg p$，$p\vee\neg r\vee\neg p$。以下都不是简单析取：$\neg\neg r$，$q\wedge r$，$r\vee(p\wedge r)$。

一个简单析取是重言式，当且仅当其中有某个命题变项及其否定都是该简单析取的成员。以上简单析取的例子中，最后一个是重言式，其他的都不是。

合取范式是形如 $B_1\wedge\cdots\wedge B_n(n\geqslant 1)$的真值形式，其中 $B_i(1\leqslant i\leqslant n)$为简单析取，称为该合取范式的成员。

以下都是合取范式：p，$q\wedge r$，$p\vee r$，$q\wedge\neg r\wedge(\neg r\vee\neg p)$。

析取范式是形如 $B_1\vee\cdots\vee B_n(n\geqslant 1)$的真值形式，其中 $B_i(1\leqslant i\leqslant n)$为简单合取，称为该析取范式的成员。

以下都是析取范式：q，$\neg p\vee r$，$p\wedge\neg q$，$\neg q\vee r\vee(\neg q\wedge p)$。

一个合取范式是重言式当且仅当其每个成员都是重言式。

一个析取范式是矛盾式当且仅当其每个成员都是矛盾式。

以下我们不加证明地给出命题 3.3，其证明很容易，请读者自证。

命题 3.3　将一个真值形式中的某部分（或全部，即该真值形式本身）替换与之等值的真值形式，所得结果与原真值形式等值。

这种替换叫**等值置换**。

命题 3.4　任意一个真值形式总是等值于一个合取范式，也等值于一个析取范式。与其等值的合取范式（析取范式）称为它的合取范式（析取范式）。

证明：给定一个真值形式，我们使用下面 9 个等值式，可逐步求得与之等值的合取范式与析取范式。

（1）$(p\to q)\leftrightarrow(\neg p\vee q)$

（2）$(p\leftrightarrow q)\leftrightarrow((p\wedge q)\vee(\neg p\wedge\neg q))$

（3）$\neg(p\wedge q)\leftrightarrow(\neg p\vee\neg q)$

（4）$\neg(p\vee q)\leftrightarrow(\neg p\wedge\neg q)$

（5）$\neg\neg p\leftrightarrow p$

（6）$(p\vee(q\wedge r))\leftrightarrow((p\vee q)\wedge(p\vee r))$　　分配律

$((q\wedge r)\vee p)\leftrightarrow((q\vee p)\wedge(r\vee p))$　　分配律

（7）$(p\wedge(q\vee r))\leftrightarrow((p\wedge q)\vee(p\wedge r))$　　分配律

$((q\vee r)\wedge p)\leftrightarrow((q\wedge p)\vee(r\wedge p))$　　分配律

（8）$(p\wedge q)\leftrightarrow(q\wedge p)$　　交换律

$(p\vee q)\leftrightarrow(q\vee p)$　　交换律

（9）$(p\wedge(q\wedge r))\leftrightarrow((p\wedge q)\wedge r)$　　结合律

$(p\vee(q\vee r))\leftrightarrow((p\vee q)\vee r)$　　结合律

首先，使用（1）与（2）将任意一个真值形式逐步等值置换成只含否定、合取与析取这三种联结词的真值形式；接着，使用（3）至（5）这三个等值式，将否定内移至命题变项前，并消去双重否定；最后，使用等值式（6）至（9），分别可求得其合取范式与析取范式。根据命题 3.3，上述过程中所得的任意真值形式彼此等值。 ■

例 3.5　通过求 $\neg(p\wedge q)\to((p\to r)\to q)$的合取范式与析取范式，判定其是不是重

言式或矛盾式。

解析： 上式等值于：$\neg\neg(p\wedge q)\vee(\neg(\neg p\vee r)\vee q)$

上式等值于：$(p\wedge q)\vee((\neg\neg p\wedge\neg r)\vee q)$

上式等值于：$(p\wedge q)\vee(p\wedge\neg r)\vee q$

上式是析取范式。接着使用分配律

$$(p\vee p\vee q)\wedge(p\vee\neg r\vee q)\wedge(q\vee p\vee q)\wedge(q\vee\neg r\vee q)$$

上式是合取范式。它既不是重言式也不是矛盾式。

我们还可以使用如下重言式进一步化简真值形式：

（10）	$(p\vee p)\leftrightarrow p$	幂等律
	$(p\wedge p)\leftrightarrow p$	幂等律
（11）	$(p\vee(q\wedge\neg q))\leftrightarrow p$	加元律
	$(p\wedge(q\vee\neg q))\leftrightarrow p$	加元律
（12）	$(p\wedge(p\vee q))\leftrightarrow p$	吸收律
	$(p\vee(p\wedge q))\leftrightarrow p$	吸收律

以上求得的合取范式等值于：$(p\vee q)\wedge(p\vee\neg r\vee q)\wedge(q\vee\neg r)$ ■

二、命题推理及其有效性判定

分析一个推理是否有效，从命题逻辑角度看，就是先分析其结构，得到它的真值形式，然后再根据该形式的有效性（是不是重言式）评估推理的有效性。更一般地，给定任意一个命题，为判定其所属类型是重言式、矛盾式还是偶真式，先要辨识命题中含有哪些原子命题，使用不同的命题变项表示不同的原子命题，然后根据命题表达的含义以及出现的联结词，使用常用的五种联结词将原子命题之间的逻辑关联表示出来，得到其真值形式，然后使用真值表、简化赋值法或范式方法判定其类型。

（一）复合命题的真值形式

例 3.6 写出下列复合命题的真值形式。

（1）哲学不消灭无产阶级，就不能成为现实；无产阶级不把哲学变成现实，就不可能消灭自身。①

解析： 令 p 表示“哲学消灭无产阶级”，q 表示“（哲学）能成为现实”，r 表示“无产阶级把哲学变成现实”，s 表示“（无产阶级）可能消灭自身”。其真值形式如下：

$$(\neg p\rightarrow\neg q)\wedge(\neg r\rightarrow\neg s)$$ ■

（2）他并不满足于找到某些符合观察的方程，而是试图把握、理解这个隐藏在现象背后的实在。然而，除非他能使这种努力服从严格的实验检验的纪律，他就会发现这种莽撞的努力是无意义的。②

① 马克思恩格斯选集：第 1 卷. 北京：人民出版社，2012：16.

② 波普尔. 科学知识进化论. 北京：三联书店，1987：53.

解析：令 p 表示“他满足于找到某些符合观察的方程”，q 表示“（他）试图把握、理解这个隐藏在现象背后的实在”，r 表示“他能使这种努力服从严格的实验检验的纪律”，s 表示“他发现这种莽撞的努力是无意义的”。其真值形式如下：

$$(\neg p\wedge q)\wedge(\neg r\rightarrow s)$$ ■

（二）一般命题推理及其判定

写出一个推理的真值形式的方法同前面的写出命题的真值形式一样。只是要明确，推理的真值形式总是一个形如 $\alpha\rightarrow\beta$ 的蕴涵式，其中 α 是前提，β 是结论。

例 3.7 写出下列命题推理的真值形式。

（1）如果按前面所提到的多年教科书中对真理发展规律的表述，把意见的矛盾斗争简单化，认为真理与错误一开始便界限分明，相比较而存在，相斗争而发展，那就必然会自居真理，把自己的意见当成真理，而把不同意自己的意见一律当作谬论，要进行批判、斗争。①

解析：令 p 表示“（人们）按前面所提到的多年教科书中对真理发展规律的表述，把意见的矛盾斗争简单化”，q 表示“（人们）认为真理与错误一开始便界限分明，相比较而存在，相斗争而发展”，r 表示“（人们）必然会自居真理”，s 表示“（人们）把自己的意见当成真理”，t 表示“（人们）把不同意自己的意见一律当作谬论”，u 表示“（人们）要进行批判、斗争”。上述句子的真值形式如下：

$$(p\wedge q)\rightarrow(r\wedge s\wedge t\wedge u)$$ ■

（2）如果池水是清澈的，那么或者小明能看见池底却装着看不见，或者他的视力确实有问题。

解析：令p 表示“池水是清澈的”，q表示“小明能看见池底”，r表示“小明装着看不见池底”，s表示“小明的视力确实有问题”。上述句子的真值形式如下：

$$p\rightarrow((q\wedge r)\vee s)$$ ■

例 3.8 写出下列命题推理的真值形式，并用范式方法判定其是否有效。

（1）如果运动着的物体某一瞬间在这儿，那么，这一瞬间它肯定不在这儿。因此，运动着的物体某一瞬间既在这儿又不在这儿。

解析：令p 表示“运动着的物体某一瞬间在这儿”，则上述推理的真值形式如下：

$$(p\rightarrow\neg p)\rightarrow(p\wedge\neg p)$$

上式等值于：$\neg(\neg p\vee\neg p)\vee(p\wedge\neg p)$

上式等值于：$p\vee(p\wedge\neg p)$

上式等值于：p

p不是重言式，因此，上述推理不是有效的。 ■

（2）运动着的物体某一瞬间在这儿，当且仅当这一瞬间它不在这儿。因此，运动着

① 冯契. 逻辑思维的辩证法. 上海：华东师范大学出版社，1996：85.

的物体某一瞬间既在这儿又不在这儿。

解析：令p 表示“运动着的物体某一瞬间在这儿”，则上述推理的真值形式如下：

$(p\leftrightarrow\neg p)\to(p\wedge\neg p)$

上式等值于：$((p\to\neg p)\wedge(\neg p\to p))\to(p\wedge\neg p)$

上式等值于：$\neg((p\to\neg p)\wedge(\neg p\to p))\vee(p\wedge\neg p)$

上式等值于：$\neg(p\to\neg p)\vee\neg(\neg p\to p)\vee(p\wedge\neg p)$

上式等值于：$(p\wedge\neg\neg p)\vee(\neg p\wedge\neg p)\vee(p\wedge\neg p)$

上式等值于：$(p\wedge p)\vee\neg p$

上式等值于：$p\vee\neg p$

$p\vee\neg p$是重言式，因此，上述推理是有效的。■

（3）如果地球围绕太阳公转，但并不围绕自己的轴线自转，那么，地球上就没有白天和黑夜。因为事实是地球上有白天和黑夜。所以，或者地球并不公转，或者地球既公转又自转。

解析：令p 表示“地球围绕太阳公转”，q表示“地球围绕自己的轴线自转”，r表示“地球上有白天和黑夜”，则上述推理的真值形式如下：

$(((p\wedge\neg q)\to\neg r)\wedge r)\to(\neg p\vee(p\wedge q))$

上式等值于：$\neg(((p\wedge\neg q)\to\neg r)\wedge r)\vee(\neg p\vee(p\wedge q))$

上式等值于：$\neg((p\wedge\neg q)\to\neg r)\vee\neg r\vee(\neg p\vee(p\wedge q))$

上式等值于：$((p\wedge\neg q)\wedge\neg\neg r)\vee\neg r\vee((\neg p\vee p)\wedge(\neg p\vee q))$

上式等值于：$(p\wedge\neg q\wedge r)\vee\neg r\vee(\neg p\vee q)$

上式等值于：$(p\vee\neg r\vee\neg p\vee q)\wedge(\neg q\vee\neg r\vee\neg p\vee q)\wedge(r\vee\neg r\vee\neg p\vee q)$

上式是重言式，因此上述推理是有效的。■

第三节　真值函数

前面我们指出，复合命题是由“并非”“并且”等联结词联结支命题得到的，而且，从有效性角度看，此时仅考虑命题的真值，自然语言中的联结词可看成真值联结词。而使用真值表界定这些联结词的意义实质上是定义了真值集上的函数。现在我们就沿着这个方向对真值函数做出进一步讨论。

一、n 元真值函数的总数

任意一个真值函数要为定义域中的每个对象都指派真、假二者之一为其值。故此，每个元素有两种不同的指派方式。一元真值函数的定义域就是真值集{真、假}。它有两个元素。因此，一元真值函数有 4 个，如下表所示：

表 3-16

p	h_1	h_2	h_3	h_4
真	真	真	假	假
假	真	假	真	假

h_1 总是取值为真，是常函数，称为恒真函数；h_2 是恒等函数；h_3 就是否定；h_4 是恒假函数。

二元真值函数的定义域是{〈真，真〉,〈真，假〉,〈假，真〉,〈假，假〉}，有 2×2 个元素。而每一个元素可以对应于或真或假两种不同的值，因此，二元真值函数有 $2^{2\times 2}$ 个，如下表所示：

表 3-17

p	q	f_1	f_2	f_3	f_4	f_5	f_6	f_7	f_8	f_9	f_{10}	f_{11}	f_{12}	f_{13}	f_{14}	f_{15}	f_{16}
真	真	真	**真**	真	真	**真**	真	**真**	**真**	假	假	假	假	假	假	假	假
真	假	真	**真**	真	真	**假**	假	**假**	**假**	真	真	真	真	假	假	假	假
假	真	真	**真**	假	假	**真**	真	**假**	**假**	真	真	假	假	真	真	假	假
假	假	真	**假**	真	假	**真**	假	**真**	**假**	真	假	真	假	真	假	真	假

其中，f_2、f_5、f_7、f_8 分别是前面介绍的析取、蕴涵、等值、合取。

n 元真值函数的定义域都有 2^n 个元素，因此，n 元真值函数的总数是 2^{2^n}。

二、真值函数集的完备性

真值函数有无穷多个，常用的是前面讨论的那五个。这五个常用的真值函数是否足够？足够是指仅用这五个就足以“表示”全部真值函数。答案是肯定的。下面先定义表示，然后对上述肯定答案做出详细说明。

给定 n 元真值函数 f 和一个含有 n 个不同变项的真值形式 α，如果对 n 元真值函数定义域中的任意元素，f 为它指派的值与由 α 计算得到的值相同，我们就说 α**表示了** f，也称**定义了**f。

例如：二元真值函数合取与真值形式 $\neg(\neg p\vee\neg q)$，对于任意二元真值函数中的任意一个元素，它们的值都相同，我们就说，$\neg(\neg p\vee\neg q)$ 表示了合取。

给定一组（或叫一集）真值函数，如果对于任意 n 元真值函数我们都可找到一个仅使用该组中的函数和 n 个不同变项得到的真值形式 α 去表示该 n 元真值函数，我们就说该组（或该集）真值函数是完备的。

命题 3.9 $\{\neg,\wedge,\vee\}$ 是完备的。

证明：任意给定一个 n 元真值函数 f，分两种情况讨论。

如果它恒取假，则以下真值形式 $p_1\wedge\neg p_1\wedge p_2\wedge\cdots\wedge p_n$表示它。

否则，它至少在一种情况下取真。以如下三元真值函数为例，我们说明如何构造一个析取范式表示 f。

以下函数在三种情况下取真，我们就分别构造三个简单合取。例如，在p_1、p_2、p_3 分别取真、假、真的情况下 f 的值为真，我们就构造 $p_1\wedge\neg p_2\wedge p_3$。易见，该简单合取在且仅在上述情况下取真。类似地，对于其他两种情况，我们分别构造 $\neg p_1\wedge p_2\wedge p_3$ 和 $\neg p_1\wedge\neg p_2\wedge p_3$ 。然后，以上述三个简单合取为成员，构造析取范式。易见，此析取范式在且仅在那三种情况下为真。因此，它表示了该函数。

表 3-18

p_1	p_2	p_3	$f(p_1,p_2,p_3)$
真	真	真	假
真	真	假	假
真	假	真	**真**
真	假	假	假
假	真	真	**真**
假	真	假	假
假	假	真	**真**
假	假	假	假

一般地，对于每一种函数值为真的情况，构造一个简单合取：$A_1\wedge A_2\wedge\cdots\wedge A_n$，其中，$A_i(1\leqslant i\leqslant n)$ 或是 p_i（如果 p_i 在此种情况下为真），或者是 $\neg p_i$（如果 p_i 在此种情况下为假）。然后以这些简单合取为成员，构成一个析取范式。易见，此析取范式在且仅在该函数为真的情况下取值为真。因此，该析取范式表示了 f。 ■

既然 $\{\neg,\wedge,\vee\}$ 是完备的，那由五个常用真值函数构成的集合当然也是完备的。据德・摩根律以及$(p\vee q)\leftrightarrow(\neg p\rightarrow q)$ 立即可得以下推论：

推论 3.10 $\{\neg,\wedge,\}$、$\{\neg,\vee\}$ 和$\{\neg,\rightarrow\}$都是完备的。

命题 3.11 $\{\wedge,\vee,\rightarrow,\leftrightarrow\}$不是完备的。

证明：仅由这四个常用真值函数构成的真值形式，当命题变项均取真时，其结果为真。因此，它们无法表示否定。 ■

命题 3.12 $\{\neg\}$不是完备的。

证明：显然，仅用它无法表示恒真函数。 ■

推论 3.13 仅用五个常用真值函数中的一个无法构成完备集。

命题 3.14 $\{\neg,\leftrightarrow\}$不是完备的。

证明：先说明以下断言（#）：

（#） 一个含有两个变项的真值形式，如果其中出现的联结词仅为¬、↔，那么其真值表列值为真的行数是偶数。

由此断言可得，仅使用这两个联结词无法表示 →，因此，$\{\neg,\leftrightarrow\}$不是完备的。

要证明断言（#），可施归纳于真值形式中¬、 ↔ 出现的次数。详细证明略。 ■

命题 3.15 $\{f_9\}$ 和 $\{f_{15}\}$ 都是完备的。

证明：f_9 叫析舍，现代逻辑一般用"|"表示，称为谢费尔竖①。$p|q$ 可定义为：$\neg p \vee \neg q$。我们使用析舍定义否定与析取以说明{|}是完备的。

$$\neg p \leftrightarrow (p|p)$$
$$(p \vee q) \leftrightarrow ((p|p)|(q|q))$$

表 3-19

p	q	$\neg p$	$p\|p$	$p \vee q$	$q\|q$	$(p\|p)\|(q\|q)$
真	真	假	假	真	假	真
真	假	假	假	真	真	真
假	真	真	真	真	假	真
假	假	真	真	假	真	假

f_{15} 叫合舍，现代逻辑一般用"↓"表示。$p{\downarrow}q$可定义为：$\neg p \wedge \neg q$。我们使用合舍定义否定与合取以说明{↓}是完备的。

$$\neg p \leftrightarrow (p{\downarrow}p)$$
$$(p \wedge q) \leftrightarrow ((p{\downarrow}p){\downarrow}(q{\downarrow}q))$$

表 3-20

p	q	$\neg p$	$p{\downarrow}p$	$p \wedge q$	$q{\downarrow}q$	$(p{\downarrow}p){\downarrow}(q{\downarrow}q)$
真	真	假	假	真	假	真
真	假	假	假	假	真	假
假	真	真	真	假	假	假
假	假	真	真	假	真	假

■

第四节　命题逻辑的公理化

一、形式化和公理化

传统逻辑研究基本依赖自然语言。逻辑常项也都沿用自然语言，如前面学习的"并且""如果，那么"。而现代逻辑采用特制的符号表示研究对象，高度抽象，到后来渐趋严格，以至形式化。除形式化外，现代逻辑另一个重要特点是使用古希腊开创的演绎体系，将理论系统化，称为公理化。这两点是现代逻辑与传统逻辑在研究方法上的主要区别。

---

① 析舍与下面要讲的合舍都是由谢费尔（H. M. Sheffer，1883—1964）在 1913 年所引进。不过，谢费尔本人当初是用谢费尔竖表示合舍。据美国逻辑学家皮尔斯的手稿，皮尔斯更早发现这两个真值函数，但在谢费尔公开发表后才为世人所知。参见：Michael Scanlan.The Known and Unknown H.M. Sheffer//Transactions of the Charles S. Peirce Society.Indiana University Press, 2000, 36（2）：193-224。

形式化方法由弗雷格开创，后来由罗素、怀特海等人进一步发展。任何一门语言从语法角度看（至少）包含两点：规定初始符号和形成规则（即如何由初始符号得到表意的符号，如语词与句子等）。而形式化的要求更为严格。形式化语言要求初始符号之间有独立性，并且，对任意一个符号是不是语言的符号都是明确的、可判定的，它的合法表达式的构成具有唯一性。

例如，规定初始符号是如下三个符号：&，*，**。这样的设定不符合形式化的要求，它没有满足初始符号独立性的要求。因为我们无法判定“**”这个符号是由初始符号“*”连续出现两次构成的，还是初始符号“**”的一次出现。

合法表达式的构成具有唯一性这个要求是指没有歧义性，例如，前面提到，“$p \wedge q \rightarrow r$”，如果没有其他约定，可以有合取式与蕴涵式两种理解，产生了歧义。

再如，规定初始符号是26个小写英文字母，合式的表达式为英文单词。这样设定也不符合形式化的要求，因为是不是英文单词没有明确的标准。

最早的公理化理论是欧几里得（约公元前330—前275）在《几何原本》中建立的几何学体系。现代的形式化公理方法一般认为始自弗雷格的《概念文字》。公理化方法是当一门学科发展到一定阶段，需要综合整理其中的概念与断言结论时所采用的研究方法，它可使一个理论的各个概念与结论之间关系明晰，整个理论条理化、系统化。具体而言，先选取一些适当的概念作为不加定义的初始概念，一些断言作为不加证明而认定，作为公理；然后定义其他概念，使用推理规则推出其他结论，作为定理。如此就构建了公理系统。需要指出的是，公理的选择，在早期要求有自明性，但后来这一要求有所降低。人们为了某种目的也常特别地选定一些不那么自明的断言作为公理。在形式化公理系统中，要求公理有如下特点：某个表达式是不是公理据其结构是可判定的。

公理系统构造好之后，一般考察它是否具有如下三个性质。第一是一致性：不能推出矛盾；第二是独立性：每一条公理，不能由其他公理据推理规则推出；第三是完全性：公理系统包含了该理论所认可的全部断言，即真命题。第一条是任何一个公理系统必须具备的，后面两个不是必需的。

命题逻辑所认可的全部断言是逻辑真命题，即重言式。命题逻辑公理化就是恰当地选取少数几类重言式作为公理，使得它符合上述要求。

按照如上方法基于形式语言构造的公理系统叫形式（化）公理系统。以下我们就制定一种形式语言，在其中将命题逻辑公理化，也就是给出一个公理系统。

二、命题逻辑的形式公理系统

（一）形式语言

命题逻辑的形式语言 $\mathcal{L}^{\mathrm{P}}$（以下简写为 $\mathcal{L}$）的初始符号与形成规则如下：

1. *初始符号*

命题逻辑形式语言 $\mathcal{L}$的初始符号包括如下三类：

（1）命题变项：$p_1, p_2, \cdots, p_n, \cdots$

它们是由字母“p”和右下角一个正整数连在一起构成的。

（2）命题联结词：$\neg,\rightarrow$

这两个符号分别叫否定号、蕴涵号。

（3）辅助符号：（ ，）

它们分别叫左括号、右括号。

2. 形成规则

由初始符号前后相接排列在一起的符号序列是表达式。许多表达式是“无意义的”，如$\rightarrow\neg p_1(p_3)\rightarrow p_2($。有一些是符合我们预期的、“有意义的”，如 $\neg p_1$、$\neg(p_1\rightarrow p_3)$。形成规则就是指明初始符号如何排列方能形成“有意义的”表达式。这些“有意义的”表达式叫**$\mathcal{L}$-公式**，简称**公式**，其定义如下：

（1）命题变项是公式；

（2）如果 α 是公式，那么，$\neg\alpha$ 是公式；

（3）如果 α、β 是公式，那么，$(\alpha\rightarrow\beta)$ 是公式。

（4）只有有限次使用上述规则得到的表达式才是公式。

由（1）、（2）和（3）所得到的公式分别叫**原子公式、否定式、蕴涵式**。

为书写方便，通常引入合取式、析取式与等值式。例如，将形如 $\neg(\alpha\rightarrow\neg\beta)$ 的表达式简写为$(\alpha\wedge\beta)$，称其为合取式。要注意，$\neg(p_1\wedge p_3)$ 不是 $\mathcal{L}$-公式，而只是 $\neg\neg(p_1\rightarrow\neg p_3)$ 的简写，后者才是公式。

为减少使用括号，我们仍对相同联结词连续出现采用右结合优先原则，最外层括号可省略。

此时我们讨论的对象语言是 $\mathcal{L}$，我们用于讨论 $\mathcal{L}$ 的语言是元语言。“α”“$\wedge$” 这些符号属于元语言，不属于 $\mathcal{L}$。$(\alpha\rightarrow\beta)$ 含有不属于 $\mathcal{L}$ 的符号，不是 $\mathcal{L}$-公式。甚至严格说来，“$p_1\rightarrow p_2$”也不是公式，只是公式“$(p_1\rightarrow p_2)$”的简写。

（二）形式语义学

$\mathcal{L}$ 中的符号严格来说，在赋予意义前不表达任何内容。称“$\rightarrow$”为蕴涵符号只是因为它通常被用于表示实质蕴涵，而且也是沿用前面几节的叫法。给形式语言赋予意义通常称为给形式语言一种解释。这时所讨论的就是它所表达的内容。解释通常通过函数实现。对 $\mathcal{L}$ 最为常见的经典的解释是赋予公式真值，详述如下。

一个**真值指派**是一个从原子公式集到真值集的函数。

令V是一个真值指派，我们定义任意公式 α 在该真值指派下的值（记为$\overline{\mathrm{V}}(\alpha)$）如下：

当 α 是原子公式时，$\overline{\mathrm{V}}(\alpha)=\mathrm{V}(\alpha)$。

当 α 是 $\neg\beta$ 时，$\overline{\mathrm{V}}(\alpha)=\overline{\mathrm{V}}(\neg\beta)=$真 当且仅当 $\overline{\mathrm{V}}(\beta)=$假。

当 α 是 $\beta\rightarrow\gamma$ 时，$\overline{\mathrm{V}}(\alpha)=\overline{\mathrm{V}}(\beta\rightarrow\gamma)=$真 当且仅当 $\overline{\mathrm{V}}(\beta)=$假 或$\overline{\mathrm{V}}(\gamma)=$真。

此定义所赋予否定符号与蕴涵符号的意义实质上与前面真值表所给的解释是相同的。

令Γ 是一公式集，α 是一公式。如果$\overline{\mathrm{V}}(\alpha)=$真，也称V满足了 α，记为 $\mathrm{V}\vDash\alpha$。如果V满足了Γ 中的每个公式，也称V满足了Γ。如果满足Γ 的真值指派都满足 α，则称 α 是Γ 的**重言后承**（记为$\Gamma\vDash\alpha$）。α 是空集的重言后承意味着任意真值指派满足它，此时我们称其为**重言式**。

例如，令 V_1 给所有命题变元赋值为真，则 $\overline{V}_1(p_1\to p_2)$ = 真，$\overline{V}_1(\neg p_2)$ = 假，$\overline{V}_1(p_1\to p_1)$ = 真；令 V_2 给所有命题变元赋值为假，则 $\overline{V}_2(p_1\to p_2)$ = 真，$\overline{V}_2(\neg p_2)$ = 真，$\overline{V}_2(p_1\to p_1)$ = 真；令 V_3 给所有下标为奇数的命题变元赋值为真，给其他变元赋值为假，则 $\overline{V}_3(p_1\to p_2)$ = 假，$\overline{V}_3(\neg p_2)$ = 真，$\overline{V}_3(p_1\to p_1)$ = 真。

（三）命题逻辑的一个公理系统 P

P 的公理与推理规则如下：

1. 公理（模式）

公理是具有如下三种模式之一的公式：

（1）$\alpha\to(\beta\to\alpha)$

（2）$(\alpha\to(\beta\to\gamma))\to(\alpha\to\beta)\to(\alpha\to\gamma)$

（3）$(\neg\alpha\to\neg\beta)\to(\neg\alpha\to\beta)\to\alpha$

以上是将所有公理分成三组，每一组有无数多条公理。同一组公理都具有某种共同的形式结构。例如以下两个公式都是公理，属于第一条模式。

$$(p_1\to p_2)\to\neg p_3\to(p_1\to p_2)$$
$$\neg(\neg p_5\to\neg p_1\to p_2)\to\neg\neg p_5\to\neg(\neg p_5\to\neg p_1\to p_2)$$

2. 推理规则

从 α 和 $\alpha\to\beta$ 推出 β。

这条规则通常称为分离规则，简写为 MP 或 mp（Modus Ponens）。

令 Γ 是一公式集，α 是一公式。从 Γ 到 α 的 **P-推导**（简称推导，记为 $\Gamma\vdash_P\alpha$ 或简记为 $\Gamma\vdash\alpha$）是指一个非空有穷公式序列：$\alpha_1,\cdots,\alpha_n$，其中最后一个公式 α_n 是 α，并且每个公式或者属于 Γ，或者是公理，或者是由在前面的公式使用分离规则得到。如果存在从 Γ 到 α 的推导，也称 α 是 Γ 的**语法后承**。如果 Γ 是空集，此推导也称为 α 的**证明**。如果存在 α 的证明，就称 α 是可证的。可证的公式也叫**定理**。

公理都是定理。但定理不一定是公理。如：$p_1\to p_1$。以下给出它的一个证明。

例 3.16 $\vdash p_1\to p_1$

证明：

（1）	$(p_1\to(p_1\to p_1)\to p_1)\to(p_1\to(p_1\to p_1))\to(p_1\to p_1)$	公理 2
（2）	$p_1\to(p_1\to p_1)\to p_1$	公理 1
（3）	$(p_1\to(p_1\to p_1))\to(p_1\to p_1)$	（1）（2）MP
（4）	$(p_1\to(p_1\to p_1))$	公理 1
（5）	$p_1\to p_1$	（3）（4）MP ■

为方便交流，我们将推导写成如上形式。每一行包含三部分：中间部分是构成推导的公式；左侧为数字，标明它是序列中的第几个公式；右侧为根据。根据有三种：属于 Γ，是公理，使用 MP 规则获得。如果为公理，就要写明第几组公理；如果使用 MP 获得，就要写明 MP 施于哪两个公式。以上推导是从空集到 $p_1\to p_2$ 的推导，所以根据只有两种，它是一个证明。

关于推导，有以下结论：

命题 3.17 如果 $\Gamma \subseteq \Delta$ 且$\Gamma \vdash \alpha$，那么，$\Delta \vdash \alpha$。

命题 3.18 如果 $\Gamma \vdash \alpha \to \beta$ 且 $\Delta \vdash \alpha$，那么，$\Gamma \cup \Delta \vdash \beta$。

命题 3.19（演绎定理） 如果 $\Gamma \cup \{\alpha\} \vdash \beta$，那么，$\Gamma \vdash \alpha \to \beta$。

前面两个命题证明很简单，请读者自证。以下给出命题 3.19 的证明概要。

证明：假设$\Gamma \cup \{\alpha\} \vdash \beta$，于是存在从$\Gamma \cup \{\alpha\}$ 到 β 的推导 $\alpha_1, \cdots, \alpha_n$。施归纳于 n 证明对每一个 α_i（$1 \leqslant i \leqslant n$）都有$\Gamma \vdash \alpha \to \alpha_i$。

当 $i=1$，α_i 是公理或属于 $\Gamma \cup \{\alpha\}$ 中的元素。使用公理模式 1 和以上定理$p_1 \to p_1$ 可证得 $\Gamma \vdash \alpha \to \alpha_i$。

假设当 $i \leqslant k$（$1 \leqslant k < n$）时结论成立。当 $i=k+1$ 时，推出 α_i 的根据有三种情况，其中两种与 $i=1$ 时的讨论是相同的。当 α_i 是使用 MP 获得时，存在公式α_j、$\alpha_m = \alpha_j \to \alpha_i$，而且 $j \leqslant k$、$m \leqslant k$，于是根据归纳假设，有：

$$\Gamma \vdash \alpha \to \alpha_j$$

和$\Gamma \vdash \alpha \to \alpha_m$，即$\Gamma \vdash \alpha \to (\alpha_j \to \alpha_i)$

由公理模式 2 和上述命题 3.17 得：

$\Gamma \vdash (\alpha \to (\alpha_j \to \alpha_i)) \to (\alpha \to \alpha_j) \to (\alpha \to \alpha_i)$。

由以上三个推导，两次使用命题 3.18 即得到$\Gamma \vdash \alpha \to \alpha_i$。 ■

注意：$p_1 \to p_1$ 是 P-定理。P-定理是**内定理**，即系统内可证的公式。演绎定理是关于系统 P 的推导的性质，属于**元定理**。

除演绎定理外，P 还有如下两个重要定理：

定理 3.20（可靠性定理） 如果$\Gamma \vdash \alpha$，那么$\Gamma \vDash \alpha$。特别地，定理都是重言式。

定理 3.21（完全性定理） 如果$\Gamma \vDash \alpha$，那么$\Gamma \vdash \alpha$。特别地，重言式都是定理。

由此，任意公式是不是 P 定理**是可判定的**。此外，**P 有独立性**。

练习题

一、判定下列断定的正误。

1. 有真假的句子就是命题。
2. 在命题逻辑中，包含与自身不同的支命题的命题，就是复合命题。
3. 如果 p 是 q 的充分条件，那么 q 就是 p 的必要条件。
4. 如果 p 不是 q 的充分条件，那么 q 就不是 p 的必要条件。
5. 否定一个选言命题，等于肯定一个联言命题；否定一个联言命题，等于肯定一个选言命题。
6. 否定 p 是 q 的充分条件，就等于肯定 p 是 q 的必要条件。
7. 一个推理的前提真，并且结论真，这个推理一定是正确的。
8. 一个推理的前提真，并且结论假，这个推理一定是不正确的。
9. 如果一个推理的结论假，那么这个推理就不可能是正确的。

二、用真值表判定以下两个真值形式的等值。

1. $p \to q$

2. $\neg p \vee q$

三、运用命题推理的知识，解答以下问题。

某排球队有A、B、C、D、E、F、G、P、Q、R、S、T等12个队员。在某场比赛中，上场队员的挑选有以下的原则：

（1）如果P不上场，则S不上场；

（2）只有D不上场，G才上场；

（3）A和C要么都上场，要么都不上场；

（4）当且仅当D上场，R才不上场；

（5）只有R不上场，C才不上场；

（6）A和P两人中，只能上场一个；

（7）如果S不上场，则T和Q也不上场；

（8）R和F两人中也只能上场一个。

（9）G上场。

从上述条件可推出谁上场，谁不上场？

四、解答下列各题。从所列的A、B、C、D、E五个备选答案中选出一个，多选为错。

1. 在某餐馆中，所有的菜或者属于川菜系或者属于粤菜系，张先生点的菜中有川菜，因此，张先生点的菜中没有粤菜。

以下哪项最能增强上述论证？（　　）

A. 餐馆规定，点粤菜就不能点川菜，反之亦然。

B. 餐馆规定，如果点了川菜，可以不点粤菜，但点了粤菜，一定也要点川菜。

C. 张先生是四川人，只喜欢川菜。

D. 张先生是广东人，但不喜欢粤菜。

E. 张先生是四川人，最不喜欢粤菜。

2. 只要天上有太阳并且气温在0℃以下，街上总有很多人穿着皮夹克。只要天下着雨并且气温在0℃以上，街上总有人穿着雨衣。有时，天上有太阳但却同时下着雨。

如果上述断定为真，则以下哪项一定为真？（　　）

A. 有时街上会有人在皮夹克外面套着雨衣。

B. 如果街上有很多人穿着皮夹克但天没下雨，则天上一定有太阳。

C. 如果气温在0℃以下并且街上没有多少人穿着皮夹克，则天一定下着雨。

D. 如果气温在0℃以上并且街上有人穿着雨衣，则天一定下着雨。

E. 如果气温在0℃以上但街上没人穿雨衣，则天一定没下雨。

3. 一个产品要创成名牌，必须保持过硬的质量；一个产品，只有提高技术含量，才能保持过硬的质量；而一个企业如果忽视技术投资，则产品的技术含量就不可能提高。

以下哪项结论可以从题干的断定中推出？（　　）

I.一个生产名牌产品的企业，不可能忽视技术投资。

II.一个缺少技术含量的产品，不可能创成名牌。

III.一个产品质量不过硬的企业，一定忽视了技术投资。

A. 只有I。

B. 只有II。

C. 只有III。

D. 只有I和II。

E. I、II和III。

4. 国内以三国历史为背景的游戏《三国杀》、《三国斩》、《三国斗》和《三国梦》等，都借鉴了美国西部牛仔游戏《bang!》。中国网络游戏的龙头企业盛大公司状告一家小公司，认为后者的《三国斩》抄袭了自己的《三国杀》。如果盛大公司败诉，则《三国斩》必定知名度大增，这等于培养了自己的竞争对手；如果盛大公司胜诉，则为《bang!》日后告赢《三国杀》抄袭提供了一个非常好的案例。

如果以上陈述为真，以下哪项陈述一定为真？（　　）

A. 著名的大公司与默默无闻的小公司打官司，可以提高小公司的知名度。

B. 如果盛大公司胜诉，那么它会继续打击以三国历史为背景的其他游戏。

C. 盛大公司在培养自己的竞争对手，或者在为《bang!》将来状告自己抄袭提供好的案例。

D. 国内以三国历史为背景的游戏都将面临美国西部牛仔游戏《bang!》的侵权诉讼。

E. 上述结论都不一定为真。

5. 爱因斯坦发表狭义相对论时，有人问他：预计公众会有什么反应？他答道：很简单，如果我的理论是正确的，那么德国人会说我是德国人，法国人会说我是欧洲人，美国人会说我是世界公民；如果我的理论不正确，那么美国人会说我是欧洲人，法国人会说我是德国人，德国人会说我是犹太人。

如果爱因斯坦的话是真的，以下哪项陈述一定为真？（　　）

A. 有人会说爱因斯坦是世界公民。

B. 法国人会说爱因斯坦是欧洲人。

C. 有人会说爱因斯坦是德国人。

D. 有人会说爱因斯坦是犹太人。

E. 有人会说爱因斯坦是德国犹太人。

五、在以下各句的括号中填入哪个或哪些选项是适当的？

1. 命题的真值是指（　　）。

A. 真命题的值

B. 命题的真假二值

2. 相容选言命题和不相容选言命题的共同之处是（　　）。

A. 都断定至少有一个选言支是真的

B. 如果其选言支都是假的，则自身是假的

C. 如果至少有一个选言支是真的，则自身是真的

3. 如果 p 是 q 的充分条件，则（　　）。

A. q 一定是 p 的必要条件

B. p 一定不是 q 的必要条件

C. q 可能是 p 的充分条件

4. 以下的等值式中，正确的是（　　）。

A. (要么 p，要么 q)$\leftrightarrow((p\wedge\neg q)\dot{\vee}(\neg p\wedge q))$

B. $\neg(p\rightarrow q)\leftrightarrow(p\wedge\neg q)$

C. $\neg$(只有 p 才 q)$\leftrightarrow(\neg p\wedge q)$

D. $(p\leftrightarrow q)\leftrightarrow\neg$(要么 p，要么 q)

5. 以下的断定中，正确的是（　　）。

A.一个公式如果是重言式，则一定是可真式

B.一个公式如果是矛盾式，则其否定一定是重言式

C.一个公式如果是可真式，则其否定一定是不可真式，即矛盾式

6. 一个命题推理是有效的，当且仅当其真值形式是（　　）。

A. 重言式

B. 可真式

7. 如果一个推理是有效的，则（　　）。

A. 如果其前提是真实的，则其结论一定是真实的

B. 如果其前提是虚假的，则其结论一定是虚假的

8. 对于一个只有两个选言支的相容选言推理来说，（　　）。

A. 否定一个选言支，可以肯定另一个选言支

B. 肯定一个选言支，可以否定另一个选言支

9. 对于不相容选言推理来说，（　　）。

A. 肯定否定式是有效式

B. 肯定否定式是无效式

C. 否定肯定式是有效式

D. 否定肯定式是无效式

10. 对于必要条件假言推理来说，（　　）。

A. 否定前件可以否定后件

B. 肯定后件可以肯定前件

C. 肯定前件不能肯定后件

D. 否定后件不能否定前件

六、指出下列各题中，A 是 B 的什么条件（充分条件、必要条件、充要条件或不构成条件关系）？

1. A. 认识错误

B. 改正错误

2. A. 有作案行为
   B. 有作案动机
3. A. 吸烟成癖
   B. 患肺癌
4. A. 同位角相等
   B. 两直线平行
5. A. x不等于y
   B. y小于x

七、写出下列复合命题的负命题的等值命题。

1. 这个商店的商品不但价廉，而且物美。
2. 昨晚是小张或小李值班。
3. 人有多大胆，地有多高产。
4. 只有经济发达地区，才有环境治理的问题。
5. 要么老张当选代表，要么老李当选代表。
6. 当且仅当衣食足，才能知荣辱。
7. 只要认识字母，就能学好外语。
8. 孩子每天吃巧克力，才长得好。

八、写出下列复合命题的真值形式。

1. 明天我或者去看电影，或者去看展览，否则就去游泳。
2. 如果明天天晴并且单位不加班，那我们或者去游泳或者去划船。
3. 如果科学家的预见是正确的，那么，如果我们不从现在起就重视环境保护，人类终有一天将无法在这个地球上生存。
4. 请勿在场内吸烟、随地吐痰、乱扔废弃物，违者罚款。

九、用真值表方法判定下列真值形式的类型。

1. $(p\to(q\wedge\neg q))\to\neg p$
2. $(\neg p\to q)\leftrightarrow(p\wedge\neg q)$
3. $((p\to q)\wedge\neg p)\to\neg q$

十、运用有关规则，判定下列命题推理是否有效？

1. 航天号飞机的失事或是由于设备故障，或是由于人为破坏；已查明失事原因确系设备故障。因此，可以排除人为破坏。
2. 没有调查研究就没有发言权；我调查研究了。所以，我当然有发言权。
3. 如果患有肝炎，一定会出现厌食；我最近常感厌食。因此，我准是患了肝炎。
4. 便宜无好货，所以好货不便宜。

十一、用归谬赋值法判定下列推理的有效性。

1. 事实上我的勺是干的，所以我没有在自己的咖啡中加糖。因为如果我搅动了咖啡，我的勺一定是潮的。但是我不会搅动咖啡，除非我给它加糖。

2. 我们不可能既不保持安定局面又发展经济。因此，保持安定局面是发展经济的必要条件。

十二、分别求下列真值形式的合取范式和析取范式，并确定它们的真值类型。

1. $(p\rightarrow q)\rightarrow(\neg p\vee q)$
2. $(p\wedge\neg q)\leftrightarrow(\neg p\vee q)$
3. $\neg q\rightarrow((p\rightarrow q)\rightarrow\neg p)$
4. $(\neg q\rightarrow(p\rightarrow q))\rightarrow\neg p$

十三、用范式方法判定下列推理是否有效？

（按照上帝创世说，上帝在创造地球三天以后创造了太阳。有人构造了以下的推理驳斥这种说法。）

如果上帝创世说的故事是真实的，那么，地球存在的头三天就没有太阳。而“一天”的概念正是由太阳来定义的。不可能“一天”的概念既这样定义，地球又在太阳的创造之前已存在了三天。因此，上帝创世说是不真实的。

十四、运用命题逻辑的知识，解答下列问题。

1. 某排球队有1号、3号、4号、6号、9号和12号等六名主力队员。他们之间的最佳配合有如下几条规律：

（1）要是4号上场，6号也要上场；

（2）只有1号不上场，3号才不上场；

（3）要么3号上场，要么6号上场；

（4）如果9号和12号同时上场，则4号也要上场。

某场比赛要1号和12号同时上场。问：为了保持最佳阵容，这场比赛中，9号该不该上场？写出推理分析过程。

2. 某商店失窃，职员甲、乙、丙、丁四人涉嫌被调查。

甲说：我没作案，作案的是乙。

乙说：我和丙都没作案。

丙说：除非甲作案，否则乙不会作案。

丁说：甲和丙两人至少有一人作案。

已知甲、乙、丙、丁四人只有一人说真话。问：谁作案？谁说真话？写出推理分析过程。

3. 某大百货商店被盗。甲、乙、丙三人涉嫌被拘审后，警方查明了以下事实：

（1）罪犯是带着赃物坐小汽车逃走的。

（2）不伙同甲，丙不会作案。

（3）乙不会开汽车。

（4）罪犯就是这三个中的一个或一伙。

问：甲是否作案？

4. 某岛上的男人分成骑士和无赖。骑士只讲真话，无赖只讲假话。而骑士又分成贫穷的和富有的两部分。有一个姑娘，她只爱贫穷的骑士。有一个骑士，只说了一句话，就使得这姑娘确信他是一个贫穷的骑士。问：这骑士说了一句什么样的话？这姑娘又是如何根据这句话推断出他是贫穷的骑士的？

5. 古代有个智者犯了死罪，国王在执行他的死刑时留给他一个机会，希望他能运用智慧拯救自己的生命。国王对智者说："在你面前站着两个卫兵，他们手中各端着一瓶外观完全一样的酒。其中一瓶是美酒，一瓶是毒酒。两个卫兵互知道对方的底细，并且有问必答，只是其中一人只答真话，另一人只答假话。外人不知道他们谁说真话，谁说假话。现在只允许你问其中的一个卫兵一个问题，然后根据得到的回答判定哪瓶是美酒，并且把它喝下去。如果你判断错了，那么，就执行你的死刑；如果你判断对了，那么你就自由了。"智者思索片刻，问了一个卫兵一个问题，然后根据得到的回答将一瓶酒一饮而尽，他喝的果然是美酒！

问：智者的问题是什么？他是如何根据所得到的回答推断出哪瓶是美酒的？

6. 以下是甲、乙、丙三位领导选派出国人员的意见，试问是否存在一种选派方案，使甲、乙、丙三位领导的要求同时满足？（要求写出推理过程）

甲：如果不选派小方，那么不选派小王。

乙：如果不选派小王，那么选派小方。

丙：要么选派小王，要么选派小方。

7. 已知：

（1）只有破获 03 案件，才能确认甲、乙、丙三人都是罪犯。

（2）03 案件没有破获。

（3）如果甲不是罪犯，则甲的供词是真的，而甲说乙不是罪犯。

（4）如果乙不是罪犯，则乙的供词是真的，而乙说自己与丙是好朋友。

（5）现查明：丙根本不认识乙。

问：根据上述已知情况，甲、乙、丙三人中，谁是罪犯？谁不是罪犯？请写出推导过程。

8. A、B、C 三人从政法大学毕业后，一个当上了律师，一个当上了法官，另一个当上了检察官。但究竟担任什么工作，人们开始并不清楚，于是做出了如下猜测：

甲：A 当上了律师，B 当上了法官。

乙：A 当上了法官，C 当上了律师。

丙：A 当上了检察官，B 当上了律师。

后来证实，甲、乙、丙三个的猜测都只是对了一半。请问：A、B、C 三人各担任什么司法工作？请写出推导过程。

9. 已知：

（1）若甲和乙都参加了公务员考试，则丙不参加公务员考试。

（2）只有乙参加公务员考试，丁才参加公务员考试。

（3）甲和丙都参加了公务员考试。

问：乙和丁是否参加了公务员考试？请写出推导过程。

10. 下面三句话两真一假，试说明王强和赵平至少有一个是电工。

（1）如果李明不是木工，那么王强是电工。

（2）如果张元不是木工，那么赵平是电工。

（3）李明和张元都是木工。

11. 根据下列真语句，请判断是谁谋害了张先生。

（1）A、B、C三人中至少有一人。

（2）如果张先生生前未饮过麻醉剂，那不是C。

（3）如果张先生曾饮过麻醉剂，那不是A。

（4）如果是A谋害的，那么B也参加。

（5）如果作案在落雨前，则是A谋害的。

（6）如果作案不在落雨前，张先生临死前搏斗过。

（7）张先生临死前搏斗过，就不是B谋害的。

（8）经过法医解剖化验，张先生死前曾饮过麻醉剂。

12.一件谋杀案，经过周密调查得到了下面的真确事实：

（1）凶手是甲或者是乙。

（2）若凶手是甲，则谋杀不会发生在午夜前。

（3）若乙的供词是正确的，则谋杀发生在午夜前。

（4）若乙的供词不正确，则在午夜前受害者房里灯光未灭。

（5）在午夜前受害者房里灯光灭了。

请问：到底谁是凶手？请写出推理过程。

13. 破某金库被盗案件时，调查后发现该金库五名工作人员进金库的情况是：

（1）当A进去时，B也进去。

（2）D或E至少有一个可进去。

（3）B和C有且只有一个能进去。

（4）当且仅当D进去时，C才进去。

（5）如果E进去，则A和D也进去。

请问：五人中到底谁进去过？谁没进去过？请写出推理分析过程。

14. 设下列三句话一真两假，问：甲、乙、丙、丁名次如何排定？

（1）若乙第二，则甲第一。

（2）若丙第三，则甲第一。

（3）甲不是第一。

15. 设下列四句中只有一句为真，问：小周、小陈、小刘是否学日语？请写出推理分析过程。

（1）或者小周不学日语或者小陈不学日语。

（2）只有小周学日语，小陈才学日语。

（3）小刘学日语，小陈也学日语。

（4）小周不学日语。

十五、证明题。

1. 证明仅用 $\to$ 能表示 $\vee$，但不能表示 $\wedge$，也不能表示 $\leftrightarrow$。

2. 证明仅使用 $\neg$ 和 $\leftrightarrow$ 不能表示 $\wedge$、$\vee$ 和 $\to$ 中的任何一个。

3. 证明仅使用 $\wedge$ 和 $\vee$ 不能表示 $\to$，也不能表示 $\leftrightarrow$。

4. 证明命题 3.3、断言（#）、命题 3.17 和命题 3.18。

5. 证明 $\{\to, h_4\}$ 是完备的，但 $\{\wedge, h_4\}$ 和 $\{\vee, h_4\}$ 都不是完备的，其中 h_4 的定义见表 3-16。

6. 证明 $\vdash (p_2 \to p_3) \to ((p_1 \to p_2) \to (p_1 \to p_3))$。

第四章

词项逻辑

命题逻辑把原子命题作为一个不再分析的基本单位来考察。但有时需要分析原子命题的内部结构，才能判定某些推理的有效性。如：

铜是金属。
———————————
所以，有些金属是铜。

在命题逻辑中，这个推理只能表示为：

$$\frac{p}{\therefore q}$$

即：

$$p \to q$$

这不是一个重言式。从命题逻辑的观点看，这个推理不是有效的。又如：

所有金属是导电的。
铜是金属。
———————————
所以，铜是导电的。

在命题逻辑中，这个推理只能表示为：

$$\frac{\begin{array}{l}p\\q\end{array}}{\therefore r}$$

即：

$$p \wedge q \to r$$

这也不是一个重言式。从命题逻辑的观点看，这个推理也不是有效的。

然而，以上两个推理，在直观上显然是有效的。事实上，它们的有效性，不是依赖于原子命题间的逻辑关系，而是依赖于原子命题内部的结构。命题逻辑无力分析此类推理。考察此类推理的有效性，必须分析原子命题的内部结构。这是本章词项逻辑和下章谓词逻辑的任务。如果把命题逻辑称作逻辑分子学，则词项逻辑是传统逻辑原子学，谓词逻辑是现代逻辑原子学。

在词项逻辑中，原子命题被分析为主项、谓项、量项和联项的合式构成。

第一节　直言命题

一、直言命题的定义和结构

直言命题是断定对象具有或不具有某种性质的命题，亦称性质命题。如：

（1）所有哺乳动物是脊椎动物。

（2）有动物不是胎生。

例（1）断定了“所有哺乳动物”具有“脊椎动物”的性质。例（2）断定了“有动物”不具有“胎生”的性质。

直言命题由**主项**、**谓项**、**联项和量项**四要素构成。

主项表示所断定的对象。如例（1）、（2）中的“哺乳动物”“动物”。

谓项表示所断定的性质。如例（1）、（2）中的“脊椎动物”“胎生”。

主项和谓项统称词项。通常用大写字母 S、P 等表示词项。

联项表示所进行的断定，即肯定或否定。表示肯定的联项，称为肯定联项，一般用“是”表示。表示否定的联项，称为否定联项，一般用“不是”表示。联项表示主项和谓项肯定或否定的联系。肯定联项可以省略，但否定联项不能省略。

联项刻画直言命题的质。直言命题的**质**，指它是肯定命题或否定命题。如例（1）是肯定命题，例（2）是否定命题。

量项表示主项外延被断定的情况。量项有全称和特称的不同。全称量项一般用“所有”“任一”等表示。特称量项一般用“有”“有的”“有些”等表示。在直言命题中，全称量项表示，主项外延的全部分子具有命题所断定的性质。特称量项表示，主项外延中存在分子具有命题所断定的性质。具有全称量项的直言命题，称为全称命题。具有特称量项的称为特称命题。全称量项可以省略，但特称量项不能省略。

量项刻画直言命题的量。直言命题的**量**，指它是全称或特称命题。如例（1）是全称命题，例（2）是特称命题。

量项和联项是逻辑常项，主项和谓项是逻辑变项。根据逻辑常项的不同，直言命题分为不同的种类。

二、直言命题的种类

直言命题按质分为**肯定命题**和**否定命题**，按量分为**全称命题**和**特称命题**。综合起来，直言命题可分为以下四种：

全称肯定命题的标准形式为：所有 S 是 P，简记为 SAP。简称 A 命题。

全称否定命题的标准形式为：所有 S 不是 P，简记为 SEP。简称 E 命题。

特称肯定命题的标准形式为：有 S 是 P，简记为 SIP。简称 I 命题。

特称否定命题的标准形式为：有 S 不是 P，简记为 SOP。简称 O 命题。

需要说明：

第一，主项为单独概念的直言命题，称为单称命题。如：

（1）鲁迅是中国文化革命的主将。

（2）多瑙河不是欧洲最长的河流。

以上分别是单称肯定命题和单称否定命题。单称命题中不出现量词。由于单称命题的主项是单独概念，单称命题和全称命题一样，都断定了主项的全部外延。因此，在这个意义上，除非特别说明，单称命题可视为全称命题（A 或 E）。

第二，逻辑上的特称量项“有”和日常语言中的“有”，含义不完全相同。在日常语言中，当断定“有 S 是 P”的时候，通常还包含着“有 S 不是 P”的含义。但是，逻辑上的特称量项“有”，并不包含这一含义。逻辑上的特称命题，断定“有 S 是 P”，是断定至少存在着一个 S 是 P 的情况，至于究竟存在量的多少，则并没有确切地断定，可多可少，但至少有一个，多可以到全体。所以，特称命题也叫作存在命题。如事实上所有中国人是中华民族子孙，对应于这个事实的全称命题“所有中国人是中华民族子孙”真，特称命题“有中国人是中华民族子孙”也真。

三、自然语言中直言命题的规范化

自然语言中的直言命题，有些以标准形式表达，大量的以非标准形式表达。如：

（1）没有无因之果。

（2）天鹅不都白。

（3）鱼目岂能混珠。

（4）不少植物不是多年生。

这些直言命题，或省略了量项，或省略了联项，或使用了不规范的量项或联项。在词项逻辑中，在对这样一些不规范的直言命题进行逻辑分析时，需要根据原义，把它们整理成规范形式：

命题（1）可以整理为“所有结果是有原因的”，是 A 命题。

命题（2）可以整理为“有天鹅不是白的”，是 O 命题。

命题（3）可以整理为“所有鱼目不是能混珠的”，是 E 命题。

命题（4）可以整理为“有植物不是多年生”，是O命题。

对自然语言中的直言命题进行规范化分析，需注意两点：

第一，不能改变命题的原义。例如，如果把命题（2）整理成“有些天鹅是白的”，就改变了原义。

第二，同一命题，在不改变原义的前提下，可以整理成不同的规范形式。如“甲班同学不都是中国国籍”，可以整理成“有甲班同学不是中国国籍”，是O命题；也可以整理成“有甲班同学是非中国国籍”，是I命题。当然，作为O命题，其谓项是“中国国籍”，作为I命题，其谓项是“非中国国籍”。

四、直言命题中词项的周延性

直言命题的词项**周延性**，是在词项逻辑中判定推理有效性的一个重要概念。

直言命题的主项和谓项，统称为词项。

在一个直言命题中，如果其主项或谓项的全部外延都被断定，就称该主项或谓项是周延的；否则，就称为不周延的。周延性的一般规则是：

全称命题主项周延；

特称命题主项不周延；

肯定命题谓项不周延；

否定命题谓项周延。

A、E、I、O四种命题主、谓项周延情况如表4-1所示：

表4-1

命题类型	主　项	谓　项
A	周延	不周延
E	周延	周延
I	不周延	不周延
O	不周延	周延

五、主、谓项相同的四种直言命题间的真假关系

如果直言命题的主、谓项分别对应相同，就称它们是**同一素材**。如：

（1）所有困难是可以克服的。

（2）所有困难不是可以克服的。

（3）有困难是可以克服的。

（4）有困难不是可以克服的。

这四个直言命题是同一素材，它们的主、谓项分别对应相同。再如：

（1）有天鹅是白的。

（2）有天鹅是黑的。

这两个命题主项是相同，谓项不同，不是同一素材。

同一素材的命题间，在真假方面存在着互相制约关系。如：若“所有癌症都不是传染的”真，则“有癌症是传染的”假。

同一素材直言命题间的真假关系，称为对当关系。

对当关系可用下面的方形图（见图4-1）刻画。这个方形图，称为逻辑方阵。

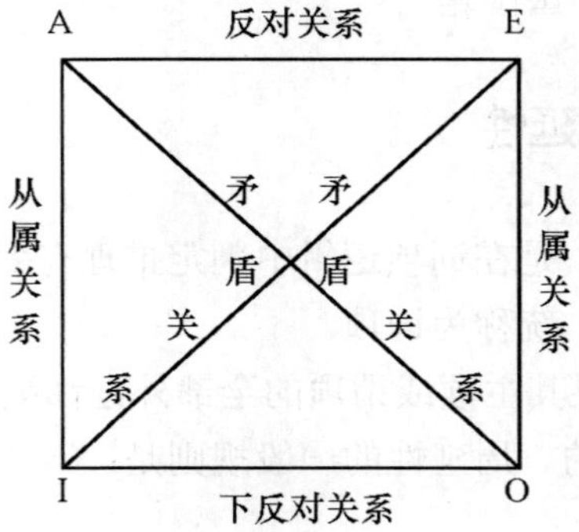

图 4-1

根据逻辑方阵的刻画，同一素材的A、E、I、O四种直言命题间，存在着四种不同的关系：

第一，**矛盾关系**。分别存在于A和O、E和I之间。具有矛盾关系的两个命题，不能同真，也不能同假。如果其中一个命题真，则另一个命题假；如果其中一个命题假，则另一个命题真。如：

所有甲班同学考试及格。

有甲班同学考试没及格。

这两个命题具有矛盾关系，不能同真，也不能同假。

第二，**反对关系**。存在于A和E之间。具有反对关系的命题，不能同真，可以同假。如果其中一个命题真，则另一个命题假；如果其中一个命题假，另一个命题真假不定。如：

所有甲班同学考试及格。

所有甲班同学考试没及格。

这两个命题具有反对关系，不能同真，可以同假。

第三，**下反对关系**。存在于I和O之间。具有下反对关系的命题，可以同真，不能同假。如果其中一个命题真，另一个命题真假不定；如果其中一个命题假，则另一个命题真。如：

有甲班同学考试及格。

有甲班同学考试没及格。

这两个命题具有下反对关系，可以同真，不能同假。

第四，**从属关系**（也叫**差等关系**）。分别存在于 A 和 I、E 和 O 之间。具有从属关系的两个命题，一个是全称命题，另一个是特称命题。全称命题蕴涵特称命题。如果全称命题真，则特称命题真；如果全称命题假，则特称命题真假不定。如果特称命题假，则全称命题假；如果特称命题真，则全称命题真假不定。如：

所有甲班同学考试及格。

有甲班同学考试及格。

这两个命题具有从属关系。

如果“所有甲班同学考试及格”真，则“有甲班同学考试及格”真。

如果“所有甲班同学考试及格”假，则有两种可能情况：或者“所有甲班同学考试没及格”，或者“有甲班同学考试及格”并且“有甲班同学考试没及格”。在第一种情况下，“有甲班同学考试及格”假；在第二种情况下，“有甲班同学考试及格”真。这说明“有甲班同学考试及格”真假不定。

如果“有甲班同学考试及格”假，则“所有甲班同学考试及格”假。

如果“有甲班同学考试及格”真，则有两种可能情况：或者“所有甲班同学考试及格”，或者“有甲班同学考试及格”并且“有甲班同学考试没及格”。在第一种情况下，“所有甲班同学考试及格”真；在第二种情况下，“所有甲班同学考试及格”假。这说明“所有甲班同学考试及格”真假不定。

直言命题的真假，与其主、谓项外延间的关系有确定联系。

主项 S 和谓项 P 外延间的关系，有且只有五种情况：

S 和 P 是全同关系；

P 和 S 是属种关系（P 真包含 S）；

S 和 P 是属种关系（S 真包含 P）；

S 和 P 是交叉关系；

S 和 P 是不相容关系。

在上述五种关系下，SAP、SEP、SIP 和 SOP 这四种同一素材的直言命题，都有唯一确定的真假。如表 4-2 所示：

表 4-2

外延关系 / 真假情况 / 命题形式	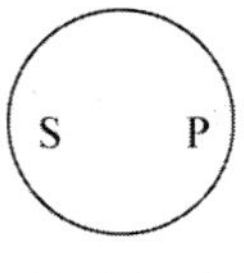			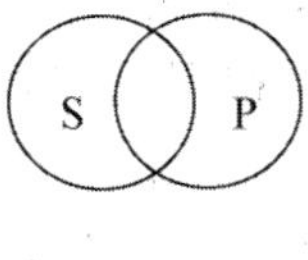	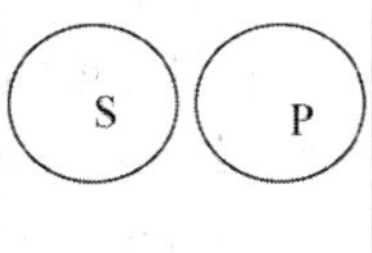
A	真	真	假	假	假
E	假	假	假	假	真
I	真	真	真	真	假
O	假	假	真	真	真

表 4-2 说明，对当关系的诸关系成立。如：

如果 SAP 真，则“S 和 P 全同”或“P 真包含 S”成立；在两种关系下，SIP 都真。这说明，如果 SAP 真，则 SIP 真。

如果 SAP 假，则“S 真包含 P”、“S 与 P 交叉”或“S 与 P 全异”成立。在这三种关系的前两种关系下 SIP 真，在后一种关系下 SIP 假。这说明如果 SAP 假，则 SIP 真假不定。

类似地，可说明如果 SIP 假，则 SAP 假；如果 SIP 真，则 SAP 真假不定。

因此，SAP 与 SIP 间的从属关系成立。

类似地，可说明矛盾关系、反对关系和下反对关系成立。

根据 A、E、I、O 之间的对当关系，可由其中一个命题的真假情况，推知其他三个命题的真假情况。如：

例 4.1 已知：“所有公民要守法”真，求同一素材的其他命题的真假。

解析：由条件，已知 A 命题真。

由矛盾关系，由 A 真可推知 O 假，即“有公民不要守法”假；

由从属关系，由 A 真可推知 I 真，即“有公民要守法”真；

由反对关系，由 A 真可推知 E 假，即“所有公民不要守法”假。 ■

例 4.2 对当关系中，已知矛盾关系和从属关系成立，求证反对关系和下反对关系成立。

证明：先证反对关系成立。

如果 A 真，根据矛盾关系得 O 假，由 O 假，根据从属关系得 E 假，即如果 A 真则 E 假。同理，如果 E 真则 A 假。

由矛盾关系知，A 假当且仅当 O 真，即 A 假与 O 真等价。同时，O 真则 E 真假不定。因此，如果 A 假则 E 真假不定。

或者，我们可以通过直接解读从属关系中的 O 真则 E 真假不定的含义来证。由从属关系知 O 真则 E 真假不定，这意指存在 S_1、P_1、S_2、P_2 使得 S_1OP_1 真且 S_1EP_1 真，S_2OP_2 真且 S_2EP_2 假。同时由矛盾关系 O 真则 A 假得 S_1AP_1 与 S_2AP_2 皆为假。因此存在 S_1、P_1、S_2、P_2 使得 S_1AP_1 假且 S_1EP_1 真，S_2AP_2 假且 S_2EP_2 假。此即如果 A 假则 E 真假不定。同理可证得，如果 E 假则 A 真假不定。

因此，反对关系成立。

用同样方法，可证下反对关系成立。 ■

例 4.2 说明，根据已知命题的真假，求同一素材其他命题的真假，只用矛盾关系和从属关系就可满足。又如：

例 4.3 已知以下四人所说的话中，只有一句是假话，问说假话的是谁？

甲说：“所有零件经过检查。”

乙说：“没有零件经过检查。”

丙说：“有零件没有经过检查，不符合事实。”

丁说：“有零件经过检查。”

解析：此例中，甲的断定为 A 命题；乙的断定可整理为“所有零件没有经过检查”，是 E 命题；丙断定 O 命题假，根据矛盾关系，等于断定 A 命题为真；丁的断定为 I 命题。

因此，甲和丙的断定内容相同。由条件只有一人说假话，所以甲和丙的断定是真的，即 A 命题真。由对当关系，可推知 I 真，E 假。即说假话的是乙。 ■

需要说明：

第一，对当关系的成立，是以直言命题的主项非空（即主项所断定的对象是存在的）为条件的。如果主项是空概念，即它所断定的对象不存在，那么，对当关系就不普遍成立。如“所有永动机造价高”是 A 命题。“有永动机造价不高”是 O 命题。根据矛盾关系，它们必有一真一假。很难设想，其中哪个命题是真的。因为永动机是不可能存在的。和传统逻辑对这个问题的直观说明有所不同的是，根据现代逻辑的形式处理，如果直言命题的主项是空概念，那么，相应的对当关系中，只有矛盾关系成立，其他的关系均不成立。

第二，在对当关系中，单称命题不能作为全称命题处理。因为单称肯定命题和单称否定命题是矛盾关系，如果把它们分别处理为全称肯定命题和全称否定命题，就成为反对关系。如果把单称命题作为全称命题来处理，则“鲁迅是文学家”和“鲁迅不是文学家”就成为反对关系，不能设想，这两个命题可以同假。

下面的六角阵图形（图 4-2），可用来刻画六种命题间的真假关系：SAP、SEP、s 是 P、s 不是 P、SIP 和 SOP。这里，“s 是 P”和“s 不是 P”，分别是单称肯定命题和单称否定命题，其中“s”表示概念 S 外延中的一个确定分子。

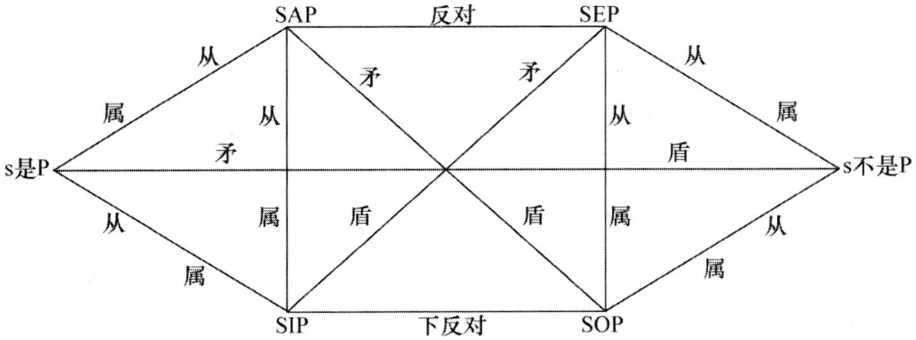

图 4-2

图 4-2 说明，除了原有的对当关系外，以下各关系成立：

单称肯定命题和单称否定命题是矛盾关系。

从属关系在以下命题间成立：

全称肯定命题和单称肯定命题之间；

单称肯定命题和特称肯定命题之间；

全称否定命题和单称否定命题之间；

单称否定命题和特称否定命题之间。

例 4.4 在某次税务检查后，三个工商管理人员有如下结论：

甲：所有个体户已经纳税。

乙：服装个体户陈老板已经纳税。

丙：有个体户已经纳税。

如果上述三个命题中有且只有一个假，则哪个命题为假？

解析：此例中，甲的话是全称肯定命题，乙的话是单称肯定命题，丙的话是特称肯定命题。

因为甲的话和乙的话是从属关系，甲的话和丙的话亦是从属关系，如果甲的话真则乙的话真且丙的话亦真，从而甲的话不可能为真，故甲的话为假。■

第二节　直接推理

直言命题的直接推理，是以一个直言命题为前提，推出一个直言命题为结论的推理。它包括对当关系直接推理和命题变形直接推理。间接推理是以多于一个直言命题为前提的推理。

一、对当关系直接推理

对当关系直接推理，是根据直言命题 A、E、I、O 间的真假关系，亦即对当关系进行的推理。A、E、I、O 间的对当关系，即反对关系、下反对关系、矛盾关系和从属关系，依据这四种关系，可以进行如下直接推理。

（一）反对关系直接推理

依据反对关系，可由 A 真推得 E 假，由 E 真推得 A 假。于是有下列推理形式：

1．SAP→并非 SEP

如：

所有奇数是整数，所以，并非所有奇数不是整数。

2．SEP→并非 SAP

如：

所有事物不是一成不变的，所以，并非所有事物是一成不变的。

（二）下反对关系直接推理

依据下反对关系，可由 I 假推得 O 真，由 O 假推得 I 真。于是有下列推理形式：

1．并非 SIP→SOP

如：

并非有分数是无理数，所以，有分数不是无理数。

2．并非 SOP→SIP

如：

并非有金属不是导体，所以，有金属是导体。

（三）矛盾关系直接推理

依据矛盾关系，可由 A 与 O 其一为真推得另一为假，由其一为假推得另一为真。对于 E 与 I，也可进行类似推导。于是有下列推理形式：

1. SAP→并非 SOP

   并非 SOP→SAP

如：

所有偶数是整数，所以，并非有偶数不是整数。

并非有自然数不是整数，所以，所有自然数是整数。

2. SEP→并非 SIP

   并非 SIP→SEP

如：

所有金属不是绝缘体，所以，并非有金属是绝缘体。

并非有等边三角形是钝角三角形，所以，所有等边三角形不是钝角三角形。

3. SIP→并非 SEP

   并非 SEP→SIP

如：

有整数能被 2 整除，所以，并非所有整数不能被 2 整除。

并非所有四边形不是菱形，所以，有四边形是菱形。

4. SOP→并非 SAP

   并非 SAP→SOP

如：

有三角形不是等腰三角形，所以，并非所有三角形是等腰三角形。

并非所有金属是固体，所以，有金属不是固体。

（四）从属关系直接推理

依据从属关系，可由 A 真推得 I 真，由 I 假推得 A 假。可由 E 真推得 O 真，由 O 假推得 E 假。于是有下列推理形式：

1．SAP→SIP

如：

所有金属是导体，所以，有金属是导体。

2．SEP→SOP

如：

所有整数不是无理数，所以，有整数不是无理数。

3．并非 SIP→并非 SAP

如：

并非有事物是静止的，所以，并非所有事物是静止的。

4．并非 SOP→并非 SEP

如：

并非有自然数不是实数，所以，并非所有自然数不是实数。

二、命题变形直接推理

命题变形直接推理，是改变直言命题联项（肯定变否定，或否定变肯定），或改变直言命题主、谓项的位置，从而得出结论的推理。

命题变形直接推理有换质法和换位法。

（一）换质法

换质法是通过改变前提的质，即由肯定变否定，或由否定变肯定，从而推出结论的方法。要求如下：

第一，结论和前提不同质，即如果前提是肯定命题，则结论是否定命题；如果前提是否定命题，则结论是肯定命题。

第二，结论不改变前提的量，即如果前提是全称命题，则结论是全称命题；如果前提是特称命题，则结论是特称命题。

第三，用与前提的谓项构成矛盾关系的概念作为结论的谓项。结论谓项与前提谓项间的关系，必须是矛盾关系，不能是其他关系，如不能是反对关系。

因此，A 命题的换质变形，是从全称肯定推出全称否定，其形式是 $SAP \rightarrow SE\overline{P}$，如：

所有国家是阶级专政的工具，所以，所有国家不是非阶级专政的工具。

E 命题的换质变形，是从全称否定推出全称肯定，其形式是：$SEP \rightarrow SA\overline{P}$，如：

凡迷信不是科学，所以，凡迷信是非科学。

I 命题的换质变形，是从特称肯定推出特称否定，其形式是：$SIP \rightarrow SO\overline{P}$，如：

有战争是正义战争，所以，有战争不是非正义战争。

O 命题的换质变形，是从特称否定推出特称肯定，其形式是：$SOP \rightarrow SI\overline{P}$，如：

有干部不是称职的，所以，有干部是不称职的。

（二）换位法

换位法是通过改变前提主、谓项的位置，从而推出结论的方法。要求如下：

第一，改变前提主、谓项的位置，即前提的主项做结论的谓项，前提的谓项做结论的主项。

第二，保持前提的质不变，即如果前提是肯定命题，则结论是肯定命题；如果前提是否定命题，则结论是否定命题。

第三，在前提中不周延的词项，在结论中不得周延。

换位法有以下三种有效形式：

1．SAP→PIS

如：

所有自然数是整数，所以，有整数是自然数。

在 SAP 中 P 是不周延的，所以 SAP 换位后不能得到 PAS（否则 P 在结论中周延，违反规则），而只能得到 PIS。

2．SEP→PES

如：

所有等边三角形不是钝角三角形，所以，所有钝角三角形不是等边三角形。

3．SIP→PIS

如：

有学生是影迷，所以，有影迷是学生。

对 SOP 不能进行换位。因为 S 在 SOP 中是不周延的，如果将 SOP 换位，则 S 在结论中作为否定命题的谓项是周延的，违反规则。如从“有树不是阔叶树”，不能推出“有阔叶树不是树”。

（三）换质法和换位法的综合运用

从一个给定的前提出发，可以按照两条不同的路线，连续地进行命题变形直接推理：第一，先换质，再换位，再连续交替地换质、换位，直至不能换位。这称为换质位法。第二，先换位，再换质，再连续交替地换位、换质，直至不能换位。这称为换位质法。

如果要判定从一个已知的前提，能否运用命题变形直接推理推出一个给定的结论，那么，就可以从这个已知的前提出发，分别构造连续换质位推理或连续换位质推理。如果在推理过程中，推出了给定的结论，那么，问题就得到了肯定的判定。

如运用命题变形直接推理，判定下面推理是否成立：

$SIP \to PO\overline{S}$

先连续换质位：$SIP \to SO\overline{P}$，O 命题不能换位，没有推出预期的结论。再连续换位质：$SIP \to PIS \to PO\overline{S}$，推出了预期的结论。

又如：

所有唯物主义者不是有神论者。

所以，有些非唯物主义者不是无神论者。

令 S 表示“唯物主义者”，P 表示“有神论者”，则$\overline{P}$表示“无神论者”。该推理的推理形式是：$SEP \to \overline{S}O\overline{P}$，先连续换质位：$SEP \to SA\overline{P} \to \overline{P}IS \to \overline{P}O\overline{S}$，O 命题不能换位，没有推出预期的结论。再连续换位质：$SEP \to PES \to PA\overline{S} \to \overline{S}IP \to \overline{S}O\overline{P}$，推出了预期的结论。

所以，该推理成立。

四种直言命题连续变形推理的有效式如下：

（1）$SAP \rightarrow SE\overline{P} \rightarrow \overline{P}ES \rightarrow \overline{P}A\overline{S} \rightarrow \overline{S}I\overline{P} \rightarrow \overline{S}OP$

（2）$SAP \rightarrow PIS \rightarrow PO\overline{S}$

（3）$SEP \rightarrow SA\overline{P} \rightarrow \overline{P}IS \rightarrow \overline{P}O\overline{S}$

（4）$SEP \rightarrow PES \rightarrow PA\overline{S} \rightarrow \overline{S}IP \rightarrow \overline{S}O\overline{P}$

（5）$SIP \rightarrow SO\overline{P}$

（6）$SIP \rightarrow PIS \rightarrow PO\overline{S}$

（7）$SOP \rightarrow SI\overline{P} \rightarrow \overline{P}IS \rightarrow \overline{P}O\overline{S}$

（8）SOP（不能先换位）

（1）式的举例说明：

① SAP：所有司机是成年人：前提命题

② $SE\overline{P}$：所有司机不是非成年人：由①经换质所得

③ $\overline{P}ES$：所有非成年人不是司机：由②经换位所得

④ $\overline{P}A\overline{S}$：所有非成年人是非司机：由③经换质所得

⑤ $\overline{S}I\overline{P}$：有非司机是非成年人：由④经换位所得

⑥ $\overline{S}OP$：有非司机不是成年人：由⑤经换质所得

需要说明：传统逻辑中的对当关系直接推理和命题变形直接推理，都预设了词项非空，即 S、P 表示的不是空概念。如果出现空词项，则上述推理式并非都有效。例如，如果 S 是空词项，则从 SEP 推不出 SOP，如从“所有未接触过细菌的人不会得细菌性传染病”推不出“有未接触过细菌的人不会得细菌性传染病”，因为这个推理前提真，但结论假。

第三节　直言三段论

直言三段论是传统逻辑的主要部分，也是其体系中最为严密、完善的部分。传统逻辑的直言三段论保留了亚里士多德三段论的基本内容，并做了若干补充。

一、直言三段论的定义和结构

直言三段论是由三个直言命题构成的推理形式。它满足以下三个条件：第一，这三个直言命题，包含且只包含三个不同的词项。第二，每个词项，在任意一个命题中至多出现一次，但在这三个直言命题中共出现两次。第三，以其中的两个命题为前提，以第三个命题为结论。如：

所有整数是有理数。
所有自然数是整数。
———————————
所以，所有自然数是有理数。

这就是一个直言三段论。它以词项“整数”为中介，从直言命题“所有整数是有理数”和“所有自然数是整数”，推出直言命题“所有自然数是有理数”。

有且只有一个词项，不在结论中出现，而只在前提中出现两次。这个词项称为中项，用 M 表示。如上例中的“整数”。结论的主项称为**小项**，用 S 表示。如上例中的“自然数”。包含小项的前提，称为**小前提**。如上例中的“所有自然数是整数”。结论的谓项称为**大项**，用 P 表示。如上例中的“有理数”。包含大项的前提，叫**大前提**。如上例中的“所有整数是有理数”。上例可表示为如下形式：

MAP

SAM

∴ SAP

通常大前提在前，小前提在后，但这不是区分大、小前提的标准。区分大、小前提的标准，是大、小前提的定义，即所包含的是大项或小项。

二、直言三段论的公理

直言三段论之所以能从两个直言命题出发，得到一个新的直言命题，是基于以下公理：一类对象的全部，是什么或不是什么，那么，这类对象中的部分对象，也是什么或不是什么，或者说，当肯定或否定全部时，也就肯定或否定了部分。三段论公理可以用图 4-3 和图 4-4 来表示：

图 4-3 表示公理肯定方面的含义：M 类的全部都是 P，那么 M 中的部分 S 也是 P。如：

所有金属都是导体。

铝是金属。

所以，铝是导体。

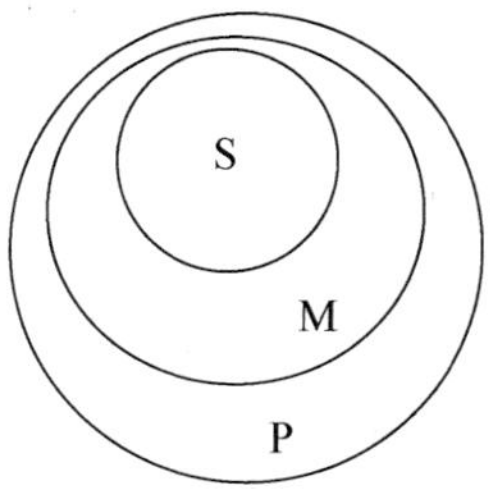

图 4-3

图 4-4 表示公理否定方面的含义：M 类的全部都不是 P，那么 M 中的部分 S 也不是 P。如：

所有整数都不是无理数。

自然数都是整数。

所以，自然数不是无理数。

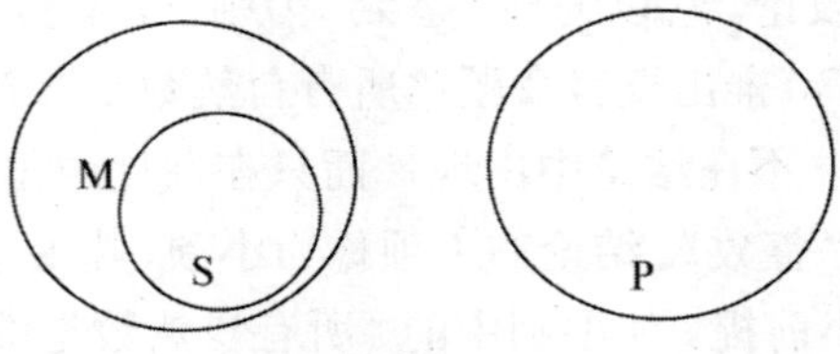

图 4-4

从公理图示中可看出，三段论是通过中项，确定大、小项的联系，中项是三段论大、小项和大、小前提的中介、桥梁。

构成一个三段论，必须有且只有三个词项。少于或多于三个词项，都不能满足三段论定义的要求，不能构成一个三段论。有的推理，看上去像是一个三段论，似乎只包含了三个词项，但其实包含了四个词项。通常称为**"四词项"**错误（也叫"四概念"错误）。这样的推理，不是有效的三段论。如：

我国的大学是分布于全国各地的。

中国人民大学是我国的大学。

所以，中国人民大学是分布于全国各地的。

这个推理，从表面上看，只含有三个词项，但其实"我国的大学"这一词项，在前提的两个命题中，未保持同一：在大前提"我国的大学是分布于全国各地的"中，表示我国的大学总体，是集合概念，而在小前提"中国人民大学是我国的大学"中是类概念，分指我国大学中的任一所大学。这个推理，犯了"四词项"错误。

三、直言三段论的规则

虽然三段论是遵循公理进行推理的，但直接依据三段论公理，不易判定一个三段论是否有效，因此还需要具体的规则，检验三段论的有效性。以下讨论的五条基本规则，是三段论公理的具体化，是三段论有效的充分必要条件，是判定一个三段论是否有效的标准。

（一）中项在前提中至少周延一次

三段论是通过中项的媒介作用，才得以在结论中确定大、小项的联系。假如中项在前提中一次也没有周延，那可能会出现这样的情况：小项与中项的一部分外延发生联系，而大项与中项的另一部分外延发生联系，这样中项就无法起到中介作用而使大、小项发生必然联系，也就无法得出确定的结论。如：

所有二班的同学都是男生。

小强是男生。

所以，？

从（1）和（2）之所以得不出确定的结论，是因为中项“男生”在（1）和（2）中一次也没有周延，因而不能得出“二班的同学”与“小强”有某种必然联系。违反这条规则就要犯“中项两次不周延”的错误。如：

所有整数是有理数。

所有自然数是有理数。

所以，所有自然数是整数。

在这个三段论中，中项“有理数”在前提中一次也没有周延，其结论所述“自然数”与“整数”的关系尽管正确，但不是从前提中必然得出的，因而这个推理是错误的。

（二）前提中不周延的项，在结论中也不得周延

如果大项或者小项在前提中不周延，这意味着前提只断定了其部分外延，也即部分外延与中项发生联系，因此在结论中也只能断定其部分外延。否则，结论的断定就会超出前提的断定，这样前提的真，就不能保证结论必定为真。违反这条规则有两种情况。一种情况是大项在前提中不周延，在结论中周延。这是犯了“大项不当周延”的错误。如：

所有正方形是四边形。

梯形不是正方形。

所以，梯形不是四边形。

这个三段论是无效的，因为其大项“四边形”，在前提中是肯定命题的谓项，是不周延的，但在结论中成了否定命题的谓项，是周延的，因而犯了“大项不当周延”的错误。

另一种情况是，小项在前提中不周延，在结论中周延。这是犯了“小项不当周延”的错误。如：

所有自然数是整数。

所有自然数是有理数。

所以，所有有理数是整数。

这个三段论是无效的，因为其小项“有理数”，在前提中是肯定命题的谓项，是不周延的，但在结论中是做全称命题的主项，是周延的，因而犯了“小项不当周延”的错误。

（三）两个否定前提不能得结论

如果两个前提是否定的，在前提中所断定的大、小项外延，与中项外延相排斥，大项与小项不能通过中项建立确定的联系，无法从前提中推出确定结论。如：

所有自然数不是负数。

所有小数不是自然数。

所以，？

（四）两个前提中有一个是否定的，结论也必然是否定的

如果有一个前提是否定的，那么或者小前提是否定的，此时小前提所断定的小项与中项的外延是互相排斥的；或者大前提是否定的，此时大前提所断定的大项与中项的外延是互相排斥的。在结论中所确立的小项与大项的关系是通过中项来建立的，既然二者之一与中项是排斥的，那么在结论中所建立的二者的确定的关系也必是排斥的，因而结论是否定的。如：

金属不是绝缘体。

铁是金属。

所以，铁不是绝缘体。

所有商品都是劳动产品。

自然界的空气不是劳动产品。

所以，自然界的空气不是商品。

（五）如果结论是否定的，前提之一必是否定的

如果结论是否定的，小项与大项在外延上就是部分或是全部排斥的，假如两个前提都是肯定的，则前提所断定的大项与中项、小项与中项的外延是包含的，在这种情况下，不可能得出小项与大项的确定的排斥关系。这条规则，其实也可说是，两个肯定前提得不出否定的结论。如：

所有素数是整数。

所有整数是有理数。

所以，有些有理数不是素数。

尽管这个推理的结论是正确的，但推理本身是错误的。因为由两个肯定直言命题组成的前提，不能必然推出否定的结论。

以上五条规则，是直言三段论的基本规则。从这五条规则还可以推出下面两条导出规则。

（六）两个特称前提不能得结论

证明如下：

两个前提都是特称的，只有下面三种情况：

（1）OO，即两个前提都是特称否定命题。由规则（三），可知不能得结论。

（2）II，即两个前提都是特称肯定命题。前提中没有一个词项是周延的，不能满足中项在前提中至少要周延一次的要求，不能得结论。

（3）OI，即两个前提中，一个是特称否定命题，另一个是特称肯定命题。在两个前提中，只有特称否定命题的谓项是周延的。由规则（一），这个项必须是中项。假设得结论，据规则（五），结论必是否定的，于是大项是周延的，但已知在前提中只有中项周延一次，大项在前提中是不周延的，据规则（二），前提中不周延的项，在结论中也不得周延，所以不能得结论。

综上所述，两个特称前提不能得结论。

（七）两个前提中有一个特称，结论也是特称

证明如下：

两个前提中有一个特称，前提组合分以下四种情况：

（1）EO。违反规则（三），不能得结论。

（2）AI。前提中只有 A 命题主项是周延的，由规则（一），这个项必须是中项，于是大项和小项在前提中是不周延的，据规则（二），它们在结论中也不能周延，结论必须是特称。

（3）AO。据规则（四），结论必是否定的，所以大项在前提中必是周延的。假设结论全称，小项在前提中也必须是周延的。但在前提中只有 A 命题主项和 O 命题谓项是周延的，由规则（一），其中之一必定是中项，于是小项与大项之一，在前提中是不周延的，与假设矛盾，假设不成立，结论只能是特称。

（4）EI。分析同（3）。

综上所述，两个前提中有一个特称，结论也是特称。

四、直言三段论的格和式

（一）直言三段论的格

直言三段论的格，指由于中项在两个前提中位置不同所形成的三段论形式。

直言三段论有四个格。

第一格：中项是大前提主项、小前提谓项。见下图 4-5：

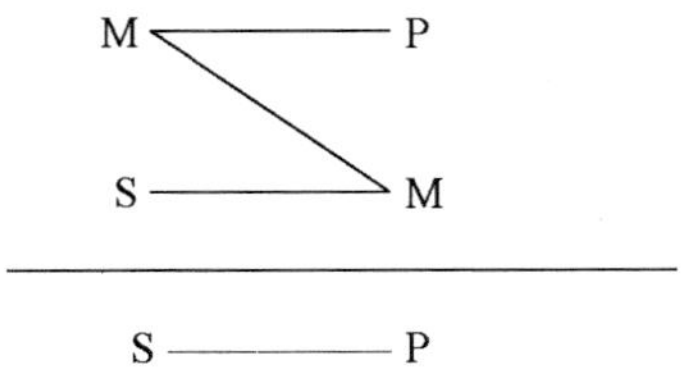

图 4-5

如：

所有有机体具有感应性。

低等生物是有机体。

所以，低等生物具有感应性。

第二格：中项是大、小前提谓项。见下图 4-6：

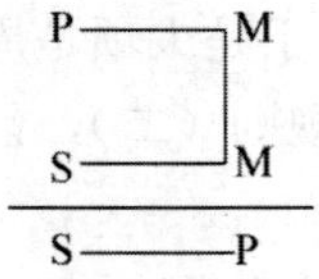

图 4-6

如：

鱼都是用鳃呼吸的。

鲸不是用鳃呼吸的。

所以，鲸不是鱼。

第三格：中项是大、小前提主项。见下图 4-7：

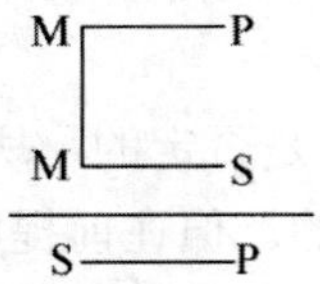

图 4-7

如：

蝙蝠是能飞的。

蝙蝠是哺乳动物。

所以，有哺乳动物是能飞的。

第四格：中项是大前提谓项、小前提主项。见下图 4-8：

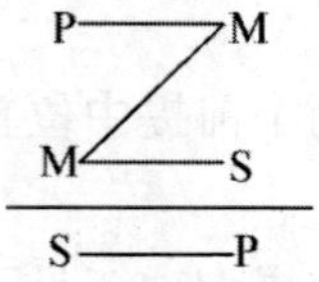

图 4-8

如：

所有偶数是整数。

所有整数是有理数。

所以，有有理数是偶数。

将三段论基本规则，运用于每个格，可得到每个格的特殊规则。

第一格的特殊规则是：（1）小前提必须是肯定命题；（2）大前提必须是全称命题。

证明如下：先证明（1）。用反证法。假设小前提是否定的，那么据规则（四），结论也应是否定的，于是大项在结论中周延。再据规则（二），大项在前提中也必须是周延的。而在第一格中，大项处于谓项的位置，所以大前提必须是否定的。这样一来，两个前提都是否定的。这就违反规则（三），故假设不成立。因此，在第一格中，小前提必须是肯定的。再证明（2）。用反证法。假设大前提是特称的，由于在大前提中中项是主项，因此中项在大前提中是不周延的，又中项在小前提中是谓项，所以小前提必须否定，才能使中项在前提中至少周延一次，以满足规则（一）。已证小前提必须是肯定命题，所以假设不成立。因此，在第一格中，大前提必须全称。

第二格的特殊规则是：（1）两个前提中必须有一个是否定命题；（2）大前提必须是全称命题。

第三格的特殊规则是：（1）小前提必须是肯定命题；（2）结论必须是特称命题。

第四格的特殊规则是：（1）如果大前提是肯定命题，则小前提必须是全称命题；（2）如果前提中有一个是否定命题，则大前提必须是全称命题；（3）如果小前提是肯定命题，则结论必须是特称命题；（4）任何一个前提都不能是特称否定命题；（5）结论不能是全称肯定命题。

第二、三、四格特殊规则的证明，可作为练习，请读者自证。

三段论各个格，由于其结构不同，有各自不同的特征，在实践中便有不同的作用。

第一格的大前提是全称的，指出了关于一类的情况，小前提是肯定的，把另一些事物归到这一类中，从而推出关于这些事物的结论。因此这一格最明显、最自然地表明了三段论的演绎推理的性质。另外，这一格的结论可以是 A、E、I、O 四种命题（读者可以自证），也就使这一格的运用非常广泛。因此第一格被称为典型的格、完善的格，其他三种格，被称为不完善的格。在实践中，只要根据一般原理，去推断特殊的认识，都会很自然地运用第一格。司法领域的审判、辩护，经常运用这一格，也被称为审判格或证明格。

第二格的结论是否定的，常用来指出事物之间的区别，说明一事物不属于某一类。也常用于反驳肯定命题，被称为区别格。

第三格的结论是特称的，常被用来反驳全称命题，被称为反驳格。

第四格应用较少。

（二）直言三段论的式

直言三段论的式，是前提、结论的质和量的不同，而形成的推理形式。三段论由三个直言命题所组成，大、小前提和结论可分别是 A、E、I、O 四种命题的任一种。如当前提与结论是 A 命题时，形成 AAA 式。如：

所有物质是有重量的。

电子是物质。

所以，电子是有重量的。

当大、小前提和结论分别是 E、A、O 三种命题时，形成 EAO 式。如：

黄铜不是金子。

黄铜是闪光的。

所以，有闪光的不是金子。

由排列组合知识可知，三段论三个命题，可以为 A、E、I、O 四种命题之一，其式共有 4×4×4=64 种。这些式并非都是有效的，如，AAE 式、EEE 式，就明显分别违反了规则（五）与规则（三）。还有一些式正确与否，要看其属于哪一格，如 EAE 式，如果它是第二格，则是有效式。如果它是第三格，则是非有效式。这样将三段论的基本规则与三段论的格结合起来考虑，总共有 24 个有效式。各个格的有效式如下：

第一格：AAA（AAI）、AII、EAE（EAO）、EIO

第二格：AEE（AEO）、EAE（EAO）、EIO、AOO

第三格：AII、AAI、EAO、EIO、IAI、OAO

第四格：AAI、AEE（AEO）、EAO、EIO、IAI

在这 24 个式中，圆括号内的式，在传统逻辑中称为弱式。按传统逻辑的观点，弱式是指本可以推出全称命题，但却推出特称命题的式。

区分三段论格与式的意义：亚里士多德对三段论做格与式的区分，是为了将三段论的有效式构成一个公理系统。具体地说，他把第一格的 AAA 式和 AEE 式作为完善的式，相当于系统的公理，然后借助于一些证明方法，包括换位法、归谬法和显示法，将第二格和第三格（亚里士多德所论述的三段论体系只有三个格，第四格是后人加进去的）的不完善的若干式，化归为这两个式，从而证明这些式也是有效的。显然，这是一种公理化的处理。这里不讨论这种公理化的处理。格与式的讨论，是一种逻辑思维能力的训练方式。例如依据基本规则来证明各格的有效式，从基本规则推导出各个格的特殊规则等。

五、直言三段论的省略式

三段论的省略式，是省略一个前提或结论的三段论。任何一个三段论，在逻辑结构上都必须包含大、小前提和结论三个命题，但日常由于表达的简明，或修辞的需要，常常省略三段论的某一前提或结论，这就出现了直言三段论的省略式。

省略三段论有三种情况：

（1）省略大前提。如：

你也是人，所以也会犯错误。

这个三段论，省略了大前提“所有的人都会犯错误”。

（2）省略小前提。如：

所有的人都会犯错误，你也不例外。

这个三段论省略了小前提“你是人”。

（3）省略结论。如：

所有的人都会犯错误，你也是人。

这个三段论省略了结论“你也会犯错误”。

省略三段论虽然能使语言表达简练，但是由于它省略了其中的要素，容易掩盖逻辑错误。检验一个省略三段论的有效性的方法，是先补充省略的部分，将省略三段论复原为完整的三段论。复原的步骤如下：

第一， 先确定省略三段论所省略的是前提，还是结论。这一般可以根据某些语言标志，或三段论本身的内容来判定，如“因为”之后的命题是前提，“所以”后面的命题是结论。如果仅从省略三段论本身难以判明的话，那就要依据上下文等语境因素来确定。

第二，如果省略的是结论，那就根据两个前提中项所处的位置，按三段论的基本规则或格的特殊规则将结论补充起来。

如果省略的是某个前提，那就要先确定省略的是大前提，还是小前提。如果已知的前提含有小项，则为小前提，省略的就是大前提；否则，省略的就是小前提。然后再按三段论的基本规则或格的特殊规则，将省略的前提补充起来。由于第一格最自然，可以考虑尽量复原为第一格。

如：“我又不是当翻译的，我不需要学好外语。”依据上述步骤，我们先确定省略的是前提还是结论。虽然没有“因为”“所以”等语言标志，但从其内容可以看出，后一个命题是结论。所以它省略了一个前提。然后我们可根据“我不需要学好外语”知“我”是小项，所以“我又不是当翻译的”是小前提，进而确定省略的是大前提，根据规则补上大前提。因为结论是否定的，而已知的小前提已是否定命题，所以大前提只能是肯定命题，可把中项与大项按肯定命题的方式联结起来，即“所有当翻译的需要学好外语”。复原后的完整三段论式即：

所有当翻译的需要学好外语。

我又不是当翻译的。

所以，我不需要学好外语。

对照规则不难发现，这个三段论是错误的。因为大项“需要学好外语”，在前提中不周延，在结论中周延，违反规则（二）。

练习题

一、判定下列断定的正误。

1．直言命题是断定对象有无某种属性的命题。

2．直言命题的主项、谓项、量项和联项，统称词项。

3．特称命题“有的 S 是 P”的含义是“存在 S 是 P，但并非所有 S 都是 P”。

4．在同一素材的四个直言命题中，只要已知其中一个命题的真假，就能依据对当关系，推出其余三个命题的确定的真假。

5．在对当关系中，单称命题不能作为全称命题处理。

6．具有下反对关系的两个命题，如果已知其中的一个命题真，就可以推出另一个命题假；但已知其中的一个命题假，不能推出另一个命题的真假。

7．一个正确三段论包含并且只包含三个词项，每个词项均出现两次。

8．三段论中排在第一位的前提称为大前提，排在第二位的前提称为小前提。

9．对于一个正确三段论而言，如果一个词项在结论中周延，那么它在前提中一定周延。

10．对于一个正确三段论而言，如果结论是特称的，那么前提中一定有一个是特称的。

11．对于一个正确三段论而言，如果结论是否定的，那么前提中一定有一个是否定的。

二、在下列括号中填入适当的语词。

1．在词项逻辑中，原子命题被进一步分析为（　　）、（　　）、（　　）和（　　）的合式构成，其中（　　）决定直言命题的质，（　　）决定直言命题的量。

2．如果把"与会者不都是民主党成员"整理成I命题，则其谓项是（　　）。

3．在四种基本类型的直言命题中，周延的词项是（　　），不周延的词项是（　　）。

4．在对当关系中，下反对关系存在于（　　）和（　　）之间。具有下反对关系的两个命题，如果其中一个命题真，另一个命题（　　）；如果其中一个命题假，则另一个命题（　　）。

三、简答下列问题。

1．直接推理和间接推理的区别是什么？

2．为什么SOP不能简单换位？

3．什么是直言三段论的公理？

4．为什么两个否定前提的三段论不能推出确定结论？

5．作为判定三段论有效性的依据，五条基本规则和各格的具体规则的关系是什么？

6．省略三段论的优点和缺点各是什么？

四、指出下列语句属何种直言命题，并写出其公式。

1．一切正义的事业都是一定要胜利的。

2．凡事物都是有矛盾的。

3．有的劳动产品是商品。

4．有的植物是乔木。

5．有的四边形不是梯形。

6．所有有生的不是永生的。

7．科学理论都是实践的产物。

8．事物的发展不是没有曲折的。

9．别误会，你的发言大家不是不同意。

10．不对！并非所有劳动产品都是商品。

11．这个班有的同学是不喜欢运动的。

12．并非植物都不是乔木。

五、指出下列直言命题主、谓项的周延情况。

1．心理学是研究人的精神活动的科学。

2．科学理论都是实践的产物。

3. 所有等边三角形都是等角三角形。
4. 自然科学不是上层建筑。
5. 有些水生动物不是用鳃呼吸的。
6. 有些农民是发明家。
7. 各行各业都有不称职的干部。
8. 没有金属不导电。
9. 不能说所有社会现象都有阶级性。
10. 并非有的水稻是多年生植物。
11. 新闻系毕业的学生不都当记者。
12. 出席会议的人有不是大学毕业的。
13. 不能说所有干部都称职。

六、已知下列直言命题的真假，根据对当关系确定素材相同的其余三个直言命题的真假情况。

1. 已知A真，则E________，I________，O________。
2. 已知A假，则E________，I________，O________。
3. 已知E真，则A________，I________，O________。
4. 已知E假，则A________，I________，O________。
5. 已知I真，则A________，E________，O________。
6. 已知I假，则A________，E________，O________。
7. 已知O真，则A________，E________，I________。
8. 已知O假，则A________，E________，I________。

七、已知下列命题为真，写出素材相同的其余三个命题，并根据对当关系指出它们的真假。

1. 三班的同学都是学英语的。
2. 有的蛇是无毒的。
3. 这辆车上人都不是去长城的。
4. 有的大学生不是球迷。
5. 所有有生的都是有死的。
6. 外商在我国的投资不是不受法律保护。
7. 这辆公共汽车上并非有乘客是大学生。
8. 我班没有会下国际象棋的。
9. 从事司法工作的并非都是律师。

八、已知下列命题为假，写出素材相同的其余三个命题，并根据对当关系指出它们的真假。

1. 价格昂贵的商品都是质量好的商品。

2．有的金属是绝缘体。

3．所有的蛇都不是有毒的。

4．有的哺乳动物不是脊椎动物。

5．所有的质数都是奇数。

6．所有价高的商品都是质地优良的商品。

7．没有生产资料是商品。

8．这个铁笼里的蛇有的是无毒的。

9．北京市的居民人人都有自行车。

10．这辆公共汽车的乘客并非都是大学生。

九、根据对当关系选择相关的判断驳斥下列判断。

1．社会现象都是有阶级性的。

2．有些鲸不是哺乳动物。

3．有些天才是生而知之者。

4．自学都是不能成才的。

5．凡是能言善辩的人都不是老实人。

十、指出下列各组命题的真假关系。

1．华西村没有一户没彩电；华西村有的户没彩电。

2．并非所有乔木都是常绿树；并非所有乔木都不是常绿树。

3．并非有的物质是静止不动的；并非有的物质不是静止不动的。

4．并非所有物质都是静止不动的；所有物质都不是静止不动的。

5．没有一个人不是有生死的；没有一个人是有生死的。

十一、根据对当关系直接推理，从以下前提出发，能否推出相应的结论（⊢表示推出关系，¬表示并非）？

1．¬SAP⊢SEP

2．SOP⊢¬SIP

3．SEP⊢SOP

4．SOP⊢SEP

5．¬SIP⊢¬SAP

6．¬SEP⊢SIP

7．SAP⊢SEP

十二、在对当关系中，

1．由矛盾关系和反对关系证明从属关系；

2．由矛盾关系和下反对关系证明反对关系；

3．由从属关系和反对关系能否证明矛盾关系，若能，写出证明；

4．由从属关系和反对关系能否证明下反对关系，若能，写出证明。

十三、对下列命题进行换质，并用公式表示换质过程。

1．没有一个人的经历是一帆风顺的。
2．有些花不是红色的。
3．所有的困难都不是不能克服的。
4．有些战争是非正义的。
5．所有的基本粒子都是有内部结构的。
6．有些花是红的。
7．有的企业不是营利企业。
8．逻辑学不是不能学好的。
9．所有犯罪行为都是违法行为。

十四、下列命题能否换位？如能，请进行换位，并用公式表示换位过程。

1．不能说所有唯心论者都是宗教徒。
2．并非所有秋菊都不开白花。
3．并非凡是先进设备都是进口产品。
4．有些鱼类是卵生动物。
5．有些作品不是浪漫主义作品。
6．所有的中国人都是中华民族子孙。
7．有些人不是大学生。
8．有些手机是中国制造的。
9．肯定命题的谓项是不周延的。
10．所有素数都不是无理数。

十五、根据命题变形推理规则，判定下列推理是否成立？

1．由“不搞阴谋诡计的人不是野心家”推出“有些非野心家不搞阴谋诡计”。
2．由“凡是正派人都是光明磊落的”推出“不光明磊落的人都不是正派人”。
3．由“不劳动者不得食”推出“有些不得食者是不劳动者”。
4．由“凡是正确的推理都是形式有效的推理”推出“形式有效的推理都是正确的推理”或者“有些不正确的推理是非形式有效的推理”。
5．由“凡是公务员都是通过考试录用的”推出：
（1）有些公务员不是通过考试录用的；
（2）不是通过考试录用的不是公务员；
（3）凡是通过考试录用的都是公务员。
6．由“所有生物都是有机物”推出“有些无机物不是生物”。
7．由“所有的侵略战争都是非正义的”推出“所有非侵略战争都是正义的”。
8．由“有些工艺品不是不出售的”推出“有些出售的不是非工艺品”。

9．由“有些青少年是电脑程序员”推出“有些电脑程序员不是非青少年”。

10．由“各种形式的体育锻炼都有利于身心健康”推出：

（1）有利于身心健康的都是体育锻炼；

（2）不利于身心健康的都不是体育锻炼。

11．由“我班上的同学都是不学法语的”推出“不学法语的都是我班上的同学”。

12．从“凡是正确的推理都是形式正确的推理”，能推出“形式正确的推理”怎样？又能推出“不正确的推理”怎样？

十六、某公请客，尚有人未到。于是他说：“该来的不来。”有些客人听了此话便起身走了。此公又说：“不该走的走了。”于是剩下的客人全都走光了。请分析此公为何请客不成。

十七、分析下列三段论的大前提、小前提、结论及大项、小项、中项，指出其属于哪一格，并写出其逻辑形式。

1．海绵是生物，而海绵是不能自己移动的，所以，有些生物是不能自己移动的。

2．经济规律是客观规律，客观规律总是不以人们的意志为转移的，所以，经济规律是不以人们的意志为转移的。

3．凡是受到人民拥护的政策都是符合人民的根本利益的，改革开放是受到人民拥护的政策，所以，改革开放是符合人民的根本利益的。

4．所有数学系的学生必修高等代数，数学系的学生是理科学生，因此，有些理科学生必修高等代数。

十八、下列三段论是否正确？如不正确，它违反了哪条规则？

1．审判员在法院工作，这些人在法院工作，所以，这些人是审判员。

2．外语翻译都要懂外语，他不是外语翻译，所以，他不懂外语。

3．中子是基本粒子，中子是不带电的，所以，有些基本粒子不带电。

4．并非所有细菌都有毒，也并非所有生物都是细菌，所以，并非所有生物都有毒。

5．正义的事业是不可战胜的，而我们的事业是正义的事业，所以，我们的事业是不可战胜的。

6．有些青年是发明家，有些青年是知识分子，所以，有些知识分子是发明家。

7．没有一个辩证论者是形而上学者，没有一个思想僵化者是辩证论者，所以，没有一个思想僵化论者是形而上学者。

8．没有一个思想僵化者不是形而上学者，没有一个故步自封的人不是形而上学者，所以，没有一个故步自封的人不是思想僵化者。

9．某体育班的学员没有一个不是北京人，某体育班的学员没有一个不是参加体训的，所以，凡是参加体训的都是北京人。

10．并非有的学术论文无须遵守逻辑要求，理论文章没有不要遵守逻辑要求的，所以，理论文章都是学术论文。

11．并非有的律师不是懂法的，并非从事诉讼的专职人员不是律师，所以，并非从事诉讼的专职人员不懂法。

12．先进工作者要起带头作用，我不是先进工作者，所以，我不要起带头作用。

13．中国人是勤劳勇敢的，我是中国人，所以，我是勤劳勇敢的。

14．甲班多数同学是成年人，甲班有些同学是登山运动员，所以，甲班有些登山运动员是成年人。

15．全称命题的主项没有不周延的，这个项周延，所以，这个项是全称命题的主项。

16．有些司机是女性，有些司机是临时工，所以，有些临时工是女性。

17．物质是不灭的，恐龙是物质，所以，恐龙是不灭的。

十九、在下列括号内填入适当的符号，构成一个正确的三段论，并说明理由。

1．（ ）E（ ）
S（ ）M
————
S（ ）P

2．（ ）AP
（ ）I（ ）
————
SIP

3．（ ）A（ ）
S（ ）M
————
SEP

4．P（ ） M
（ ）A（ ）
————
SIP

5．（ ）E（ ）
M（ ）S
————
SOP

6．（ ）（ ）（ ）
（ ）O （ ）
————
（ ）（ ）（ ）

7．M（ ）P
S（ ）M
————
SAP

8．P（ ）M
S（ ）M
————
SEP

9．M（ ）P
SIM
————
S（ ）P

10．MIP
M（ ）S
———————
S（ ）P

11．PEM
M（ ）S
———————
S （ ） P

12．（ ）（ ）（ ）
（ ）（ ）（ ）
———————
SAP

13．MIP
（ ）（ ）（ ）
———————
S（ ）P

14．（ ）O（ ）
（ ）（ ）（ ）
———————
S（ ）P

15．P（ ）M
（ ）（ ）（ ）
———————
SIP

16．（ ）（ ）（ ）
SOM
———————
S（ ）P

17．（ ）E（ ）
MIS
———————
S（ ）P

二十、请运用三段论的规则，回答下列问题。

1．以“所有A是B，所有C是B”为三段论的前提，能否必然得出结论，为什么？

2．以“所有A是B”为大前提，“所有C都不是A”为小前提，能否必然推出结论，为什么？

3．如果正确的直言三段论结论是全称的，则中项不能周延两次，为什么？

4．以“所有A是B，有B不是C”为三段论的前提，能否必然得出结论？为什么？

5．已知一个正确的三段论，其两个前提中只有大前提中有一个词项周延，这个三段论的大前提应是什么命题？为什么？

6．一个正确的直言三段论，它的大前提是肯定的，大项在前提和结论中都周延，小项在前提和结论中都不周延，这个直言三段论的式是什么？

7．已知一个正确的三段论，两个前提中只有小前提中有一个词项周延，这个三段论的小前提应是什么命题？为什么？

8．为什么第一格的结论可能有A、E、I、O四种命题？

9．“有教养的人懂礼貌，这个人不懂礼貌，所以，这个人没有教养。”这个三段论属于第几格？是否有效？为什么？

10．“并非有的商品没有价值，并非所有劳动产品都是商品，所以，并非所有劳动产品都有价值。”这个三段论的形式是什么？是否正确？为什么？

11．以“所有A不是B”与“有C是A”为前提，能否必然推出“有B不是C”？能否必然推出“有C不是B”？为什么？

12．如果一个有效三段论的大前提为O命题，试问它是第几格的三段论？它的逻辑形式是什么？

13．一个正确的三段论能否三个词项都周延两次？为什么？

14．为什么结论是否定命题的三段论，其大前提不能是I命题？

15．有一个正确的三段论，其小前提中没有一个项是周延的。这个三段论是怎样的？

16．证明除第一格外其他三个格的特殊规则。

二十一、证明题。

1．一个有效的三段论，如果大前提是特称命题，那么小前提必须是全称肯定命题。

2．一个有效的三段论，如果结论是全称否定命题，那么其前提必然是一个全称否定命题和一个全称肯定命题。

3．一个有效的三段论，若小前提为全称否定命题，则大前提必须为全称肯定命题。

4．一个有效的第一格三段论，若结论为特称否定命题，则大前提只能是全称否定命题。

5．根据三段论的一般规则和第一格的形式，证明“小前提必须肯定”这一特殊规则。

6．结论为否定的正确三段论，其大前提不能是I命题。

7．设：A表示命题“所有精通逻辑的都精通英语”，B表示“所有精通英语的不精通数学”，C表示“有些精通数学的是精通逻辑的”。试证明：若A与B均真，则C假。

8．设A、B、C分别为有效三段论的前提和结论，D是与结论C相矛盾的直言命题，试证：A、B、D中肯定命题必是两个。

9．若A、B、C分别为有效三段论的两个前提和结论，D是与B相矛盾的直言命题。试证明：“$D \wedge A \rightarrow C$”不是有效的三段论式。

10．一有效三段论的大项在前提中周延而在结论中不周延，请写出该三段论的格与式，并写出推导过程。

11．用选言法证明：小前提为O命题的有效三段论必定是第二格三段论。

12．用反证法证明：有效的第四格三段论式的大小前提都不能是O判断。

13．试证明：若有效的第四格三段论式的小项在结论中周延，则该三段论必为AEE。

14．已知某有效三段论的小前提是否定命题，试证：该三段论大前提只能是全称肯定命题。

15．证明：如果同时肯定下列三个命题，则违反矛盾律的要求。

（1）PES

（2）MOP→SIP

（3）SIM

16．已知：

（a）若 P 不真包含于 M，则 S 与 P 全异；

（b）若 S 不与 M 交叉，则 S 与 P 交叉；

（c）S 不与 P 全异，也不与 P 交叉。

试证明：S 真包含 P。

17．下面三句话恰有一假，试证明“有 B 是 C”真。

（1）若 A 不与 B 全同，则 A 与 C 全异；

（2）若 A 不真包含于 B，则 B 与 C 全异；

（3）A 和 B 都与 C 全异。

18．已知：

（1）若概念 A 与概念 B 全异，则概念 A 与概念 C 全异；

（2）A 真包含于 C。

求证：概念 B 不与 C 全异。

19．以 A 和 B 为前提可必然推出 C，而 D 与 C 矛盾，E 与 A 矛盾。试证明：由 D 和 B 可必然推出 E。

20．证明：

（1）若一个三段论的大前提是特称命题，则其小前提必须为肯定命题。

（2）若一个三段论中项周延两次，则其结论必须是特称命题。

二十二、运用有关知识回答下列问题。

1．以下三句话一真两假，试确定 S 与 P 的外延关系。

（1）有 S 是 P。

（2）有 S 不是 P。

（3）有 P 不是 S。

2．以下三句话一真两假，试确定 S 与 P 的外延关系。

（1）有 S 不是非 P。

（2）有 S 不是 P。

（3）有非 S 是 P。

3．下列三句话一真两假，请问：甲班的 50 名同学中有多少人会游泳？

（1）有些甲班的同学会游泳。

（2）有些甲班的同学不会游泳。

（3）甲班的小王会游泳。

4．已知“或者 B 真包含于 C，或者 C 真包含于 A”与“C 与 A 交叉”均真，能否断定“A 不真包含于 B”为真？

5．已知“只有 B 与 C 全异，A 才不真包含于 B”与“B 真包含于 C”均真，能否断定“C不真包含于A”为真?

6. 若A与B全异,B与C不全异,试问:A与C的外延关系可能有哪几种?为什么?

7. 设下列三句话中只有一句是假的,请问:甲公司总经理是否懂计算机?

(1)甲公司所有员工都懂计算机。

(2)甲公司小王懂计算机。

(3)甲公司所有员工都不懂计算机。

8. 已知:

(1)“所有M不是P”为真。

(2)M真包含S。

请用欧拉图表示S与P可能具有的各种外延关系。

9. 已知:

(1)M真包含于P。

(2)“有些S是M”为真。

请用欧拉图表示S与P可能具有的各种外延关系。

10. 已知:SAP为真而PAS为假。根据已知条件:

(1)用欧拉图表示出S与P的外延关系。

(2)指出S与P这两个概念哪一个的内涵较多。

11. 若MOP为假而SAM为真,请用欧拉图表示S与P的各种外延关系。

12. 设SAP真,请用欧拉图表示S、P、$\overline{P}$在外延上的各种关系。

13. 设M真包含于S,所有M不是P,请用欧拉图表示S与P的各种外延关系。

14. 已知概念A与概念B交叉,概念B真包含概念C,请用欧拉图表示概念A与概念C可能具有的各种外延关系。

15. SAP假,请用欧拉图表示S与P可能具有的各种外延关系。

16. 已知:

(1)M与P外延不相容。

(2)“所有M是S”为真。

请用欧拉图表示S与P可能具有的各种外延关系。

17. 设S与P交叉,M与P全异,请用欧拉图表示S、M、P三个概念之间的各种外延关系。

18. 设定下列四句话中只有一句为真。

(1)有P是S。

(2)如有S不是M,则有S是M。

(3)有P不是S。

(4)M都不是P。

请问:这四句话中哪一句是真的?S与P在外延上是什么关系?

19. 已知:

(1)A真包含于B。

（2）有C不是B。

（3）若C不真包含A，则C真包含于A。

请问：A与C具有什么关系？请写出推导过程，并用欧拉图将A、B、C三个概念在外延上可能具有的关系表示出来。

20．已知A、B、C、D有下列关系，请推出A与B、B与D、A与D的外延关系，写出推导过程，并将A、B、C、D的外延关系表示在一个欧拉图中。

（1）如果A不真包含于B，那么C与D不全异。

（2）只有B与D全异，B才不真包含于D。

（3）B与D相容，但C与D不相容。

二十三、判定下列文字中有无三段论，如有，请整理出来（如是省略式，则请补充省略的部分），并分析其是否有效。

1．科学的东西，随便什么时候都是不怕批评的，因为科学是真理，绝不怕人家反驳。

2．某富家子弟，颇爱古玩。于市肆间重金购得有张翼德印章之字画一幅如获至宝，便大张宴席，恭请名流观赏。郑老乃举国金石名家，亦被邀至。观后微哑。叩请指教。郑老叹曰："惜乎重金，废纸一张！三国时有朱砂名章否？"众愕然。

3．当代的科学技术，要求出现更多的创造型人才，这些人才要具有数学的基本功。因为现在有许多学科由定性描述进展到定量描述，运用了比较深的数学工具。几十年前，数学还主要在力学、物理学中发挥作用，缺乏数学训练的年轻人只要避开数学、物理、力学等等学科即能施展自己的才能。而现在，数学不仅比较深地介入自然科学、技术科学的所有领域，而且也介入了社会科学的众多学科。当今，在前沿科学取得重大成就的科学家没有一个不是在数学方面训练有素的。有些年老的科学家不懂得数学语言，结果，他们无法在前沿科学中取得重大的成就。

4．喜马拉雅山脉是否从来就是"世界屋脊"？不。在27亿年前，这里原来是茫茫一片的汪洋大海。人们又是如何知道这里原来是茫茫一片的汪洋大海？原因是找到了化石。地质学一再证明：凡是有水生生物化石的地层，都是地质史上的古海洋地区。喜马拉雅山脉的地层遍布了珊瑚、苔藓、海藻、鱼龙、海百合等化石。可见，喜马拉雅山脉在过去的地质年代里，曾经被海洋淹没过。

第五章 谓词逻辑

命题逻辑对原子命题内部结构不再分析，但是，有些推理的有效性涉及原子命题的构成，命题逻辑无法解释这种有效性。词项逻辑将原子命题进一步分析为主项、谓项、联项和量项这些成分的合式构成，能够解释部分命题逻辑无法分析的推理（例如三段论）的有效性。然而，仍然有大量推理，它们的有效性是词项逻辑仍无法解释的。如：

所有的犯罪或者是故意犯罪，或者是过失犯罪。

有些犯罪不是故意犯罪。

因此，有些犯罪是过失犯罪。

这个推理直观上显然有效，但截至当前所讨论的逻辑类型都无法解释其有效性。因此，我们需要一种更有力的分析方法解析原子命题，获得更为普遍一般的有效性概念。这就是谓词逻辑的研究主题。

第一节　简单句和量词

一、谓词和个体词

对照词项逻辑的主项、谓项、联项和量项，现代逻辑借鉴数学中有关函数的思想，解构原子命题，得到谓词、个体词以及量词。

传统逻辑按主谓结构分析原子命题，因此，“鲁迅是文学家”与“鲁迅是《阿 Q 正传》的作者”二者结构相同，都是“S 是 P”这种主谓结构。然而，现代逻辑创始人弗雷格认为，那两个句子的结构有本质区别。他首先严格区分了对象与概念，“鲁迅”所指是对象，对象自身不能谓述事物，只能被谓述；“文学家”所指概念，概念具有谓述功能。

“鲁迅是文学家”表达了对象鲁迅位于“文学家”这个概念之下。其中的“是”纯粹是系动词，仅具有语法功能，不具有逻辑意义上的谓述功能，不谓述“鲁迅”。在“鲁迅是《阿Q正传》的作者”中，“是”具有逻辑谓述功能，它与“《阿Q正传》的作者”结合，谓述“鲁迅”，表达了鲁迅这一对象位于“是《阿Q正传》的作者”这个概念之下，而不是“鲁迅”这个概念位于“《阿Q正传》的作者”这个概念之下。当然，也可以将其视为表达了鲁迅这个对象与自身等同这一关系。

弗雷格认为，概念是一种函数，有谓述功能，概念自身是带空位的、不饱和的。概念谓述对象，相当于该对象填入概念的空位，得到饱和的东西。其语言形式即为有真假的命题（陈述句）。例如，对于陈述句“地球是行星”为真，“太阳是行星”为假，可以理解为概念是取值为真值的函数，也就是：概念“行星”将地球映射到真，将太阳映射到假。对象位于概念之下是最基本的结构，对应到自然语言中，就是单称句的逻辑结构。

数学中，函数有元数的区分。例如，“取绝对值”是实数上的一元函数，“加法”是实数上的二元函数。弗雷格将此思想推广到概念上。通常说的概念就是一元函数，例如：行星、天体、作家、聪明的等等。而通常意义上的关系，如大于、小于、整除、爱、击败等是二元函数。以“大于”这一实数上的二元关系为例，“6 大于 1”是真的，可以理解为，大于这一关系将 6 与 1 这组对象对应到真。类似地，将 3 与 8 这组对象对应到假，相应于通常的表达：“3 大于 8”是假的。

沿着弗雷格的思想，现代逻辑将表达概念与关系的语词统称为谓词，为区分元数，通常加注“几元”，例如：“爱”“朋友”是二元谓词，“机动车”“国家”“手机”是一元谓词。

现代逻辑一般用大写英文字母表示谓词，如 F、G、R。有时使用同一字母加注下标的办法表示不同谓词，如 R_1 、R_2 。

偶尔也用上标标注元数，如R^2 表示一个二元谓词。但在不会引起混淆的情况下，通常省略上标。有时会根据谓词的元数明确地将空位标识出来，如将二元谓词 F 写成 F(—,—)。但更常见的是用小写字母填入空位，写成$F(x,y)$，或者更简单地写成 Fxy。这类小写字母所取的值是讨论范围内的个体对象，故称为个体变元或个体变项。这种表示类似于数学中的函数表示方法，如，正弦函数 $\sin x$，指数函数 $a^x(a>0$ 且$a\neq 1)$。前面的个体变元其功能就相当于这里的自变元。

现代逻辑将自然语言中指称特定对象的专名，如“李白”“中国”，称为个体词，也叫个体常项或个体常元，现代逻辑一般用c、c_1、c_2 等等表示个体常元。

将自然语言表达的语句在谓词逻辑中符号化就是将语句翻译为如上这种特制的符号语言，以此可以将语句的结构清晰地展示出来。现在我们可以将某些简单句符号化。

例如，可以将“李白是诗人”符号化为：Pa，“李白与杜甫是好友”符号化为：Rab，其中，“Px”表示“x是诗人”，“Rxy”表示“x与 y是好友”，“a”表示“李白”，“b”表示“杜甫”。

借助命题联结词，语句“李白是诗人，杜甫是诗人，并且他们是好友”的翻译就是：$Pa\wedge Pb\wedge Rab$。

二、量词和个体域

“所有行星是天体”同样是主谓结构，但是按现代逻辑的分析，此处“行星”与“天体”同属于谓词，表达了概念，该句子的结构与由分别表达对象的“地球”和概念“行星”结合而得的句子“地球是行星”的结构有实质差别：后者仅是简单句，而前者表达的是两个概念之间的一种关系，要借助量词和简单句才能将该句子的结构完整地表达出来。词项逻辑称“所有”为量项，现代逻辑称其为量词，一般用符号“$\forall$”表示，意为：对（所讨论范围内的）所有对象……。根据第二章关于概念之间关系的分析，“所有行星是天体”断定了所涉两个概念之间有如下关系：凡是落在概念行星的外延中的对象，都落在概念天体的外延中。 从现代逻辑的角度，就是：对（所讨论范围内的）所有对象，如果它位于概念行星之下，则它位于概念天体之下。

为了标示对象多次出现的关联性，现代逻辑通常使用个体变元做标记。因此，量词“$\forall$”之后一般紧跟一个个体变元，形如 $\forall x$。按上述分析，“所有行星是天体”的符号化为：$\forall x(Px\to Cx)$，其中“Px”表示“x是行星”，“Cx”表示“x是天体”。

一般地，全称肯定命题“所有S是P”的符号化为：$\forall x(Sx\to Px)$。

全称否定命题“所有S不是P”的符号化为：$\forall x(Sx\to\neg Px)$。

词项逻辑将量项分为全称与特称两种，类似地，现代逻辑也区分全称量词与存在量词。“$\forall x$”是全称量词，存在量词一般表示为“$\exists x$”，意为：（在所讨论范围内）有对象……。

“有金属是固体”的符号化为：$\exists x(Mx\wedge Sx)$，其中“Mx”表示“x是金属”，“Sx”表示“x是固体”。

一般地，特称肯定命题“有S是P”的符号化为：$\exists x(Sx\wedge Px)$。

特称否定命题“有S不是P”的符号化为：$\exists x(Sx\wedge\neg Px)$。

以上量词的直观含义中所说的“讨论范围”通常称为**个体域**或**论域**。有时可以通过适当地限定论域简化符号化。

例 5.1 将下述语句符号化。

有最小的自然数，但没有最大的自然数。

解析：如果取论域为自然数集，那么，用“Lxy”表示“x小于或等于 y”（或“y大于或等于 x”），上述语句的符号化为：$\exists x\forall yLxy\wedge\neg\exists x\forall yLyx$。

但是，如果讨论对象有非自然数，例如，取论域为整数集，则必须用一个一元谓词，如“Nx”表示“x是自然数”，此时，语句的符号化为：

$$\exists x(Nx\wedge\forall y(Ny\to Lxy))\wedge\neg\exists x(Nx\wedge\forall y(Ny\to Lyx)) \quad ■$$

显然，后面这种符号化比前面那种要复杂得多。

一般地，通常只有在讨论一种对象的性质或关系时才可以如前面那样简化。

给定一个涉及量词陈述句，如“有最小的自然数，但没有最大的自然数”，我们从谓词逻辑角度分析其形式结构，通常的步骤是：首先确定论域，然后用不同的大写字母分别表示其中出现的不同谓词，用不同的小写字母表示专名或函数符号。这相当于给定了一部词典，它明确自然语言中的语词如何对应到这套符号语言中的字母符号。按此词典，我们可将语句翻译为这种符号语言的表达式。

例 5.2 将以下一段话符号化。

（1）班的同学都是团员，都没有旷过课。（2）班的同学有的旷过课，有的不是团员，但都读过金庸的小说，都看不起（1）班的某些同学。

解析： 翻译词典如下：

个体域：（1）班和（2）班的同学构成的集合

Sx：（1）班的同学　　Px：（2）班的同学　　Tx：x旷过课

Lx：x是团员　　Nx：x是金庸的小说　　Rxy：x读过 y

Dxy：x看不起 y

这段话符号化为：$\forall x(Sx\rightarrow(Lx\wedge\neg Tx))\wedge\exists x(Px\wedge Tx)\wedge\exists x(Px\wedge\neg Lx)$

$\wedge\forall x(Px\rightarrow(\exists y(Ny\wedge Rxy)\wedge\exists z(Sz\wedge Dxz)))$ ■

三、个体域上的函数

在第二章我们看到，自然语言中，指称对象的方式除了专名外，还有摹状词[①]。例如，除了用“北京”指称北京，也可用摹状词“中华人民共和国的首都”指称北京。其中的“中华人民共和国”是专名；“……的首都”相当于一个函数，它在中华人民共和国处的值是北京，在日本处的值是东京。现代逻辑一般使用 f、g、h等作为函数符号，类似于谓词，必要时也使用上下标。

使用函数符号可将一些涉及摹状词的语句符号化。

例 5.3 按以下翻译词典翻译如下语句。

如果一个实数大于π，那么它的平方也大于π的平方。但存在一个实数，小于π而其平方却并不小于π的平方。

解析： 个体域：实数集　　fx：x的平方　　Gxy：x大于 y

Lxy：x小于 y　　c：π

$\forall x(Gxc\rightarrow Gfxfc)\wedge\exists x(Lxc\wedge\neg Lfxfc)$ ■

当摹状词不适合使用函数符号处理时，可以借助关系来替代函数。例如，考虑将语句“小明的爸爸是工程师”符号化。如果使用如下词典：

个体域：人的集合　　fx：x的爸爸　　Ex：x是工程师　　c：小明

我们得到表达式：Efc。虽然其简洁，但是考虑到人的集合是有穷集，而“x的爸爸”这个函数有个特点：任意有穷多次（大于 0 次）复合得到的复合函数都不是恒等函数，这就与人的集合是有穷集矛盾。我们可以使用谓词表示摹状词所描述的性质，然后再将唯一性和存在性符号化，从而指向摹状词所说的对象。例如，摹状词“小明的爸爸”就相当于：那个是小明爸爸的人，可以符号化为：$\exists x(Pxc\wedge\forall y(Pyc\rightarrow x\equiv y))$。

词典如下：

---

① 此处摹状词仅指限定摹状词，即其所指是唯一的。

个体域：人的集合　　Pxy：x是 y的爸爸　　c：小明

$x \equiv y$：x与 y同一。（接下来“$x \equiv y$”将始终取此含义，不再特别明示。）

而含有摹状词的陈述句就是增加了谓词，描述摹状词所指的对象。例如：在如上词典中增加“Ex：x是工程师”，可将“小明的爸爸是工程师”翻译为：

$$\exists x(Pxc \land \forall y(Pyc \to x \equiv y) \land Ex)$$

第二节　推理的谓词表达

为了解析像本章开头提到的推理有效性，我们以新的视角解析了原子命题的结构，获得了简单句结构与量化结构。再借助命题联结词，我们就可以将自然语言表达的多种命题与推理符号化，也就是给出其结构的谓词表达式。下面我们通过更多的实例来理解这种方法。

一、直言命题推理的符号化

1. 命题变形直接推理的符号化

例 5.4　将以下换位推理实例符号化。

所有团员都是青年。所以，有些青年是团员。

解析：翻译词典如下：

个体域：所有人的集合　　Lx：x是团员　　Yx：x是青年

上述推理符号化为：

$$\frac{\forall x(Lx \to Yx)}{\exists x(Yx \land Lx)}$$

更一般地，$\forall x(Lx \to Yx) \to \exists x(Yx \land Lx)$ ■

据变形推理规则可知，这里有个隐含的前提：$\exists xLx$

例 5.5　将以下换质推理实例符号化。

有些毕业班同学是非正式代表。所以，有些毕业班同学不是正式代表。

解析：翻译词典如下：

个体域：所有同学的集合　　Gx：x是毕业班同学　　Ix：x是非正式代表

Ox：x是正式代表

上述推理符号化为：$\exists x(Gx \land Ix) \to \exists x(Gx \land \neg Ox)$ ■

据变形推理规则可知，这里有个隐含的前提：$Ix \leftrightarrow \neg Ox$

2. 对当关系推理的符号化

例 5.6　将以下从属关系推理实例符号化。

英国是发达国家。所以，有国家是发达国家。

解析：翻译词典如下：

个体域：所有国家的集合　　Dx：x是发达国家　　a：英国

上述推理符号化为：$Da \to \exists x Dx$ ■

例 5.7　将以下从属关系推理和矛盾关系推理实例符号化。

（1）所有甲班同学都是球迷。所以，有甲班同学是球迷。

（2）所有甲班同学都是球迷。所以，并非有甲班同学不是球迷。

解析：翻译词典如下：

个体域：所有人的集合　　Sx：x是甲班同学　　Fx：x是球迷

上述两个推理符号化分别为：

（1）$\forall x(Sx \to Fx) \to \exists x(Sx \wedge Fx)$

（2）$\forall x(Sx \to Fx) \to \neg \exists x(Sx \wedge \neg Fx)$ ■

3. 三段论的符号化

例 5.8　将以下三段论第三格 AEO 式实例符号化。

企鹅是鸟，企鹅不会飞。所以，有的鸟不会飞。

解析：翻译词典如下：

个体域：所有生物的集合　Px：x是企鹅　Bx：x是鸟　Fx：x会飞

上述推理符号化为：$(\forall x(Px \to Bx) \wedge \forall x(Px \to \neg Fx)) \to \exists x(Bx \wedge \neg Fx)$ ■

例 5.9　将以下三段论第三格 AAI 式实例符号化。

日本是亚洲国家，日本是发达国家。所以，有的亚洲国家是发达国家。

解析：翻译词典如下：

个体域：所有国家的集合　　Ax：x是亚洲国家　　Dx：x是发达国家

a：日本

上述推理符号化为：$(Aa \wedge Da) \to \exists x(Ax \wedge Dx)$ ■

例 5.10　将以下三段论第一格 AAA 式实例符号化。

所有病毒都是寄生物。冠状病毒是病毒。所以，冠状病毒是寄生物。

解析：翻译词典如下：

个体域：所有生物的集合　　Vx：x是病毒　　Px：x是寄生物

Cx：x是冠状病毒

上述推理符号化为：$(\forall x(Vx \to Px) \wedge \forall x(Cx \to Vx)) \to \forall x(Cx \to Px)$ ■

二、涉及关系推理的符号化

例 5.11　将以下关系命题符号化。

每一个人都有其所爱（的人）；每一个人也被（某）人爱着。（其中所说的爱一个人指爱除自己外的某人。）

解析：翻译词典如下：

个体域：所有人的集合　　Lxy：x爱 y

这个推理符号化为：$\forall x \exists y(\neg x \equiv y \wedge Lxy) \wedge \forall x \exists y(\neg x \equiv y \wedge Lyx)$ ■

例 5.12　将以下关系推理符号化。

所有固体都有液体溶解它。所以，所有固体金属都有液体溶解它。

解析：翻译词典如下：

个体域：所有事物构成的类　　Sx：x是固体　　Mx：x是金属

Lx：x是液体　　Rxy：x溶解 y

这个推理符号化为：$\forall x(Sx\rightarrow\exists y(Ly\wedge Ryx))\rightarrow\forall x(Sx\wedge Mx\rightarrow\exists y(Ly\wedge Rxy))$ ■

例 5.13　将以下关系推理符号化。

小明只怕他爸爸。所以，他不怕他妈妈也不怕他哥哥。

解析：翻译词典如下：

个体域：所有人的集合　　c：小明　　fx：x的爸爸　　gx：x的妈妈

hx：x的哥哥　　Fxy：x怕 y

这个推理符号化为：$(Fcfc\wedge\forall x(\neg x\equiv fc\rightarrow\neg Fcx))\rightarrow(\neg Fcgc\wedge\neg Fchc)$ ■

三、其他类型的推理的符号化

例 5.14　将以下推理符号化。

有人是小说家，有人是历史学家。所以，有人既是小说家又是历史学家。

解析：翻译词典如下：

个体域：所有人的集合　　Wx：x是小说家　　Hx：x是历史学家

上述推理符号化为：$(\exists xWx\wedge\exists xHx)\rightarrow\exists x(Wx\wedge Hx)$ ■

例 5.15　将本章开头的例子符号化。

所有的犯罪或者是故意犯罪，或者是过失犯罪。

有些犯罪不是故意犯罪。

因此，有些犯罪是过失犯罪。

解析：翻译词典如下：

个体域：所有的犯罪　　Ix：x是故意犯罪　　Nx：x是过失犯罪

这个推理符号化为：$(\forall x(Ix\vee Nx)\wedge\exists x\neg Ix)\rightarrow\exists xNx$ ■

第三节　解释方法

前面我们给出了许多语句的谓词表达式。有的表达式如 $\exists x\forall yLxy$，其真值依赖二元谓词“L”的意义：如果其指自然数上的小于或等于关系，表达式为真；如果指整数上的小于或等于关系，其为假。但有的表达式不依赖其中谓词符号的意义，如 $\exists x\forall yLxy\rightarrow\forall y\exists xLxy$，直觉上它总是成立的，即有效的。本节讨论如何通过赋予符号具体意义，使得谓词表达式能够为真或为假。这是上一节所做的符号化的反方向。下一节介绍一种形式语义学，相当于直觉上有效性的一种清晰严格版本，以此可以给出有效性的严格定义，从而可严格证明公式的有效性。但这两种方法都要用到集合论的一些知识，下面对其做简要介绍。

一、集合论初步知识

1. 有序n元组

集合不考虑元素的次序。例如，集合 $\{a,b\}$与集合 $\{b,a\}$相同。但有时我们需要区别两个对象的次序，例如，平面上的点(2, 5)与点(5, 2)是不同的。为此，我们用尖括号将两个对象组合在一起以区别集合，称为有序二元组，或有序对，如 $\langle a,b\rangle$，其中 a称作第一坐标，b称作第二坐标。

可以在集合这个概念的基础上定义 $\langle a,b\rangle$为集合 $\{\{a\},\{a,b\}\}$。按此定义，基于集合的性质，我们可以严格证明两个有序对相等当且仅当其第一坐标与第二坐标分别对应相等，从而达到区别第一坐标与第二坐标的目的。详细说明在此从略。

类似地，$\langle a,b,c\rangle$称为有序三元组。为严格起见，我们也可以将之定义为$\langle\langle a,b\rangle,c\rangle$。

更一般地，对$n>2$，我们定义 $\langle a_1,\cdots,a_n\rangle=\langle\langle a_1,\cdots,a_{n-1}\rangle,a_n\rangle$，称为有序 n元组，其中 a_i 称为第 i坐标。

注意，构成集合的元素本身可能是有序对。例如，$\{\langle a,b\rangle,\langle b,a\rangle\}$、$\{a,\langle b,a\rangle\}$。

我们将二元关系定义为有序对的集合。例如，$\{\langle a,b\rangle,\langle b,a\rangle\}$和$\{\langle a,c\rangle,\langle b,a\rangle\}$都是二元关系，但 $\{a,\langle b,a\rangle\}$不是。

设 R是一个二元关系。定义 R的前域为 $\mathrm{dom}R=\{a|$存在 b使得 $\langle a,b\rangle\in R\}$；$R$的后域为 $\mathrm{ran}R=\{b|$存在 a使得 $\langle a,b\rangle\in R\}$。$\{\langle a,b\rangle,\langle b,a\rangle\}$的前域与后域都是 $\{a,b\}$；$\{\langle a,c\rangle,\langle b,a\rangle\}$的前域是$\{a,b\}$，后域是$\{a,c\}$。

更一般地，n元关系是一个有序 n元组的集合。不过，我们后面常用到的是给定某个集合上的关系。

2. 集合上的关系与函数

给定集合 A与 B，我们定义 A与B的笛卡尔积（记为 $A\times B$）为有序对的集合$\{\langle a,b\rangle|a\in A$且 $b\in B\}$。笛卡尔积也简称为卡氏积。

类似地，定义三个集合A、B、C的卡氏积 $A\times B\times C$ 为 $(A\times B)\times C$。

一般地，给定 n个集合 $A_1,\cdots,A_n$（$n>2$），我们定义这 n个集合的卡氏积$A_1\times\cdots\times A_n$为 $(A_1\times\cdots\times A_{n-1})\times A_n$。

如果$A_1=\cdots=A_n=A$，则卡氏积$A_1\times\cdots\times A_n$简记为$A^n$ 。

集合 A上的一个二元关系是指A^2 的一个子集，即 B是 A上的一个二元关系当且仅当$B\subseteq A^2$。一般地，给定集合 A，我们定义 A上的一个 n元关系为 A^n 的一个子集。

例如，自然数集合 N 上的大于关系，通常记为$>_{\mathrm{N}}$，用以上记法就是 $>_{\mathrm{N}}=\{\langle a,b\rangle|a\in\mathrm{N}$且 $b\in\mathrm{N}$ 且 a大于$b\}$。它是有序对的集合。$\langle 9,1\rangle$、$\langle 19,12\rangle$、$\langle 99,23\rangle$都是其中的元素。显然，$>_{\mathrm{N}}\subseteq\mathrm{N}^2$。它是一个无穷集合。其前域是$\mathrm{N}-\{0\}$，后域是N。

对于整数集合 Z，也可以用其上的大于关系 $>_{\mathrm{Z}}$的上述记法表示。而且，易见$>_{\mathrm{N}}\subset>_{\mathrm{Z}}$；而且$>_{\mathrm{N}}$也是 Z 上的一个二元关系，但不是 Z 上的大于关系。$>_{\mathrm{Z}}$则不是 N 上的二元关系。

自然数上的倍数关系也可以使用上述记法来表示。它也是一个无穷集合。

有穷集合$\{\langle 2, 9\rangle, \langle 13, 17\rangle\}$也是 N 上的一个二元关系，当然它并非我们实际常用到的二元关系。而$\{\langle 8, 129\rangle\}$是集合$\{5, 8, 93, 129\}$上的二元关系。

另外，因为 $\emptyset$是任意集合的子集，因此，它是任意集合上的一个二元关系。

f为从 A到 B的（一元）函数是指，对任意 $a\in A$，f将其对应到 B 中唯一的元素，设为 b。我们将其写为 $f(a)=b$。当$B=A$，也称 f为 A上的一元函数。因而可将一元函数理解为一种特殊的二元关系。

一般地，一个 n元函数 f是一个$n+1$ 元关系，即$n+1$ 个集合$A_1,\cdots,A_{n+1}$的卡氏积的子集，其中，f的前域 dom$f$就是$A_1\times\cdots\times A_n$。我们也称$f$是从$A_1\times\cdots\times A_n$到$A_{n+1}$的函数。当$A_1=\cdots=A_{n+1}=A$时，我们称 f是 A上的 n元函数。

二、解释方法

全称肯定命题“所有 S是 P”的符号化为 $\forall x(Sx\to Px)$。直觉上它是一个可真可假的公式。为了验证这一直觉判断，我们通过赋予一元谓词 S与 P意义，使得其表达一个具体的判断，从而有确定的真假。

根据前面的介绍，该公式的直观意义是：对（所讨论范围内的）所有对象，如果它是 S（或者说它有性质 S），那么它是 P。因此，首先，我们要明确所讨论的范围是什么，也就是明确哪些是我们讨论的对象。我们可将这一步看作指明一个集合，作为个体变元的取值范围，称为个体域或论域。我们要求论域至少包含了一个对象，即个体域非空。

一元谓词指称对象的某种性质。因此，接下来要指明个体域中的哪些对象具有一元谓词所说的性质，即，明确一元谓词适用其中的哪些对象。这些对象构成的集合是论域的一个子集。因此，对一元谓词的解释就是个体域的一个子集。

类似地，二元谓词的解释是个体域上的一个二元关系，其他多元谓词的解释类似；一元函数符号的解释是个体域上的一个一元函数，其他多元函数符号的解释类似。

个体常项的解释是个体域某个特定的个体。

我们下面通过几个例子来说明。

例 5.16 给出两个解释，使得$\forall x(Sx\to Px)$在一个解释下为真，在另一个解释下为假。

解析：解释 1：个体域：所有三角形的集合　Sx：x是等边三角形

Px：x等腰三角形

解释 2：个体域：自然数集　Sx：x是素数　Px：x是奇数 ■

例 5.17 特称肯定命题“有 S是 P”的符号化为“$\exists x(Sx\wedge Px)$”。以下给出两个解释，使得此表达式在其中分别为真和为假。

解析：解释 1：个体域：$\{a,b,j,k\}$　S：$\{a,j\}$　P：$\{a,b,k\}$

解释 2：个体域：$\{3, 5, 66, 71, 99, 100\}$　S：$\{3, 71, 66\}$　P：$\{5,99, 100\}$ ■

例 5.18 $\exists x\forall yLxy$是对“有最小的自然数”的符号化，以下给出两个解释，使得此表达式在其中分别为真和为假。

解析：解释 1：个体域：$\{a,b,j,k\}$　L：$\{\langle a,a\rangle,\langle a,b\rangle,\langle a,j\rangle,\langle a,k\rangle\}$

解释 2：个体域：$\{a,b,j,k\}$　L：$\{\langle a,a\rangle,\langle a,j\rangle,\langle a,k\rangle\}$ ■

例 5.19　给出两个解释，使得 $\forall x\exists yLxy\rightarrow\exists x\forall yLxy$ 在其中分别为真和为假。

解析：解释 1：个体域：$\{a,b,j,k\}$　L：$\{\langle a,a\rangle,\langle j,j\rangle,\langle k,a\rangle,\langle b,a\rangle,\langle b,b\rangle,\langle b,j\rangle,\langle b,k\rangle\}$

解释 2：个体域：$\{a,b,j,k\}$　L：$\{\langle a,a\rangle,\langle b,a\rangle,\langle j,a\rangle,\langle k,k\rangle\}$ ■

例 5.20　给出两个解释，使得 $Fcfc\wedge\forall x(x\equiv fx\rightarrow Fxfx)$在其中分别为真和为假。

解析：解释 1：个体域：自然数集 N　F：$\{\langle 0, 0\rangle,\langle 1, 1\rangle,\langle 2, 3\rangle,\langle 5, 7\rangle\}$　c：0　f：N 上的平方运算

解释 2：个体域：自然数集 N　F：$\{\langle 0,0\rangle,\langle 5,7\rangle\}$　c：0　f：N 上的平方运算 ■

现在考虑表达式 $Fxfx$在上面例 5.20 的解释下的真值。虽然该解释告诉我们其个体域为自然数集 N，同时也知道 F与f的意义，但是，由于不知道 x的值，我们无法确定这个表达式的真值。

为了能确定这类表达式的真值，我们需要为每个个体变元指派个体域中的一个个体作为其所指。这种指派叫作个体指派。个体指派实际上是一个从个体变元集到个体域中的函数。

例如，在例 5.20 的解释中再添加如下个体指派，它为每一个个体变元指派数 1。据此，$Fxfx$的真值为真。如果添加如下个体指派，它为每一个个体变元指派数 2。据此，$Fxfx$的真值为假。

例 5.21　给出两个解释，使得 $\forall yGxy$ 在其中一个解释下为真，在另一个解释下为假。

解析：解释 1：个体域：自然数集 N　G：N 上的小于关系　s：为每一个个体变元指派数 0

解释 2：个体域：自然数集 N　G：N 上的小于关系　s'：为每一个个体变元指派数 1 ■

直观上，$\forall yGxy$ 在一个解释下的值，仅与个体域以及G和x的所指有关，与其他谓词和其他个体变元的所指均无关。为了严格地表述，我们有必要给出谓词逻辑所使用的语言的构成、相关定义以及上述直观解释的准确表述，也就是将谓词逻辑形式化。

第四节　谓词逻辑的形式公理系统

一、谓词逻辑的形式语言

1. *初始符号*

谓词逻辑的形式语言 $\mathcal{L}^{Q}$（简记为 $\mathcal{L}$）包括如下几类：

（1）量词：$\forall$，

（2）谓词：

一元谓词：R_1^1，R_2^1，R_3^1，…，R_n^1，…（$n\in$N）

二元谓词：R_1^2 ，R_2^2 ，R_3^2 ，…，R_n^2 ，…（$n\in\mathrm{N}$）

…………

（3）函数符号

一元函数符号：f_1^1 ，f_2^1 ，f_3^1 ，…，f_n^1 ，…（$n\in\mathrm{N}$）

二元函数符号：f_1^2 ，f_2^2 ，f_3^2 ，…，f_n^2 ，…（$n\in\mathrm{N}$）

…………

（4）个体常项：c_1，c_2，c_3，…，c_n，…（$n\in\mathrm{N}$）

（5）个体变元：v_1，v_2，v_3，…，v_n，…（$n\in\mathrm{N}$）

（6）命题联结词：$\neg$，$\rightarrow$

（7）辅助符号：(，)

说明：此处只选取否定与实质蕴涵作为初始联结词，而合取、析取以及等值，可类似于第二章命题逻辑所做的，通过定义引入。类似地，存在量词“∃”也可以通过定义引入：$\exists x\alpha=\neg\forall x\neg\alpha$。

量词“$\forall x$”中的变元称为个体变元，它只能取论域中的个体为值，而不能取论域中的性质或关系为值。其中量词做如此限制的形式语言叫**一阶语言**，在其上所构造的逻辑叫**一阶逻辑**。如果其中的量词“$\forall x$”中的变元可以取个体域上的关系或函数，这类形式语言叫**高阶语言**。

有一个特别的二元谓词叫等词，一般记作“≡”。默认在所有解释中都将它解释为个体与自身等同。

一阶语言总是包含量词、个体变元与命题联结词。但是，依据实际研究的需要，可以在函数符号、个体常项与谓词符号当中做出取舍，但是，至少包含一个谓词。因此，我们将这三类符号看作参数，一个具体的一阶语言就是由此参数部分确定的。

例如，$\mathcal{L}_1=\{R_1^2, f_1^1, c_1\}$。它含有一个二元谓词、一个一元函数符号和一个个体常项。$\mathcal{L}_2=\{\equiv, f_1^2, c_1\}$含有等词、一个二元函数符号和一个个体常项。

之前我们使用的符号，如 F、G、L、c、f、x、y等属于元语言中的符号，而如上所给的是对象语言中的符号。为研究对象语言的特性，例如，怎样的表达式是一个合法表达式，怎样的表达式是真的，关键的因素是其结构，考虑到元语言书写更为方便、更为易读，我们一般都用元语言来描述。以下项与公式的定义就是使用元语言。

2. 项与公式

给定一个一阶语言 $\mathcal{L}$，**$\mathcal{L}$-项**的定义如下：

（1）个体变元是 $\mathcal{L}$-项；

（2）个体常项是 $\mathcal{L}$-项；

（3）如果$t_1,\cdots,t_n$是$\mathcal{L}$-项， f是 $\mathcal{L}$中一个 n元函数符号，则$ft_1\cdots t_n$是$\mathcal{L}$-项。

（4）只有有限次使用如上规则得到的 $\mathcal{L}$-表达式才是 $\mathcal{L}$-项。

一个项，如果不含个体变元，就称为**闭项**；否则，就称为开项。

例如，c_1, $f_1^1c_1$, $f_1^1\,f_1^1c_1$, v_2, $f_1^1v_3$等都是 $\mathcal{L}_2$-项，其中前三个为闭项。而x、c、fx、f_1^1c都不是$\mathcal{L}_2$-项。

形式语言中的项指称论域中的个体，相当于自然语言中的（对象的）名称。而以下要定义的公式则大致相当于自然语言中的句子。

给定一个一阶语言 $\mathcal{L}$，$\mathcal{L}$-公式的定义如下：

（1）如果R是 $\mathcal{L}$中一个 n元谓词，$t_1,\cdots,t_n$是$\mathcal{L}$-项，则$Rt_1\cdots t_n$是 $\mathcal{L}$-公式；

（2）如果 α、β是 $\mathcal{L}$-公式，则 $\neg\alpha$、$(\beta\to\gamma)$是 $\mathcal{L}$-公式；

（3）如果 α是公式，x是一个个体变元，则 $\forall x\alpha$ 是 $\mathcal{L}$-公式。

（4）只有有限次使用如上规则得到的 $\mathcal{L}$-表达式才是 $\mathcal{L}$-公式。

其中，使用（1）得到的公式称为**原子公式**。使用等词构成的原子公式$\equiv t_1t_2$ 一般称为等式。我们习惯将$\equiv t_1t_2$ 记为$t_1\equiv t_2$。

使用（2）得到的公式分别称为**否定式与蕴涵式**。我们习惯将否定式$\neg\equiv t_1t_2$ 简记成$t_1\not\equiv t_2$。

使用（3）得到的公式称为**全称式**，其中的α称为量词 $\forall x$在 $\forall x\alpha$中的**辖域**。

给定 α是一个 $\mathcal{L}$-公式，其中连续出现同时也能构成 $\mathcal{L}$-公式的部分称为 α的**子公式**。

个体变元 x在公式 α中的某次出现，如果是在量词"$\forall x$"之中，或者在量词"$\forall x$"的辖域中，则称此次出现为**约束出现**。个体变元 x在 α中的某次出现，如果不是约束的，则称其为**自由出现**。个体变元在公式 α中如果有一次自由出现，则称其为 α的**自由变元**。不含自由变元的公式称为句子，也称为闭公式。含自由变元的公式也称为开公式。

例如，$R_1^2c_1v_2$、$\neg R_1^2v_1v_3$、$(\neg R_1^2v_1v_3\to R_1^2f_1^1f_1^1c_1v_2)$、$\forall v_3\neg(\forall v_1R_1^2f_1^1f_1^1c_1v_1\to R_1^2v_1v_3)$都是$\mathcal{L}_1$-公式，它们分别是原子公式、否定式、蕴涵式和全称式。在上述最后一个公式中$\neg(\forall v_1R_1^2f_1^1f_1^1c_1v_1\to R_1^2v_1v_3)$是"$\forall v_3$"的辖域，而"$\forall v_1$"在$\forall v_1R_1^2f_1^1f_1^1c_1v_1$ 中的辖域是$R_1^2f_1^1f_1^1c_1v_1$。$R_1^2c_1v$、$R_1^2c_1$、$\neg R_1^2xv$、$R_1^2c_1v_3\to R_1^2f_1^1c_1v_2$都不是$\mathcal{L}_1$-公式。

$R_1^2v_1v_3$ 是$(\neg R_1^2v_1v_3\to R_1^2f_1^1f_1^1c_1v_2)$的子公式，也是$\neg R_1^2v_1v_3$ 的子公式，而后者是$(\neg R_1^2v_1v_3\to R_1^2f_1^1f_1^1c_1v_2)$的子公式。任意公式都是其自身的一个子公式。

在$\forall v_3\neg(\forall v_1R_1^2f_1^1f_1^1c_1v_1\to R_1^2v_1v_3)$中，$v_1$有三次出现，其中前两次是约束出现，第三次是自由出现，因此 v_1是该公式的自由变元，因此该公式是开公式。v_3在其中有两次出现，它们均为约束出现，因此，v_3 不是该公式的自由变元，但是，它在$\neg(\forall v_1R_1^2f_1^1f_1^1c_1v_1\to R_1^2v_1v_3)$中仅有的一次出现是自由出现，因此，它是此公式的自由变元，因而这个公式也是开公式。但是，其子公式$\forall v_1R_1^2f_1^1f_1^1c_1v_1$不含自由变元，因此是一个句子。$v_2$在上述三个公式中都没有出现，当然也不是它们的自由变元。

二、形式语义学

1. 结构

在前面一节，我们赋予如 $\forall yGxy$ 这样符号表达式意义时，都是先指定一个个体域，例如 $\{a,b,j,k\}$，然后指定其上的一个二元关系，如 $\{\langle a,a\rangle,\langle a,j\rangle,\langle a,k\rangle\}$ 作为符号 G 的所指，最后再确定个体变元的所指，例如，所有个体变元都指其中的 k。将以上进一步抽象，我们就可以将一阶语言 $\mathcal{L}$ 的形式语义看成由如下两个部分组成：

第一部分由以下两步构成。

首先，给定一个非空集作为**论域**，设为 A。

其次，对 $\mathcal{L}$ 中的每个 n 元谓词，指定 A 上的一个 n 元关系作为它的所指；对 $\mathcal{L}$ 中的每个n 元函数符号，指定 A 上的一个 n 元函数作为它的所指；对 $\mathcal{L}$ 中的每个个体常项，指定 A 中的一个特定元素作为它的所指。

第二部分是，由作为论域的非空集和其上的 n 元关系、n 元函数以及特定的个体所组成的装置，叫作语言 $\mathcal{L}$ 的**结构**，一般称为 $\mathcal{L}$-结构，通常使用 $\mathfrak{A}$、$\mathfrak{B}$ 等表示。结构 $\mathfrak{A}$ 的论域往往也记为 $|\mathfrak{A}|$。

假设语言 $\mathcal{L}=\{P, \ldots, f, \ldots, c, \ldots\}$，则一个 $\mathcal{L}$-结构 $\mathfrak{A}$ 可表示为：

$\langle A, \mathfrak{A}(P), \ldots, \mathfrak{A}(f), \ldots, \mathfrak{A}(c), \ldots\rangle$，有时也记为：$\langle A, P^{\mathfrak{A}}, \ldots, f^{\mathfrak{A}}, \ldots, c^{\mathfrak{A}}, \ldots\rangle$

注意：P、f、c 等是符号，而$P^{\mathfrak{A}}$、$f^{\mathfrak{A}}$、$c^{\mathfrak{A}}$ 等分别是它们的所指，是结构赋予它们的意义。

假设公式 $\exists x\forall yLxy$ 所在的语言 $\mathcal{L}=\{L\}$，前面给出了两个解释，其中解释 2 为：个体域：$\{a,b,j,k\}$，L：$\{\langle a,a\rangle,\langle a,j\rangle,\langle a,k\rangle\}$。按现在这种记法，就是给出了一个 $\mathcal{L}$-结构，$\langle A,L^{\mathfrak{A}}\rangle$，其中 $A=\{a,b,j,k\}$，$L^{\mathfrak{A}}=\{\langle a,a\rangle,\langle a,j\rangle,\langle a,k\rangle\}$。由于只含有一个二元谓词，不会导致混淆，于是可以将此结构直接记为：$\langle\{a,b,j,k\},\{\langle a,a\rangle,\langle a,j\rangle,\langle a,k\rangle\}\rangle$。

2. 解释与满足

在一个 $\mathcal{L}$-结构上，所有 $\mathcal{L}$-闭项的值都可确定；所有 $\mathcal{L}$-句子也都有确定的真假。对于开项与开公式，为获得确定的意义，需要在结构基础上添加一个装置。记所有个体变元集为 $\mathcal{V}$。一个$\mathcal{L}$-结构 $\mathfrak{A}$ 上的**个体指派**s 是从 $\mathcal{V}$ 到 $|\mathfrak{A}|$ 的映射（函数），即 $s:\mathcal{V}\rightarrow|\mathfrak{A}|$。

一个$\mathcal{L}$-结构 $\mathfrak{A}$ 加一个其上的一个个体指派 s 构成了一个 **$\mathcal{L}$-解释**$\mathfrak{I}$，可记为：$\mathfrak{I}=\langle\mathfrak{A},s\rangle$。任意一个 $\mathcal{L}$-项 t，在**$\mathcal{L}$-解释**$\mathfrak{I}$ 下都有确定的值，记为 $\mathfrak{I}(t)$ 或 $s(t)$，定义如下：

（1）当 t 是个体变元 x 时，$\mathfrak{I}(t)=s(x)$；

（2）当 t 是个体常项 c 时，$\mathfrak{I}(t)=\mathfrak{A}(c)$；

（3）当 t 形如 $ft_1,\cdots,t_n$ 时，$\mathfrak{I}(t)=f^{\mathfrak{A}}(\mathfrak{I}(t_1),\cdots,\mathfrak{I}(t_n))$。

说明：当 t 是个体变元时，其在解释下的值就是解释中的个体变元指派给 t 的值。当t 是个体常项时，t 的值就是解释中的结构所赋予 t 的值。当 t 是使用 n 元函数符号 f 和 n 个项所构成的较复杂的项时，需要先计算该 n 个项在该解释下的值。（如果这 n 个项中也包含有使用函数符号构成的项，比如某个 t_i 形如 $gu_1,\cdots,u_m$，则又要先计算 $u_1,\cdots,u_m$ 的值，依此类推。由于项是使用有限多次构成规则从个体变元或个体常项所得到的，类推有限多次终将会是只需要直接计算个体变元或个体常项的值即可。）然后使用解释中的结构所赋予 f 的意义（即 $|\mathfrak{A}|$ 上的一个 n 元函数）作用在所得到的那 n 个值上，得到的函数值即是 t 的值。

例 5.22 假设 $\mathcal{L}$ 含有一个二元谓词 R、二元函数符号 f 和一个个体常项 c。考虑以下 $\mathcal{L}$-项 fcv_1、$ffccc$、fv_2fv_3c 在如下解释 $\mathfrak{I}$ 下的值。

解析：$\mathfrak{I}=\langle\mathfrak{A},s\rangle$，其中 $|\mathfrak{A}|=\mathrm{Z}$，$R^{\mathfrak{A}}=\{\langle x,y\rangle|x\in\mathrm{Z}$ 且 $y\in\mathrm{Z}$ 且 x 是 y 的倍数$\}$，f 为 Z 上的乘法运算。$c^{\mathfrak{A}}=2$。$s(v_i)=i^2$ 。

$$\mathfrak{I}(fcv_1)=f^{\mathfrak{A}}(\mathfrak{I}(c),\mathfrak{I}(v_1))=f^{\mathfrak{A}}(c^{\mathfrak{A}},s(v_1))=f^{\mathfrak{A}}(2,1^2)=2\times1^2=2$$

$$\mathfrak{I}(ffccc)=f^{\mathfrak{A}}(\mathfrak{I}(fcc),\mathfrak{I}(c))=f^{\mathfrak{A}}(f^{\mathfrak{A}}(\mathfrak{I}(c),\mathfrak{I}(c)),c^{\mathfrak{A}})=f^{\mathfrak{A}}(f^{\mathfrak{A}}(c^{\mathfrak{A}},c^{\mathfrak{A}}),c^{\mathfrak{A}})$$
$$=f^{\mathfrak{A}}(f^{\mathfrak{A}}(2,2),2)=(2\times 2)\times 2=8$$
$$\mathfrak{I}(fv_2fv_3c)=f^{\mathfrak{A}}(\mathfrak{I}(v_2),\mathfrak{I}(fv_3c))=f^{\mathfrak{A}}(s(v_2),f^{\mathfrak{A}}(\mathfrak{I}(v_3),\mathfrak{I}(c)))$$
$$=2^2\times(3^2\times 2)=4\times 18=72$$
■

在一个$\mathcal{L}$-解释 $\mathfrak{I}=\langle\mathfrak{A},s\rangle$ 下，任意一个公式的意义是确定的。在结构 $\mathfrak{A}$ 中，个体指派 s满足公式 α（记为$\vDash_{\mathfrak{A}}\alpha[s]$）是指：

（1）当 α 是原子公式 $Rt_1\cdots t_n$ 时，$\vDash_{\mathfrak{A}}\alpha[s]$ 当且仅当 $\langle\mathfrak{I}(t_1),\cdots,\mathfrak{I}(t_n)\rangle\in R^{\mathfrak{A}}$；

（2）当 α 是否定式 $\neg\beta$ 时，$\vDash_{\mathfrak{A}}\alpha[s]$ 当且仅当 并非 $\vDash_{\mathfrak{A}}\beta[s]$ （记为 $\nvDash_{\mathfrak{A}}\beta[s]$）；

（3）当 α 是蕴涵 $(\beta\to\gamma)$ 时，$\vDash_{\mathfrak{A}}\alpha[s]$ 当且仅当 $\nvDash_{\mathfrak{A}}\beta[s]$ 或者 $\vDash_{\mathfrak{A}}\gamma[s]$；

（4）当 α 是蕴涵 $\forall x\beta$ 时，$\vDash_{\mathfrak{A}}\alpha[s]$ 当且仅当 对任意 $a\in|\mathfrak{A}|$ 都有 $\vDash_{\mathfrak{A}}\beta[s(x/a)]$。

其中的 $s(x/a)$ 是结构 $\mathfrak{A}$ 上的一个如下定义的个体指派：

$$s(x/a)(y)=\begin{cases}a, & \text{如果 } x=y;\\ s(y), & \text{否则。}\end{cases}$$

如果一个结构 $\mathfrak{A}$ 上的所有个体指派都满足公式 α，就称 α 在结构 $\mathfrak{A}$ 中为**真**。此时，它在该结构成立与否不依赖于个体指派，因此，可记为：$\vDash_{\mathfrak{A}}\alpha$ 。

当一个 $\mathcal{L}$-结构 $\mathfrak{A}$ 上的个体指派 s 满足一个公式集 Γ 中的每个公式时，我们就称 s 满足 Γ ，记为$\vDash_{\mathfrak{A}}\Gamma[s]$。

说明：一个解释是否满足原子公式，依据原子公式中的 n 元谓词所指是否适用于公式中紧随其后的那 n 个项的所指。用集合术语说就是，那个 n 个项所指的个体构成的有序 n 元组是否具有谓词所指的 n 元关系。

前面提到，特殊的二元谓词 $\equiv$ 在任意解释中都是指个体与自身等同。因此，一个解释满足由它构成的原子公式 $t_1\equiv t_2$ 即指 t_1 与 t_2 所指的个体相同，用以上记法表示即为：

$\vDash_{\mathfrak{A}}t_1\equiv t_2[s]$ 当且仅当 $\mathfrak{I}(t_1)=\mathfrak{I}(t_2)$。

$s(a/x)$是一个个体指派，它与 s 基于相同的结构。它与 s 的（仅有的可能）区别在于：它给个体变元 x 指派值 a。对于其他个体变元，它所指派的值与 s 所指派的完全一样。定义使用 $s(a/x)$ 精确表达了全称量词对讨论范围内全部对象做了断定这一直观含义。鉴于 $\mathfrak{I}=\langle\mathfrak{A},s\rangle$，我们采用如下记法：$\mathfrak{I}(x/a)=\langle\mathfrak{A},s(x/a)\rangle$。

根据定义，易得到结构 $\mathfrak{A}$ 中的个体指派 s 满足$(\beta\wedge\gamma)$、$(\beta\vee\gamma)$、$(\beta\leftrightarrow\gamma)$、$\exists x\beta$ 的定义分别如下：

$\vDash_{\mathfrak{A}}(\beta\wedge\gamma)[s]$ 当且仅当 $\vDash_{\mathfrak{A}}\beta[s]$ 且 $\vDash_{\mathfrak{A}}\gamma[s]$；

$\vDash_{\mathfrak{A}}(\beta\vee\gamma)[s]$ 当且仅当 $\vDash_{\mathfrak{A}}\beta[s]$或$\vDash_{\mathfrak{A}}\gamma[s]$；

$\vDash_{\mathfrak{A}}(\beta\leftrightarrow\gamma)[s]$ 当且仅当 $\vDash_{\mathfrak{A}}(\beta\to\gamma)[s]$ 且 $\vDash_{\mathfrak{A}}(\gamma\to\beta)[s]$；

$\vDash_{\mathfrak{A}}\exists x\beta[s]$ 当且仅当 存在 $a\in|\mathfrak{A}|$ 使得 $\vDash_{\mathfrak{A}}\beta[s(x/a)]$。

例 5.23 给定上一个例子中的 $\mathcal{L}$ 及其解释 $\mathfrak{I}$ 。考虑 $\mathfrak{I}$ 中的个体指派 s 是否满足以下 $\mathcal{L}$-公式：（1）Rcv_1；（2）$Rfv_2v_4fv_3c$；（3）$\exists v_2Rfv_2v_4fv_3c$；（4）$Rfccc$。

解析：（1）$\vDash_{\mathfrak{A}} Rcv_1[s]$ 当且仅当 $\langle \mathfrak{I}(c),\mathfrak{I}(v_1)\rangle \in R^{\mathfrak{A}}$ 当且仅当 2 是 1^2 的倍数。

既然 2 是 1 的倍数，因此，$\vDash_{\mathfrak{A}} Rcv_1[s]$，即 s 满足 Rcv_1 。

（2）$\vDash_{\mathfrak{A}} Rfv_2v_4fv_3c[s]$ 当且仅当 $\langle \mathfrak{I}(fv_2v_4),\mathfrak{I}(fv_3c)\rangle \in R^{\mathfrak{A}}$ 当且仅当 $2^2\times 4^2$ 是 $3^2\times 2$ 的倍数。

既然 64 不是 18 的倍数，因此，$\nvDash_{\mathfrak{A}} Rfv_2v_4fv_3c[s]$，即 s 不满足 $Rfv_2v_4fv_3c$。

（3）$\vDash_{\mathfrak{A}} \exists v_2 Rfv_2v_4fv_3c[s]$ 当且仅当 存在 $a\in|\mathfrak{A}|$ 使得 $\vDash_{\mathfrak{A}} Rfv_2v_4fv_3c[s(v_2/a)]$

因为 $s(v_2/9)$ 将 9 指派给 v_2 ，于是，$\mathfrak{I}(v_2/9)(fv_2v_4)=9\times 4^2=144$，$\mathfrak{I}(v_2/9)(fv_3c)=3^2\times 2=18$。而 144 是 18 的倍数，所以 $\vDash_{\mathfrak{A}} Rfv_2v_4fv_3c[s(v_2/9)]$，因此，$\vDash_{\mathfrak{A}} \exists v_2 Rfv_2v_4fv_3c[s]$。

（4）$\vDash_{\mathfrak{A}} Rfccc[s]$ 当且仅当 $\langle \mathfrak{I}(fcc),\mathfrak{I}(c)\rangle \in R^{\mathfrak{A}}$ 当且仅当 2×2 是 2 的倍数。

既然 4 是 2 的倍数，因此，$\vDash_{\mathfrak{A}} Rfccc[s]$，即 s 满足 $Rfccc$ 。

说明：fcc 和 c 都是闭项，其在解释中的值仅依赖解释中的结构，不依赖个体指派，因此，一旦对某个个体指派（比如此处的 s）有 $\vDash_{\mathfrak{A}} Rfccc[s]$，那么，结构上的任意指派都将满足 $Rfccc$。也就是，该公式在结构上是真的。 ■

3. 逻辑蕴涵

很容易看出，一个项在一个解释下的取值仅与在该项中出现的符号在该解释下的所指相关，因此下面这个结论是显然的。

命题 5.24 对于一个 $\mathcal{L}$-结构 $\mathfrak{A}$ 及其上的两个个体指派 s_1 和 s_2 以及一个 $\mathcal{L}$-项 t，如果对 t 中出现的任意个体变元 x 有：$s_1(x)=s_2(x)$，则 $s_1(t)=s_2(t)$。

进一步，一个解释中的个体指派是否满足一个公式，仅与在该公式中出现的谓词、函数符号以及自由变元在这个解释下的所指相关。总结为如下结论：

命题 5.25 对于一个 $\mathcal{L}$-结构 $\mathfrak{A}$ 及其上的两个个体指派 s_1 和 s_2 以及一个 $\mathcal{L}$-公式 α，如果对 α 中的任意自由变元 x 有：$s_1(x)=s_2(x)$，则 $\vDash_{\mathfrak{A}} \alpha[s_1]$ 当且仅当 $\vDash_{\mathfrak{A}} \alpha[s_2]$。

特别地，对于句子，我们有如下结论：

命题 5.26 给定一个 $\mathcal{L}$-结构 $\mathfrak{A}$ 和 一个 $\mathcal{L}$-句子 α，以下成立：$\mathfrak{A}$ 上有一个个体指派 s 满足 α 当且仅当 $\mathfrak{A}$ 上任意一个个体指派都满足 α。

因此，当结构 $\mathfrak{A}$ 上有个体指派满足句子 σ 时，我们说 σ 在 $\mathfrak{A}$ 上为真，此时也称 $\mathfrak{A}$ 是句子 σ 的一个**模型**。相应地，习惯称那些在其上 σ 为假的结构是 σ 的**反模型**。

设 Γ 为一个 $\mathcal{L}$-公式集、α 为一个 $\mathcal{L}$-公式。如果对任意 $\mathcal{L}$-结构 $\mathfrak{A}$ 及其上的任意个体指派 s 都有：若 $\vDash_{\mathfrak{A}} \Gamma[s]$，则 $\vDash_{\mathfrak{A}} \alpha[s]$，那么，我们称 Γ **逻辑蕴涵** α，或 α 是 Γ 的逻辑后承，记为 $\Gamma\vDash\alpha$。

当 Γ 为空集时，即 $\varnothing\vDash\alpha$，意味着任意 $\mathcal{L}$-结构 $\mathfrak{A}$，和其上的任意个体指派 s 都满足 α，此时我们称 α 是逻辑有效式，或简称为有效式。

当 Γ 为有穷集 $\{\beta_1,\cdots,\beta_n\}$ 时，$\Gamma\vDash\alpha$ 通常简记为 $\beta_1,\cdots,\beta_n\vDash\alpha$。

如果 $\beta\vDash\alpha$ 且 $\alpha\vDash\beta$，我们称 α 与 β 逻辑等值。

逻辑蕴涵这个概念是对通常说的逻辑推出的一种抽象与严格化。借助这一概念我们能够对那些在直观上被认为有效的推理做出严格的说明。

例 5.27 我们前面指出开头的推理实例的结构是：

$\forall x(Ix \vee Nx)$

$\exists x \neg Ix$

$\exists x Nx$

我们现在可以严格证明该推理形式是有效的。按上述定义就是要证明

$\{\forall x(Ix \vee Nx), \exists x \neg Ix\} \vDash \exists x Nx$。

证明：设 $\mathfrak{A}$ 为一结构，s 为其上的一个个体指派，并且$\vDash_{\mathfrak{A}}\{\forall x(Ix \vee Nx), \exists x \neg Ix\}[s]$，因而有：

$\vDash_{\mathfrak{A}} \forall x(Ix \vee Nx)[s]$ 并且 $\vDash_{\mathfrak{A}} \exists x \neg Ix[s]$。

由后者可得：存在 $a \in |\mathfrak{A}|$ 使得：$\vDash_{\mathfrak{A}} \neg Ix[s(x/a)]$；
由前者可得：对 a 有：$\vDash_{\mathfrak{A}} Ix \vee Nx[s(x/a)]$；
由以上两个结果可得：$\vDash_{\mathfrak{A}} Nx[s(x/a)]$；
因此，$\vDash_{\mathfrak{A}} \exists x Nx[s]$。 ■

例 5.28 证明$\exists x \forall y \alpha \vDash \forall y \exists x \alpha$。

证明：假设 $\mathfrak{A}$ 为一结构，s 为其上的一个个体指派，并且$\vDash_{\mathfrak{A}} \exists x \forall y \alpha[s]$，因而存在 $a \in |\mathfrak{A}|$ 使得：$\vDash_{\mathfrak{A}} \forall y \alpha[s(x/a)]$；进一步，对任意 $b \in |\mathfrak{A}|$ 有：$\vDash_{\mathfrak{A}} \alpha[s(x/a)(y/b)]$。于是有$\vDash_{\mathfrak{A}} \exists x \alpha[s(x/a)(y/b)]$，所以$\vDash_{\mathfrak{A}} \forall y \exists x \alpha[s(x/a)]$。最后根据命题 5.25 立即得到$\vDash_{\mathfrak{A}} \forall y \exists x \alpha[s]$。 ■

4. 代入与约束变元易字

我们此前指出，从一般到个别、从普遍到特殊是演绎推理的思维进程特征。现在我们可以使用一阶语言表达这一特征如下：

$\forall x \alpha \vDash \alpha_t^x$

其中，α_t^x 是将在 α 中 x 的所有自由出现改为项 t 而得到的结果。我们称此为在 α 中用 t 代入 x。注意，代入总是针对相关个体变元的那些自由出现进行的。

例如，当 $\forall x \alpha$ 是公式 $\forall x Rxy$，项 t 为 $fxyz$ 时，α_t^x 就是 $Rfxyzy$。当 $\forall x \alpha$ 是公式 $\forall x(\exists y Rxy \to \forall x Fxz)$，$t$ 为 gxz 时，α_t^x 就是 $\exists y Rgxzy \to \forall x Fxz$。

然而，有一种代入需要避免。如下面例子所示。

当 $\forall x \alpha$ 是公式$\forall x \exists y x \neq y$，$t$ 为 y 时，α_t^x 就是 $\exists y y \neq y$。

$\forall x \exists y x \neq y$ 的意思是，任意对象总有一个与之不同的对象；而 $\exists y y \neq y$ 的意思是，有一个对象，它与其自身不同。前者在有两个或更多对象的结构中都真，但后者在这种结构中为假，实际上在任何结构中都为假。这种代入显然改变了公式原来的意义，没有体现从一般到特殊。这种代入是不合适的，应当避免。

仔细分析后我们发现，这种代入导致意义改变的原因是，这种代入使得变元相关混淆：代入前，x 在 $\exists y x \neq y$ 中的出现是自由的，代入后，处于该位置的个体变元受 $\exists y$ 约束，不再自由。因此，合适就是要求自由出现的变元被项代入后，该位置上出现的所有变元依然是自由的。

我们可采取相应的办法：将导致代入后的位置有约束出现的约束变元名称改变。例如，在刚才的例子中，$(\exists yx\neq y)^x_y$ 的结果为 $\exists yy\neq y$，其中 y 的第二次出现的位置代入前是 x 的自由出现，现在是 y 的约束出现，因为它被 $\exists y$ 约束。我们就将此 $\exists y$ 以及在其辖域中（即 $x\neq y$）所有 y 的自由出现改成 z，即将公式改为$\exists zx\neq z$。这叫作**约束变元易字**。对易字所得结果再做代入是合适的，即 $(\exists zx\neq z)^x_y$ 是合适的，结果为：$\exists zy\neq z$。

如果 β 是对 α 进行约束变元易字而得到的公式，我们称它是 α 的约束变元易字。显然，如果 β 是 α 的约束变元易字，则 α 也是 β 的约束变元易字。

下面这种代入也是不合适的：$(\exists xRxy\to\forall xFxz)^y_{fxz}$。因为代入结果是 $\exists xRxfxz\to\forall xFxz$。其中 x 的第三次出现是通过代入得到的，代入前此位置是个体变元 y的自由出现，但代入后该位置上有 x 的约束出现。

运用约束变元易字，可以先将 $\exists xRxy\to\forall xFxz$ 中导致代入不合适的“$\exists x$”以及在其辖域（即Rxy）中 x 的自由出现改名字，例如，改为 w。公式易字为 $\exists wRwy\to\forall xFxz$，再对此公式做所要求的代入，结果为 $\exists wRwfxz\to\forall xFxz$。

出于处理方便的考虑，在为了避免α^x_t 不合适而进行约束变元易字时，我们可将相关的 x 的约束出现改为既不在 α 中出现也不在 t 中出现的某个变元。如果需要对多个约束变元易字，就逐个进行，每次遵守此要求。易证以下结论：

命题 5.29　$\forall x\alpha$ 与 $\forall y\alpha^x_y$ 逻辑等值，其中 y 是不在 $\forall x\alpha$ 中出现的个体变元。

由命题 5.29，当代入 α^x_t 不合适时，使用约束变元易字，总是可找到一个与 α 逻辑等值的公式 α'，且α'^x_t 是合适的。

命题 5.30　（1）$s(u^x_t)=s(x/s(t))(u)$，其中 u、t为项，x为个体变元，u^x_t 是将 u中x的全部出现改为项 t所得的结果。

（2）$\vDash_{\mathfrak{A}}\alpha^x_t\,[s]$ 当且仅当 $\vDash_{\mathfrak{A}}\alpha[s(x/s(t))]$。

由命题 5.30 很容易证明 $\forall x\alpha\vDash\alpha^x_t$，其中 t对α 中的x代入合适。

列举一些重要的有效公式如下：

（1）$\exists x\forall y\alpha\to\forall y\exists x\alpha$

（2）$\forall x\alpha\to\alpha^x_t$，其中 t 对 α 中的 x 代入合适

（3）$\forall x(\alpha\to\beta)\to(\forall x\alpha\to\forall x\beta)$

（4）$\alpha\to\forall x\alpha$，其中 x 不在 α 中自由出现

（5）$x\equiv x$

（6）$x\equiv y\to(\alpha\to\alpha')$，其中 α' 是用 y 替换原子公式α 中 x 的零次或多次出现所得的结果

（7）$(\forall x\alpha\to\beta)\leftrightarrow\exists x(\alpha\to\beta)$，其中 x 不在 β 中自由出现

（8）$(\exists x\alpha\to\beta)\leftrightarrow\forall x(\alpha\to\beta)$，其中 x 不在 β 中自由出现

（9）$(\alpha\to\forall x\beta)\leftrightarrow\forall x(\alpha\to\beta)$，其中 x 不在 α 中自由出现

（10）$(\alpha\to\exists x\beta)\leftrightarrow\exists x(\alpha\to\beta)$，其中 x 不在 α 中自由出现

（11）$\neg\forall x\alpha\leftrightarrow\exists x\neg\alpha$

（12）$\neg\exists x\alpha\leftrightarrow\forall x\neg\alpha$

（13）$\forall x(\alpha\to\beta)\to(\exists x\alpha\to\exists x\beta)$

使用（7）至（12）这六个有效公式模式，我们可以将任意一个公式中出现的所有量词都移至公式的开头，所得公式叫作原来公式的**前束范式**。显而易见，任一公式的前束范式与原公式逻辑等值。

例 5.31 求 $\forall xFxy\to(\exists yFyz\vee\forall yGxzy)$的前束范式。

解析：$\forall xFxy\to(\exists yFyz\vee\forall yGxzy)$等值于$\forall uFuy\to(\exists yFyz\vee\forall yGxzy)$，

上式等值于：$\exists u(Fuy\to(\exists yFyz\vee\forall yGxzy))$，

上式等值于：$\exists u(Fuy\to(\neg\forall y\neg Fyz\vee\forall yGxzy))$，

上式等值于：$\exists u(Fuy\to(\forall y\neg Fyz\to\forall yGxzy))$，

上式等值于：$\exists u(Fuy\to(\forall w\neg Fwz\to\forall vGxzv))$，

上式等值于：$\exists u(Fuy\to\forall v(\forall w\neg Fwz\to Gxzv))$，

上式等值于：$\exists u(Fuy\to\forall v\exists w(\neg Fwz\to Gxzv))$，

上式等值于：$\exists u\forall v\exists w(Fuy\to(\neg Fwz\to Gxzv))$。 ■

三、谓词逻辑的一个公理系统 Q

谓词逻辑有多种不同的公理化方法。其中有一种是选取六类公式的全称概括作为公理。

任给公式 α，形如 $\forall x_1\cdots\forall x_n\alpha$ 的公式是 α 的**全称概括**。我们也称 α 是其自身的全称概括。我们将其看作当 $n=0$ 时的情形。

下面我们给出谓词逻辑的一个公理系统，称为 Q。它由六组公理与一条推理规则构成。

Q 的第一组公理：所有谓词逻辑形式语言$\mathcal{L}$中的重言式的全称概括。

$\mathcal{L}$中的重言式是指对命题逻辑重言式中的命题变元代之以 $\mathcal{L}$的公式而获得的结果。当然，要求相同字母代之以相同公式。

例如，公式（$v_1\equiv v_1\to v_1\equiv v_1$）是重言式。它是对命题逻辑重言式($p_1\to p_1$)中的命题变元代入 $\mathcal{L}$公式 $v_1\equiv v_1$ 而获得的结果。它属于第一组公理，而 $\forall v_1(v_1\equiv v_1\to v_1\equiv v_1)$是其全称概括，也属于第一组公理。

Q 的其他五组公理分别是以上（2）至（6）这五个公式的全称概括。

推理规则为分离规则 MP。

类似于命题逻辑中的做法，我们可以定义从 Γ 到 α 的 **Q-推导**（记为 $\Gamma\vdash_{Q}\alpha$），当 Γ 为空集时的**证明**，以及**定理**（记为 $\vdash_{Q}\alpha$）等概念。对于 Q，**演绎定理**、**可靠性定理**及**完全性定理**也成立，但 Q 没有可判定性。

练习题

一、 x 和 y 表示自然数，即个体变项的取值范围是自然数集，Fx 表示“x 是偶数”， Gxy表示“$x>y$”，则

1. $\forall xFx$ 断定（　　），这是个（真/假）命题。
2. $\exists xFx$ 断定（　　），这是个（真/假）命题。
3. $\forall x\forall yGxy$ 断定（　　），这是个（真/假）命题。

4. $\forall x\exists yGxy$ 断定（　　），这是个（真/假）命题。
5. $\exists x\forall yGxy$ 断定（　　），这是个（真/假）命题。
6. $\exists x\exists yGxy$ 断定（　　），这是个（真/假）命题。

二、在下列括号中填入适当的语词或语句。

1. 令Mx 表示“x 是金属”，Cx 表示“x 是导电的”，则公式“$\forall x(Mx\rightarrow Cx)$”的含义是（　　）。

2. 令Gx 表示“x 是官员”，Qx 表示“x是清廉的”，则公式“$\exists x(Gx\wedge\neg Qx)$”的含义是（　　）。

3. 令Bx 表示“x 是宴会”，Lx表示“x 是散的”，则公式“$\neg\exists x(Bx\wedge\neg Lx)$”的含义是（　　）。

4. 令Zx 表示“x 是整数”，Ox表示“x 是奇数”，Ex表示“x 是偶数”，则推理式

$$\frac{\begin{array}{l}\forall x(Zx\rightarrow Ox\vee Ex)\\ \exists x(Zx\wedge\neg Ox)\end{array}}{\exists x(Zx\wedge Ex)}$$

的含义是（　　）。

三、根据所给出的谓词的定义，把下列符号表达式翻译成通顺的自然语言语句。

1. $\exists x(Ax\wedge Sx\wedge Bx)$

   Ax：x是美国人　　Sx：x是科学家　　Bx：x是黑种人

2. $\forall x((Ex\wedge Cx)\rightarrow(Vx\wedge Bx))$

   Ex：x年满 18 岁　　Cx：x是公民　　Vx：x有选举权

   Bx：x有被选举权

3. $\neg\forall x(Bx\rightarrow Fx)$

   Bx：x 是鸟　　Fx：x 会飞

4. $\forall x(Mx\rightarrow\exists y(Ky\wedge\neg Rxy))$

   Mx：x 是人　　Kx：x 是知识　　Rxy：x 懂得y

5. $\forall x((Mx\wedge\neg Rxx)\rightarrow\neg\exists y(My\wedge Ryx))$

   Mx：x 是人　　Rxy：x尊敬 y

四、根据所给出的谓词的定义，把下列自然语言语句翻译成符号表达式。

1. 蛇是冷血的爬行动物。

论域：所有动物的集合　　Sx：x 是蛇　　Cx：x 是冷血动物

Rx：x 是爬行动物

2. 并非所有的蛇都是有毒的。

论域：所有动物的集合　　Sx：x 是蛇　　Px：x 是有毒的

3. 总经理都有秘书，但并非只有总经理才有秘书。

论域：所有人的集合　　Mx：x 是总经理　　Sx：x 有秘书

4. 闪光的不都是金子。

论域：所有事物构成的类　　Gx：x是闪光　　Fx：x是金子

5. 每个人都有父亲，但有的人没有儿子。

论域：所有生物的集合　　Px：x是人　　Fxy：x是 y的父亲

Sxy：x是 y的儿子

6. 饿死的骆驼比马大。

论域：所有动物的集合　　Sx：x是饿死的　　Lx：x是骆驼　　Hx：x是马

Bxy：x比 y大

7. 我说的都是真话，但有的真话我并没说。

论域：所有事物构成的类　　Wx：x 是话　　Tx：x 是真的

Sx：x是我说的话

8. 我相信所有自信的人。

论域：所有动物的集合　　Px：x是人　　Bxy：x相信 y

a：我

9. 有的银行只给营利的企业贷款。

论域：所有机构的集合　　Bx：x是银行　　Px：x是营利的企业

Lxy：x给 y贷款

10. 有些内服药，如果过量服用，就有害处。

论域：所有药物的集合　　Mx：x是内服药　　Ox：过量服用 x

Hx：x是有害的

五、辨识项与公式。

令 $\mathcal{L}_3=\{\equiv, F_1^1, G_1^1, R_1^2\}$，$\mathcal{L}_4=\{\equiv, F_1^1, f_1^1, c_1\}$。以下表达式中：

c_1，$f_1^1 x$, v_1，$G_1^1 v$，$f_1^1 f_1^1 v_3$，$F_1^1 f_1^1 v_1$，$\neg\forall x F_1^1 x$，$R_1^2 f_1^1 v_1 v_1$，$R_1^2 v_1 v_1$, $\neg\forall v_1 G_1^1 v_2$,
$\neg(\forall v_1 G_1^1 v_2 \rightarrow F_1^1 v_2)$，$\neg\forall v_1 F_1^1 f_1^1 c_1$，$v_1\equiv v_2$，$\forall v_1 v_1\equiv f_1^1 v_1$，$\forall v_1 G_1^1 v_2\equiv v_1$，

为$\mathcal{L}_3$-项的是：(　)；　　为$\mathcal{L}_4$-项的是：(　)；　　为$\mathcal{L}_3$-公式的是：(　)；

为$\mathcal{L}_4$-公式的是：(　)；　　为原子公式的是：(　)；　　为句子的是：(　)。

六、符号化下列语句。

1. 大于 2 的偶数是两个素数之和。

论域：自然数集　　Gxy：x大于 y　　Ex：x是偶数

Px：x是素数　　fxy：x与 y之和　　a：2

2. 过平面上直线外任意一点有且仅有一条直线与该直线平行。

论域：一个平面上点与线的集合　　Lx：x是直线　　Dx：x是点

Oxy：x在 y上　　Pxy：x与 y平行

3. 北京是中华人民共和国的首都。它是一座古老的城市。也有一些国家的首都并不古老。缅甸的首都就是一座崭新的城市。

论域：国家与城市的集合 fx： x 的首都 Fx： x 是古老的

Gx： x 是城市 Hx： x 是崭新的 Cx： x 是国家

e：北京 d：缅甸 c： 中华人民共和国

4. 爱着某个人的人是幸福的；被某个人爱着的人也是幸福的。那些既不被人爱也不爱人者，是不幸福的。（此处爱一个人不包括爱自己的情形。）

论域：人的集合 Lxy： x 爱 y Hx： x 是幸福的

七、符号化下列推理。

1. 既然所有行星围绕某颗恒星运转，而地球是行星，因此，地球也围绕某颗恒星运转。

论域：所有天体的集合 Px： x 是行星 Sx： x 是恒星

Rxy： x 围绕 y 运转 e：地球

2. 全班只有小明得了满分，凡是得了满分的都能获得奖励。因此，全班至少有一人能获得奖励。

论域：全班同学构成的集合 Px： x得了满分 Ax： x获得奖励

c：小明

八、求下列公式的前束范式。

1. $\exists v_1 G v_1 v_2 \rightarrow \neg(F v_2 \rightarrow \exists v_2 G v_1 v_2)$
2. $(\forall v_1 G v_1 v_2 \wedge \exists v_1 F v_1) \rightarrow \neg \exists v_1 G v_1 v_2$
3. $\exists v_1 \forall v_2 G v_1 v_2 \wedge (\forall v_2 F v_2 \vee \exists v_1 G v_1 v_2)$
4. $\forall v_1 \exists v_2 G v_1 v_2 \rightarrow \neg(\forall v_2 F v_2 \leftrightarrow \exists v_2 G v_1 v_2)$

九、证明以下是有效式。

1. $(\forall x \alpha \wedge \forall x \beta) \leftrightarrow \forall x(\alpha \wedge \beta)$
2. $(\exists x \alpha \vee \exists x \beta) \leftrightarrow \exists x(\alpha \vee \beta)$
3. $(\forall x \alpha \vee \beta) \leftrightarrow \forall x(\alpha \vee \beta)$，其中 x在 β中不自由出现
4. $(\exists x \alpha \wedge \beta) \leftrightarrow \exists x(\alpha \wedge \beta)$，其中 x在 β中不自由出现
5. $(\forall x \alpha \vee \forall x \beta) \rightarrow \forall x(\alpha \vee \beta)$
6. $\exists x(\alpha \wedge \beta) \rightarrow (\exists x \alpha \wedge \exists x \beta)$

十、证明以下不是有效式。

1. $(\exists x Fx \wedge \exists x Gx) \rightarrow \exists x(Fx \wedge Gx)$
2. $(\forall x Fx \rightarrow \forall x Gx) \rightarrow \forall x(Fx \rightarrow Gx)$
3. $\exists x Fx \rightarrow Fx$
4. $\exists x(Fx \rightarrow Gx) \rightarrow (\exists x Fx \rightarrow \exists x Gx)$

第六章
逻辑基本规律

逻辑基本规律包括同一律、矛盾律、排中律和充足理由律。正确的思维必须具有确定性、协调性（不矛盾性）和论证性。同一律、矛盾律和排中律规范人们思维的确定性和协调性，充足理由律规范人们思维的论证性。这四条规律是逻辑基本规律。

第一节 同一律

一、同一律的内容

同一律（Law of Identity）是说，在同一思维过程中，每一个思想必须与其自身保持同一性。用公式来表示就是："A 就是 A"。这里，"A"指的是一个思想，可以表示一个概念，也可以表示任何一个命题或其他的思维形式。"A 就是 A"表示在同一思维过程中，每一个概念、命题和其他思维形式，都必须与其自身同一。

二、同一律的要求和违反同一律的逻辑错误

同一律要求在同一思维过程中，概念必须保持同一性，即具有确定性，不能随意改变。概念具有确定性，其实也就是概念必须具有确定的内涵和外延，即一个概念是什么内涵就是什么内涵，有多大的外延就有多大的外延，不能轻易改变。

如果概念没有保持同一性，通常会犯"混淆概念"或"偷换概念"的错误，即把不同的概念当作同样一个概念来使用。例如：

群众是真正的英雄；
我是群众；

所以，我是真正的英雄。

上述推理中，第一次出现的“群众”是一个集合概念，第二次出现的“群众”则是类概念、非集合概念，该推理将它们混为一谈，犯了“混淆概念”的错误。在三段论中，上述错误也称为“四概念”或“四词项”。注意，“四概念”的错误肯定是“混淆概念”，但是“混淆概念”不仅仅是“四概念”的情况。例如：

王大妈：同志，你们这里有好布卖吗？

营业员：我们这里的布都是好布，难道还是坏布、烂布不成？

上述对话中，营业员显然犯了“混淆概念”的错误。王大妈讲的“好布”内涵很丰富，要求品种、花色、质量等都要好；营业员说的“好布”在内涵上要贫乏得多，即不是坏布、烂布就是好布。

来看下面的一段议论：

近年来，有些报刊很热心于宣传“明星”。对此，人们议论纷纷，我也有些意见。我认为，祖国处处有“明星”，有句老话是“三百六十行，行行出状元”，哪一行的“状元”，就是哪一行的“明星”。但是，有些报刊似乎只看从事精神生产的“明星”，没有看见从事物质生产的“明星”。对名演员，不厌其烦地刊登各式各样的照片，撰写各种体裁的赞文，这就有些过分。宇宙间不断地发现新的“明星”，人世间也不断地涌现新的“明星”，老是神化那么几个“明星”未必有好处。

这段议论多次使用“明星”这一概念，粗看似乎也通顺，但稍微加以分析，就会发现其中所使用的“明星”概念的含义并不同一。开始讲的“明星”是指著名演员，接着就把各行各业的“状元”说成是“明星”，这里的“状元”指的是各行各业中的能手或先进工作者，这和开头特指著名演员的“明星”是不相同的。中间又把著名演员的“明星”扩大为“精神生产的明星”，这又犯了以种代属的逻辑错误。结尾所讲的宇宙间的“明星”是指天体，而人世间的“明星”泛指先进工作者。最后使用的“明星”又是指著名演员了。从逻辑上分析，这就是犯了“混淆概念”的逻辑错误。

“偷换概念”是故意将不同概念混为一谈的诡辩手法。例如：

甲：你没有失去的东西就是你具有的吗？

乙：是的。

甲：你没有失去角，那么你就长有角了。

上述对话中，甲就犯了“偷换概念”的错误，因为他说的“失去的东西”，是指原来具有后来丢失了的东西，他说的“失去角”，则是指从来没有的东西。

亚里士多德曾经列举古希腊的诡辩事例说：“你有一条狗，它是有儿女的；因此这条狗是父亲。因此你有一个父亲，它的儿女是狗；因此你本身是那些狗的一个兄弟，并且本身是一条狗。”[①]诡辩者在这里使用“偷换概念”的手法，偷换了“父亲”这个概念，把一

① 黑格尔.哲学史讲演录：第2卷. 北京：三联书店，1957：125-126.

条作为小狗父亲的狗，变成辩论对方的父亲。

同一律还要求，在同一思维过程中所使用的命题必须保持同一性。即肯定什么就肯定什么，否定什么就否定什么，是真的就是真的，是假的就是假的。思考问题，议论问题，都要求要有确定的对象，要围绕一定的中心来进行。违反这一要求，就会出现“转移论题”或“偷换论题”的错误。

例如，一篇题为《茅台酒的来历》的说明文的内容是这样的：

> 名甲天下，誉满全球的茅台酒，是以其产地茅台村命名的。茅台村现为茅台镇，位于贵州省仁怀县城西北近30华里的赤水河畔。三四百年前，这里还是一个小小的渔村，因为到处长满莽莽苍苍的茅草，人们就叫它茅草村，简称茅村。公元1745年，即乾隆十年，清政府组织开修河道，舟楫畅通茅村，茅村成为川盐入黔水陆交通的要冲，日趋繁盛，一度成为拥有六条大街的集镇，于是人们又改称茅村为茅台村。从清朝末年起，因茅台名声日震，人口大增，遂改茅台村为茅台镇，一直沿用至今。

上述这篇说明文的论题既然是“茅台酒的来历”，那么文章就应当紧扣这个论题来说明茅台酒的发生和发展的历史。但是，这篇说明文除了第一句说明茅台酒的名称的来源外，其余部分都是用来说明茅台村的地点及其历史演变的，并没有说明“茅台酒的来历”，作者本人并没有意识到其中所存在的逻辑错误，这种错误就叫作转移论题。

1860年6月30日，英国威伯福斯主教策划了一次有千余人出席的围攻达尔文进化论的辩论会。主教指责达尔文进化论与“神意”不相容，触犯了造物主。他说：“谁看见而且正确地证明过一些物种进化为另一些物种呢？难道可以相信菜园里的芜菁都能变成人吗？”他攻击达尔文学说的宣传者赫胥黎说：“坐在我对面的赫胥黎先生，你是相信猴子为人类祖先的，那么请问你，你自己是由你的祖父，还是从你的祖母的猴群中变来的？”主教使用偷换论题的诡辩手法，把达尔文“物种进化”的真命题，偷换成了“物种转化”的伪命题。根据达尔文的理论，物种进化是经历漫长年代的自然过程，主教所谓物种转化则是不能实现的一个人观察到的短期过程，这是两个完全不同的命题。主教还把“人类由猿猴进化而来”的真命题，偷换成了“某个人是从猴群中变来”的伪命题。

同一律还要求在同一思维过程中，保持语境自身的同一。语境有广义和狭义的区分。广义的语境，是指陈述一个语句的全部环境条件的总和，包括语言交际的双方（说者、听者或读者）、时间、地点、所指事件的来龙去脉、知识背景以及社会环境条件等。狭义的语境，指的是一个语句的上下文。语境虽然千差万别，但是具体语境则有确定性。诉诸语境，能消除语言的歧义性和不确定性，确定语义的唯一性。脱离语境，则不能确定语言表达式的确切含义、所指和真假。引用言论，应保持语境的同一，不得随意改变。违反这一要求的逻辑错误，通常称为混淆语境或偷换语境。

例 6.1 思考下列案例：

哺乳动物是不会灭绝的，东北虎是哺乳动物，所以东北虎是不会灭绝的。对于这个推理，以下哪项为真？

A. 这个推理是错误的，因为它的结论是错误的。

B. 这个推理是错误的，因为它违反了同一律。

C. 这个推理是正确的，因为它的前提是正确的。

D. 不能确定这个推理正确与否。

解析：答案是 B。

题干是一个三段论，但由于前提中两次出现的“哺乳动物”所表达的是不同概念，第一次表达的是集合概念，第二次表达的是非集合概念，从三段论的角度说犯了“四概念”或“四词项”的错误，从逻辑基本规律的角度看，犯了“混淆概念”的错误，违反了同一律。 ■

三、同一律的作用

同一律的根本作用是要保证思想在同一思维过程中的确定性。同一律要求的同一是指对象、时间、关系的同一。如果对象不同、时间不同并且关系不同，或者对象虽同但时间、关系不同，或者对象和时间都相同但关系不同，同一律都不能保持它的效用。同一律与形而上学的“绝对同一”“A=A”是不同的。同一律仅仅是思维规律，在思维的领域中起作用。形而上学歪曲同一律的内容，把同一律看成世界观，则是错误的。恩格斯说：“旧形而上学意义上的**同一律**是旧世界观的基本定律：a=a，每一事物都与自身同一。一切都是永恒的，太阳系、星体、有机体都是如此。”①

第二节 矛盾律

一、矛盾律的内容

矛盾律(Law of Non-Contradiction)是说，在同一思维过程中，两个互相矛盾或互相反对的思想不能都是真的，其中必有一个是假的。矛盾律可以用公式表示为：“A 不是非 A”。其中，“A”可以表示一个概念，也可以表示一个命题，“非 A”则表示与 A 相矛盾或相反对的概念或命题。

相互矛盾的命题是指两个命题之间不能都真，也不能都假，即其中必有一个是真的，必有一个是假的。以下所列出的都是互相矛盾的命题：

（1）“该公司所有职员都懂电脑”与“该公司有些职员不懂电脑”。

（2）“甲班有些同学是共产党员”与“甲班所有同学不是共产党员”。

（3）“A 是牛”与“A 不是牛”。

（4）“他明年一定考不上大学”与“他明年可能考上大学”。

（5）“强盗的儿子可能不是强盗”与“强盗的儿子必然是强盗”。

（6）“如果天打雷，那么下雨”与“天打雷但不下雨”。

就上述（6）来说，两个命题当一个为真时另一个必然为假，而且当一个为假时另一

① 马克思恩格斯选集：第 3 卷. 北京：人民出版社, 2012：915.

个必然为真。比如，当命题“天打雷但不下雨”为假时有三种情况：天打雷且下雨；天不打雷但下雨；天不打雷且不下雨。在这三种情况下，命题“如果天打雷，那么下雨”都是真的。

互相反对的命题是指两个命题之间不能都真，必有一个是假的，但是可以都是假的。以下所列出的都是互相反对的命题：

（1）“甲班所有同学都通过了考试”与“甲班所有同学都没有通过考试”。

（2）“甲班所有同学考试都及格”与“甲班的张山考试不及格”。

（3）“甲班所有同学考试都不及格”与“甲班的张山考试及格”。

（4）“明年北方地区必然出现干旱”与“明年北方地区必然不出现干旱”。

（5）“甲去天津并且乙去武汉”与“甲去天津但乙不去武汉”。

就上述（5）来说，两个命题当一个为真时另一个必然为假，但当一个为假时另一个未必就是真的。比如，当命题“甲去天津并且乙去武汉”为假时，有三种情况：甲去天津但乙不去武汉；甲不去天津但乙去武汉；甲不去天津且乙不去武汉。只有在第一种情况下，命题“甲去天津但乙不去武汉”是真的，在后两种情况下命题都是假的。

二、矛盾律的要求和违反矛盾律的逻辑错误

矛盾律要求在同一思维过程中，对于两个具有矛盾关系或具有反对关系的命题必须从中否定一个，不能两个都加以肯定，否则就会出现“自相矛盾”或“两可”的逻辑错误。

同时肯定两个具有矛盾关系的命题为真的“自相矛盾”的逻辑错误情况比较多。例如：

（1）老王刚刚与一位姑娘结婚不到三年多。

（2）本电线杆处1 000伏高压，一触即死，违者法办。

（3）这个山洞从来没有人进去过，进去了的人也从来没有出来过。

（4）对于有无鬼神的争论，我从不发表任何意见，因为我认为这种争论没有多大意思，对于他们的两种观点我都不同意。

（5）任何真理都是相对的。

上述议论（1）中，既然已结婚三年多，那就不是“刚刚结婚”。议论（2）中，既然“一触即死”，就不存在是否“法办”的问题。议论（3）中，既然从来没有人进去过，就谈不上有没有人出来过的问题。议论（4）中，既说“不发表任何意见”，又说“对于他们的两种观点我都不同意”，这不是发表意见了吗？显然自相矛盾。（5）既然要说任何真理都是相对的，那就意味着“任何真理都是相对的”这是一绝对真理。

中国古代的墨家学派曾经指出：“或谓之牛，或谓之非牛，是争彼也。是不俱当。不俱当，必或不当，不若当犬。”（《墨子·经说上》）针对同一个对象，一个人说“这是牛”，另一个人说“这不是牛”，这是围绕一个对象所构成的命题之争。对于“这是牛”和“这不是牛”两个命题来说，不能都是真的，其中必有一个“不当”，即必有一个是假的。不像狗和犬的那种情况。“这是牛”和“这不是牛”之间为互相矛盾的两个命题，不能同时

加以肯定，否则就会犯“自相矛盾”的逻辑错误。

同时肯定两个具有反对关系的命题为真，也同样犯“自相矛盾”的逻辑错误。例如说：“中国园林建筑始于汉唐宫室。”这句话可以拆分为“中国园林建筑始于汉宫室”和“中国园林建筑始于唐宫室”两个反对命题。汉唐相距数百年，始于汉就不会始于唐，始于唐就不会始于汉。互相反对的命题不能同真，所以不能同时都肯定。同时肯定两个互相反对的命题，违反了矛盾律。

“自相矛盾”的成语源于中国古代的思想家韩非的一则寓言故事。他说：“楚人有鬻盾与矛者，誉之曰：‘吾盾之坚，物莫能陷也。’又誉其矛曰：‘吾矛之利，于物无不陷也。’或曰：‘以子之矛陷子之盾，何如？’其人弗能应也。夫不可陷之盾与无不陷之矛，不可同世而立。”（《韩非子·难一》）既说“不可陷之盾”，即所有的矛都不能陷我的盾，又说“无不陷之矛”，即我的矛能陷所有的盾，相当于断定了我的矛能陷我的盾；反过来说，既说“无不陷之矛”，即所有的盾都能被我的矛陷，又说“不可陷之盾”，即我的盾不能被我的矛陷。从而同时断定了两个互相反对的命题为真，犯了“自相矛盾”的错误。

三、矛盾律的作用

矛盾律的作用是要排除思维过程中的逻辑矛盾，从而保持思想的前后一贯性，即不矛盾性。列宁曾经说：“‘逻辑矛盾’——当然，在正确的逻辑思维的条件下——**无论**在经济分析中**或**在政治分析中都是不应当有的。”[①]思想和认识如果违反矛盾律，自相矛盾，就不能客观地、正确地反映现实。我们应当遵守矛盾律的要求，使自己的思想、言论、文章避免自相矛盾，同时也要善于运用矛盾，揭露其他思想、言论、文章中的逻辑矛盾，以达到探求真理和交流思想的目的。

但是，矛盾律所要排除的是逻辑矛盾，而不是要排除辩证矛盾。矛盾律既不否认客观世界的矛盾运动，也不否认作为人们认识运动的内在矛盾性。它要求人们在同一思维过程中，即在同一时间、同一方面，对于同一事物不能做出两个互相矛盾或互相反对的断定，但是对于不同事物，对于同一事物的不同方面，或者在不同时间做出表面上看起来互相矛盾或互相反对的判断并不构成逻辑矛盾。例如：

（1）资本不在流通中产生，又不能不在流通中产生。

（2）毛泽东这个历史人物的出现是必然的，又不是必然的。

（3）运动就是物体同一瞬间既在一个地方又不在同一个地方。

上述议论并不矛盾。议论（1）意味着，资本只能是在生产过程中才能产生的，但最终又得通过流通来实现。议论（2）意味着，毛泽东所承担的那个历史角色是必然的，但是由毛泽东来担任这个历史角色又是偶然的。议论（3）意味着，不同时间的连续性构成了运动。

---

① 列宁全集：第28卷. 北京：人民出版社，1990：131.

四、悖论

中国古代把“自相矛盾”的情况称为“悖”。其实，历史上产生的许多悖论，是十分复杂的问题，涉及逻辑、哲学和数学等诸多学科，不能简单地归结为违反矛盾律的谬误。

（一）什么是悖论

在英文文献中，通常用 Paradox 来称呼悖论。最早出现的悖论叫说谎者悖论。

古希腊的伊壁门尼德（Epimenides，克里特岛上的哲学家）说：“所有克里特人都是说谎者”（p）。由 p真可推出 p假（因为 p包括 p自己），即 $p\to\neg p$。具体推理过程是：$\mathrm{SAP}\to\mathrm{SaP}\to\neg(\mathrm{SAP})$。但由 p假并不能推出 p真，但可推出 p假。具体推理过程是：$\neg(\mathrm{SAP})\to\mathrm{SOP}\to\neg(\mathrm{SAP})$。通常把这种情况称为“半截子悖论”。它是自相矛盾的一种较复杂情况。自相矛盾是同时断定两个互相矛盾的命题或者互相反对的命题都是真的。半截子悖论是互相矛盾的命题或者互相反对的命题被凝缩在一个语句中的情况。

中国古代的《墨子·经下》有“言为尽悖，悖，说在其言”，表达的也是半截子悖论。其他，还有“非诽”“学无益”“知不知”等。墨家的解悖方案是：如果 A 真，则 A 假，所以，A 不真，所以，A 假。使用了归谬法，假设了矛盾律。半截子悖论在本质上都可以归结为逻辑矛盾。

严格悖论是在公元前 4 世纪由麦加拉学派的欧布里德（Eubulides）提出来的。“如果某人说他正在说谎，则他说的话是真的还是假的？”

上述表达可以简化为 A：我在说谎。

A=B：本语句假。

A=B=C：写在方框中的这句话是假的。

若 A 真，则 A 假；若 A 假（即非 A 真），则 A 真。严格悖论用公式表示出来就是：$A\leftrightarrow\neg A$。即命题 A 及其否定非 A 之间可以互推。

（二）从三次“数学大危机”说起

先来看看古希腊的希帕索斯悖论。毕达哥拉斯学派认为，“数”是万物的本原，而且任何数都可以表示为自然数或自然数的比。但是毕达哥拉斯学派希帕索斯却发现了等边直角三角形的斜边不可公度。假设一个等边直角三角形的两直角边的长度为 1，则其斜边的长度就应该是$\sqrt{2}$。这个数既不能表示为自然数，也不能表示为自然数的比，即$\sqrt{2}$既是数又不是数。引出数学史上的第一次危机。结果导致“实数”的产生，$\sqrt{2}$是无理数。无理数是无限不循环小数。有理数和无理数都是实数，都是在数轴上有点的数。

17 世纪末 18 世纪初，牛顿和莱布尼茨发现了微积分，其基础是无穷小量。无穷小量似零但又不是零，这就是无穷小悖论。即第二次数学危机。结果是产生了高等数学即变量数学。

1901 年罗素提出“集合论悖论”，又称罗素悖论，引发第三次数学危机。此悖论至今未获得完满的、公认的解决，因而被称为“罗素的哥德巴赫猜想”。

（三）集合论悖论

在素朴集合论中，任意性质都可以构成一个集合。集合可以分为两类：一类是良性集合，即不自属的集合，集合自身不能再是自己的一个元素，即 $X \notin X$；另一类是非良性集合，即可自属的集合，集合自身还可以是自己的一个元素，即 $X \in X$。

显然，我们也可以构造一个由所有的良性集合所构成的集合，即一切不自属的集合所构成的集合，$R=\{x|x \notin x\}$。但是这个集合是否也是自身的一个元素呢？如果是自身的一个元素，则这个集合不是良性集合，则它不能是自身的元素；如果不是自身的一个元素，则这个集合是良性的，则又应该是自身的一个元素。即如果 $R \in R$，则 $R \notin R$；如果 $R \notin R$，则 $R \in R$。于是得到 $R \in R \leftrightarrow R \notin R$。

（四）悖论的分类

1925 年，英国数学家兰姆赛（F. P. Ramsey）在《数学基础》一文中，最早将悖论分为两大类：逻辑-数学悖论和语义悖论。逻辑-数学悖论亦称为“语形悖论”，这类悖论不涉及内容，只与元素、类或集合、属于和不属于、基数和序数等数学概念相关，它们能用符号逻辑体系的语言来表述，并且只出现在数学中。语义悖论则是与一些心理的或语义的概念，如意义、命名、指称、定义、断定、真或假相关，这类悖论并不出现在数学中，它们可能不是产生于逻辑和数学中的错误，而是源自心理学或认识论中关于意义、指称、断定等概念的含混。语形悖论包括布拉里-弗蒂悖论、康托尔悖论、罗素悖论、理发师悖论等。语义悖论包括说谎者悖论及其变种、格雷林悖论、理查德悖论、贝里悖论等。1978 年，美国哲学家伯奇（T. Burge）主张将关于态度谓词（“相信”“断定”“认为”等认知模态词）的悖论从语义悖论中独立出来，称之为“认知悖论”或“语用悖论”。

语法悖论、语义悖论和语用悖论，都属于严格意义上的逻辑悖论，都是在根本上涉及语用学概念的背景知识预设下的悖论。如果把这种公认正确的背景知识从日常思维转移到哲学思维和具体科学领域，则可得到各种哲学悖论和具体科学理论悖论。哲学悖论，如古希腊的芝诺悖论、康德的二律背反等。

（五）悖论的本质、成因和解决

悖论从根本上来说，是从真实性难以怀疑的前提出发，合乎逻辑地得出明显虚假特别是自相矛盾的结论。

对悖论本质的认识大致有三种意见：第一，悖论涉及的是逻辑矛盾，必须排除；第二，悖论涉及的是辩证矛盾；第三，悖论涉及的是不同于逻辑矛盾和辩证矛盾的思维矛盾。

悖论的成因，有人认为是语言的自我涉及或者自我指涉，有人认为是混淆语言的不同层次，有人认为是现实矛盾在思维中的反映。

关于悖论的解决，从根本上包括否定性的解决方案和肯定性的解决方案。悖论的否定性解决方案，从根本上说就是认为悖论是人类思维患病的表现，悖论必须从人类的思想中加以排除。如根据语言层次论的观点，“本语句假”这句话中的“本语句”为对象语言，是第一个层次的语言。“假”为元语言，是第二个层次的语言。令 T 表示“本语句”，T′表示“本语句假”。如果 T 不指 T′，则 T 为空语句，T′为无意义。如果 T 指 T′，则是自我指称。悖论产生的原因就是混淆了语言层次的结果，如果严格区分语言层次，就可以避免悖论。再比如罗素的禁止恶性循环方案。罗素所提出的集合论悖论，其产生涉及无穷。无穷包括潜无穷和实无穷。潜无穷是把无穷对象看成一个永无止境的过程，强调其过程性；实无穷把无穷对象看成完成了的整体，强调其完成性。集合论悖论则是源自对潜无穷对象做实无穷的把握。所以，解决它的办法就是不允许对潜无穷对象做实无穷的处理。

悖论的肯定性解决方案，从根本上主张不片面排除矛盾，而是要容纳有意义的真矛盾。从悖论产生的原因来看，自我指称、否定性概念的使用和涉及整体或无限等，都是悖论产生的必要条件。如果不允许自我指称、不允许使用否定性概念或者不涉及整体或无限，当然悖论也就不会出现。但是，如果我们增加这些禁止条件，也就会大大缩小科学研究的范围。而且凭什么就不能自我指称呢？难道因为会导致悖论就不能吗？其实这都是矛盾律在作怪，将矛盾律的作用绝对化了。超协调逻辑认为，对待矛盾律起作用的程度需要做具体分析，在经典逻辑看来是矛盾的未必一定真的就矛盾，在经典逻辑看来不协调的逻辑系统也未必就是不协调的。对待矛盾的合理做法也许不是拒斥，而是容纳。

悖论是对人类思维和逻辑学的挑战。对悖论的研究可以推动科学理论研究的发展。

第三节 排中律

一、排中律的内容

排中律（Law of Excluded Middle）是说，在同一思维过程中，两个互相矛盾的思想不能都是假的，其中必有一真。用公式表示就是“A 或者非 A”。其中，“A”表示一个思想，“非 A”表示与 A 相矛盾或者具有下反对关系的思想。

具有下反对关系的两个命题之间不能都假，必有一个是真的，但是可以都是真的。以下所列出的都是互相具有下反对关系的命题：

（1）“甲班有些同学考试及格了”与“甲班有些同学考试没有及格”。

（2）“强盗的儿子可能是强盗”与“强盗的儿子可能不是强盗”。

（3）“如果甲去上海，则乙去武汉”与“如果甲去上海，则乙不去武汉”。

就上述的情况（3）来说，当一个命题为假时另一个命题必然为真，但当一个命题为真时，另一个命题则可真可假。

二、排中律的要求和违反排中律的逻辑错误

排中律要求在同一思维过程中，对于两个具有矛盾关系和下反对关系的命题必须从中肯定一个，不能两个都加以否定，否则就会出现“模棱两可”或“两不可”的逻辑错误。

（1）班长：小王，你是否参加周末的活动？

小王：谁说我不参加了？

班长：既然参加，那就交20元活动费。

小王：谁说我参加了？

（2）要说如果天打雷就下雨这不对，但是要说天打雷却不下雨恐怕也不正确。

（3）要说如果甲去天津则乙去广州不对，但是要说如果甲去天津则乙不去广州也不正确。

（4）有人在评论一篇文章时说：这篇文章的观点不能说是全面的，也不能说是片面的。

上述议论中，（1）中小王既否认自己不参加周末的活动，又否认自己将参加周末的活动，显然是“模棱两可”，不知所云。（2）中由于“如果天打雷就下雨”与“天打雷却不下雨”这两个命题之间具有矛盾关系，显然对此不能都加以否定，否则就会出现“模棱两可”的错误。（3）中由于“如果甲去天津则乙去广州”与“如果甲去天津则乙不去广州”这个命题之间具有下反对关系，显然对此不能都加以否定，否则就会出现“模棱两可”的错误。（4）中的“全面”和“片面”是矛盾概念，都加以否定，违反了排中律的要求。

违反排中律要求的逻辑错误叫“模棱两可”，也叫“两不可”，即对两个相互矛盾或者具有下反对关系的命题都加以否定。因为其实质就是“择无而从”。《墨子·经上》说：“彼，不可两不可也。”比如“或谓之牛，或谓之非牛”，这是“不可两不可也”。对于“这是牛”和“这不是牛”这样的两个互相矛盾的命题是不能同时加以否定的。

三、排中律的作用

排中律是指排除了事物情况的中间可能性，即不可能有“第三者”，所以它的根本作用在于保证思想的明确性。如果事物情况尚存在中间的可能性，不做出“非此即彼”的回答并不违反排中律。如果对存在着中间可能性的事物情况也要做“非此即彼”的回答，就会犯“非黑即白”的错误。例如，在这场球赛中，甲队没有战胜乙队，乙队也没有战胜甲队。该议论并没有违反排中律，因为还可能是平局。

思考下列案例：

小王：“你觉得《谍中谍3》拍得好吗？”

小马：“我觉得说不上好。”

小王：“那你的意思是说不好了？”

小马：“不对，我并没有说坏。”

小王：“说不上好就是坏。”

以下各项都可以是对小王和小马二人对话的正确评价，除了：

A. 小王的意思是让小马对《谍中谍3》做出明确的评价。

B. 小马的话模棱两可。

C. 小王没有正确理解小马两次回答的含义。

D. 小马认为《谍中谍3》拍得一般。

解析：答案是B。

小马的话前后并不“模棱两可”，相反，小王的话犯“非黑即白”的错误。 ■

有一种隐含着别的假设的复杂问语，如果直接做出“非此即彼”的回答，其结果都将是承认其中隐含的错误假定，因而也都是不正确的。例如，“你停止打你父亲了吗？”不论回答“停止”还是“不停止”，都意味着你曾经打过自己的父亲。再如，“你能否交代你们公司的违约行为？”不论回答“能”还是“不能”，都意味着自己公司存在违约行为。

遇到复杂问语，要做认真分析，尤其注意其隐含的前提是什么，然后针对所隐含的前提进行应对。有一则故事说的是，一天，狮子大王问老虎、猴子和狐狸：“你们都猜猜我口中是什么味道？如果谁说错了我就把它吃掉。”首先是老虎说：“大王口中的味道奇臭。”狮子大王说：“怎么能乱说大王口中的味道臭呢？”于是将老虎吃掉了。然后轮到猴子，看到刚才老虎的遭遇，猴子只好违心地说：“大王口中的味道是香的。”这时，狮子大王又说：“我口中的味道怎么会是香的呢？你怎么能说假话呢？”于是又把猴子吃了。最后轮到狐狸了。狐狸想了想，说臭不行，说香也不行，于是只好说：“狮子大王，这两天我感冒了，闻不出您口中的味道。”这一回答令狮子想不到什么办法来为难狐狸，只好将它放了。这里，我们需要注意，狮子大王的问话中预设的前提就是：必须能闻到狮子口中的味道。老虎和猴子都是直接回答，陷入了狮子大王的圈套，只有狐狸的回答深入狮子大王问句所预设的前提，逃过一劫。

四、排中律和矛盾律的区别

排中律和矛盾律主要有以下区别：

第一，适用范围不同。矛盾律既适用于互相矛盾的命题，也适用于互相反对的命题；排中律则不适用于互相反对的命题。

第二，逻辑要求不同。矛盾律要求，对于互相矛盾和互相反对的命题，不能都加以肯定，必须从中否定一个。排中律要求，对于互相矛盾和具有下反对关系的命题，不能都加以否定，必须从中肯定一个。

第三，所犯逻辑错误不同。违反矛盾律，犯“自相矛盾”即“两可”的错误。违反排中律，犯“模棱两可”即“两不可”的错误。

例如，有一个班级的同学分为四组，讨论世界上到底是先有鸡还是先有蛋的问题。第一组同学坚持，世界上先有鸡。第二组同学坚持，世界上先有蛋。第三组同学却认为，既可以说世界上先有鸡，也可以说世界上先有蛋。第四组同学认为，既不能说世界上先有鸡，也不能说世界上先有蛋。

显然，由于世界上先有鸡和世界上先有蛋，是两个互相矛盾的命题，不能都真，也不能都假。第三组同学都加以肯定，犯“自相矛盾”的错误。第四组同学都加以否定，犯“模棱两可”的错误。第一组和第二组的同学如果错，都不是逻辑错误，而只是知识错误。

第四节　充足理由律

一、充足理由律的内容

充足理由律是说，在同一思维过程中，一个思想被确定为真，必须有其充足的理由。用公式表示为：

A 真，因为 B 真并且由 B 能推出 A。

即

$$B\wedge(B\rightarrow A)\rightarrow A$$

上述公式中，“A”表示在论证过程中被确定为真的命题，叫论断或论题。“B”可以是一个命题，也可以是许多命题，它是用来确定 A 真的命题，称为理由或论据。“→”表示推出。整个公式的意思是说，A 被确定为真，因为 B 真，并且由 B 能推出 A，B 就是 A 的充足理由。

例如：

经济规律是不以人的意志为转移的（A）。因为经济规律是客观规律（B_1），而客观规律是不以人的意志为转移的（B_2）。

上述论证中，B_1 和 B_2 都是真的，由 B_1 和 B_2 能推出 A。所以，结论 A 是有充足理由的。

二、充足理由律的要求和违反充足理由律的逻辑错误

充足理由律有以下两个逻辑要求：

第一，理由必须真实。违反这个要求就要犯“理由虚假”的错误。例如，20 世纪 50 年代“人手论”在和“人口论”争论时，坚持不必控制人口增长的观点，所用的论据就是：人有两只手，一个口，两只手做出来的东西一个口肯定吃不完。这一论据显然是虚假的。再如：

甲、乙二人互相打斗，甲把乙的鼻子咬了下来。事情告到官府，官老爷审案时，甲说乙的鼻子不是他咬掉的，而是乙自己咬下来的，官老爷生气地说，鼻子长在嘴上，自己怎么会咬下鼻子呢？甲说：因为他是站在凳子上往下咬的呀！

甲的论点“乙的鼻子是乙自己咬下来的”是十分荒唐的，而他用来证明的论据“他站在凳子上往下把自己的鼻子咬下来的”，同样是极其荒唐、站不住脚的。因为一个人的鼻子总在自己的嘴巴上面，站在凳子上面也无法改变这种局面，因此，论题虚假，论据也是虚假的。

第二，理由与推断之间要有必然联系。违反这个要求就要犯“推不出”的错误。

推不出包括“形式的推不出”和“非形式的推不出”。

形式的推不出，指的是违反推理规则所犯的逻辑错误。如充分条件肯定后件到肯定前件，就属于“形式的推不出”。

非形式的推不出，指的是理由和推断的内容之间没有直接关系。“非形式的推不出”包括的情况比较复杂。主要有以下情况：

（1）论据和论题不相干。

论据和论题不相干是指论据和论题在内容上毫无联系。比如：

我脑袋小，知识装不进，这说明我学习不好的原因，就在这倒霉的脑袋上。

脑袋小和学习不好之间毫无联系，科学研究表明，人的智力与人的脑袋大小没有关系，主要与大脑皮质的沟回复杂程度有关。

（2）以相对为绝对。

以相对为绝对是指把在一定条件下的真实命题当作无条件的真实命题作为论据来使用。比如：

甲、乙二人都非常喜欢辩论。一天，他们又聚在了一起。辩论开始了。甲说：我可以证明儿子一定比父亲聪明，因为创立相对论的是爱因斯坦而不是他的父亲。乙说：恰恰相反，这个例子只能证明，父亲比儿子聪明，因为创立相对论的是爱因斯坦而不是他的儿子。

爱因斯坦创立相对论这是事实，对双方的论点都只具有相对的支持作用，不具有绝对的支持作用，双方都犯有“以相对为绝对”的错误。

（3）论据不足。

论据不足是指虽然论据和论题之间有某种联系，但这种联系并不足以构成对论题的支持作用。比如，某人书读得多，所以，思想复杂，进步就慢了。书读得多，不一定思想就复杂。

三、充足理由律的作用

充足理由律的根本作用是保证思维的论证性。思维要有论证性才会有说服力。理由不真实，或者理由和推断之间没有必然联系的论证，是没有说服力的。

充足理由律是逻辑基本规律之一，是人类思维论证性的科学概括。所谓思维的论证性即思维的有根据性。人类认识的目的是认识和把握真理，宣传真理和使更多的人接受真理。在认识和把握真理、宣传和使人接受真理的过程中，总要研究和回答某一思想为真的充足理由的问题。如果没有充足理由律，一个思想就不能被断定为真。

四、关于逻辑基本规律的几个争论

（一）充足理由律是不是逻辑基本规律？

充足理由律是不是逻辑基本规律，在学术界存在两种截然不同的观点。

第一种观点认为，充足理由律不是逻辑基本规律。因为它仅仅是对论证的逻辑要求，不是其他思维形式的必然要求。

第二种观点则认为，充足理由律是逻辑基本规律。虽然充足理由律主要是对论证的逻辑要求，但是论证过程也是运用概念、判断和推理的过程。如果违背了这条规律就会影响到概念、判断和推理的正确运用。前三条规律是充足理由律的基础和必要条件，如果思想不确定、前后不一贯、不明确，也就谈不上论证性。反过来，充足理由律则是前三条规律的必要补充。有了思想的确定性以后，还需要进一步考虑思想的论证性。

（二）什么是逻辑最基本的规律?

在逻辑四条基本规律中，有没有一条最为基本的规律？如果有，哪一条规律是最为基本的？或者哪些规律是更为基本的呢？学术界存在不同观点。

第一种观点认为，矛盾律是逻辑最基本的规律。亚里士多德认为，矛盾律是一切规律中最基本的规律。他说，一切信条中最无可争议的就是，相反叙述不能同时都真实。

第二种观点认为，矛盾律和充足理由律都是逻辑最基本的规律。莱布尼茨曾经提出，我们的推理建立在两大原则之上，即矛盾原则和充足理由原则。

第三种观点认为，同一律是逻辑最基本的规律。由于直觉主义逻辑否认了排中律，超协调逻辑又否认了矛盾律，所以，只有同一律是最基本的。

第四种观点认为，四条基本规律都同等重要，没有其中哪一条更基本的问题。同一律、矛盾律和排中律三者用公式来表示是等价的，即 $A\rightarrow A=\neg(A\wedge\neg A)=\neg A\vee A$。即它们都是重言式，都是逻辑真命题，它们的重要性是相同的。

（三）逻辑基本规律的实质是什么？是规律还是规则?

第一种观点认为，逻辑基本规律有客观基础，是规律也是规则。逻辑基本规律是客观事物的规律的反映。同一律、矛盾律和排中律的基础是客观事物的相对稳定性，充足理由律的基础是客观事物之间的因果必然联系。

第二种观点认为，所谓逻辑基本规律仅仅是规则而已。就像足球规则等一样，完全是由人来制定的、规定的。

第三种观点认为，逻辑基本规律属于逻辑学的元规律或元规则。所谓元规律，就是关于规律的规律，具有元逻辑性质。在亚里士多德思想体系中，逻辑学基本规律处于公理的地位，相关内容被放在《形而上学》一书中，说明亚里士多德将基本规律看作比其他逻辑规律更重要。

第四种观点认为，根本不存在什么“基本的”规律。因为在数理逻辑中，这些规律和其他的规律一样，都只不过是一个一般的公式或者定理而已。作为逻辑问题，基本规律在现代逻辑体系中，可以不作为公理的地位出现，而仅仅是作为被推论出来的语句而已。

练习题

一、下列各陈述是否违反逻辑基本规律的要求？为什么？

1．所有科技人员是懂计算机的，并且有些不懂计算机的是科技人员。

2．关于宗教信仰问题，我国公民有信教的自由，也有不信教的自由；所以对宗教信仰我们既不禁止，也不提倡。

3．“或问文章有体乎？曰：无。又问无体乎？曰：有。然则果如何？曰：定体则无，大体则有。”

4．甲：“语句都表达命题。”

乙：“有的语句不表达命题。”

丙：“甲和乙的观点都不正确，我认为唯有纯疑问句不表达命题。”

5．有人说：“经验主义不能一概都反对，例如，工作经验、生产经验等，就不应该反对。”

6．小李和小王下了两局棋。小张问小李：“你下棋赢了吗？”小李说：“没有赢。”小张又问：“那么你输了？”小李答：“也没有输。”

7．被告伤人，既非故意，又非过失，可给予训诫处分。

8．原告与被告结婚多年，并生了三名子女，但由于他们的婚姻确实是新中国成立前父母包办的婚姻，因此，双方的婚姻关系实属难以维持下去的婚姻关系，故准予离婚。

9．文字成为记录文化的有效工具是从意音文字开始的。美索不达米亚的钉头字、埃及的圣书字、中美洲的玛雅字、中国的汉字都是意音文字。它们在各自地区留下早期文化的灿烂记录。现在，所有这些著名的意音文字都成历史陈述了。在今天的世界上巍然独存的意音文字，只有汉字。

10．这次试验一定会成功，当然，也有失败的可能。

11．要说物质是永恒不灭的，这不符合事实，因为世界上的植物、动物，甚至恒星等物质都是有生有灭的。

12．我不认为一切金属都是固体，也不认为一切金属都不是固体。

13．缺乏实践经验的人应注意实践，也就是应该常下车间劳动，否则，实践经验从何而来?

14．对于是否有外星人的问题，在科学未证实之前，我的态度是既不肯定，也不否定。

15．这次考试我一定能通过，因为我这次信心足，家里人也都鼓励我，支持我。

16．当有人说欧德谟说谎时，他说：“谁说谎，谁就是说不存在的东西，不存在的东西是无法说的，因此，没有人说谎。”

17．有无鬼神的争论，我不参与，因为我觉得没有多大意思，对于他们的两种观点我都不赞成。

18．病人：我的记忆已经完全丧失了，我现在记不得任何东西。

医生：什么时候开始丧失的?

病人：今年春节晚会结束时，我记得那时一阵兴奋后，接着脑子里便是一片空白。

19．妻子说：“我知道，让你一下子把酒戒掉很困难，你先戒掉一半行不？”丈夫说：

“我听你的。我一向喝西凤酒和汾酒，戒掉一半，那我明天开始就喝西凤酒吧。”

20．甲说：我明年一定能考上大学。

乙说：你这话不对。

甲说：你竟然认为我明年不可能考上大学？

乙说：你这话也不对。

甲说：你的话不合逻辑。

乙说：你的话才不合逻辑呢！

在上述甲、乙二人的对话中，究竟谁的话不合逻辑？为什么？

二、单项选择题（从所列的 A、B、C、D 四个备选项中选出一个正确的）。

1．我国正常婴儿在 3 个月时的平均体重在 5~6 千克。因此，如果一个 3 个月的婴儿的体重只有 4 千克，则说明其间他的体重增长低于平均水平。

以下哪项如果为真，最有助于说明上述论证存在的漏洞？（　　）

A．婴儿体重增长低于平均水平并不意味着发育不正常。

B．上述婴儿在 6 个月时的体重高于平均水平。

C．上述婴儿出生时的体重低于平均水平。

D．母乳喂养的婴儿体重增长较快。

2．数学系的学生也学了不少文科课程，王颖是数学系的学生，所以她也学了不少文科课程。以下哪项论证展示的推理错误与上述论证中的最相似？（　　）

A．数学系的学生都学哲学原理这门课程，小马是数学系的一名学生。所以她也学习哲学原理这门课程。

B．哲学系的教师写了许多哲学方面的论文，老张是哲学系的一名教师，所以他也写过许多哲学方面的论文。

C．所有的旧房子需要经常维修，这套房子是新的，所以不需要经常维修。

D．哲学系的教师写了许多哲学方面的论文，老张不是哲学系的一名教师，所以他没有写过哲学方面的论文。

3．警察：“你为什么骑车带人，懂不懂交通规则？”

骑车人：“我以前从没有骑车带人，这是第一次。”

以下哪项段落对话中出现的逻辑错误与上述最类似？（　　）

A. 审判员：“你作案后跑到什么地方去了？”

被告：“我没作案。”

B. 母亲：“我已经告诉过你准时回来，你怎么又晚回来一个小时？”

女儿：“你总喜欢挑我的毛病。”

C. 老师：“王林同学昨天怎么没完成作业？”

王林：“我爸爸昨天从英国回来了。”

D. 张三：“你已经停止打你的老婆了吗？”

李四：“我从来就没有打过老婆。”

4．张先生买了块新手表。他把新手表与家中的挂钟对照，发现手表比挂钟一天慢了三分钟；后来他又把家中的挂钟与电台的标准时对照，发现挂钟比电台标准时一天快了三分钟。张先生因此推断：他的手表是准确的。

以下哪项是对张先生推断的正确评价？（　　）

A. 张先生的推断是正确的，因为手表比挂钟慢三分钟，挂钟比标准时快三分种，这说明手表准时。

B. 张先生的推断是错误的，因为他不应该把手表和挂钟比，应该是直接和标准时比。

C. 张先生的推断是错误的，因为挂钟比标准时快三分钟，是标准的三分钟；手表比挂钟慢三分钟，是不标准的三分钟。

D. 张先生的推断既无法断定为正确，也无法断定为错误。

5. 某班级的几位同学一起议论他们今年暑假出游的去向。甲说："如果赵明没有去西藏，那一定去上海。"乙说："钱玲去了南京。"丙说："如果林群没有去西宁，那么，张红会去杭州。"丁说："赵明没有去西藏，也没有去上海。"戊说："钱玲去了广州。"己说："张红没有去杭州。"事后了解，这次议论中，有两个人说的与事实不符。

根据上述情况，以下哪项必定是正确的？（　　）

A. 赵明没有去西藏，但是去了上海。

B. 林群去了西宁，赵明可能去了西藏。

C. 钱玲去了广州，但没有去南京。

D. 赵明没有去上海，林群去了西宁。

6. 一天，小方、小林做完数学题后发现答案不一样。小方说："如果我的不对，那你的就对了。"小林说："我看你的不对，我的也不对。"旁边的小刚看了看他们两人的答案后说："小林的答案错了。"这时数学老师刚好走过来，听到了他们的谈话，并查看了他们的运算结果后说："刚才你们三个人所说的话中只有一句是真的。"

请问下述说法中哪一个是正确的？（　　）

A. 小方说的是真话，小林的答案对了。

B. 小刚说的是真话，小林的答案错了。

C. 小林说对了，小方和小林的答案都不对。

D. 小林说错了，小方的答案是对的。

7. 某商店失窃，甲、乙、丙、丁四名职员涉嫌被拘审。

甲：只有乙作案，丙才会作案。

乙：甲和丙两人中至少有一人作案。

丙：乙没作案，作案的是我。

丁：乙是作案者。

事实证明，四人中只有一人说假话。

如果上述断定都真，那么以下哪项一定是真的？（　　）

A. 甲说假话，丙作案。

B. 乙说假话，乙作案。

C. 丙说假话，乙作案。

D. 丁说假话，丙作案。

8. 在某项目招标过程中，赵嘉、钱宜、孙斌、李汀、周武、吴纪 6 人作为各自公司代表参与投标，有且只有一人中标。关于究竟谁是中标者，招标小组中有 3 位成员各自谈了自己的看法：（1）中标者不是赵嘉就是钱宜；（2）中标者不是孙斌；（3）周武和吴纪都没有中标。经过深入调查，发现上述 3 人中只有一人的看法是正确的。

根据以上信息，以下哪项中的 3 人都可以确定没有中标？（　　）

A. 赵嘉、钱宜、李汀。

B. 赵嘉、孙斌、李汀。

C. 钱宜、孙斌、周武。

D. 赵嘉、周武、吴纪。

三、下列各组命题中，哪些是矛盾关系的命题，哪些是反对关系的命题？

1. 人都是自私的；人都不是自私的。
2. 这个人是自私的；这个人不是自私的。
3. 没有一个革命者是怕死的；没有一个革命者不是怕死的。
4. 并非金属都是固体；并非金属都不是固体。
5. 这个人并非既不聪明又不能干；这个人或者不聪明或者不能干。
6. 要么你不去，要么他不去；你不去，他也不去。
7. 如果天下雨，那么地湿；天下雨，但地不湿。
8. 只有你去，我才去；如果你去，那么我去。
9. 明天不一定下雨；明天不可能不下雨。
10. 考试不一定不过关；考试不一定过关。
11. 这个 S 是 P；这个 S 不是 P。
12. 所有 S 是 P；所有 S 是非 P。
13. 有些 S 是非 P；所有 S 是 P。
14. 有些 S 不是 P；有些 S 是非 P。
15. S 与 P 必然有某种关系；S 与 P 可能不具有某种关系。
16. $p \land q$；$\neg p \lor \neg q$。
17. $p \land \neg q$；$\neg p \lor q$。
18. $p \land q$；$\neg p \land \neg q$。
19. $\neg p \to q$；$\neg p \land \neg q$。
20. $p \lor q$；$\neg p \lor \neg q$。

四、运用逻辑基本规律的知识，分析下列问题。

1. 某校领导在讨论选派出国人选时，有两种主要的不同意见：（1）如果选派甲，那么不选派乙。（2）既选派甲又选派乙。当问到王校长的意见时，他说："这两种意见都不对，我主张选派乙，不选派甲。"请问：王校长的意见是否违反逻辑基本规律？为什么？

2. 鲁迅曾指出，创作的基础是生活经验，生活经验是在"所做之外"，也包括"所遇、所见、所闻的"。作者写出作品来，对于其中的事情，虽然不必亲历过，最好是经历过。

有人对鲁迅的上述见解提出责难说：“那么写杀人最好是自己杀过人，写妓女还得去卖淫吗？”这种指责有无错误？为什么？

3. 甲：“你完成任务了没有？”

乙：“谁说我没有完成任务？”

甲：“那么，你是说你已经完成任务了？”

乙：“我并不是说我完成了任务。”

乙的回答有什么错误？为什么？

4. 对于杜甫的“娇儿不离膝，畏我复却去”这句诗，历来有两种不同的解释。一说孩子在身边，是怕爸爸刚刚回来，又要抛开他们而去；一说孩子们一见爸爸回来，既亲热又有些害怕，表现出若即若离的样子。而某先生却说：“我认为第一种解释不错，第二种解释也不无道理。”请问：该先生的说法正确吗？为什么？

5. 某大学哲学系有一次讨论“奴隶有没有哲学”的问题。甲说：“奴隶有哲学，因为哲学是关于世界观的学问，而世界观是人人都有的，奴隶也不例外。如果奴隶没有哲学，那就等于说劳动人民没有世界观，这岂不把劳动人民看成是驯服的牲畜了吗？”乙说：“奴隶不可能有哲学。因为在奴隶社会，奴隶不过是会说话的工具，他们完全被剥夺了从事精神创作活动的权利，尽管他们有世界观，却不可能把自己的世界观系统化、理论化，上升为一种哲学体系。而且，他们又不识字，即使有哲学，也不能记录下来，流传下来。”

请问：上述甲、乙二人的看法是否正确？为什么？

6. 在第二次世界大战时，某国空军有条军规规定：如果飞行员被医生断定有精神病，他可以不参加作战飞行，在退出作战以前，他本人提出不参加战斗的理由；而假如他意识到自己有病不能参加战斗，那就证明他头脑健全，没有精神病。

请问：这条军规有无逻辑错误？为什么？

7. 教师讲到了人口统计中的一条规律：在新生儿中男婴的出生率总是摆动于$\frac{22}{43}$这个数值左右，而不是$\frac{1}{2}$。有个学生听讲以后，发表了不同意见，他说：“男婴出生率是$\frac{22}{43}$，那就是说，男婴出生率比女生出生率高。可是，我看过许多材料说明，不少国家和地区，例如，俄罗斯、美国、日本、德国，以及我国的台湾地区都是女人比男人多。可见，认为男婴出生率总是在$\frac{22}{43}$左右摆动的说法是不能成立的。”

试分析上述学生的发言中有没有逻辑错误？为什么？

8. 苏格拉底带一青年向智者欧底姆斯请教。智者与青年有如下对话：

智者：“你学习的是已经知道的东西，还是不知道的东西？”

青年：“学习的是不知道的东西。”

智者：“你认识字母吗？”

青年：“我认识。”

智者：“所有字母都认识吗？”

青年：“是的。”

智者：“如果你认识字母，那么教你的不就是你已经知道的东西吗？”

青年：“是的。”

智者：“那么，或者你并不在学，只是那些不认识字母的人在学吧！”

青年：“不，我也在学。”

智者：“那么，如果你认识字母，就是学你已经知道的东西了。”

青年：“是的。”

智者：“那么，你最初的回答就不对了。”

请问：上述智者或者青年在对话中是否存在逻辑错误？为什么？

9. 五四运动后，北京大学教授刘半农提倡“俗文学”，并在《北京晨报》刊登启事，征求“国骂”，拟搜集全国各地骂人的话辑为“地方骂”和“国骂”。语言学家赵元任博士见了启事，当天就跑到刘氏宿舍，拍着桌子，用湖南、安徽、四川各地骂人的话骂了他一顿；接着周作人前来，又用绍兴话骂了他一顿。上课时，又被浙江、广东学生相继用方言大骂。弄得刘半农啼笑皆非。

请问：刘半农何以啼笑皆非？为什么？

10. 一位年青人去见爱迪生，他满怀信心地对爱迪生说：“我想发明一种万能溶液，它可以溶解一切物品。”爱迪生听罢惊奇地说：“那么你想用什么器皿来放置这种溶液呢？”年青人被问得哑口无言。这是为什么呢？

五、简析下列议论是否违反逻辑基本规律，如果违反，指出违反的是什么基本规律，犯了什么样的逻辑错误。

1. 一青年人参加植树，见到“植树造林，造福后代”的标语时，说：“造福后代，我连老婆都没有，哪来后代？”

2. 郑庄公弟共叔段叛乱，得母姜氏支持，庄公对母发誓说：“不及黄泉无相见也。”不久后悔，接受大夫颍考叔建议“掘地及泉，隧而相见”。

3. 甲问乙：“你认识你的父亲吗？”

乙回答：“认识。”

甲问：“如果我指给你一个人，它隐藏在帷幕后面，你认识他吗？”

乙回答：“不认识。”

甲说：“可是，幕后的这个人，是你的父亲。因此，你是不认识你的父亲的。”

4. 一县官欲买金锭，店主奉命送来两锭金子。县官问：“两锭金子索价几何？”店主回答：“大人欲买，只需付半价即可。”县官收下一锭，还给店主一锭。后县官不提付款事，店主催促说：“请大人付小人金锭价款。”县官说：“不是早已给你了吗？”店主说：“小人从未拿到。”县官怒道：“本官欲买两锭金子，你说只付半价，我已把一锭还给你，折合一半价款，何曾亏你！”

5. 四海之内皆兄弟，所有兄弟皆男性，所以，四海之内皆男性。

6. 男青年说：“你要这要那，不怕人家说你是高价姑娘吗？”女青年回答：“裴多菲说：‘生命诚可贵，爱情价更高。’价钱低了怎么行？”

7. 1997 年 11 月 14 日，青岛流亭机场边防检查站检查人员，对青岛至汉城的航班出境人员进行检查，发现一中年男子与护照年龄不符，便把他带到值班室询问。在询问中，该男子表示不懂汉语，只懂韩语。检查人员试探性地用汉语说：“你可以走了！”该男子毫不迟疑，提包就走。检查人员据此展开调查，破获了一跨国偷渡犯罪团伙。

8. 一个顾客问售货员："这件上装的确是现在最时髦的吗？"

售货员说："这是现在最流行的时装！"

顾客问："太阳晒了不褪色吗？"

售货员说："瞧您说的，这件衣服在橱窗里已经挂了三年，到现在还像新的一样。"

9. 某甲要将一婴儿投入江中，婴儿啼哭，别人问某甲为什么要这样做，他回答说："此其父善游，他必善游。"

10. 1983 年北京送变电公司施工队在河北省涞源县境内施工，为使一高压铁塔竖立在便利施工的位置，炸毁邓庄子西明代长城 28 米。事发后，文物主管部门追求责任，施工队说，他们所从事的工程是"国家重点工程"，"是照图纸施工的"，被炸毁的长城是"残缺不全的石头埂"。

11. 一私塾里有两个学生睡着了。"啪！"——私塾老先生一戒尺打醒了一位穿着破烂的学生，说："你一摸书，就睡着。你看看人家"——先生指着一位穿着阔气的学生说："睡着了，还拿着书。"

12. 说实在的，发不发超额奖，我都不同意。

13. 一群哲学家在林间散步，这时一位哲学家发现在不远处的一棵杉树上，一只松鼠正趴在树干后面向他们张望。于是这位哲学家来到这棵树前，绕着这棵杉树想一探究竟。哪知，松鼠似乎发现了他的企图，总是躲着他。当这位哲学家来到杉树的东边，松鼠则躲到树干的西边；当这位哲学家来到杉树的南边，松鼠则躲到树干的北边；当这位哲学家来到杉树的西边，松鼠则躲到树干的东边；当这位哲学家来到杉树的北边，松鼠则躲到树干的南边。而且，不管这位哲学家绕着树转得多么快，松鼠总是转得和他一样快。他始终只能看到松鼠的头部，而看不到它的全身。最后，这位哲学家只好回来，沮丧地对他的同伴抱怨："绕着树转了好几圈，竟然没能绕松鼠一圈。"他的话立即遭到了一位同伴的反驳："松鼠就在树上，你只要绕树转一圈不就是绕松鼠转了一圈吗？"他辩解说："可是松鼠始终面对着我啊，我怎么可能绕松鼠一圈呢！"他们的争论吸引了在此散步的其他哲学家，结果形成了势均力敌的两派，双方都固执己见，谁也说服不了谁。

六、运用逻辑基本规律的知识，解答下列问题。

1. 某金库发生失窃案。公安机关侦查确定，这是一起典型的内盗案，可以断定金库管理员甲、乙、丙、丁至少有一人是作案者。办案人员对四人进行了询问，四人回答如下：

甲："如果乙不是窃贼，我也不是窃贼。"

乙："我不是窃贼，丙是窃贼。"

丙："乙或者丁是窃贼。"

丁："甲或者是窃贼。"

后来事实证明：他们四人中只有一人说了真话。

请问：究竟谁说真话，谁是窃贼？为什么？

2. 莎士比亚在《威尼斯商人》中，写富家少女鲍细娅品貌双全，贵族子弟、公子王孙纷纷向她求婚，鲍细娅须按照其父遗嘱，由求婚者猜匣订婚。鲍细娅有金、银、铅三个匣子，分别刻有三句话，其中只有一个匣子里放有鲍细娅肖像，求婚者通过这三句话，猜测鲍细娅的肖像放在哪个匣子里，谁猜中就嫁给谁。设三个匣子上刻的三句话是：

（1）金匣："肖像不在此匣中。"

（2）银匣："肖像在金匣中。"

（3）铅匣："肖像不在此匣中。"

请问：肖像在哪个匣子中？为什么？

3. 甲、乙、丙、丁四位实习医生，对A、B、C、D四位病人，做出如下诊断：

A. 甲诊断为细菌性痢疾，乙诊断为霍乱。

B. 乙诊断为肺炎，丙诊断为气管炎。

C. 丙诊断为疟疾，丁诊断为脑炎。

D. 丁诊断为胃癌，甲诊断为胃溃疡。

经主治医生复诊，判明实习医生对每位病人，只有一种诊断正确；有一位实习医生的诊断全对；有一位实习医生的诊断全错；丙不全对。经化验，确诊 A 患细菌性痢疾，C 患疟疾。试问B、D患何病？全对者为谁？全错者为谁？为什么？

4. 有赵、钱、孙、李、周、吴、郑、王八位将军陪同皇帝出巡打猎。经过一番角逐，有一支箭射中了鹿。皇帝命令将军们先不要看箭上所刻的姓氏，而猜测究竟鹿死谁手。八位将军的发言如下：

赵将军："鹿死王将军或吴将军手。"

钱将军："若箭射中鹿首，则鹿死我手。"

孙将军："鹿死郑将军手。"

李将军："即使箭射中鹿首，也并非鹿死钱将军手。"

周将军："赵将军猜错了。"

吴将军："并非鹿死王将军和我手。"

郑将军："并非鹿死孙将军手。"

王将军："并非赵将军猜错。"

随后，皇帝把箭拔出，证实八员大将有三人猜对，试推断鹿死谁手？谁猜中？另设五人猜中，则鹿死谁手？谁猜中？为什么？

5. 甲、乙、丙、丁四位同学，在逻辑课考试后，各发议论，预测成绩。

甲："我看这次考试我们都及格。"

乙："有人不及格。"

丙："丁及格。"

丁："如果我及格，那么我们都及格。"

成绩公布后，证明只有一个人预测错误。

请问：究竟谁预测错误？是否都及格？为什么？

第七章 模态逻辑

第一节 概述

A. 明天必然会下雨。

B. 明天可能会下雨。

C. 明天会下雨。

上面这三句话，我们直观上会认为“A 蕴涵 C”，而“C 蕴涵 B”。但命题逻辑语言只能把 A、B、C 都作为原子命题看待，却无法把 C 分析为 A 和 B 的子命题。所以“A 蕴涵 C”和“C 蕴涵 B”都不是命题逻辑中的定理。模态语言在命题语言的基础上增加了必然算子 (□) 和可能算子（◇），从而可以把 A 和 B 分别表示为 □C 和 ◇C。这样 C 是 A(□C)和 B(◇C)的子命题，那么可以进一步地分析它们之间的逻辑关系。根据通常对必然和可能的语义理解，我们知道“□C 蕴涵 C”和“C 蕴涵 ◇C”。

必然和可能通常被称作模态词，它们可以用于修饰整个命题，表达命题为真的模式。除了必然、可能外，还有其他一些常见的模态词，比如，涉及道义的模态词应该和允许，涉及时间的模态词将来和过去，涉及认知的模态词知道和相信。这些模态词都可以用于修饰整个命题，例如，应该遵守承诺、不允许盗窃、将来人类能登上火星、过去人类登上过月球、张三知道鲁迅是周树人、李四相信人类爱好和平等。这类由模态词修饰命题而构成的复合命题称为模态命题，而模态逻辑则研究这些模态命题之间的推理关系。因为多种模态词构成了不同种类的模态命题，且它们有着相似但却不完全相同的逻辑特征，所以相应地刻画它们的模态逻辑也存在多个而并不唯一，而模态逻辑通常被用来泛指刻画模态命题推理的这一类逻辑。

关于模态推理的研究最早可以追溯到亚里士多德以及中世纪逻辑学家们。他们采用诉诸直觉的方式，获得了一些有效的模态推理模式。例如，必然蕴涵真、真蕴涵可能、可能 ϕ 等价于并非必然并非 ϕ、必然 ϕ 等价于并非可能并非 ϕ，等等。通过引入模态算子，上述模态推理模式可以更为清晰地表示为：

$$\Box\phi \to \phi$$
$$\phi \to \Diamond\phi$$
$$\Box\phi \leftrightarrow \neg\Diamond\neg\phi$$
$$\Diamond\phi \leftrightarrow \neg\Box\neg\phi$$

这种诉诸直觉获得有效的模态推理模式的方法，也许在初始研究期间是必要的，可以获得少许有效的模态推理模式，从而有助于初步探清模态推理的基本特征，但该方法却十分缺乏系统性和严格性，无法帮助我们获得对模态推理的清晰完整的认识。

现代逻辑学家们不满足于简单地依赖直觉获得有效的推理模式这种研究方式，转而采用数学公理化方法进行模态逻辑研究，通过构建公理系统刻画有效的模态公式。在公理系统中，通过采用公理和推理规则可以证明的模态公式则为有效的模态公式。刘易斯(C.I.Lewis)是最早采用这一研究进路的逻辑学家之一。为了解决实质蕴涵悖论，他尝试把“蕴涵”刻画为严格条件句。采用模态算子，严格条件句可以被下列模式符号化：

$$\Box(\phi \to \psi)$$

显然，从严格条件句 $\Box(\phi \to \psi)$ 可以推出实质蕴涵 $\phi \to \psi$，但反过来却不成立。刘易斯作为现代模态逻辑公理化方法的先驱者，前后设计了一系列的公理系统 (S1，S2，S3，S4，S5) 去刻画严格条件句逻辑。

刘易斯采用的公理化方法兼具了系统性和严格性，但他对于公理的选取却仍然是依靠直觉去挑选有效的模态公式，而直觉并非完全正确可靠。这就部分地解释了为什么刘易斯前后设计了多个模态公理系统去刻画他认为正确的严格条件句逻辑。也就是说，公理系统无法回答一个最根本的问题：为什么这些公式是有效的，而不是其他的那些公式？要回答这个问题，我们必须进入语义学领域，采用语义模型解释模态公式的意义，并构造赋予模态公式真假的真理理论。这就是之后诞生的可能世界语义学，该理论的基本想法至少可以回溯到莱布尼茨，他引入了可能世界概念，并把必然理解为在所有可能世界上为真，而把可能理解为在某个可能世界上为真。克里普克对该想法进行了进一步的完善，在可能世界之间引入了可通达关系，从而构成了现代模态逻辑的语义学基础。

本章下面部分分为四节。第二节介绍模态语言和它的语法。第三节介绍可能世界语义学，并定义了模态逻辑 $\boldsymbol{K}$。第四节引入公理化方法给出了模态逻辑 $\boldsymbol{K}$ 的一个可靠且完全的公理系统。最后一节简要介绍其他一些常见的模态逻辑以及它们的公理系统。

第二节　模态语言

模态语言 ML 包含以下四类初始符号：

可数无穷多个命题变元：$p_0, p_1, \ldots$；

两个真值联结词：否定 $\neg$和蕴涵 $\rightarrow$；

一个模态算子：必然 $\Box$；

左右括号：(和)。

上面这些符号统称为 *ML* 中符号，其中真值联结词 $\neg$、$\rightarrow$和必然算子$\Box$称为**逻辑符号**，而命题变元称为**非逻辑符号**。前者的意义是由逻辑决定的，而后者的意义多由具体应用场景决定。左右括号属于**辅助符号**，便于阅读与书写。

ML 中**公式**是根据下列规则形成的 *ML* 中符号串：

所有的命题变元都是公式；

如果 ϕ是公式，那么 $\neg\phi$和 $\Box\phi$也都是公式；

如果 ϕ和 ψ是公式，那么 $(\phi\rightarrow\psi)$也是公式；

只有根据上面三条形成的 *ML* 中符号串才是公式。根据上述定义，下列 *ML* 中符号串都是 *ML* 中公式：

$$(p_0\rightarrow(p_1\rightarrow p_0))$$
$$((p_2\rightarrow p_3)\rightarrow(\neg p_3\rightarrow\neg p_2))$$
$$\neg\Box\neg p_5$$
$$(\Box p_{20}\rightarrow\Box\Box p_{30})$$
$$(\Box(p_{10}\rightarrow p_{100})\rightarrow(\Box p_{10}\rightarrow\Box p_{100}))$$

下列 *ML* 中符号串都不是 *ML* 中公式：

$$(p_0\neg p_1)$$
$$(p_0\Box p_1)$$
$$\rightarrow p_1$$
$$(p_0\rightarrow p_1\rightarrow p_2)$$

本章只涉及 *ML* 中公式，所以简称 *ML* 中公式为公式。为了方便讨论，我们用小写的英文字母p、q、r等表示命题变元；用小写的希腊字母 α、β、γ、ϕ、ψ等表示公式；用大写的希腊字母 Γ、Σ、Δ、Λ等表示公式集合。必要时我们还会对这些符号使用上下标来区分。对任意公式 ϕ，$var(\phi)$ 表示 ϕ中出现的变元构成的集合。

对于真值联结词 $\wedge$、$\vee$、$\leftrightarrow$，我们以下列简写的方式引入：

$$\phi\wedge\psi=\neg(\phi\rightarrow\neg\psi)$$
$$\phi\vee\psi=\neg\phi\rightarrow\psi$$
$$\phi\leftrightarrow\psi=(\phi\rightarrow\psi)\wedge(\psi\rightarrow\phi)$$

对于模态算子“可能”，我们也作为简写引入：

$$\Diamond\phi=\neg\Box\neg\phi$$

最后，为了阅读与书写方便，我们可以根据下列规则进行括号省略：

最外层括号可以省略；

联结词 $\wedge$、$\vee$的联结力比 $\to$、$\leftrightarrow$强，比如，$p\wedge q\to r$表示 $((p\wedge q)\to r)$。

第三节　可能世界语义学

模态算子的一个明显的特征是它们并非真值联结词，也就是说，由它们构成的复合公式的值不仅仅依赖于其子公式的值。比如，“我这时在写书”这句话为真，但“我这时必然在写书”却不为真；同时，“$1+1=2$”和“必然 $1+1=2$”都为真。这个例子里面的子句都为真，但通过必然算子构造的复合句却是一真一假。因为模态算子不是真值联结词，所以无法采用真值表或是真值函数赋予它们语义，而需要一种新的语义学，这就是可能世界语义学。

可能世界语义学的基本想法至少可以回溯到莱布尼茨，他引入可能世界，把必然理解为在所有可能世界上为真，而把可能理解为在某个可能世界上为真。之后的学者们，特别是克里普克，对该想法进行了进一步的完善，在可能世界之间引入了一个可通达关系R。wRu表示相对于世界 w，世界 u是可能的。在给定了可能世界集 W和可通达关系R后，可能世界语义学解释模态算子的基本想法是：模态命题 $\Box\phi$在世界 w上为真当且仅当对所有 $u\in W$，如果 wRu，那么 ϕ在世界 u上为真；模态命题 $\Diamond\phi$在世界 w上为真当且仅当存在 $u\in W$使得 wRu且 ϕ在世界 u上为真。

可通达关系的引入丰富了可能世界语义学的适用场景，通过改变 R满足的性质，不仅可以解释通常理解的必然和可能，还可以解释诸如时态算子（将来、过去）、知识算子（知道）、信念算子（相信）、道义算子（应该、允许）等。比如，对于莱布尼茨对必然和可能的理解，我们只需要求可通达关系R为全关系即可。对于时态算子的解释，我们把 W中元素理解为时刻且R理解为时刻间的先后关系。如果我们认为时间是线性的，那么就要求R是一个线序；如果认为时间可以分支，那么就要求R是一个树状的序。对于知识算子的解释，我们把 W中元素理解为认知状态且R理解为认知的不可区分关系。通常会要求认知不可区分关系是一个等价关系。对信念、道义等算子的解释会对R的性质做出其他相应的要求。这些不同的解释对R的性质做出了不同的要求的同时通常也决定了不同的逻辑，所以模态逻辑不是一个逻辑而是一类逻辑。

一个**克里普克框架**是一个有序对 $\langle W,R\rangle$，其中 W是一个非空的集合，R是 W上的二元关系。W中元素通常称为（可能）世界、状态或点。 xRy通常称为 x可通达 y或 x看到 y，而克里普克框架通常简称为框架。我们用符号 $\mathfrak{F},\mathfrak{B}$等表示框架，必要时我们还会对这些符号使用上下标来区分。令 $\mathfrak{F}=\langle W,R\rangle$为一个框架。它上的一个**赋值**$V$是一个从命题变元集到 W幂集的函数，也就是说，V对每个命题变元 p赋予一个 W的子集 $V(p)$。直观上看，$V(p)$表示 p为真的世界构成的集合。

一个**克里普克模型**是一个有序对 $\langle\mathfrak{F},V\rangle$，其中 $\mathfrak{F}$是它基于的框架且 V是 $\mathfrak{F}$上的一个赋值。在不引起误解时，我们简称克里普克模型为模型，并用符号 $\mathfrak{M},\mathfrak{N}$等表示模型，必要时还会对这些符号使用上下标来区分。如果 $\mathfrak{M}=\langle\mathfrak{F},V\rangle$，我们称 $\mathfrak{M}$基于 $\mathfrak{F}$，或 $\mathfrak{M}$是 $\mathfrak{F}$上的模型；当 $\mathfrak{F}=\langle W,R\rangle$时，我们有时也把 $\mathfrak{M}$表示为$\langle W,R,V\rangle$。

令 $\mathfrak{M}=\langle\mathfrak{F},V\rangle$为一个模型，其中 $\mathfrak{F}=\langle W,R\rangle$。对任意 $w\in W$和任意的公式 ϕ，我们递归地定义 $\mathfrak{M},w\vDash\phi$（称为 **ϕ 在模型 $\mathfrak{M}$ 中 w 点上为真**） 如下：

$\mathfrak{M},w\vDash p$ 当且仅当 $w\in V(p)$；

$\mathfrak{M},w\vDash\neg\psi$ 当且仅当 并非 $\mathfrak{M},w\vDash\psi$；

$\mathfrak{M},w\vDash\psi\to\chi$当且仅当 如果 $\mathfrak{M},w\vDash\psi$，那么 $\mathfrak{M},w\vDash\chi$；

$\mathfrak{M},w\vDash\Box\psi$ 当且仅当 对任意 $u\in W$满足 wRu，$\mathfrak{M},w\vDash\psi$。

当 $\mathfrak{M},w\vDash\phi$不成立时，我们称 **ϕ在模型 $\mathfrak{M}$中w点上为假**，并用 $\mathfrak{M},w\nvDash\phi$ 来表示。对任意公式 ϕ，$V(\phi)$ 表示模型 $\mathfrak{M}$中使得 ϕ为真的点构成的集合$\{w\in W:\mathfrak{M},w\vDash\phi\}$。当语境允许时，我们会省略 $\mathfrak{M},w\vDash\phi$和 $\mathfrak{M},w\nvDash\phi$中的模型符号，分别简写为 $w\vDash\phi$和 $w\nvDash\phi$。根据 $\Diamond$的简写定义$\Diamond\phi=\neg\Box\neg\phi$， 我们可以推出可能算子的语义解释。

命题 7.1 **$\mathfrak{M},w\vDash\Diamond\phi$当且仅当存在$u\in W$使得$wRu$且$\mathfrak{M},w\vDash\phi$。**

证明：$\mathfrak{M},w\vDash\Diamond\phi$当且仅当 $\mathfrak{M},w\vDash\neg\Box\neg\phi$当且仅当并非 $\mathfrak{M},w\vDash\Box\neg\phi$当且仅当并非对任意 $u\in W$满足 wRu，$\mathfrak{M},w\vDash\neg\phi$当且仅当存在 $u\in W$使得wRu且并非 $\mathfrak{M},w\vDash\neg\phi$当且仅当存在 $u\in W$使得 wRu且 $\mathfrak{M},w\vDash\phi$。 ■

下面我们举例说明公式如何在模型中点上为真或为假。

命题 7.2 令 $\mathfrak{M}=\langle W,R,V\rangle$为一个模型，其中，$W=\{a,b\}$，$R=\{\langle a,b\rangle,\langle b,b\rangle\}$且 $V(p)=\{b\}$。因为 a和 b都只看到 b且 $\mathfrak{M},b\vDash p$，所以 $\mathfrak{M},a\vDash\Box p$且 $\mathfrak{M},b\vDash\Box p$；又因为 $\mathfrak{M},a\nvDash p$且 $\mathfrak{M},b\vDash p$，所以 $\mathfrak{M},a\nvDash\Box p\to p$且$\mathfrak{M},b\vDash\Box p\to p$。

命题 7.3 令 $\mathfrak{M}=\langle W,R,V\rangle$为一个模型，其中，$W=\{a,b\}$，$R=\{\langle a,b\rangle\}$且$V(p)=\{b\}$。因为 a只看到 b且 $\mathfrak{M},b\vDash p$，所以 $\mathfrak{M},a\vDash\Box p$且 $\mathfrak{M},a\vDash\Diamond p$，从而 $\mathfrak{M},a\vDash\Box p\to\Diamond p$；又因为 b看不到任何点，所以 $\mathfrak{M},b\vDash\Box p$且 $\mathfrak{M},b\nvDash\Diamond p$，从而 $\mathfrak{M},b\nvDash\Box p\to\Diamond p$。

命题 7.4 令$\mathfrak{M}=\langle W,R,V\rangle$为一个模型，其中，$W=\{a,b,c\}$，$R=\{\langle a,b\rangle,\langle b,c\rangle\}$ 且 $V(p)=\{b\}$。因为 a只看到 b且 $\mathfrak{M},b\vDash p$，所以 $\mathfrak{M},a\vDash\Box p$；又因为 b看到 c且 $\mathfrak{M},c\nvDash p$，所以 $\mathfrak{M},b\nvDash\Box p$，从而根据 aRb有 $\mathfrak{M},a\nvDash\Box\Box p$。因此，$\mathfrak{M},a\nvDash\Box p\to\Box\Box p$。

细心的读者可能发现了，上面的例子仅仅给出了命题变元 p的赋值，而没有其他变元的赋值。这是因为例中公式只包含变元 p，而一个公式的值只和它中出现的变元的赋值相关。所以 p以外其他变元的赋值与上述例子中公式的真假是没有关系的。下面这个命题是对这一现象的严格陈述。注意，对任意公式 ϕ，$var(\phi)$ 表示 ϕ中出现的变元构成的集合。

命题 7.5 令$\mathfrak{M}=\langle\mathfrak{F},V\rangle$，$\mathfrak{N}=\langle\mathfrak{F},U\rangle$为模型，其中$\mathfrak{F}=\langle W,R\rangle$，且令$Var$ 为一个变元集。如果对任意 $p\in Var$，$V(p)=U(p)$，**那么对任意的 $w\in W$和任意公式ϕ满足 $var(\phi)\subseteq Var$，** $\mathfrak{M},w\vDash\phi$当且仅当 $\mathfrak{N},w\vDash\phi$。

证明：我们根据公式 ϕ的构造进行归纳证明。归纳基始：令 $\phi=p$。因为 $var(\phi)\subseteq Var$，所以 $p\in Var$，从而根据假设得出，$V(p)=U(p)$，那么$\mathfrak{M},w\vDash p$当且仅当 $\mathfrak{N},w\vDash p$。

归纳步骤：令 $\phi=\neg\psi$。$\mathfrak{M},w\vDash\neg\psi$当且仅当 $\mathfrak{M},w\nvDash\psi$，从而根据归纳假设 $\mathfrak{M},w\vDash\psi$当且仅当 $\mathfrak{N},w\vDash\psi$可得：$\mathfrak{M},w\vDash\neg\psi$当且仅当 $\mathfrak{N},w\nvDash\psi$当且仅当 $\mathfrak{N},w\vDash\neg\psi$。

令 $\phi=\psi\to\chi$。$\mathfrak{M},w\vDash\psi\to\chi$ 当且仅当要么$\mathfrak{M},w\nvDash\psi$，要么 $\mathfrak{M},w\vDash\chi$，从而根据归纳假设 $\mathfrak{M},w\vDash\psi$ 当且仅当 $\mathfrak{N},w\vDash\psi$和 $\mathfrak{M},w\vDash\chi$当且仅当 $\mathfrak{N},w\vDash\chi$ 可得：$\mathfrak{M}$,

$w \vDash \psi \to \chi$ 当且仅当要么 $\mathfrak{N}, w \nvDash \psi$，要么 $\mathfrak{N}, w \vDash \chi$当且仅当 $\mathfrak{N}, w \vDash \psi \to \chi$。

令 $\phi = \Box\psi$。$\mathfrak{M}$, $w \vDash \Box\psi$ 当且仅当对任意 $u \in W$满足 wRu，$\mathfrak{M}$, $u \vDash \psi$，从而根据归纳假设 $\mathfrak{M}$, $u \vDash \psi$ 当且仅当 $\mathfrak{N}$, $u \vDash \psi$ 可得：$\mathfrak{M}$, $w \vDash \Box\psi$当且仅当对任意 $u \in W$ 满足 wRu，$\mathfrak{N}, u \vDash \psi$ 当且仅当 $\mathfrak{N}, w \vDash \Box\psi$。 ■

下面我们基于公式在模型中点上为真的概念，定义公式在模型和框架层面的其他重要的语义概念，并最终借助公式在框架上的有效性定义模态逻辑。

令 $\mathfrak{M}$为模型且 ϕ为公式。**ϕ在模型$\mathfrak{M}$中可满足**当且仅当存在 $\mathfrak{M}$中的点 w使得 $w \vDash \phi$；**ϕ在模型 $\mathfrak{M}$上为真**（表示为 $\mathfrak{M} \vDash \phi$）当且仅当对 $\mathfrak{M}$中所有点 w都有 $w \vDash \phi$；如果并非 $\mathfrak{M} \vDash \phi$，那么 **ϕ在$\mathfrak{M}$中可反驳**，即 **$\mathfrak{M}$是ϕ的反模型**，并用 $\mathfrak{M} \nvDash \phi$表示。对任意的公式集 Γ，$\mathfrak{M},w \vDash \Gamma$表示对所有的公式 $\phi \in \Gamma, \mathfrak{M},w \vDash \phi$；$\mathfrak{M} \vDash \Gamma$表示对所有的公式 $\phi \in \Gamma$，$\mathfrak{M} \vDash \phi$。

令 $\mathfrak{F}$为框架且 ϕ为公式。**ϕ在框架 $\mathfrak{F}$中可满足**当且仅当 ϕ在基于 $\mathfrak{F}$的某个模型中可满足，即存在模型 $\mathfrak{M} = \langle \mathfrak{F}, V \rangle$和 $\mathfrak{M}$中的点 w使得 $\mathfrak{M},w \vDash \phi$；**$\phi$在框架$\mathfrak{F}$上有效**（表示为 $\mathfrak{F} \vDash \phi$）当且仅当 ϕ在基于 $\mathfrak{F}$的所有模型上为真，即对任意模型 $\mathfrak{M} = \langle \mathfrak{F}, V \rangle$，$\mathfrak{M} \vDash \phi$。如果并非 $\mathfrak{F} \vDash \phi$，那么 ϕ在 $\mathfrak{F}$中可反驳，并用 $\mathfrak{F} \nvDash \phi$表示。对任意的公式集 Γ，$\mathfrak{F} \vDash \Gamma$表示对所有的公式$\phi \in \Gamma$，$\mathfrak{F} \vDash \phi$。令 $\mathcal{C}$为一个由框架构成的类。**ϕ在$\mathcal{C}$上有效**（表示为 $\mathcal{C} \vDash \phi$）当且仅当 ϕ在 $\mathcal{C}$中所有的框架上有效，即对任意 $\mathfrak{F} \in \mathcal{C}$，$\mathfrak{F} \vDash \phi$。基于框架层次的有效性，我们定义模态逻辑 $\boldsymbol{K}$ 为在所有框架上有效的公式构成的集合，即

$$\boldsymbol{K} = \{\phi\text{: 对所有的框架}\mathfrak{F}\text{，}\mathfrak{F} \vDash \phi\}\text{。}$$

读者可能想知道 $\boldsymbol{K}$ 中都包含哪些公式，下面的命题给出了一个具体的例子，更多的 $\boldsymbol{K}$ 中公式将在下一节见到。

命题 7.6　令$\mathfrak{F} = \langle W, R \rangle$为任意框架。有$\mathfrak{F} \vDash \Box(\phi \to \psi) \to (\Box\phi \to \Box\psi)$。

证明：令 $\mathfrak{M} = \langle \mathfrak{F}, V \rangle$且 $w \in W$。假设 $\mathfrak{M}, w \vDash \Box(\phi \to \psi)$且 $\mathfrak{M}, w \vDash \Box\phi$。那么对任意 $u \in W$满足 wRu，$\mathfrak{M},u \vDash \phi \to \psi$且 $\mathfrak{M}, u \vDash \phi$，从而 $\mathfrak{M}, u \vDash \psi$，所以 $\mathfrak{M}, w \vDash \Box\psi$。因此，$\mathfrak{M}$, $w \vDash \Box(\phi \to \psi) \to (\Box\phi \to \Box\psi)$，进而$\mathfrak{F} \vDash \Box(\phi \to \psi) \to (\Box\phi \to \Box\psi)$。 ■

根据上述命题，$\Box(\phi \to \psi) \to (\Box\phi \to \Box\psi)$在所有框架上有效，所以下列推论成立。

推论 7.7　$\Box(\phi \to \psi) \to (\Box\phi \to \Box\psi) \in \boldsymbol{K}$。

第四节　公理系统

除了语义的方式外，我们还可以采用公理系统来语法地刻画一个逻辑。一个公理系统通常由若干个公理和推理规则构成，然后，通过运用这些公理和推理规则证明得出其中的定理。这节给出模态逻辑 $\boldsymbol{K}$ 的一个公理系统，它包含若干条公理和三条推理规则，其中之一是代入规则。为此，下面我们需要先引入代入的概念。

一个代入 $\boldsymbol{s}$ 是一个从命题变元集合到公式集合的函数。对于任意公式ϕ和任意代入 $\boldsymbol{s}$，我们递归定义 ϕ在 s 下的代入示例$\phi(s)$如下：

对任意的命题变元 p，$p(\boldsymbol{s})=\boldsymbol{s}(p)$；

$$\neg\psi(\boldsymbol{s})=\neg(\psi(\boldsymbol{s}))；$$
$$\Box\psi(\boldsymbol{s})=\Box(\psi(\boldsymbol{s}))；$$
$$(\psi\to\chi)(\boldsymbol{s})=\psi(\boldsymbol{s})\to\chi(\boldsymbol{s})。$$

对任意公式 $\psi_0,\ldots,\psi_n$和变元 $q_0,\ldots,q_n$，我们用 $\psi_0/q_0,\ldots,\psi_n/p_n$表示下列代入：对任意变元$p$，如果$p=q_i$，那么$\boldsymbol{s}(p)=\psi_i$，否则 $\boldsymbol{s}(p)=p$。

为了更好地理解代入，我们下面给出几个具体的例子：

$$(p_0\to p_1)(\psi/p_0)=(\psi\to p_1)$$
$$(p_0\to p_1)(\psi_0/p_0,\psi_1/p_1)=(\psi_0\to\psi_1)$$
$$(p_0\to p_1)(\psi/p_2)=(p_0\to p_1)$$
$$(p_0\to(p_1\to p_0))(\psi_0/p_0,\psi_1/p_1)=(\psi_0\to(\psi_1\to\psi_0))$$
$$\Box(p_1\wedge\Box p_2)(\Box p_2/p_1,\psi/p_2)=\Box(\Box p_2\wedge\Box\psi)$$

在理解了代入的概念后，下面正式定义模态公理系统 $\boldsymbol{K}$，它包含下列公理：

PC　　所有的命题重言式；

k　　$\Box(p_0\to p_1)\to(\Box p_0\to\Box p_1)$。

和推理规则：

mp　　从 ψ和 $\psi\to\phi$得出 ϕ；

sub　　从 ϕ得出 $\phi(\boldsymbol{s})$，其中 $\boldsymbol{s}$ 是任意代入；

nec　　从 ϕ得出 $\Box\phi$。

对于一个公理系统，除了给出它中的公理和推理规则外，还需要定义公理系统中证明的概念，它严格规定了如何使用公理和推理规则得出公理系统中的定理。对任意公式，K中ϕ的一个证明是一个公式序列$\phi_0,\ldots,\phi_n$满足：$\phi_n=\phi$。

对于每个 $0\leqslant k\leqslant n$，ϕ_k或者是 K 的公理，或者是运用 K 的三条推理规则得出的，即或者存在 $i,j<k$使得 $\phi_j=\phi_i\to\phi_k$，或者存在 $i<k$和代入 $\boldsymbol{s}$ 使得 $\phi_k=\phi_i(\boldsymbol{s})$，或者存在$i<k$使得 $\phi_k=\Box\phi_i$。

ϕ在 K 中可证（表示为$\vdash_K\phi$）当且仅当存在 K 中 ϕ的证明。**K 中的定理**是 K 中可证的任一公式。

下面我们来看几个 K 中的定理和它们的证明。

例 7.8　$\Diamond\neg\phi\to\neg\Box\phi$是 K 中的定理。

证明： 因为 $\Diamond\neg\phi=\neg\Box\neg\neg\phi$，所以只需证明 $\neg\Box\neg\neg\phi\to\neg\Box\phi$是 K 中的定理，下面公式序列是 $\neg\Box\neg\neg\phi\to\neg\Box\phi$在 K 中的证明。（注意：每行的最右边是得出该行公式的理由，比如，下面第一行的公式是公理中命题重言式，第二行是在第一行的公式之上通过带入规则 sub 得出的，而第三行是运用必然化规则 nec 在第二行的公式上得出的。）

1. $p_0 \to \neg\neg p_0$　　PC
2. $\phi \to \neg\neg\phi$　　sub, 1
3. $\Box(\phi \to \neg\neg\phi)$　　nec, 2
4. $\Box(p_0 \to p_1) \to (\Box p_0 \to \Box p_1)$　　k
5. $\Box(\phi \to \neg\neg\phi) \to (\Box\phi \to \Box\neg\neg\phi)$　　sub, 4
6. $\Box\phi \to \Box\neg\neg\phi$　　mp, 3, 5
7. $(p_0 \to p_1) \to (\neg p_1 \to \neg p_0)$　　PC
8. $(\Box\phi \to \Box\neg\neg\phi) \to (\neg\Box\neg\neg\phi \to \neg\Box\phi)$　　sub, 7
9. $\neg\Box\neg\neg\phi \to \neg\Box\phi$　　mp, 6, 8 ■

例 7.9　$\Box(\phi \wedge \psi) \to \Box\phi \wedge \Box\psi$是 K 中的定理。

证明：下面公式序列是 $\Box(\phi \wedge \psi) \to \Box\phi \wedge \Box\psi$在 K 中的证明。

1. $p_0 \wedge p_1 \to p_0$　　PC
2. $\phi \wedge \psi \to \phi$　　sub, 1
3. $\Box(\phi \wedge \psi \to \phi)$　　nec, 2
4. $\Box(p_0 \to p_1) \to (\Box p_0 \to \Box p_1)$　　k
5. $\Box(\phi \wedge \psi \to \phi) \to (\Box(\phi \wedge \psi) \to \Box\phi)$　　sub,4
6. $\Box(\phi \wedge \psi) \to \Box\phi$　　mp, 3, 5
7. $p_0 \wedge p_1 \to p_0$　　PC
8. $\phi \wedge \psi \to \psi$　　sub, 7
9. $\Box(\phi \wedge \psi \to \psi)$　　nec, 8
10. $\Box(p_0 \to p_1) \to (\Box p_0 \to \Box p_1)$　　k
11. $\Box(\phi \wedge \psi \to \psi) \to (\Box(\phi \wedge \psi) \to \Box\psi)$　　sub, 10
12. $\Box(\phi \wedge \psi) \to \Box\psi$　　mp, 9, 11
13. $(p_0 \to p_1) \to ((p_0 \to p_2) \to (p_0 \to p_1 \wedge p_2))$　　PC
14. $(\Box(\phi \wedge \psi) \to \Box\phi) \to ((\Box(\phi \wedge \psi) \to \Box\psi) \to (\Box(\phi \wedge \psi) \to \Box\phi \wedge \Box\psi))$　　sub, 13
15. $(\Box(\phi \wedge \psi) \to \Box\psi) \to (\Box(\phi \wedge \psi) \to \Box\phi \wedge \Box\psi)$　　mp, 6, 14
16. $\Box(\phi \wedge \psi) \to \Box\phi \wedge \Box\psi$　　mp, 12, 15

■

例 7.10　$\Box(\phi \to \psi) \to (\Diamond\phi \to \Diamond\psi)$是 K 中的定理。

证明：因为$\Diamond\phi = \neg\Box\neg\phi$且 $\Diamond\psi = \neg\Box\neg\psi$，所以只需证明 $\Box(\phi \to \psi) \to (\neg\Box\neg\phi \to \neg\Box\neg\psi)$是 K 中的定理，下面公式序列是 $\Box(\phi \to \psi) \to (\neg\Box\neg\phi \to \neg\Box\neg\psi)$在 K 中的证明。

1. $(p_0 \to p_1) \to (\neg p_1 \to \neg p_0)$　　PC
2. $\Box((p_0 \to p_1) \to (\neg p_1 \to \neg p_0))$　　nec, 1
3. $\Box(p_0 \to p_1) \to (\Box p_0 \to \Box p_1)$　　k
4. $\Box((p_0 \to p_1) \to (\neg p_1 \to \neg p_0)) \to (\Box(p_0 \to p_1) \to \Box(\neg p_1 \to \neg p_0))$　　sub, 3
5. $\Box(p_0 \to p_1) \to \Box(\neg p_1 \to \neg p_0)$　　mp, 2, 4
6. $\Box(\phi \to \psi) \to \Box(\neg\psi \to \neg\phi)$　　sub, 5
7. $\Box(p_0 \to p_1) \to (\Box p_0 \to \Box p_1)$　　k

8. $\Box(\neg\psi\to\neg\phi)\to(\Box\neg\psi\to\Box\neg\phi)$ sub, 7

9. $(p_0\to p_1)\to((p_1\to p_2)\to(p_0\to p_2))$ PC

10. $(\Box(\phi\to\psi)\to\Box(\neg\psi\to\neg\phi))\to((\Box(\neg\psi\to\neg\phi)\to(\Box\neg\psi\to\Box\neg\phi))$
$\to(\Box(\phi\to\psi)\to(\Box\neg\psi\to\Box\neg\phi)))$ sub, 9

11. $(\Box(\neg\psi\to\neg\phi)\to(\Box\neg\psi\to\Box\neg\phi))\to(\Box(\phi\to\psi)\to(\Box\neg\psi\to\Box\neg\phi))$ mp, 6, 10

12. $\Box(\phi\to\psi)\to(\Box\neg\psi\to\Box\neg\phi)$ mp, 8, 11

13. $(\Box\neg\psi\to\Box\neg\phi)\to(\neg\Box\neg\phi\to\neg\Box\neg\psi)$ sub, 1

14. $(\Box(\phi\to\psi)\to(\Box\neg\psi\to\Box\neg\phi))\to((\Box\neg\psi\to\Box\neg\phi)$
$\to(\neg\Box\neg\phi\to\neg\Box\neg\psi))\to(\Box(\phi\to\psi)\to(\neg\Box\neg\phi\to\neg\Box\neg\psi))$ sub, 9

15. $((\Box\neg\psi\to\Box\neg\phi)\to(\neg\Box\neg\phi\to\neg\Box\neg\psi))\to(\Box(\phi\to\psi)$
$\to(\neg\Box\neg\phi\to\neg\Box\neg\psi))$ mp, 12, 14

16. $\Box(\phi\to\psi)\to(\neg\Box\neg\phi\to\neg\Box\neg\psi)$ mp, 13, 15

■

尽管公理系统 K 中只包含三条初始的推理规则，但是我们下面证明存在其他一些推理规则在 K 中也是成立的。

命题 7.11 对任意的公式ϕ,ψ, χ，如果$\vdash_k\phi\to\psi$且$\vdash_k\psi\to\chi$，那么$\vdash_k\phi\to\chi$。

证明： 对任意的公式 ϕ,ψ,χ，下面的序列是从 $\phi\to\psi$和 $\psi\to\chi$在 K 中的证明构造$\phi\to\chi$在 K 中的证明。

1. $\phi\to\psi$ 已证
2. $\psi\to\chi$ 已证
3. $(p_0\to p_1)\to((p_1\to p_2)\to(p_0\to p_2))$ PC
4. $(\phi\to\psi)\to((\psi\to\chi)\to(\phi\to\chi))$ sub, 3
5. $(\psi\to\chi)\to(\phi\to\chi)$ mp, 1, 4
6. $\phi\to\chi$ mp, 2, 5 ■

命题 7.12 对任意的公式ϕ,ψ，如果$\vdash_k\phi\to\psi$，那么$\vdash_k\Box\phi\to\Box\psi$。

证明： 对任意的公式 ϕ,ψ，下面的序列是从 $\phi\to\psi$在 K 中的证明构造 $\Box\phi\to\Box\psi$在 K 中的证明。

1. $\phi\to\psi$ 已证
2. $\Box(\phi\to\psi)$ nec, 1
3. $\Box(p_0\to p_1)\to(\Box p_0\to\Box p_1)$ k
4. $\Box(\phi\to\psi)\to(\Box\phi\to\Box\psi)$ sub, 3
5. $\Box\phi\to\Box\psi$ mp, 2, 4 ■

通过应用上述额外的推理规则，我们下面简化例 7.10 的证明。

例 7.10 $\Box(\phi\to\psi)\to(\Diamond\phi\to\Diamond\psi)$是 K 中的定理。

证明： 因为 $\Diamond\phi=\neg\Box\neg\phi$且 $\Diamond\psi=\neg\Box\neg\psi$，所以只需证明 $\Box(\phi\to\psi)\to(\neg\Box\neg\phi\to\neg\Box\neg\psi)$是 K 中的定理，即 $\vdash_k\Box(\phi\to\psi)\to(\neg\Box\neg\phi\to\neg\Box\neg\psi)$。

1. $\vdash_k(p\to q)\to(\neg q\to\neg p)$ PC
2. $\vdash_k\Box(p\to q)\to\Box(\neg q\to\neg p)$ 命题 7.12, 1

3. $\vdash_k \Box(\phi\to\psi)\to\Box(\neg\psi\to\neg\phi)$　　sub, 2

4. $\vdash_k \Box(p_0\to p_1)\to(\Box p_0\to\Box p_1)$　　k

5. $\vdash_k \Box(\neg\psi\to\neg\phi)\to(\Box\neg\psi\to\Box\neg\phi)$　　sub, 4

6. $\vdash_k \Box(\phi\to\psi)\to(\Box\neg\psi\to\Box\neg\phi)$　　命题 7.11, 3, 5

7. $\vdash_k (\Box\neg\psi\to\Box\neg\phi)\to(\neg\Box\neg\phi\to\neg\Box\neg\psi)$　　sub, 1

8. $\vdash_k \Box(\phi\to\psi)\to(\neg\Box\neg\phi\to\neg\Box\neg\psi)$　　命题 7.11, 6, 7　■

值得注意的是，因为 $\vdash_k$ 的出现，上面序列中每行都不是公式，而是表达公式可证的命题，所以上面的序列不是 K 中的证明序列，而是一个可证序列。这个可证序列通过应用额外的推理规则，在不给出证明序列的情况下，说明了 $\phi\to\chi$ 在 K 中是可证的。因为它们都是包含公式的序列，初学者容易把上述可证序列混淆为证明序列。但是证明序列由公式构成且每个新增公式的理由必须严格遵守 K 中证明的定义，即只能是 K 中的公理或是根据 mp、sub、nec 规则得出的，而可证序列却可以使用任何已经证明了的 K 中定理和规则，因为它只需说明某个公式是在 K 中可证，而不需要构造出它的具体证明。下面再看几个采用可证序列的方式证明的 K 中的定理。

例 7.13　$\neg\Box\phi\to\Diamond\neg\phi$ 是 K 中的定理。

证明： 因为 $\Diamond\neg\phi=\neg\Box\neg\neg\phi$，所以只需证明 $\neg\Box\phi\to\neg\Box\neg\neg\phi$ 是 K 中的定理，即 $\vdash_k\neg\Box\phi\to\neg\Box\neg\neg\phi$。

1. $\vdash_k \neg\neg\phi\to\phi$　　PC, sub

2. $\vdash_k \Box\neg\neg\phi\to\Box\phi$　　命题 7.12, 1

3. $\vdash_k (\Box\neg\neg\phi\to\Box\phi)\to(\neg\Box\phi\to\neg\Box\neg\neg\phi)$　　PC,sub

4. $\vdash_k \neg\Box\phi\to\neg\Box\neg\neg\phi$　　mp,2,3　■

例 7.14　$\Box\phi\wedge\Box\psi\to\Box(\phi\wedge\psi)$ 是 K 中的定理。

证明： 下面的可证序列证明 $\Box(\phi\wedge\psi)\to\Box\phi\wedge\Box\psi$ 是 K 中的定理，即 $\vdash_k\Box\phi\wedge\Box\psi\to\Box(\phi\wedge\psi)$。

1. $\vdash_k \phi\to(\psi\to(\phi\wedge\psi))$　　PC,sub

2. $\vdash_k \Box\phi\to\Box(\psi\to(\phi\wedge\psi))$　　命题 7.12,1

3. $\vdash_k \Box(\psi\to(\phi\wedge\psi))\to(\Box\psi\to\Box(\phi\wedge\psi))$　　k, sub

4. $\vdash_k \Box\phi\to(\Box\psi\to\Box(\phi\wedge\psi))$　　命题 7.11, 2, 3

5. $\vdash_k \Box\phi\wedge\Box\psi\to\Box\phi$　　PC, sub

6. $\vdash_k \Box\phi\wedge\Box\psi\to(\Box\psi\to\Box(\phi\wedge\psi))$　　命题 7.11, 4, 5

7. $\vdash_k \Box\phi\wedge\Box\psi\to\Box\psi$　　PC,sub

8. $\vdash_k (\Box\phi\wedge\Box\psi\to\Box\psi)\to((\Box\phi\wedge\Box\psi\to(\Box\psi\to\Box(\phi\wedge\psi)))$
$\to(\Box\phi\wedge\Box\psi\to\Box(\phi\wedge\psi)))$　　PC,sub

9. $\vdash_k (\Box\phi\wedge\Box\psi\to(\Box\psi\to\Box(\phi\wedge\psi)))$
$\to(\Box\phi\wedge\Box\psi\to\Box(\phi\wedge\psi))$　　mp, 7, 8

10. $\vdash_k \Box\phi\wedge\Box\psi\to\Box(\phi\wedge\psi)$　　mp, 6, 9　■

在这节余下的部分，我们介绍公理系统一般需要满足的几个基本性质。首先，一个好的公理系统必须是一致的，即它不能证明出一对矛盾的命题。严格地说，公理系

统 K 是**一致的**当且仅当不存在公式 ϕ使得 $\vdash_k\phi\wedge\neg\phi$。可以证明，这里的公理系统 K 是一致的。

定理 7.15 公理系统 K 是一致的。

刻画一个逻辑通常有两种方式：（1）通过模型语义地定义出这个逻辑中有效的公式；（2）通过公理系统语法地证明出这个逻辑中的定理。对于同一个逻辑，这两种定义应该是重合的，即语法定义的定理集应该等于语义定义的有效公式集。采用通常的术语陈述这句话就是说，一个公理系统应该满足可靠性和完全性。前者要求其中可证的公式都是有效的，而后者要求有效的公式都是其中可证的。严格地说，公理系统 K 是**可靠的**当且仅当对任意公式 ϕ，如果 $\vdash_k\phi$，那么对所有的框架 $\mathfrak{F}$，$\mathfrak{F}\vDash\phi$。可以证明，这里的公理系统 K 是可靠的。

定理 7.16 公理系统 K 是可靠的。

公理系统 K 是**完全的**当且仅当对任意公式 ϕ，如果对所有的框架 $\mathfrak{F}$，$\mathfrak{F}\vDash\phi$，那么 $\vdash_k\phi$。可以证明，这里的公理系统 K 是完全的。

定理 7.17 公理系统 K 是完全的。

因为一对矛盾的公式不可能同时在一个框架上有效，所以公理系统 K 的可靠性蕴涵它是一致的。公理系统 K 的可靠性和完全性的证明较为复杂，超出了本书介绍的范畴，有兴趣的读者请参考专门的模态逻辑教材。

第五节 其他几种常见的模态逻辑

在第三节讲述可能世界语义学时，我们提到通过改变可通达关系 R的性质，可以赋予模态算子 $\Box$不同的解释，诸如知识、信念、应该等。这节采用满足不同 R性质的框架类定义出其他几种常见的模态逻辑，并给出与它们相对应的公理系统。对于这些公理系统可靠性和完全性的证明，有兴趣的读者请参考专门的模态逻辑教材。

对任意框架 $\mathfrak{F}=\langle W,R\rangle$，我们考虑由下述 R性质组合构成的框架类：

$\mathfrak{F}$是**持续的**当且仅当 R是持续的，即 $\forall w\in W\exists u\in W(wRu)$。

$\mathfrak{F}$是**自返的**当且仅当 R是自返的，即 $\forall w\in W(wRw)$。

$\mathfrak{F}$是**对称的**当且仅当 R是对称的，即 $\forall w, u\in W(wRu\to uRw)$。

$\mathfrak{F}$是**传递的**当且仅当 R是传递的，即 $\forall w, u, v\in W(wRu\wedge uRv\to wRv)$。

$\mathfrak{F}$是**欧性的**当且仅当 R是欧性的，即 $\forall w, u, v\in W(wRu\wedge wRv\to uRv)$。

对于公理系统，我们需要引入更一般的可靠性和完全性概念。令 $\mathcal{C}$为一个框架类且 H 为一个公理系统。H 相对于 $\mathcal{C}$是**可靠的**当且仅当 H 中可证的公式在 $\mathcal{C}$上都是有效的；H 相对于 $\mathcal{C}$是**完全的**当且仅当 $\mathcal{C}$上有效的公式在 H 中都可证。运用新的可靠性和完全性概念，上节中公理系统 K 的可靠性和完全性可以重新陈述如下：

定理 7.18 相对于所有框架构成的类，公理系统 K 是可靠且完全的。

模态逻辑 *D*: 从语义上看，$\boldsymbol{D}$ 是在所有可持续框架上有效的公式组成的集合。

$$\boldsymbol{D}=\{\phi\text{: 对所有可持续框架}\mathfrak{F}, \mathfrak{F}\vDash\phi\}。$$

从语法的角度看，公理系统 D 是在公理系统 K 上加上一条额外的公理 $\Box p_0 \to \Diamond p_0$。模态逻辑 $\boldsymbol{D}$ 通常被用来刻画无冲突的道义逻辑，此时 $\Box$算子的意义是应该，而 $\Diamond$算子的意义是允许。在这种理解下，公理 $\Box p_0 \to \Diamond p_0$ 的直观意义是应该的蕴涵允许的。最后，可以证明公理系统 D 中可证的公式恰好是模态逻辑 $\boldsymbol{D}$ 中的有效式。

定理 7.19 相对于可持续框架类，公理系统 D 是可靠且完全的。

模态逻辑 $\boldsymbol{T}$： 从语义上看，$\boldsymbol{T}$ 是在所有自返框架上有效的公式组成的集合。

$$\boldsymbol{T} = \{\phi\text{: 对所有自返框架 } \mathfrak{F}, \mathfrak{F} \vDash \phi\}。$$

从语法的角度看，公理系统 T 是在公理系统 K 上加上一条额外的公理 $\Box p_0 \to p_0$。可以证明公理系统 T 中可证的公式恰好是模态逻辑 $\boldsymbol{T}$ 中的有效式。

定理 7.20 相对于自返框架类，公理系统 T 是可靠且完全的。

模态逻辑 $\boldsymbol{K4}$： 从语义上看，$\boldsymbol{K4}$ 是在所有传递框架上有效的公式组成的集合。

$$\boldsymbol{K4} = \{\phi\text{: 对所有传递框架} \mathfrak{F}, \mathfrak{F} \vDash \phi\}。$$

从语法的角度看，公理系统 $K4$ 是在公理系统 K 上加上一条额外的公理 $\Box p_0 \to \Box\Box p_0$。可以证明公理系统 $K4$ 中可证的公式恰好是模态逻辑 $\boldsymbol{K4}$ 中的有效式。

定理 7.21 相对于传递框架类，公理系统 $K4$ 是可靠且完全的。

模态逻辑 $\boldsymbol{S4}$： 从语义上看，$\boldsymbol{S4}$ 是在所有自返且传递框架上有效的公式组成的集合。

$$\boldsymbol{S4} = \{\phi\text{: 对所有的自返且传递框架} \mathfrak{F}, \mathfrak{F} \vDash \phi\}。$$

从语法的角度看，公理系统 $S4$ 是在公理系统 K 上加上两条额外的公理 $\Box p_0 \to p_0$ 和 $\Box p_0 \to \Box\Box p_0$。可以证明公理系统 $S4$ 中可证的公式恰好是模态逻辑 $\boldsymbol{S4}$ 中的有效式。

定理 7.22 相对于自返且传递框架类，公理系统 $S4$ 是可靠且完全的。

模态逻辑 $\boldsymbol{S5}$： 从语义上看，$\boldsymbol{S5}$ 是在所有自返、对称且传递框架上有效的公式组成的集合。

$$\boldsymbol{S5} = \{\phi\text{: 对所有自返、对称且传递框架} \mathfrak{F}, \mathfrak{F} \vDash \phi\}。$$

从语法的角度看，公理系统 $S5$ 是在公理系统 K 上加上三条额外的公理 $\Box p_0 \to p_0$、$\Box p_0 \to \Box\Box p_0$ 和 $\neg\Box p_0 \to \Box\neg\Box p_0$。模态逻辑 $S5$ 通常被用来刻画知识逻辑，此时 $\Box$算子的意义是知道，而 $\Diamond$算子的意义是相对主体知识的可能。在这种理解下，公理 $\Box p_0 \to p_0$ 的直观意义是知道的是真的；公理 $\Box p_0 \to \Box\Box p_0$ 的直观意义是如果我知道某个命题，那么我知道我知道这个命题；公理 $\neg\Box p_0 \to \Box\neg\Box p_0$ 的直观意义是如果我不知道某个命题，那么我知道我不知道这个命题。最后，可以证明公理系统 $S5$ 中可证的公式恰好是模态逻辑 $\boldsymbol{S5}$ 中的有效式。

定理 7.23 相对于自返、对称且传递框架类，公理系统 $S5$ 是可靠且完全的。

模态逻辑 $\boldsymbol{KD45}$： 从语义上看，$\boldsymbol{KD45}$ 是在所有持续、传递且欧性框架上有效的公式组成的集合。

$$\boldsymbol{KD45}=\{\phi: 对所有持续、传递且欧性框架\mathfrak{F}, \mathfrak{F}\vDash\phi\}。$$

从语法的角度看，公理系统 *KD*45 是在公理系统 *K* 上加上三条额外的公理 $\neg\Box\bot$、$\Box p_0\to\Box\Box p_0$ 和 $\neg\Box p_0\to\Box\neg\Box p_0$。模态逻辑 ***KD45*** 通常被用来刻画信念逻辑，此时 $\Box$ 算子的意义是相信，而 $\Diamond$算子的意义是相对主体信念的可能。在这种解释下，公理 $\neg\Box\bot$ 的直观意义是不相信矛盾；类似知识逻辑，公理 $\Box p_0\to\Box\Box p_0$ 的直观意义是如果我相信某个命题，那么我相信我相信这个命题；公理 $\neg\Box p_0\to\Box\neg\Box p_0$ 的直观意义是如果我不相信某个命题，那么我相信我不相信这个命题。最后，可以证明公理系统 *KD*45 中可证的公式恰好是模态逻辑 ***KD45*** 中的有效式。

定理 7.24 相对于持续、传递且欧性框架类，公理系统 *KD*45 是可靠且完全的。

练习题

一、下列符号串中哪些是 *ML* 中公式？

1．$p_0\to p_1\to p_2$

2．$p_{100}\to p_{-1}$

3．$p_{100}\neg p_{20}$

4．$(p_{20}\to(\Box p_2\to\neg p_{10000}))$

5．$\Box p\to\Diamond q$

6．$(\Box p_1\to\neg\Diamond\neg p_5)$

二、令 $\mathfrak{M}=\langle W,R,V\rangle$ 为可能世界模型，$a\in W$ 。当 $\mathfrak{M}$ 分别规定如下时，问 $\Diamond\Box p\to\Box\Diamond p$和 $\Box\Diamond p\to\Diamond\Box p$是否在点 a为真？为什么？

1．$W=\{a\}$，$R=\emptyset$且$V(p)=\emptyset$；

2．$W=\{a\}$，$R=\{\langle a,a\rangle\}$且 $V(p)=\{a\}$。

三、令 $\mathfrak{M}=\langle W,R,V\rangle$ 为可能世界模型，其中，$W=\{a,b\}$，$R=\{\langle a,b\rangle,\langle b,a\rangle\}$ 且 $V(p)=\emptyset$。问 $p\to\Box\Diamond p$和 $\Diamond p\to\Box\Diamond p$是否在点 a为真？为什么？

四、令$\mathfrak{M}=\langle W,R,V\rangle$为可能世界模型，其中，$W=\{a,b,c\}$，$R=\{\langle a,b\rangle,\langle a,c\rangle,\langle b,c\rangle,\langle c,b\rangle\}$且 $V(p)=\{a\}$。问 $\Diamond\Box p\to p$和 $\Diamond\Box p\to\Diamond p$是否在点 a为真？为什么？

五、令 $\mathfrak{F}=\langle W,R\rangle$为任意框架。证明 $\mathfrak{F}\vDash\Box(\phi\to\psi)\to(\Diamond\phi\to\Diamond\psi)$。

六、证明下列公式是公理系统 *K* 中的定理。

1．$\neg\Box\phi\to\Diamond\neg\phi$

2．$\neg\Diamond\phi\to\Box\neg\phi$

3. $\Box\neg\phi\to\neg\Diamond\phi$
4. $\Box\phi\wedge\Box\psi\to\Box(\phi\wedge\psi)$
5. $\Diamond(\phi\wedge\psi)\to\Diamond\phi\wedge\Diamond\psi$
6. $\Diamond\phi\wedge\Box\psi\to\Diamond(\phi\wedge\psi)$
7. $\Diamond\phi\vee\Diamond\psi\leftrightarrow\Diamond(\phi\vee\psi)$

七、证明：对任意的公式 ϕ,ψ，如果 $\vdash_k\phi\to\psi$，那么 $\vdash_k\Diamond\phi\to\Diamond\psi$。

第八章
归纳逻辑

第一节　什么是归纳逻辑

一、归纳推理和方法

归纳是推理（从形式结构说），又是方法（从方式、规则说）。归纳逻辑是关于归纳推理和归纳方法的理论，分古典归纳（传统归纳）和现代归纳两部分。

归纳推理是从个别性知识引出一般性知识的推理。如："已知太平洋产石油，大西洋产石油，印度洋产石油，北冰洋产石油，而太平洋、大西洋、印度洋、北冰洋是世界上所有的大洋，所以，世界上所有大洋都产石油。"这是属于完全归纳推理。前提是个别性知识，结论是一般性知识。前提的个别性命题是真的，结论的一般性命题也是真的。完全归纳推理，在形式、方法上是归纳推理，实质上是带演绎性的、必然性的推理。

归纳推理从根本上说是由已知真的前提，引出可能真的结论。如："已知小王、小杨、小刘等人在某商店买的旅游鞋质量不错，所以，此商店出售的旅游鞋质量不错。"这是属于不完全归纳推理。前提是个别性知识，结论是一般性知识。前提个别性命题真，结论一般性命题可能真。小王、小杨、小刘等在某商店买的旅游鞋质量不错，不能保证其他人如小吴等在该商店买的旅游鞋质量也不错。可能小吴等买到的是质量低劣的鞋。

归纳推理的前提与结论之间，具有必要条件关系。首先，归纳推理的前提必须是真实的，否则，归纳也就失去了意义。前提的真实性，对于归纳推理来说是必要的。其次，归纳推理的前提是真实的，结论却未必真实，而可能虚假。以真实的命题做前提，推出的结论不是一定真实，也不是一定不真实。如根据过去拧开水龙头，都有水流出，推出下一次拧开水龙头，也有水流出，结论不是一定真实，也不是一定不真实。

这里需引入确证度的概念。确证度是推理前提对结论的确证程度。推理的前提叫证据，推理的结论叫假说，确证度是证据对假说的支持度。确证度可用概率值表示。用e表示前提（证据），用 h表示结论（假说），确证度可表示为：$P(\frac{h}{e})$，读作：在已知前提 e条件下结论 h的条件概率。描述确证度的条件概率，也称逻辑概率。归纳推理的逻辑概率，即归纳概率 $0<P(\frac{h}{e})\leqslant 1$。归纳推理前提对于结论的确证度，也称为归纳强度。

归纳推理也可称为归纳方法。完全归纳推理，也叫完全归纳法。不完全归纳推理，也叫不完全归纳法。归纳方法，还包括提高归纳前提对结论确证度的逻辑方法，即求因果五法、求概率方法、统计方法、收集和整理经验材料的方法等。

二、归纳与演绎的关系

归纳与演绎既有区别，也有联系。

归纳与演绎的区别是：

（1）思维进程的方向不同。演绎是从一般性命题引出个别性命题。归纳是从个别性命题引出一般性命题。

（2）对前提真实性的要求不同。演绎不要求前提必须真实，归纳则要求前提必须真实。

（3）结论断定的知识范围不同。演绎的结论没有超出前提所断定的知识范围。归纳的结论超出前提所断定的知识范围。

（4）前提与结论间的联系程度不同。演绎的前提与结论间的联系，是必然的。前提真实，形式正确，能必然推出真实的结论。归纳的前提与结论间的联系，是或然的。前提真实，形式正确，不能必然推出真实的结论。演绎的前提与结论间，具有充分条件的关系，前提蕴涵结论，前提对于结论的确证度 $P(\frac{h}{e})=1$。归纳的前提与结论间，具有必要条件的关系，前提不蕴涵结论，而被结论所蕴涵，前提对于结论的确证度 $0<P(\frac{h}{e})\leqslant 1$。

归纳与演绎的联系是：

（1）演绎离不开归纳。演绎推理前提的一般性知识，需要通过归纳才能得到。

（2）归纳离不开演绎。为了提高归纳推理的可靠程度，需要运用已有的理论知识，对归纳的个别性前提进行分析，把握其因果性、必然性，就要用到演绎推理。恩格斯曾指出："我们用世界上的一切归纳法都永远做不到把归纳**过程**弄清楚。只有对这个过程的**分析**才能做到这一点。——归纳和演绎，正如综合和分析一样，必然是相互关联的。不应当牺牲一个而把另一个片面地捧到天上去，应当设法把每一个都用到该用的地方，但是只有认清它们是相互关联、相辅相成的，才能做到这一点。"[①]在实际思维过程中，归纳和演绎是互相依赖、互相渗透、互为补充的。逻辑史上出现过两个互相对立的派别全归纳派和全演绎派。全归纳派把归纳说成唯一科学的思维方法，否认演绎在认识中的作用。全演绎派否认归纳的意义，把演绎说成唯一科学的思维方法。这两种观点都是片面的。

① 马克思恩格斯选集：第 3 卷. 北京：人民出版社，2012：930.

三、古典归纳逻辑

古典归纳逻辑，是由弗兰西斯·培根创立、经过穆勒发展起来的归纳理论。它主要研究完全归纳推理、不完全归纳推理和求因果五法等。

古典归纳逻辑思想最早可以追溯到亚里士多德。他在《工具论》的《论题篇》中探讨了不完全归纳推理即简单枚举归纳推理。他指出，归纳是从个别到一般的过程。例如，假如技术娴熟的舵工是最有能力的舵工，技术娴熟的战车驭手是最有能力的驭手，那么一般地说，技术娴熟的人就是在某一特定方面最有能力的人。亚里士多德认为，不完全归纳推理的结论是或然的，因此不能用作证明，只能用作论辩。总之，在亚里士多德看来，归纳是从个别到一般的推理，是从感性知识获得一般性原理的认识方法。在亚里士多德逻辑体系中，演绎占主导地位，已形成系统，归纳还处于萌芽状态。

古典归纳逻辑的创始人是 17 世纪英国的弗兰西斯·培根，他在《新工具》的第一卷中，批评亚里士多德从感性经验直接上升到一般公理，然后就用一般公理来演绎个别经验，指出这是“把经验带着到处走”，认为从感性经验到最高公理还有重要的一环，即最高公理必须依赖于“中间性公理”。在《新工具》的第二卷中，他提出了归纳法的三个步骤，它们就是所谓的“中间性公理”。第一步，通过观察、实验全面搜集事物的感觉经验。第二步，把搜集来的材料加以整理、排列。第三步，通过运用排斥法，最后推出肯定的结论。那么，怎样整理和排列通过观察和实验搜集来的感觉经验呢？培根提出了著名的“三表法”。第一表是“本质和具有表”。通过该表从不同的事物中找出它们的共同性质，从而发现事物的原因。第二表是“差异表”。通过该表找出事物所缺乏的某种性质，以便进一步发现事物的原因。第三表是“程度表”或者“比较表”。通过该表揭示出不同条件下同一事物中某种性质的不同程度，从而进一步确认事物现象的真正原因。培根认为，通过运用这些方法就可以从特殊事实“逐级”上升，最后达到“最普遍公理”。培根提出并运用了“三表法”“排斥法”等，把归纳推理推向了一个新的阶段——科学归纳推理，从而成为古典归纳逻辑的创始人。

19 世纪英国的约翰·穆勒是古典归纳逻辑的集大成者，他在《逻辑学体系》一书中，通过总结自培根以来古典归纳逻辑的研究成果，系统论述了“求因果五法”，即求同法、求异法、求同求异并用法、共变法和剩余法，并对这些方法的形式、规则做了具体规定和说明。

四、现代归纳逻辑

古典归纳逻辑在培根创立之后，遭到了哲学家休谟的诘难，这一诘难通常被称为归纳问题或休谟问题。该问题是说，归纳推理从个别推出一般，从特殊事实上升到具有普遍必然性的知识没有逻辑保证，因为它存在着两个逻辑跳跃：一是从有限推测无限，二是从过去、现在推测未来。由于存在这两个逻辑跳跃，所以，归纳推理存在着以下三方面的问题。一是归纳的有效性不能得到演绎的证明，因为适用有限的未必适用无限，适用过去和现在的未必适用将来；二是归纳推理的有效性不能得到归纳的证明，因为根据归纳推理在实践中获得的成功去证明归纳推理的有效性就要用到归纳推理，从而导致无穷倒退或循环论证；三是归纳推理要以自然齐一律和普遍因果律为基础，但这二者并不具有客观的真理性，它们只不过是出于人们习惯性的心理联想而已。于是，休谟把因果关系以及基于因果关系之上的归纳推理置于一种非理性、非逻辑的基础之上，并由此认为归纳推理是没有得到逻辑保证的、是理性解决不了的问题。休谟的诘难，引人思考。既然从个别性的前提出发，不能必然地得到一般性的结论，那么个别性的前提是否可以对一般性的结论提供某种程度的证据支持，前提对于结论支持的概率是多少，这就是现代归纳逻辑即概率逻辑的研究主题。

现代归纳逻辑的根本特征，是用概率论的定量分析和公理化、形式化的手段，探索有限的经验事实对一定范围内的普遍原理的证据支持度。首先，它不再像古典归纳逻辑那样热衷于制定归纳法规则，以保证从大量的经验事实能够必然概括出一般性的科学原理，而是切实地研究归纳推理的前提对于结论的证据支持度。其次，它运用数学概率论的工具，将古典归纳逻辑的定性研究转变为定量研究。现代归纳逻辑就是概率逻辑。同时，现代归纳逻辑还使用了公理化和形式化等建构演绎逻辑系统的工具，对归纳问题进行系统的、全面的研究。

现代归纳逻辑的研究肇始于 19 世纪中叶。德·摩根、耶方斯、维恩等人都曾探索运用古典概率论来研究归纳问题。凯恩斯（Maynard Keynes）在 1921 年发表《概率论》，主张概率是命题之间的逻辑关系，即如果在所有 n 个等可能事件中，事件 A 包含 m 个基本事件，则事件 A 的概率为 $P(A)=\frac{m}{n}$，由于这种概率与实际经验无关，所以又称为先验概率或结构概率。凯恩斯以先验概率为基础，构建概率演算的公理系统，创立了现代归纳逻辑。

赖辛巴赫（Hans Reichenbach）在 1934 年发表《概率论》，主张用“相对频率的极限”定义“概率”，即概率是在事件的无穷序列中某一属性或某一事件出现的相对频率或其极限，创立“频率概率论”。

卡尔纳普（Rudolf Carnap）在 1950 年发表《概率的逻辑基础》，主张用前提（证据）对于结论（假说）的证据支持度解释概率，将归纳逻辑视为研究证据支持度的理论，创立“逻辑概率论”。令前提（证据）的概率为 P（e），结论（假说）的概率为 $P(h)$，则在给定前提为真的条件下结论为真的概率为 $C(\frac{h}{e})=\frac{P(h)}{P(e)}$。卡尔纳普把赖辛巴赫的频率概率叫作概率 2，把自己所主张的逻辑概率叫作概率 1，并在概率 1 的基础上构造类似于演绎逻辑的归纳逻辑语义系统。

凯恩斯的结构概率论和卡尔纳普的逻辑概率论都是客观概率论，而主观贝叶斯主义则主张主观概率，即概率是某个人根据给定证据对于一个给定命题的置信度。客观概率论和主观贝叶斯主义都属于贝叶斯派，因为二者都承认贝叶斯定理，即 $P(\frac{B}{A})=\frac{P(B)\wedge P(\frac{A}{B})}{P(A)}$ 的有效性。以赖辛巴赫为代表的频率概率论不承认贝叶斯定理的有效性，故又称为非贝叶斯派。

无论是贝叶斯派还是非贝叶斯派，二者都承认下述三个公理：

（1）$P(A)\geqslant 0$，即任一事件或命题的概率大于或等于 0；

（2）$P(\Omega)=1$，即任何必然事件的概率等于 1；

（3）如果 A 与 B 互斥，则 $P(A\wedge B)=P(A)+P(B)$。

凡是满足上述三个公理的概率逻辑被称为帕斯卡概率逻辑，凡是不满足这三个公理的概率逻辑被称为非帕斯卡概率逻辑。科恩的分级支持理论、伯克斯的因果陈述逻辑都属于非帕斯卡概率逻辑，这些研究成果对于发展现代归纳逻辑都各有其独到的贡献。

五、归纳悖论

休谟问题表明，从个别性的前提出发，不能必然地得到一般性的结论。那么，个别性的前提，是否可以对一般性的结论提供某种程度的证据支持？在现代归纳逻辑即概率逻辑研究的过程中，归纳悖论的出现表明，归纳推理的结论不仅不能得到必然的支持，而且也得不到或然的支持。

（1）确认悖论。由亨佩尔在 1945 年发表的《确证逻辑研究》一文中提出，又称为乌鸦悖论。它是说如果同时接受尼柯标准和等值原则就会导致违背常识的现象发生，即一个既不黑又不是乌鸦的客体如一块白手绢可以确证“所有乌鸦是黑的”。尼柯标准是说，观察到一只黑色的乌鸦可以确证全称命题“所有乌鸦是黑的”。但是，根据等值原则，我们有：所有乌鸦是黑的↔所有非黑的不是乌鸦。根据尼柯标准，一块白手绢显然能够确证后者，再根据等值原则，这块白手绢也能够确证前者。但常识告诉我们，一块白手绢是不能够确证“所有乌鸦是黑的”这个全称命题的。这里，或者是等值原则失效，或者是尼柯标准有问题。确认悖论提出的问题就是，究竟什么样个别性的前提能够对一般性的结论提供证据支持？难道一块白手绢也能够对“所有乌鸦是黑的”这个一般性的命题提供证据支持吗？

（2）绿蓝悖论。由古德曼在 1955 年出版的《事实、虚构和预测》中提出，又称为“新归纳之谜”。它是说运用简单枚举法，从同样的观察事例可以得到不同的甚至相互矛盾的结论。例如，从“迄今所观察到的翡翠是绿色的”为前提，运用简单枚举法可得结论“所有翡翠是绿色的”。现在引入一个新的颜色词“绿蓝”，并将它定义为：“一种东西在时间 t 之前被观察是绿色的，或者在时间 t 之后被观察是蓝色的”。根据绿蓝的定义，“迄今所观察到的翡翠是绿色的”，也就意味着“迄今所观察到的翡翠是绿蓝的”。这样，从“迄今所观察的翡翠是绿蓝的”为前提，运用简单枚举法可得结论“所有翡翠是绿蓝的”。这样，从同样的观察事例“迄今所观察到的翡翠是绿色的”出发，推出了“所有翡翠是绿色的”和“所有翡翠是绿蓝的”两个不同的结论。绿蓝悖论提出的问题就是，从个别性的前提出发，究竟应该引出一个什么样一般性的结论才是合理的？

（3）彩票悖论。由凯伯格在 1961 年出版的《概率和合理信念的逻辑》中提出。彩票悖论主要是针对亨佩尔所提出的接受假说的三个合理性条件来说的。一是接受概率为 $1-\varepsilon$（$0<\varepsilon<1$，ε为最小数）是合理的；二是接受一组可合理接受的假说的逻辑后承是合理的；三是接受一组彼此不一致的假说是不合理的。现令有一种彩票共卖出 100 万张。其中只有

一张能中头奖。于是，对于这100万张彩票的每一张来说，接受“这张彩票不中头奖”的假说是合理的。而且，由此可以逻辑地推出一个包括100万个合取支的合取命题，即“彩票1不中头奖，并且彩票2不中头奖……并且彩票100万不能中头奖”，该命题等值于“所有彩票都不中头奖”。既然该命题是从可合理地接受的假说“这张彩票不中头奖”推出来的，所以，它也是可合理接受的。但是，“所有彩票都不中头奖”与另一个可合理接受的假说“恰好有一张彩票中头奖”是矛盾的。彩票悖论是在合理接受多个假说时产生的，它表明亨佩尔所提出的接受假说的三个合理性条件不能同时成立。彩票悖论提出的问题是，个别性的前提对于一般性的结论所提供的证据支持度比较大是否就是可以接受的呢？

归纳悖论是休谟诘难在现代归纳逻辑中的变形形式，它们的存在，说明了现代归纳逻辑中还有许多问题需要解决。英国哲学家伯特兰·罗素曾经举有关火鸡的故事，生动地说明了单纯归纳所不可避免的问题。在火鸡饲养场里，有一只火鸡发现，第一天上午9点主人给它喂食。然而作为一个卓越的归纳主义者，它并不马上做出结论。它一直等到已收集了有关上午9点给它喂食这一经验事实的大量观察；而且，它是在多种情况下进行这些观察的：雨天和晴天，热天和冷天，星期三和星期四……它每天都在自己的记录表中加进新的观察陈述。最后，它的归纳主义良心感到满意，它进行归纳推理，得出了下面的结论：“主人总是在上午9点钟给我喂食。”可是，事情并不像它所想象的那样简单和乐观。在圣诞节前夕，当主人没有给它喂食，而是把它宰杀的时候，它通过归纳概括而得到的结论终于被无情地推翻了。大概火鸡临终前也会因此而感到深深遗憾。

第二节 收集和整理经验材料的方法

一、收集经验材料的方法

运用归纳推理，必须占有材料，使用观察、实验和调查等收集经验材料的方法。

1. 观察

观察是人们通过感觉器官或借助一定的科学仪器，有目的、有计划地认识自然状态下各种现象的发生发展过程，从而获取经验材料的方法。如医生给病人诊断，气象工作者的气象观测，公安人员对犯罪现场的勘查等，都属于观察。

观察不同于一般的感知，它主要具有以下两个特点：一是有计划性和有目的性。普通人抬头看见天空中云彩的奇妙变幻，只是一般的感知；而气象人员系统记录风雨阴晴的变化，用于研究，不是一般的感知，而是观察。二是有选择性。人们不是漫无边际地对任何现象都加以观察，而是根据已有知识，选择那些与所研究的问题有关的对象，进行有计划的观察。如刑侦人员为了破案，在犯罪现场有计划地、有选择地勘查犯罪分子留下的足迹、指纹等痕迹和犯罪工具等物品。

在进行观察时应注意以下几点：一是坚持观察的客观性，力戒主观主义，避免“先入为主”的错误。观察必须实事求是，不能掺杂观察者的主观成分。观察者有主观成分，便不能得到真实可靠的结论。二是坚持观察的全面性，克服片面性。观察不全面，稍有遗漏或疏忽，都可能发生重大错误。三是尽可能地利用科学仪器，以便克服感觉器官的局限性，从而保证观察的可靠性。人的眼睛看不到原子、电子等微观粒子，人的耳朵听不到超声波，许多微观世界和宇观世界的现象，单凭人的感官是无法达到的，因此，人们在观察中就得借助显微镜、望远镜等科学仪器，来提高人类感觉器官的功能，从而增强人们观察的能力和可靠性。

2. 实验

实验是人们根据研究的目的，在人工控制的条件下，进行观察和研究的方法。

实验方法在自然科学的研究中起着重要作用。实验可以用人为的方法控制某些现象的发生或变化，人为地创造一些在自然状态下得不到或不易发生的条件，使被研究现象多次重复出现。通过实验得到的经验材料比单纯观察所得到的材料更为精确可靠。

实验具有以下几个特点：第一，具有简化和纯粹化的特点。客观现象是复杂的，实验可以人为地控制、创造条件，使复杂现象处于单纯的状态，排除外界的干扰，突出主要因素，使被研究现象以纯粹的形态表现出来。例如，要测定轻重不同的物体是否同时落地，在 15 米高的玻璃管内放入铁片、纸片等物体，将其抽成真空后，铁片、纸片等重量不同的物体，就会同时落到玻璃管的底部。如果没有抽成真空，那么它们降落的速度就不一样。第二，具有强化条件的特点。实验可以创造在自然状态下难以得到或难以利用的特殊条件，如超高压、超高温、超低温、强放电、强辐射等。第三，具有模拟、重复、再现自然现象的特点。在自然状态下，有些现象人们不能随意使它反复出现，反复对它进行观察，但在实验中就容易做到这一点。例如，某次爆炸事件，对侦查员来说已是过去的事。要想重新观察这次事件，只有进行模拟实验。

实验虽然是更为精确的观察方法，但并不是任何现象都可以进行实验。例如火山爆发、日食、月食等大量现象，都无法使用人工条件进行实验。因此，观察和实验在实际应用中常常是密切结合、相互补充的。

3. 调查

调查是用各种方法、手段，系统地、直接地收集和分析有关资料，并得出结论和说明问题的过程。调查由准备、实施和总结三阶段构成。

（1）准备阶段。

包括选题、探索、提出研究假设和制定调查计划四个环节。选题是调查的首要环节，具有战略性意义。选题必须面对现实，既要有创造性，又要切实可行，符合实际情况。题目选定后，就需要对调查问题的已有情况和知识进行初步的探索，包括查阅文献资料、向有关人员咨询等。提出研究假设，就是在探索的基础上，对问题做出推测性的判断和解释。制定调查计划，包括四步工作：

第一，说明调查的题目和解释概念，即说明调查什么，为什么调查，有什么意义和价值，对题目和研究假设所涉及的概念做出定义和明确解释。如有一个调查研究假设是“竞争使中学生学习负担过重”。“竞争”可定义为：“为升入大学创造条件或机会”，“学习负担”可定义为：“上课时间、作业量”等。

第二，确定调查指标。如上例，可调查以下指标：其一，学生每天的时间支配，即上课、自习、课外活动、睡眠等各有多少时间。其二，学习强度，即课程门数、内容、课时、作业量等。其三，学生健康状况。其四，学生、教师和家长的反馈等。

第三，选择调查方法，选择收集资料的工具。根据不同需要，可选择普遍调查法，也可选择典型调查法、抽样调查法等。调查工具既包括器具性的，如照相机、录音机等，也包括文书性的，如访问提纲、各种调查表等。

第四，组织调查力量，筹集调查经费。

（2）实施阶段。

又称实地调查，目的是收集资料。这包括三个方面：

第一，查阅、登录文献、档案资料。

第二，访问。可采用访问法、问卷法等，使用访问提纲、调查表或问卷，询问被访者。

第三，观察。亲自深入调查现场，用感官观察和体验研究对象，记录资料。

（3）总结阶段。

运用科学方法分析资料，验证假设，提出新理论和建设性意见，撰写调查报告。这包括三步工作：

第一，处理数字资料，进行统计分析。

第二，对资料进行数量描述和推论，在统计分析的基础上进行理论分析，揭示事物发展变化的原因和发展趋势。

第三，撰写调查报告。做到题目与内容贴切、层次清楚、数据精确、中心思想突出，有新观点、新见解，提出建设性意见。

在进行调查时，需注意：

第一，有正确的立场、观点和方法。

第二，从实际出发、实事求是，避免“先入为主”。

第三，深入调查对象，找到问题的症结，得出正确的结论。

二、整理经验材料的方法

在观察、实验和调查中获得的材料，需要运用比较、归类、分析与综合以及抽象与概括等整理经验材料的方法，进行加工整理，才能形成正确的结论。

1. 比较

比较是确定对象的共同点和差异点的方法。认识某一对象，往往把这一对象与其他对象进行对照，以发现其间的共同点和差异点，以便更好地认识事物。运用比较方法，重要的不在于从极相似的对象中求“同”，或在极不相似的对象中求“异”，对科学认识来说，能在极不相似的对象中识“同”，或在极相似的对象中辨“异”，才是更有意义的。

在进行比较时必须注意以下两点：

第一， 要在同一关系下进行比较。同一关系是指进行比较的两个对象必须具有类同性，这是进行比较的客观基础。事物间的类同性，是相关性和相似性的统一。相似性是指事物之间的属性、结构或功能方面相同或相似。相关性则是指事物属性间相互关联的程度。如果拿不能相比的东西来勉强相比，就会出现“比附”的错误。例如，拿某事物的形状与另一事物的颜色做比较，或以己之长度人之短，都是不妥的。“比附”的要害，就是忽视了事物间的相关性这一比较的客观基础。

第二，要在事物的实质方面进行比较。例如比较两个罪犯的罪行大小，必须就他们的犯罪情节、对社会的危害性等实质方面进行比较，通常没有必要就性别、年龄、职业、籍贯等非实质方面进行比较。

2. 归类

归类是根据对象的共同点和差异点，把对象按类区分开来的方法。通过归类，可以使杂乱无章的现象条理化，使大量的事实材料系统化。归类是在比较的基础上进行的。通过比较，找出事物间的共同点和差异点，然后再把具有共同点的事实材料汇成同一类，把具有差异点的事实材料汇成不同的类。如已定名的动物种类超过200万种，但可把它们归为八大类（门）：原生动物、海绵动物、腔肠动物、棘皮动物、蠕形动物、软体动物、节足动物、脊椎动物。在门下又分为纲、目、科、属、种等归类层级。

归类与概念的划分是有区别的。（1）思维进程的方向不同。概念的划分，是从较大的类，过渡到较小的类，由属划分出种。划分每继续一次，就得到一些普遍性较小的概念。归类则相反，它是从个体开始，上升到类，再上升到一般性更大的类。每上升一步，就得到一个更概括的概念。（2）作用不同。概念的划分，是为了明确概念，更好地使用概念。归类则是把占有的材料系统化的方法。通过归类，可以在个别中找到一般，把零散的知识综合成系统的知识，使认识从特殊过渡到一般。

3. 分析与综合

分析是在思想中把对象分解为各个部分、方面，分别加以考察的方法。如分析一篇文章，可把它分为不同的部分、段落，再从各段落分出句子，还可从句子中分出语词等。也可从不同的角度，如思想内容、写作特点、语法结构、逻辑结构等，对文章进行分析。研究一个案情，可从作案时间、地点、手段、方法、动机、情节等方面，分别进行考察。

对事物的认识，最初往往是模糊、笼统和表面的印象，要想深入了解事物，必须对其各方面加以分析。分析是把认识从具体上升到抽象，从个别上升到一般，从现象上升到本质。分析把复杂问题化为简单问题，把大而难的问题化为小而易的问题。分析由浅入深，由近及远，先易后难。通过分析，人们能够认识事物的各个部分、方面，但是要了解事物的全貌、整体，就必须在分析的基础上进行综合。

综合是在思想中把分析所得的关于对象的各个部分、方面的认识，结合为一个整体加以考察的方法。如公安人员对一个案子的作案时间、地点、工具等进行详细分析后，需要在思想上进行综合，从整体上把握案情。综合不是把分析所得的各方面的认识简单相加，而是把这些认识有机联系起来，指出各个方面在整体中的地位和作用，从而在本质上认识事物。

分析与综合是两种不同的方法，它们在认识的方向上是相反的。一般是先分析后综合，有了关于事物对象各个部分、方面的认识，才能形成有关该事物整体的认识。但是，分析与综合又是互相联系的。一方面，分析是综合的基础，没有分析就没有综合。另一方面，分析也依赖于综合，没有一定的综合为指导，就无从对客观对象进行深入分析。如在分析一篇文章之前，常常先要通读一遍，对它有一个大致的了解，然后才逐字逐句地进行分析。分析与综合是密切结合、相辅相成的。没有综合的分析，是片面的分析。没有分析的综合，是无根据的综合。结论都是不可靠的。

4. 抽象与概括

抽象是在思维中撇开对象的非本质属性，抽取对象本质属性的方法。

通过分析，人们在思想中把对象分成各个方面、属性，对每一方面、属性单独加以考察。但对象的方面、属性是无限多的，要把所有方面、属性，都加以研究是不可能的，也是不必要的。重要的不是研究事物对象的所有属性，而是研究有实践意义的，属于本质方面的属性，这就需要使用抽象的方法。

从表面上看，抽象似乎使我们远离了对象，但实际上却使认识更加深入事物的本质。通过抽象可以摆脱事物的各种次要因素的影响，在纯粹的形态中研究事物主要的、本质的特征，更加接近事物的本质。

概括是在思维中把对象本质的、规律性的认识，推广到所有同类的其他事物上去的方法。如揭示“用于交换”这一“商品”的共同本质后，可把这种共同本质推广到全部商品上去，概括出古今中外的任何一种商品，都具有“用于交换”的本质属性。

抽象与概括是紧密联系、不可分割的。在进行科学抽象时，已经把抽象出来的共同本质推广到对象的整体，抽象的同时也在进行着概括。

第三节　归纳推理

根据前提所考察对象范围的不同，归纳推理分为完全归纳推理和不完全归纳推理。根据前提是否揭示对象与其属性间的因果联系，将不完全归纳推理分为科学归纳推理和简单枚举归纳推理（包括统计推理）。古典归纳逻辑，仅把结论是全称命题的推理，即归纳概括看成是归纳推理。因而不仅把归纳推理和类比推理区别开来，而且把归纳推理和由证据到假说的推理区别开来。这里广义地使用归纳推理一词，即将凡是归纳强度不是必然为 1 的推理，都称为归纳推理。这样，归纳推理还包括类比推理、溯因推理和假说演绎推理等。

一、完全归纳推理和不完全归纳推理

1. 完全归纳推理

完全归纳推理，是根据某类事物每一对象具有某种属性，推出该类对象都具有某种属性的推理。如：“已知北京市注意了环保，天津市注意了环保，上海市注意了环保，重庆市注意了环保，而北京市、天津市、上海市、重庆市是中国的全部直辖市，所以，中国的直辖市都注意了环保。”其形式如下：

S_1是 P；
S_2是 P；
……
S_n是 P；
S_1，S_2，…，S_n是 S 类的全部对象；
所以，所有 S 都是 P。

完全归纳推理的特点是：前提中考察了一类事物的全部对象，结论断定的知识范围没有超出前提。完全归纳推理的归纳强度等于1，即 $P(\frac{h}{e})=P(\frac{h}{e})=1$。前提和结论间的联系是必然的，如果前提真实，则结论真实。

运用完全归纳推理要获得正确结论，必须满足两条要求：（1）前提中每一命题真实。如果有一前提虚假，则结论虚假。（2）前提必须完全考察一类事物的全部对象。完全归纳即此含义。

完全归纳推理有两方面的作用：（1）认识作用。完全归纳推理的前提是关于个别性知识的论断，结论是关于一般性知识的论断，是对某类中一切个别认识的概括，整个推理能使人们的认识从个别上升到一般。如已知某厂的三个车间中，一车间提前完成了本季度生产任务，二车间提前完成了本季度生产任务，三车间提前完成了本季度生产任务，则该厂所有车间都提前完成了本季度生产任务。（2）论证作用。完全归纳推理的前提和结论间的联系是必然的，常用于论证。如论题：三角形的面积等于$\frac{1}{2}ah$（"a"表示三角形的底边，"h"表示三角形的高）。论证：直角三角形的面积等于$\frac{1}{2}ah$，钝角三角形的面积等于$\frac{1}{2}ah$，锐角三角形的面积等于$\frac{1}{2}ah$，直角三角形、钝角三角形、锐角三角形是三角形的全部对象，所以，全部三角形的面积等于$\frac{1}{2}ah$。

完全归纳推理的局限性是：前提是数量有限的个别事实性命题，结论是实然的全称命题，其主项是有限的普遍概念，只适用于分子数量有限的一类事物。当考察的事物数量甚大，甚至是数量无限的时候，无法使用完全归纳推理，而需要运用不完全归纳推理。

2. 不完全归纳推理

不完全归纳推理，是根据一类事物中的部分对象具有某种属性，推出该类对象都具有某种属性的推理。如：某市甲公司实行与利润挂钩的工资制度以后效益提高了，乙公司实行与利润挂钩的工资制度以后效益提高了，丙公司实行与利润挂钩的工资制度以后效益提高了……所以，该市所有实行与利润挂钩的工资制度以后的公司，其效益都提高了。

不完全归纳推理的特点是，前提中只是断定了一类事物的部分对象具有某种属性，结论却是断定该类事物的全部对象都具有某种属性，结论所断定的知识范围超出了前提。不完全归纳推理的归纳强度不必然等于1，即 $0<P(\frac{h}{e})\leqslant 1$。因此，前提与结论间的联系是或然的，结论也是或然的。

二、简单枚举归纳推理和统计推理

1. 简单枚举归纳推理

简单枚举归纳推理，又叫简单枚举法。它是依据某种属性，在部分同类对象中不断重复，没有遇到反例，而推出该类所有对象都具有某种属性的归纳推理。

如：已知某市个体企业甲经济效益好，个体企业乙经济效益好，个体企业丙经济效益好，个体企业甲、乙、丙是某市私营企业中的部分对象，并且考察中没有遇到反例，因此，得出结论：某市所有私营企业的经济效益都好。

简单枚举归纳推理的逻辑形式如下：

S_1是 P;
S_2是 P;
……
S_n是 P;
S_1，S_2，…，S_n是 S 类的部分对象，并且不存在 $S_i(i=1,2,\dots,n)$ 不是 P;
所以，所有 S 都是 P。

简单枚举归纳推理的特点是：结论是或然的。因为简单枚举归纳推理，是根据某种属性在部分同类对象中的不断反复，并且在考察中没有遇到反例，从而推出结论。但是，在考察中没有遇到反例，并不等于反例不存在。很可能反例就存在于尚未被考察的同类事例中。一旦出现反例，结论就会被推翻。如当初根据观察欧洲、非洲、亚洲、美洲的天鹅都是白的，断言“所有天鹅都是白的”，但后来在澳洲发现了黑色的天鹅，于是，原来的结论就被推翻。

数学家华罗庚在《数学归纳法》中，对简单枚举归纳推理的或然性，做了通俗说明：从一个袋子里摸出来的第一个是红玻璃球，第二个是红玻璃球，甚至第三个、第四个、第五个都是红玻璃球的时候，我们立刻会出现一个猜想：“是不是这个袋子里的东西全部都是红玻璃球？”但是，当我们有一次摸出一个白玻璃球的时候，这个猜想失败了。这时，我们会出现另一个猜想：“是不是袋子里的东西都是玻璃球？”但是，当有一次摸出来的是一个木球的时候，这个猜想又失败了。那时，我们又会出现第三个猜想：“是不是袋子里的东西都是球？”这个猜想对不对，还必须加以检验，要把袋子里的东西全部摸出来，才能见个分晓。

要提高简单枚举归纳推理结论的可靠性，必须注意以下两条要求：第一，前提中被考察的对象数量越多，结论的可靠性程度就越大。如果掌握出现的事例越多，漏掉相反情况的可能性就越小，推理的根据就越充分，因而结论的可靠性程度就越大。反之，如果考察的对象很少，漏掉相反情况的可能性就越大，因而结论的可靠性程度就越小。第二，注意收集可能出现的反面事例。简单枚举归纳推理只要在前提中发现一个反面事例，结论便被推翻。因此，一定要注意考察有无反面事例。如果在一些最容易出现相反情况的场合，都没有遇到例外情况，那就说明某类对象遇到例外情形的可能性不大，因而结论的可靠性程度就越大。

在运用简单枚举归纳推理时，如果不注意以上两条要求，而只是根据粗略考察的少量事实，又不注意研究可能出现的反面事例，就做出一般性结论，往往易犯“以偏概全”或“轻率概括”的逻辑错误。如某人仅从他所接触到的少数私营企业是靠偷税漏税、赚黑心钱发财的，就断定所有私营企业都是靠偷税漏税、赚黑心钱发财的。某老师偶尔一两次发现某个学生上课迟到，就批评学生：你怎么总是迟到？这都是犯“以偏概全”或“轻率概括”的逻辑错误。

简单枚举归纳推理，在日常生活、工作和科学发现中有重要作用。对生活经验的概括常用简单枚举归纳推理获得。如“础润而雨，月晕而风”，“学习如逆水行舟，不进则退”，“鸟低飞，披蓑衣”等成语谣谚，都是根据生活中多次重复的事例，用简单枚举归纳推理概括出来的。

例 8.1 免疫研究室的钟教授说：“生命科学院从前的研究生那种勤奋精神越来越不多见了，因为我发现目前在我的研究生中，起早摸黑做实验的人越来越少了。”

以下哪项最为恰当地指出了钟教授推理中的漏洞？

A. 不当地断定：除了生命科学院以外，其他学院的研究生普遍都不够用功。

B. 没有考虑到研究生的不勤奋有各自不同的原因。

C. 只是提出了问题，但没有提出解决问题的方法。

D. 不当地假设：他的学生状况就是生命科学院所有研究生的一般状况。

解析： 答案是 D。

题干钟教授从自己的研究生勤奋学习的人少了，就推出整个生命科学院的研究生都不勤奋学习了，犯有“以偏概全”的错误。 ■

2. 统计推理

统计推理是由样本具有某种属性的单位频率推出总体具有某种属性的概率的推理。

如某公司生产的电子计算机 5 万台，从中随机抽取 1 000 台组成样本进行检查，发现合格率为 80%，于是就说该公司生产的全部电子计算机产品的合格率是 80%。

统计推理的逻辑形式如下：

S_1 是 P;
S_2 是 P;
S_3 不是 P;
……
S_n 是 P;
S_1，S_2，S_3，…，S_n 是总体 S 类中的样本 S′，且 S′中有 $\frac{m}{n}$ 的单位频率是 P;
所以，总体 S 中有 $\frac{m}{n}$ 的概率是 P。

上式中，总体 S 表示被考察的全体对象，总体 S 中的每一个具体对象 S_1，S_2，S_3，…，S_n 称为调查单位，样本 S′表示从总体 S 中抽选出来的部分对象，样本 S′中含有的调查单位数目 n 称为样本容量。统计推理是从样本过渡到总体的推理，属于不完全归纳推理的范围。因此，推理的前提与结论之间的联系是或然的，结论所断定的知识范围超出了前提，其结论不一定可靠。但统计推理是从总体中抽取样本（即选样）为前提根据的，所以，其结论的可靠性不但比简单枚举归纳推理的结论的可靠性大得多，而且比概率推理的结论的可靠性大。

为了提高统计推理结论的可靠性，必须注意以下几点：

第一，样本的容量应尽可能地大。样本容量越大，样本的代表性就越大，统计推理的结论就越可靠。如上例中，取 1 000 台为样本就比取 500 台为样本更有代表性，其结论也远为可靠。

第二，选样的范围应尽可能地广。选样的范围越广，统计推理的结论就越可靠。如果选样的范围过窄，就容易犯“偏向样本”的错误。如 1936 年罗斯福与布兰登竞选总统时，美国《文学文摘》杂志举行一次民意测验。他们根据全国各地的电话簿寄出 1 000 万张样本选票。其中 200 万张寄回的选票的统计结果表明，布兰登比罗斯福占有明显优势。但后来罗斯福却以 60%的选票当选。《文学文摘》的预测为什么会失败呢？原因是 1936 年美国经济正值萧条时期，拥有电话的人往往在经济上属于上层，而收入较低的人，特别是失业者，往往家中不设电话，但这些人强烈地支持罗斯福。因此，以电话簿为根据抽样，偏差太大。由于这次预测的惨败，1937 年《文学文摘》被迫宣告停刊。与此形成对照的是，当时初出茅庐的年轻人盖洛普，仅仅做了 5 万人的调查，就得出了罗斯福当选总统的预测结果。盖洛普的调查结果之所以可靠，主要原因就是他所调查的 5 万人，涉及了各个不同方面、不同阶层的人，具有十分广泛的代表性。值得提及的是，今天以从事调查统计而著名的盖洛普公司，在 2000 年接受北京市政府的全权委托，对北京申奥进行了两次大规模的民意测验，调查结果得到国际奥委会的认可，对于帮助北京申奥最终成功起到了关键性作用。

第三，要正确地运用各种选样方法。在运用统计推理时，关键是要科学地进行选样。选样的方法很多，有纯随机抽样法、分层抽样法、机械抽样法、整群抽样法等，其中使用最多的是分层抽样法。分层抽样法是按照所要研究问题的性质，把总体单位划分为性质比较接近的各组(称为层)，再从各层中随机抽取一部分单位作为样本加以考察的方法。如在上面对某公司生产的电子计算机的考察事例中，可以将 5 万台计算机按型号分为 3 层，即Ⅰ型 2 万台，Ⅱ型 2 万台，Ⅲ型 1 万台。然后就可以分别从各种型号的计算机中各抽出 100 台作为样本，并统计出它们各自的合格率。假如Ⅰ型的有 60 台合格，Ⅱ型有 70 台合格，Ⅲ型有 90 台合格，即合格率分别为 60%、70%、90%。进而就可以根据求统计平均数的方法统计出该公司全部计算机的合格率为：

$$\frac{(60\%\times 2+70\%\times 2+90\%\times 1)}{2+2+1}=70\%$$

第四，要正确运用求统计平均数方法。在运用各种选样方法时，经常会用到求统计平均数。求统计平均数的方法很多，主要有求算术平均数、求加权平均数等。

算术平均数就是把许多数据加在一起，然后用这些数据的数目去除，而得到的数。可用公式表示为：

$$\overline{x}=\frac{x_1+x_2+\cdots+x_n}{n}=\frac{\sum_{i=1}^{n}x_i}{n}$$

如某公司 4 人的月工资为：小王 45 000 元，小孙 40 000 元，小赵 35 000 元，小李 30 000 元，则该公司人员的月平均工资为：

$$\frac{45\,000+40\,000+35\,000+30\,000}{4}=37\,500\text{（元）}$$

加权平均数是指将权数考虑在内来计算平均数。如某校月工资分别为：教授 40 000 元，副教授 30 000 元，讲师 20 000 元，其他人员 10 000 元。由于各类人员的数目一般来说是不相等的，这些不同的数目就称为权。现令该校教授为 100 人，副教授为 100 人，讲师为 200 人，其他人员 200 人，则该校人员的平均工资为：

$$\frac{40\,000\times100+30\,000\times100+20\,000\times200+10\,000\times200}{100+100+200+200}=21\,666.6\text{ (元)}$$

求加权平均数可用公式表示为：

$$\overline{x}=\frac{x_1f_1+x_2f_2+\cdots+x_nf_n}{f_1+f_2+\cdots+f_n}=\frac{\sum_{i=1}^{n}x_if_i}{\sum_{i=1}^{n}f_i}$$

上式中，f 表示权数。

三、科学归纳推理

科学归纳推理，是依据某类事物部分对象与其属性间因果联系的科学分析，推出该类事物具有某种属性的归纳推理，又叫科学归纳法。

如已知铜受热体积膨胀；铝受热体积膨胀；铁受热体积膨胀。因为受热分子间的凝聚力减弱，分子间的距离增加，导致体积膨胀，而铜、铝、铁都是金属。由此得出结论：所有金属受热都体积膨胀。

科学归纳推理的形式如下：

S_1 是 P;
S_2 是 P;
……
S_n 是 P;
$S_1, S_2, \ldots, S_n$ 是 S 类部分对象，并且如果 S 则 M，如果 M 则 P;
所以，所有 S 是 P。

“如果 S 则 M，如果 M 则 P。所以，如果 S 则 P”，是演绎推理中的假言连锁推理。M 是相当于三段论中项那样的一般概念、一般原理，这里用它来表示对象 S 与其属性 P 间具有因果联系的必然性。上述假言连锁推理，也可以表示为与其等价的直言三段论推理：“所有 S 是 M，所有 M 是 P，所以，所有 S 是 P”。这实质上是科学归纳推理中的演绎推理成分，是对前提中部分对象的科学分析，是科学归纳推理中比简单枚举归纳推理多出的要素。

科学归纳推理与简单枚举归纳推理相比，有共同点和不同点。

其共同点是：第一，都属于不完全归纳推理。第二，前提中都只是考察了一类事物的部分对象。第三，结论都是对一类事物全体的断定，结论断定的知识范围超出了前提。

其不同点是：第一，推理根据不同。简单枚举归纳推理是依据某种属性在某类部分对象中的不断重复，并且没有遇到反例。科学归纳推理，是根据部分对象与其属性间因果联系的科学分析。第二，结论的可靠程度不同。虽然二者的前提和结论间的联系是或然的，归纳强度不必然等于 1。但科学归纳推理考察了一类事物部分对象与其属性间因果联系的必然性，在归纳过程中引入了演绎成分，就其引进的演绎成分而言，前提与结论的联系带有必然性。科学归纳推理的归纳强度，比简单枚举归纳推理的归纳强度大。科学归纳推理的结论，与简单枚举归纳推理的结论相比，可靠程度大。第三，前提的数量多少对于结论的意义不同。对于简单枚举归纳推理来说，前提中所考察的对象数量越多，结论就越可靠。对于科学归纳推理来说，前提的数量不起重要作用，只要是真正揭示对象与其属性间因果联系的必然性，尽管前提的数量不多，甚至只考察一两个典型事例，也能得到可靠结论。恩格斯说，十万部蒸汽机并不比一部蒸汽机能更多地证明热能转化为机械运动。这说明科学归纳推理中典型归纳法的科学性。典型归纳法，是考察典型事例，得出对象普遍性的推理方法。如“解剖麻雀”，认识麻雀的内脏构造和特性，既不必要也不可能解剖世间所有麻雀，只要解剖几只麻雀，就可得出“麻雀虽小，五脏俱全”的结论。因为个别麻雀，包含全部麻雀的一般性和本质。

四、类比推理

类比推理，是根据两个或两类对象在一系列属性上相同或相似，推出它们在其他属性上也相同或相似的推理方法。

例 8.2　分析下列类比推理。

如种植长绒棉需要日照长、霜期短、气温高、雨量适度等条件，中亚的乌兹别克地区具有这些条件，能种植长绒棉。我国的塔里木河两岸过去没有长绒棉，但是具有和乌兹别克地区相似的条件，因此，塔里木河两岸也可种植长绒棉。

解析：上述类比推理可整理为：

中亚的乌兹别克地区和我国的塔里木河地区都具有日照长、霜期短、气温高、雨量适度等条件；

中亚的乌兹别克地区能种植长绒棉；

所以，中国的塔里木河地区也能种植长绒棉。 ■

类比推理的逻辑形式如下：

A 对象和 B 对象都具有属性 $a_1, a_2, \cdots, a_n$；
A 对象还具有属性 a_{n+1}；
所以，B 对象也具有属性 a_{n+1}。

类比推理具有以下两个特点：第一，从思维进程来看，类比推理是从个别到个别的推理，其前提和结论通常都是关于个别对象的断定。第二，类比推理的结论不一定可靠。类比推理结论所断定的范围超出了前提。因此，当前提真时，结论未必真。正是在这个意义上，可把类比推理看成是归纳推理。

要提高类比推理结论的可靠性，必须注意以下两点：第一，前提中所提供的相同属性或相似属性越多，结论的可靠性就越大。因为类比推理之间的相同属性或相似属性越多，它们的类别就越接近。这样，类推的属性就有较大的可能为两个类比对象所共有。但是，当相同属性或相似属性过多时，进行类比的意义和价值也就不断减少。第二，前提中所提供的相同属性或相似属性与类推属性之间的关系越密切，结论的可靠性就越大。一般来说，前提中所提供的相同属性或相似属性与类推属性必须正相关，即必须具有本质上的联系。否则，如果仅仅根据对象间表面上的某些相同或相似，就推出它们另外某一情况相同或相似，就要犯“机械类比”的逻辑错误。如基督教神学认为，宇宙是由许多部分构成的一个和谐整体，正如钟表是由许多部分构成的和谐整体一样，而钟表有一个创造者，所以宇宙也有一个创造者，这个创造者就是上帝。该推理就犯了“机械类比”的逻辑错误。前提中提供的相似属性与类推属性不相关，没有本质上的联系。中国古代有人为了证明文武不可不并重，曾经做出这样的论证：“夫车有两轮，鸟有两翼，是故文武不可偏废也。”这是拿毫不相关的事件来做类比，前二者之有无，对于后者之间没有直接关系。显然是在进行“机械类比”。因为即使车有两个轮子，鸟有两个翅膀，文武还是可以偏废或不偏废。

类比推理在人们的认识中有着重要的意义。首先，科学史上许多科学理论的发现和技术的发明与创造，都是借助于类比推理。如惠更斯提出光的波动说，就是与水波、声波类比而受到的启发。再如飞机、潜水艇等的最初设计和制造，也都是与鸟、鱼等类比而受到启发的结果。其次，类比推理可以启发人的思路，在创造性思维中，常常用到类比推理。如广东某药品公司的工作人员曾经比较过牛黄和珍珠的形成过程。河蚌与牛都是动物，河蚌体内因进入异物并以此为核心，经过长期分泌液体形成了闪光的珍珠。牛体内因胆有结石并以此为核心，经过长期分泌液体形成了贵重的牛黄。这些是两者相似的属性。现在知道，河蚌经过人工插片能够育珠，于是推出结论：在牛的胆内人工插片也应能生产牛黄。于是选择已经失去役用价值的残菜牛进行试验，结果生产出一批人工牛黄。最后，类比推理不仅是一种认识的方法，而且是论证和说明的有效方法。在论证过程中，人们为了解释事实或原理，往往找出另一种与之类似的并且已经得到解释的事实或原理，然后通过类比来使某种事实或原理得到解释。

在自然科学和工程技术中广泛运用着的模拟方法，也离不开类比推理。所谓模拟方法，就是一种用模型替代原型，通过模型间接地研究原型的规律的实验方法。如工程技术人员在设计大型的新式建筑物之前，先建造一个小的模型，进行力学的模拟实验，在得到足够的科学资料之后，便以其为根据，设计出建造大型建筑物的方案。这里是从模拟实验结果的科学性和合理性类推出建筑实物的科学性和合理性。

模拟方法所用到的类比推理形式可以表示如下：

试验模型和研制原型都具有属性 $a_1, a_2, \ldots, a_n$；
试验模型还具有属性 a_{n+1}；

所以，研制原型也具有属性 a_{n+1}。

例 8.3 地球和月球相比，有许多共同属性，如它们都属太阳系星体，都是球形的，都有自转和公转等。既然地球上有生物存在，因此，月球上也很可能有生物存在。

以下哪项如果为真，最能削弱上述推论的可靠性？

A. 地球和月球大小不同。

B. 月球上同一地点温度变化极大，白天可上升到 100℃，晚上又降至零下 160℃。

C. 月球距地球很远，不可能有生物存在。

D. 地球和月球生成时间不同。

解析：答案是 B。

题干中的论证使用了类比推理。它通过地球和月球在许多属性上相同，如都是太阳系的星体，都是球形的，都有公转和自转等，而且地球上有生物存在，从而推出月球上也很可能有生物存在。该推理犯有“机械类比”的逻辑错误。因为题干中提供的相同属性与推出属性之间没有密切联系。与有生物存在有密切联系的属性应该是一定的温度、湿度等。选项 A、C、D 所说的大小、距离、生成时间等的不同都是与题干中的推出属性不具有密切联系的属性，均不能削弱题干中的结论，只有选项 B 指出了温度的极大差异，从而削弱了题干中论证的结论。 ■

五、溯因推理

溯因推理是从结果出发，运用一般规律性知识，推测出事件发生的原因的推理方法。

如当室内电灯突然灭了，就会推测出连接室内电灯的保险丝断了，因为一般规律性知识告诉我们，如果连接室内电灯的保险丝断了，那么室内电灯就会熄灭。

溯因推理可以用公式表示如下：

e;
如果 h，那么 e;
所以，h。

上式中，“e”表示已知的结果，“如果 h，那么 e”表示一般规律性知识，“h”表示根据已知的结果和一般规律性知识推测出的事件发生的原因。整个推理在逻辑上是由充分条件假言命题做前提，而另一个前提则肯定充分条件假言命题的后件，结论肯定充分条件假言命题的前件构成的。推理过程具有从结果推测出原因的性质。

溯因推理的前提与结论之间的联系是或然的，前提并不蕴涵结论。前提真，结论未必真。从整个推理形式来看，溯因推理不符合演绎推理中充分条件假言推理规则：肯定后件不能因此肯定前件。这是因为，在表述一般规律性知识的充分条件假言命题“如果 h，那么 e”中，前件 h 是后件 e 的充分条件，从 h 可以演绎出 e，但是，前件 h 并不是后件 e 的必要条件。拿上例来说，如果保险丝断了，那么室内电灯就会熄灭，但是并非如果保险丝没有断，则室内电灯就不会熄灭。因为停电、线路出故障等都能导致室内电灯熄灭。这就是说，客观世界的因果联系是复杂多样的，既有一因一果，也有多因一果等复杂现象。

从已知的结果出发，只能或然地回溯其原因。

为了提高溯因推理结论的可靠性程度，需要注意的是：必须尽可能地猜测引起结果 e 的各种原因（h_1, h_2, …, h_n），经过逐个检验、试错，逐步逼近，最后才能得出事件发生的真正原因。这样，溯因推理可以进一步用公式表示为：

e;
如果 h_1 或 h_2 或……或 h_n(h)，那么 e;
并非 h_1;
并非 h_2;
……
所以，h_n(h)。

如从马路湿，推测天下过雨，其可靠性就不会很大。马路湿，既可能是天下雨，也可能是洒水车经过，还可能是有人用水泼。因此，必须尽可能列举引起结果出现的原因。然后经过验证，如果天没有下雨，也没有洒水车经过，那么就可以推测有人用水泼。这样得到的结论，其可靠性程度就大得多。因为溯因推理中引入了演绎，即引入了消除归纳法，推理的归纳强度也增加了。

溯因推理在人们的科学研究活动和日常生活、工作中都起着重要作用。如产品滞销，推测可能是广告工作没有做好。食物中毒事件的发生，推测可能有人放毒。作案现场很少甚至没有留下痕迹，推测案犯可能是作案老手。病人发高烧，猜测病人可能患了肺炎等。这都在使用着溯因推理。

在日本的丰田公司，曾经流行过一种管理的方法，叫作“追问到底”。就是说，对发生的每一件事，都采用追问到底的态度，以找出最终的原因。比如，公司的某台机器突然停了，那就沿着这条线索进行一系列的追问。

问：“机器为什么不转了？”
答：“因为保险丝断了。”
问：“为什么保险丝会断？”
答：“因为超负荷而造成电流太大。”
问：“为什么会超负荷？”
答：“因为轴承枯涩不够润滑。”
问：“为什么轴承枯涩不够润滑？”
答：“因为油泵吸不上来润滑油。”
问：“为什么油泵吸不上来润滑油？”
答：“因为油泵产生了严重磨损。”
问：“为什么油泵会产生严重磨损？”
答：“因为油泵未装过滤器而使铁屑混入。”

这里，要追查的是机器不转动的原因，第一个原因是“保险丝断了”，但这还不是根本的原因，再不断地往下追问，通过一系列推理，穷追不舍，直到找出造成事故的根本原因，即“油泵未装过滤器而使铁屑混入”。其中的每一次追问都是一个溯因推理，也就是从结果出发追溯原因的推理。通过溯因推理，不仅可以获得对某一结果的解释，而且还可以进一步找到解决问题的办法。

六、假说演绎推理

假说演绎推理，是创立一个假说，演绎地去解释已知的事实和预测未知事实的推理方法。在已有的事实材料和科学原理的基础上，对未知事物或规律性提出一个假定性的解释即假说，然后从假说出发，演绎出一系列关于已知事实的解释和关于未知事实的预测，从而通过实践验证这些事实或预测，确定假说的合理性、科学性。假说是创立科学理论的重要方法。

如魏格纳根据观察，发现南美洲的东海岸与非洲的西海岸能吻合在一起，他在当时关于地球构造的有关知识的基础上提出了“大陆漂移”假说，即大陆原来是一个整体，只是由于地球的自转和潮汐的力量，才裂成了后来的几大块。从上述假说出发，不但可以演绎地解释各个大陆块可以像拼板玩具那样拼合起来，大西洋西岸以及印度洋两岸彼此相对地区的地层构造相同，大西洋两岸的古生物物种几乎完全相同等经验事实，而且还可以预言大西洋两岸的距离在逐渐增大等未知现象。假说对上述事实的圆满解释，进一步提高了假说的合理性程度，使假说得到了确证。

假说演绎推理可用公式表示如下：

如果 h，那么 e;
e;
所以，h。

上式中，“h”表示所创立的假说。“e”表示对已知事实的解释或对未知事实的断定。“如果 h，那么 e”表示从假说演绎出对已知事实的解释和关于未知事实的断定。

假说演绎推理，实质上是一种解释归纳推理，即通过归纳得到的结论只能是一个假说，这个假说的合理性有多大，即归纳所得结论的可靠性有多大，需要接受事实的检验。如果假说能够合理地解释已知的或可预测的经验事实，则假说的确证度就增大。

假说演绎推理与溯因推理既有联系又有区别。假说演绎推理是在溯因推理的基础上进行的。通过溯因推理，在已知的事实 e 和科学原理（如果 h，那么 e）的基础上推测出结论（假说）h 以后，如何确定这个假说（结论）的可靠性呢？这就需要从假说 h 出发，演绎地去解释已知的事实和预测未知的事实，从而使结论（假说）h 得到确证。因此，溯因推理是一种发现（假说）的方法，假说演绎推理则是一种验证（假说）的方法。

假说演绎推理的前提和结论之间的联系是或然的，前提并不蕴涵结论。前提真，结论未必真。从推理形式来看，它不符合充分条件假言推理的规则：肯定后件不能肯定前件。无论是某一个事实 e 与观察实验的结果相符合，还是一系列的事实（e_1，e_2,…，e_n）与观察实验的结果相符合，逻辑上都不能必然地断定结论（假说）h 是真的。如医生给病人诊断后提出假说：该病人患有肺炎。在此基础上，医生进一步演绎出病人有发烧、咳嗽、呼吸困难等现象，尽管这些现象可能都是事实，但并不能必然地得出病人患有肺炎的结论，因为存在这些现象的病人也可能患有别的疾病。因此，假说演绎推理结论（假说）只能获得某种程度的确证。

为了提高假说演绎推理结论的可靠性程度，必须注意以下几点：

第一，前提中从假说能够演绎地解释的已知事实越多，结论（假说）就越可靠。就上例来说，如果病人除了有发烧、咳嗽、呼吸困难等现象外，还存在胸痛、吐铁锈色的痰等现象，那么患者得了肺炎的结论（假说）就获得了更大的证据支持，也就更为可靠。

第二，前提中从假说能够演绎出的关于未知事实的预测越多，并且后来都被证实，则结论（假说）的可靠性就越大，其概率就越高。如"大陆漂移"假说能够进一步预言大西洋两岸的距离正在逐渐增大，格陵兰岛由于连续向西移动，它与格林尼治之间的距离正在增大等，后来这些预言的被证实都在不同程度上提高了"大陆漂移"假说的可靠性程度。

第三，前提中用来确证假说的经验事实越具有严格性和严峻性，结论（假说）的可靠性就越大。如第一次观察到海王星比现在观察海王星，对牛顿万有引力定律的支持度大得多。

第四，前提中演绎出来的对现有事实的解释或对未知事实的预测，如果与观察实验的结果不相符合或相违背，则结论（假说）的可靠性程度就会降低，甚至有可能被推翻。如果问题只是出在保护带（与假说有关的背景知识）上，则假说的可靠性就不会增大；如果问题触及硬核（假说的基本观点），那么人们就需要对结论（假说）进行局部修改、调整，推出新的结论（假说），再次经受实践的验证。

假说演绎推理，在认识中有重要作用。首先，它是科学理论创立和发展的必要工具。哥白尼的日心说、牛顿的力学理论、达尔文的进化论、门捷列夫的化学元素周期表、孟德尔的遗传定理、爱因斯坦的相对论等，都是以假说演绎推理的形式创立的。假说演绎推理是架在事实和科学原理之间的桥梁，也是从一个理论发展到另一个理论的桥梁。恩格斯指出，只要自然科学在思维着，它的发展形式就是假说。

其次，假说演绎推理在日常生活和工作中有重要作用。如在侦破案件的过程中，需要先提出假说，然后根据所提出的假说，对已经发现的事实进行解释，以及对于未知的事实进行预测，进而侦破案件。

第四节　求因果联系的方法

研究现象间的因果联系，是进行科学归纳推理的必要条件。科学归纳推理是根据现象间因果联系的分析做出结论的。古典归纳逻辑有五种探求因果联系的逻辑方法，简称求因果五法。这些方法是英国人穆勒在总结培根等人归纳方法的基础上提出来的，史称"穆勒五法"。

如果某现象的存在，必然引起另一现象发生，这两现象间就具有因果关系。引起某一现象产生的现象，叫作原因。被某现象引起的现象，叫作结果。如金属加热，体积膨胀。加热是体积膨胀的原因，体积膨胀是加热的结果。

现象间的因果联系是普遍存在的。任何现象都有其产生的原因，任何原因都必然引起一定的结果。没有无因之果，也没有无果之因。无原因的结果和无结果的原因都是不存在的。没有发现某现象引起的结果，不等于没有结果。结果是存在的，但这个结果或者是还没有从其他现象中区分出来，或者是被其他原因抵消了。如天旱引起农作物减产，但用人工降雨的办法，没有导致农作物减产，天旱这个原因的结果，被人工降雨这个原因抵消了。没有发现产生某一现象的原因，并不意味着这一现象没有原因，只能说明还未发现原因，或迟或早是会找到某种结果的原因的。如至今医学上尚未找到导致艾滋病发生的真正原因，但它必然是存在着的，总有一天会被认识。

原因和结果在时间上是前后相继的。原因总是在结果之前，结果总是在原因之后。在探求因果联系的时候，必须在被研究现象出现以前存在的各个情况中去寻找它的原因，在某个现象之前存在的情况称为先行情况。也必须在被研究现象出现之后才发现的各个情况中去寻找它的结果，在某个现象之后产生的情况叫后行情况。但两个现象在时间上的前后相继，不一定就存在着因果联系。前后相继是因果联系的必要条件，但不是充分条件。如春在夏之前，不能说春是夏之因。如果只是根据两现象在时间上前后相继，就做出它们具有因果联系的结论，就会犯“以先后为因果”的逻辑错误。

因果联系是确定的。从质的方面说，在同样的条件下，同样的原因会产生同样的结果。如在通常的大气压下，水的温度降到 0℃以下就会结冰。从量的方面说，原因发生了一定量的变化，结果也会相应地发生变化。如在通常的大气压下，随着温度的升高或降低，水就会相应地变热或变冷。因果联系的确定性还表现为，在一定的因果链条上，在一定的因果环节上，原因就是原因，不是结果；结果就是结果，不是原因。如果把原因当成结果，把结果当成原因，就会犯“因果倒置”的逻辑错误。例如，在 19 世纪的英国，曾经有一位改革家通过调查发现，在英国凡是勤劳的农民都有两头牛，而懒惰的农民都没有两头牛。于是，他的改革方案就是，给每位懒惰的农民两头牛，这样，整个英国的农民都会勤劳起来。本来是勤劳之后有两头牛，而该改革家则倒因为果，有两头牛之后就会勤劳。有两头牛之后未必就会勤劳。这些懒惰的英国农民有可能得到两头牛以后变得更懒惰，甚至整个英国农民都可能变成懒汉。

因果联系是复杂多样的。有一因一果、多因一果，也有合因一果。一因一果，是只有某一特定的原因，才能产生某一种结果。如日食现象，只有月球运行在地球和太阳之间并且三者成一直线时才会发生。多因一果，是有些现象不是由某一特定的原因引起的，而是由许多不同的原因引起的。如液体蒸发加快，可以是由于温度升高，也可以是由于压力降低，还可以是由于温度升高和压力降低二者共同引起的。合因一果，是几种原因共同作用，才能产生某种结果。如企业赢利是经营者管理有方、职员踏实肯干、资金利用率高、社会环境有利等诸多因素共同起作用的结果。

认识现象间的因果联系，是一个复杂的过程。在不同的具体科学中，都有各自不同的寻求因果联系的具体方法。由于这些具体方法只适用于某一个或几个特定的科学领域，因此它们不属于逻辑学研究的范围。古典归纳逻辑探求因果联系的逻辑方法，主要对应于一因一果，是一些比较简单的又具有一般意义的方法，即求同法、求异法、求同求异并用法、共变法和剩余法。

一、求同法

求同法也叫契合法，它是指在被研究现象出现的若干场合中，如果只有一个情况是在这些场合中共同具有的，那么这个唯一的共同情况就是被研究现象的原因（或结果）。如从井里向上提水，当水桶还在水中时不觉得重，水桶一离开水面就重得多。在水里搬运木头，要比在岸上搬运轻得多。游泳时容易从水里托起一个人。以上现象虽然各自的情况不尽相同，但都有一个共同情况，即水对于它里面的物体能产生浮力，而这正是使物体在水中变轻的原因。

求同法可以表示如下：

场合	先行(或后行)情况	被研究现象
(1)	A，B，C	a
(2)	A，D，E	a
(3)	A，F，G	a
……	……	……

所以，A 是 a 的原因(或结果)。

求同法的特点是异中求同，即通过排除事物现象间不同的因素，寻找共同的因素来确定被研究现象的原因（或结果）。在应用求同法时需要注意以下两点：

第一，各场合是否还有其他的共同情况。运用求同法时，往往在发现了一个共同情况后，就把它当作被研究现象的原因（或结果），而忽略了隐藏着的另一个共同情况，而这个比较隐藏的共同情况，又恰好是被研究现象的真正原因（或结果）。如最早寻找疟疾病的原因时发现，住低洼潮湿地带的人容易患疟疾病，于是以为低洼潮湿的环境是患疟疾病的原因。经过长期的探索，人们才弄清楚，疟疾病是由于低洼潮湿地带的蚊虫叮咬人后将疟原虫输入人体寄生于红细胞内所致，疟原虫才是疟疾病的真正原因，蚊虫是疟原虫的传播者，而低洼潮湿的环境是蚊子滋生的场所。

第二，进行比较的场合越多，结论的可靠程度就越大。如果比较的场合少了，就可能有一个不相干的现象是它们所共同的，误以为它就是被研究现象的原因。比较的场合越多，各场合共有一个不相干现象的可能性就越小，结论的可靠程度就越大。如许多迷信妄说，把日食、月食、彗星的出现，看作引起人间动乱和灾害的原因。这正是利用少数场合中事变的巧合，把一个不相干的现象与被研究现象联系起来了。

例 8.4 分析下列案例：

光线的照射，有助于缓解冬季忧郁症。研究人员曾对九名患者进行研究，他们均因冬季白天变短而患上了冬季忧郁症。研究人员让患者在清早和傍晚各接受三小时伴有花香的强光照射。一周之内，七名患者完全摆脱了抑郁，另外两人也表现出了显著的好转。由于光照会诱使身体误以为夏季已经来临，这样便治好了冬季忧郁症。

以下哪项如果为真，最能削弱上述论证的结论？

A. 研究人员在强光照射时有意使用花香伴随，对于改善患上冬季忧郁症的患者的适应症有不小的作用。

B. 九名患者中最先痊愈的三位均为女性，而对男性患者治疗效果较为迟缓。

C. 强光照射对于皮肤的损害已经得到专门研究的证实，其中夏季比起冬季的危害性更大。

D. 每天六个小时的非工作状态，改变了患者原来的生活环境，改善了他们的心态，这是对忧郁症患者的一种主要的影响。

解析：答案是D。

题干中的结论是"光线照射的增加是缓解冬季忧郁症的原因"。要削弱此结论，就是要指出：缓解冬季忧郁症的原因并不是光线照射的增加，而是存在着别的原因。该项强调："每天六小时的非工作状态"是对冬季忧郁症患者的"一种主要的影响"，实际上是指出了："不是强光照射而是每天六小时的非工作状态缓解了患者的冬季忧郁症"，用"每天六个小时的非工作状态"这个根本原因否定了"强光照射"这个表面性的原因。选项B讲"强光照射对于男性患者治疗效果较为迟缓"，但毕竟还是有缓解作用，所以该项实际上是支持题干的。选项C讲强光照射对于皮肤的损害，与题干不相关。选项A虽然讲了"有意使用花香伴随"，但花香也只是伴随，不能否定强光照射的根本性作用。■

二、求异法

求异法又叫差异法，它是指在被研究现象出现和不出现的两个场合中，如果只有一个情况不同，其他情况完全相同，而且这个唯一不同的情况在被研究现象出现的场合中存在，在被研究现象不出现的场合中不存在，那么这个唯一不同的情况就是被研究现象的原因（或结果）。

如有两块土质、品种、耕作技术都相同的油菜田，其中一块用蜜蜂帮助授粉，结果有蜜蜂帮助授粉的田比没有蜜蜂帮助授粉的田，油菜籽的单位面积产量增加 37.5%。因此，用蜜蜂为油菜授粉可以增产。由于两块田，除有无蜜蜂帮助授粉外，其他情况完全相同，有蜜蜂帮助授粉则产量高，无蜜蜂帮助授粉则产量低，因此，可以通过求异法断定，蜜蜂授粉是油菜增产的原因。

求异法可以表示如下：

场合	先行(或后行)情况	被研究现象
(1)	A，B，C	a
(2)	—，B，C	—

所以，A是a的原因(或结果)。

求异法的特点，是同中求异，即通过排除两个场合的许多现象之中的相同情况，找出相异之处，来寻找被研究现象的原因（或结果）。因此，与求同法比较起来，求异法的结论具有更大的可靠性。因为在运用求异法时，要求在被研究现象出现和不出现的场合中，只有一个情况不同，其他情况完全相同。这样，就能比较准确地判明某个情况与所研究现象之间的因果联系。求异法主要应用于实验。因为在被研究现象出现和不出现的场合中，只有一个情况不同，其他情况完全相同，这一要求在天然条件下极为罕见，在人工控制的条件下才能满足。求异法是科学实验中广为应用的方法。在应用求异法时需要注意以下两点：

第一，两个场合是否还有其他差异情况。应用求异法时，严格要求“其他情况相同”，如果其他情况中还隐藏着另一个差异情况，那么这个隐藏着的差异情况，就可能是被研究现象的真正原因。如一学生每到上课就头痛，不上课就不头痛，他以为头痛的原因是上课听讲。后经医生检查，发现引起他头痛的原因，是他在上课时才戴的那副近视眼镜不合适。这个学生只注意到上课与不上课这个差异，而没有注意到上课时戴眼镜和下课时不戴眼镜这个差异，因而没有发现引起头痛的真正原因。

第二，两个场合唯一不同的情况，是被研究现象的整个原因，还是被研究现象的部分原因。如果被研究现象的原因是复合的，而且各部分原因的单独作用是不同的，那么，总原因的一部分情况消失时，被研究现象也就不出现。例如，植物光合作用的过程，其原因是复合的。植物吸收太阳光的能、空气中的二氧化碳和水制成碳水化合物，如果没有阳光的辐射供给能量，植物的光合作用就会中断。但是，阳光的辐射供给能量，只是引起光合作用的部分原因，并不是总原因。只有继续探求被研究现象的总原因，才能把握这种因果联系的总体。

例 8.5 分析下列案例：

在一项实验中，第一组被实验者摄取了大量的人造糖，第二组则没有吃糖。结果发现，吃糖的人比没有吃糖的人认知能力低。这一实验表明，人造糖中所含的某种成分会影响人的认知能力。

以下哪项如果为真，最能支持上述结论？

A. 在上述实验中，第一组被实验者吃的糖大大超出日常生活中糖的摄入量。

B. 上述人造糖中所含的该种成分也存在于大多数日常食物中。

C. 第一组被实验者摄取的糖的数量没有超出卫生部门规定的安全范围。

D. 两组被实验者的认知能力在实验前是相当的。

解析：答案是 D。

该项指出其他的相关情况即两组实验者的认知能力在实验前相同，加强了题干。选项 C 犯了“诉诸权威”的错误。 ■

例 8.6 各品种的葡萄中都存在着一种化学物质，这种物质能有效地减少人血液中的胆固醇。这种物质也存在于各类红酒和葡萄汁中，但白酒中不存在。红酒和葡萄汁都是用完整的葡萄做原料制作的；白酒除了用粮食做原料外，也用水果做原料，但和红酒不同，白酒在以葡萄做原料时，必须除去其表皮。

上述信息最能支持以下哪项结论？

A. 能有效减少血液中胆固醇的化学物质，只存在于葡萄之中，不存在于粮食作物之中。

B. 经常喝白酒会增加血液中的胆固醇。

C. 食用葡萄本身比饮用由葡萄制作的红酒或葡萄汁更有利于减少血液中的胆固醇。

D. 能有效地减少血液中胆固醇的化学物质，只存在于葡萄的表皮之中，而不存在于葡萄的其他部分中。

解析：答案是 D。

题干意味着，制作红酒和葡萄汁时，由于没有去掉原料的表皮，所以，具有能有效地减少人血液中的胆固醇的物质，而在制作白酒时，由于去掉了原料的表皮，所以没有这种物质。因此，结论应该是：原料的表皮是产品有这种物质的原因。选项 A、B、C 都是无关选项。 ■

三、求同求异并用法

求同求异并用法，也叫契合差异并用法。在被研究现象出现的若干场合（正事例组）中，如果只有一个共同情况，而在被研究现象不出现的若干场合（负事例组）中，却没有这个情况，其他情况不尽相同，那么这个唯一的共同情况，就是被研究现象的原因（或结果）。

如在生产实践中发现，种植大豆、豌豆、蚕豆等豆类植物时，不仅不需要给土壤施氮肥，而且这些豆类植物还可以使土壤中的含氮量增加。但在种植小麦、玉米、水稻等非豆类植物时却没有这种现象。经过研究后发现，这些豆类植物的根部长有根瘤，而其他植物则没有。于是得出结论：豆类植物的根瘤能使土壤的含氮量增加。

这里，被研究现象，是种植某些植物时不需要给土壤施氮肥，土壤的含氮量还能增加。为寻找这种现象出现的原因，把被研究现象出现的场合（种大豆、豌豆、蚕豆等）编为一组，叫正事例组。把被研究现象不出现的场合（种小麦、玉米、水稻等）编为一组，叫负事例组。在正事例组的各个场合中，只有一个共同情况，即大豆、豌豆、蚕豆等豆类植物都长有根瘤，其他情况都不尽相同，可以用求同法得到一个结果。在负事例组的各个场合中，也只有一个共同情况，即小麦、玉米、水稻等植物都没有根瘤，其他情况也都不尽相同，又可以用求同法得到一个结果。在这个基础上，比较正负事例组，发现有无根瘤是二者的差异之处，这样可以得出结论：豆类植物的根瘤是土壤含氮量增加的原因。

求同求异并用法可以表示如下：

场合	先行(或后行)情况	被研究现象	
(1)	A，B，C	a	} 正事例组
(2)	A，C，D	a	
(3)	A，D，E	a	
……	……	……	
(1)’	—，E，F	—	} 负事例组
(2)’	—，F，G	—	
(3)’	—，G，H	—	
……	……	……	

所以，A 是 a 的原因(或结果)。

求同求异并用法的特点，是两次求同，一次求异，这与求同法和求异法的相继应用是不同的。因为求同求异并同法，实际上是通过三个步骤来确定被研究现象的原因(或结果)的。第一步，把被研究现象 a 出现的正事例组场合加以比较，发现只有一个共同情况 a，应用求同法得出结论：A 是 a 的原因（或结果）。第二步，把被研究现象 a 不出现的负事例组场合加以比较，发现 A 不出现，再应用求同法得出结论：在负事例组场合中，A 不存在是 a 不存在的原因（或结果）。第三步，比较正反两个事例组场合，根据有 A 就有 a，无 A 就无 a，运用求异法即可得知：A 是 a 的原因（或结果）。

在应用求同求异并用法时，应当注意以下两点：第一，正事例组与负事例组的组成场合越多，结论就越可靠。因为考察的场合越多，就越有排除凑巧的偶然情形，这样就不大容易把一个不相干的因素与被研究现象联系起来。第二，对于负事例组的各个场合，应选择与正事例组场合较为相似的来进行比较。因为负事例组场合无限多，它们对于探求被研究现象的原因（或结果）并不都是有意义的。负事例组场合的情况与正事例组场合的情况越相似，结论的可靠性就越大。

四、共变法

共变法是在被研究现象发生变化的各个场合中，发现只有一个情况是变化的，其他情况保持不变，那么这个唯一变化的情况，就是被研究现象的原因（或结果）。

如某个生产手表的企业，如果资金利用率为 50%，则利润增加 80%；资金利用率为 60%，则利润增加 100%；资金利用率为 90%，则利润增加 120%，其他情况都没有改变，那么资金利用率的提高就是利润增加的原因。

共变法可以表示如下：

场合	先行(或后行)情况	被研究现象
(1)	A_1，B，C	a_1
(2)	A_2，B，C	a_2
(3)	A_3，B，C	a_3
……	……	……

所以，A 是 a 的原因(或结果)。

在应用共变法时，应该注意以下两点：

第一，与被研究现象发生共变的情况是否具有唯一性。运用共变法时，只能有一个情况发生变化，而另一个现象随之变化，其他情况应保持不变。如果还有其他的情况在发生变化，那么运用共变法时就有可能出错。例如，在研究温度的变化与气体体积变化之间的关系时，如果气体所受到的压强也在变化，那么通过共变法所得到的结论就会出现差错。

第二，两个现象间的共变有一定的限度，超过限度就会失掉原来的共变关系。例如，农作物的密植，在一定限度内，可以增产，但如果超过这个限度，则不但不会增产，反而会减少产量。

还应该了解，共变关系有同向共变和异向共变两种。所谓同向共变，是指如果原因作用的量一直递增，那么结果的量也随之一直递增。如一定量的气体，在压力不变的条件下，气体的体积随温度的上升而增大。所谓异向共变，是指如果原因作用的量一直递增，那么结果在量上就一直递减。例如，对于一定质量的气体，在温度不变的情况下，如果气体所受的压强越大，那么气体体积越小；如果气体所受的压强越小，那么气体的体积越大。

共变法与求异法既有区别又有联系。如果把两个具有共变关系的现象变化到极限，就达到求异法要求的条件。如在盛有空气的玻璃罩内通电敲铃，随着抽取空气的量的变化，铃声越来越小，这就是共变法的应用。等到把玻璃罩内的空气全部抽净，尽管看到敲铃，却听不到声音，那就是求异法的应用了。从这点来说，求异法是共变法的极端场合。

例 8.7 在司法审判中，所谓肯定性误判是指把无罪者判为有罪，否定性误判是指把有罪判为无罪。肯定性误判就是所谓的错判，否定性误判就是所谓的错放。而司法公正的根本原则是不放过一个罪犯，但也不冤枉一个没有犯罪的人。某法学家认为，目前，衡量一个法院在办案中对司法公正的原则贯彻得是否足够好，就看它的肯定性误判率是否足够低。

以下哪项如果为真，能最有力地支持上述法学家的观点？

A. 错放，只是放过了坏人；错判，则是既放过了坏人，又冤枉了好人。

B. 宁可错判，不可错放，是“左”的思想在司法界的反映。

C. 错放造成的损失，大多是可弥补的；错判对被害人造成的伤害，是不可弥补的。

D. 各个法院的否定性误判率基本相同。

解析：答案是 D。

从题干中法学家的观点来看，一个法院在办案中的肯定性误判率越低，那么它对司法公正的原则就贯彻得越好，但这必须假设否定性误判率保持不变，因为肯定性误判率和否定性误判率是考察某个法院是否公正的两个缺一不可的因素。当否定性误判率基本相同时，衡量一个法院在办案时对司法公正的原则是否贯彻得足够好，当然关键就是要看它的肯定性误判率是否足够低了。选项 A 和 C 都是说的肯定性误判比否定性误判的危害性大，对法学家的观点有所支持，但还不足以说明法学家的观点就是成立的。选项 B 与法学家的观点有所关联，但也不构成直接的支持关系。 ■

五、剩余法

剩余法是已知一复合情况是一复合现象的原因（或结果），并且还知道复合情况的某一部分是复合现象中的某一部分的原因（或结果），那么复合情况的剩余部分，就是复合现象的剩余部分的原因（或结果）。

如每一种化学元素，都有特定的光谱。1986 年詹逊和罗克耶尔研究太阳光谱时发现，太阳光谱中有一条红线、一条青绿线、一条蓝线和一条黄线。红线、青绿线、蓝线是氢的光谱，而黄线表明什么呢？当时已知的元素中，没有一种元素的光谱里有这样的黄线，于是他们就推测，这条黄线是某种未知的天体物质的光谱，他们把这种新发现的物质叫作氦。詹逊和罗克耶尔就是运用剩余法得出结论的。

剩余法可以表示如下：

复合情况(A，B，C，D)是复合现象(a,b,c,d)的原因(或结果)；

A是a的原因(或结果)；
B是b的原因(或结果)；
C是c的原因(或结果)。
所以，D是d的原因(或结果)。

在日常生活中有时应用剩余法。如打开台灯的开关，台灯却不亮，就会假定几个可能的原因：这一地区停电了；灯泡中的钨丝断了；开关坏了；保险丝烧断了；线路不通了。要使台灯复亮，必须找到真正的原因，那就要先检查各种可能的原因。在检查中，发现壁上的电钟还在走动，表明没有停电；保险丝也没有烧断；看看灯泡的钨丝并没有断掉；开关也完好无损。于是只剩下一个可能，线路不通了。这样就形成一种看法，线路不通是台灯不亮的原因。这就是应用了剩余法。

在运用剩余法时，需要注意以下两点：第一，必须确认复合情况的一部分（A, B, C）是复合现象（a,b,c）的原因（或结果），而复合情况的剩余部分（D）不可能是复合现象这一部分（a,b,c）的原因(或结果)，如果复合情况的剩余部分（D）也是复合现象（a,b,c）的原因（或结果)，那就无法断定复合情况（D）与复合现象（d）一定有因果联系。第二，复合情况的剩余部分（D）不一定是一个单一的情况，还可能是个复杂情况。在这种情况下，就必须进一步研究，探求剩余部分的全部原因（或结果）。如居里夫妇根据某些沥青铀矿样品的放射性比纯铀的放射性还大，应用剩余法得出了这些铀矿石中一定还含有未知的放射性元素的结论。为了寻找这种未知的放射性元素，他们从铀矿石中分离出极少量的黑色粉末。居里夫人把这个新发现的放射性元素命名为钋（以此命名来纪念她的祖国波兰）。但是，进一步研究后便发现钋只是使铀矿样品具有这样强放射性的部分原因。因此，居里夫妇把发现新元素的工作继续下去，又提炼出一些放射性比钋还强的东西，他们把这种放射性新元素取名为镭（意为射线的给予者）。至此，才真正弄清楚铀矿石样品具有很强放射性的原因，而居里夫人由于相继发现钋和镭这一卓越的成就，而获得了1911年诺贝尔化学奖。

求因果五法，在不同程度上都使用了消除归纳法。所谓消除归纳法，就是指从前提中几个简单命题构成的相容析取命题出发，通过否定这个析取命题除了一支外的其他所有支，从而找出唯一未被否定的那一支的推理方法。该方法实质上属于相容选言推理的否定肯定式，结论相对于前提来说是必然地得出的。具体说来，求同法是消除B、C、D、E、F、G情况与a现象的因果联系后，归纳得出A情况是a现象的原因（或结果)。求异法是在消除B、C情况后，得出结论的。求同求异并用法，是两次运用求同法，再运用求异法，消除当然是归纳的一个重要环节。共变法也是消除B、C情况与a现象之共变关系后，归纳得出结论的。剩余法是在消除A、B、C情况是d现象的原因（或结果）后，得出结论的。由于求因果五法引入了演绎（消除归纳法)，因此，运用求因果五法的科学归纳推理比简单枚举归纳推理提高了推理的归纳强度。

穆勒等人提出的探求因果联系的上述五种方法得到了广泛的应用，但是也不断经受着各种质疑，许多学者投入对它们的改进的研究中，在这里我们简单介绍一下由哲学家冯·赖特（George von Wright）等学者所做的改良。

这一改良工作的基础是对因果关系的一种更加细致的分类：原因对结果的这种导致或者支持可以分为充分型和必要型。

所谓事物 A 是事物 B 的充分型原因，是指在任何情况下，如果事物 A 出现，则事物 B 也出现。比如在医学领域里，如果得了某种疾病，则病人的身体里必然会有相应的生化反应。

所谓事物 A 是事物 B 的必要型原因，是指如果没有事物 A，则不会有事物 B。例如，一个小孩子发育得很好，那么，他有不太差的饮食会是前者的一个必要型原因。

注意，这里的充分、必要的使用与充分条件、必要条件之间有着细微的区别：我们通常用一个实质蕴涵把充分条件与必要条件统一起来，比如 $p\rightarrow q$即可以表示p是q的充分条件，也表示了q是 p的必要条件；但是在因果讨论中，如果我们知道 A 是 B 的充分型原因，一般情况下，我们不会说 B 是 A 的必要型原因。道理很简单，因为在通常情况下，原因总发生在结果之前，那么既然 A 是 B 的（充分型）原因，自然 A 就会发生在 B 之前，从而排除了 B 作为 A 的原因的可能。

当然，是否有同时发生的原因与结果呢？有时候我们似乎也这样用。比如，一名员工 C 由于认真负责得到了公司的奖励，这使得他更加认真了。在这个例子里，激励与 C 工作认真间似乎互为因果，但是如果你把时间因素加进来，就可以把这个表面上的互为因果“打散”为一个因果的时间序列了。

结合对原因的这种分类信息，就得到了穆勒五法的改良形式。这里，我们只介绍其中的两个方法：

（1）正向契合法。这种方法的目的是为结果确定必要型原因。根据前面的讨论，我们知道，一个事物的必要型原因是其出现或者发生所不可缺少的。因此，如果我们能找到一个场合，发现此事物出现了，但是另一事物未出现，那么后者不会是此事物的必要型原因。

例如，我们猜测 A、B、C 可能是 E 的必要型原因。下面是三个场合里它们的出现情况（我们用“+”表示出现，“-”表示未出现）：

表 8-1

	可能的原因			结果
	A	B	C	E
场合 1	+	+	+	+
场合 2	+	-	+	+
场合 3	-	+	+	+

根据上表，我们可以断定，A 与 B 不会是 E 的原因，将它们排除了。因此，可以得出结论：C 可能是 E 的必要型原因。

（2）逆向契合法。这种方法是用来为结果确定其充分型原因。它的基础是排除法，即假设我们在考察一个结果事物 E，那么，在任何 E 不出现的场合中出现的事物都不会是它的充分型原因。

稍微改变上面的例子，我们就可以得到一个逆向契合法的例子如下：

我们猜测 A、B、C 可能是 E 的充分型原因，下面是三个场合里它们的出现情况（我们用“+”表示出现，“−”表示未出现）：

表 8-2

	可能的原因			结果
	A	B	C	E
场合 1	−	−	−	−
场合 2	+	−	−	−
场合 3	−	+	−	−

在上述三个场合中，E 都不发生，但是 A 与 B 分别都有出现，因此，它们都不会是 E 的原因。因此，通过排除它们后，同样可得到：C 可能是 E 的充分型原因。

第五节　求概率的方法

在日常生活或科学研究活动中，有时会遇到这样的情况，即对 S 类部分对象考察的结果表明，有 S 是 P，也有 S 不是 P，即并非所有 S 都是 P，或都不是 P。即个别 S 是否具有 P 属性，是偶然的、随机的。如掷骰子，不大可能都是出现一点或二点等，而是有时一点、有时二点、有时三点等，那么出现一至六点中每一种点数的可能性有多大，这就是一个概率问题。一般来说，有一事件 A，对其出现某种可能性的大小做出数量方面的估计，这就是概率。一个事件发生的概率，通常可以通过给出 1 到 0 的概率值来表示。如果说一个事件发生的概率是 1，就是在断定它肯定会出现。如果说一个事件发生的概率是 0，就是在断言它不会发生。概率的中间值，暗示着我们对事件发生有信心或缺乏信心。

对一个事件的陈述称为命题，复合命题是对一个复合事件的陈述，简单命题则是对某一特定事件的陈述。求一个复合命题的概率，称为概率演算；求一个简单命题的概率，则叫作求事件的初始概率。

一、求初始概率的方法

求事件的初始概率的方法很多，这里介绍先验概率、频率概率和主观概率三种。

（一）先验概率

先验概率，是指对于某一特定事件 A，如果总共有 n 种等可能而且互斥的结果，并且其中有 m 种对事件 A 出现是有利的，那么事件 A 的概率 P(A)就等于有利事件出现的数目与所有可能出现的数目之比，即

$$P(A)=\frac{m}{n}$$

如投掷一枚硬币，总共有正面和反面两种可能的结果，而出现正面的可能性又是全部可能性的一半，所以，投掷一枚硬币出现正面的概率是 $\frac{1}{2}$。

再如从一批标有号码（1～60）的产品中任意抽取一个，求取到前 20 号事件 A 的概率。由于每件产品被抽到的可能性都是相同的，因此抽取的全部可能次数 $n=60$，而有利事件 A 的可能次数是 20，所以，$P(A)=\frac{20}{60}=\frac{1}{3}$。

先验概率也称为结构概率，它建立在对事件结构分析的基础上，并且要求事件出现的结果必须是两两互斥且是等可能的，即出现每一种结果的可能性必须是均等的。但是在现实中，上述情况是很少的，因此，尽管先验概率可以作为一种极有价值的指导，但我们最终还是得依靠观察和经验来确定事件的概率。

（二）频率概率

频率概率是说，假设重复地进行同一个实验 n 次，如果随机事件 A 在这 n 次实验中出现了 m 次，则称比值 $\frac{m}{n}$ 为这 n 次实验中 A 出现的频率。如果随着事件 A 出现的频率，在某个数值 P 附近摆动，则事件 A 的概率就是：

$$P(A)=\frac{m}{n}$$

如有人对掷硬币出现正面可能性做试验的结果如下表：

表 8-3

试验者	投掷硬币次数	出现正面次数	频率
德·摩根	2 048	1 061	0.518
皮尔尼	24 000	12 012	0.500 5
维尼	30 000	14 994	0.499 8

由上表可以看出，频率在 $\frac{1}{2}$ 间做微小摆动。因此说掷硬币出现正面的概率等于 $\frac{1}{2}$。

频率概率也称统计概率，它是依靠对一事件发生的统计频率取极限而得到的，即是由已观察到的频率推出未观察的频率。因此频率概率是对归纳推理加以定量刻画的有力工具。但由于频率概率只有对于描述能够重复实验的事件才有意义，故对于不可重复的事件，如“W 先生死亡”的概率，就得依靠人的主观认识了。

（三）主观概率

主观概率是指某个人根据已给定的证据，对一个给定命题所持有的确信度。如一匹马 X 在与另一匹马 Y 的比赛中是否获胜，就必须尽可能地寻找证据（马 X 和马 Y 在过去的表现，它们的健康状况，骑手的技术等），然后就会感觉到 X 获胜的概率数值有多大，即对 X 获胜所持有的确信度有多大。

具体来说，当相信事件 A 出现与事件 A 不出现的比为 a：b 时，就可以计算出事件 A

出现的概率为：

$$P(A)=\frac{a}{a+b}$$

如当有人相信马 X 会以 5∶3 的机会胜马 Y 时，就可以根据公式计算出马 X 获胜的概率是 $\frac{5}{5+3}=\frac{5}{8}=62.5\%$。

主观概率也称为认识概率，它是由人们的知识状态所决定的。随着人们所掌握的知识即证据越来越多，主观概率值也就越来越大。主观概率是进行科学决策的逻辑基础。

二、概率演算

就像简单命题赋值以后，可以求一个复合命题的真值一样，当知道简单命题的概率值以后，也可以计算复合命题的概率值。

（一）基本规则

规则 1：任何命题的概率大于或等于 0，小于或等于 1，即 $0\leqslant P(p)\leqslant 1$。

规则 2：如果一个命题是重言式，则它的概率等于 1。例如，命题 $p\vee\neg p$是一个重言式，$P(p\vee\neg p)=1$。

规则 3：如果一个命题是矛盾式，则它的概率等于 0。例如，命题$p\wedge\neg p$是一个矛盾式，$P(p\wedge\neg p)=0$。

规则 4：如果两个命题是逻辑等值的，那么它们有相同的概率。如简单命题p和复合命题$\neg\neg p$是逻辑等值的，所以 p和 $\neg\neg p$有相同的概率，即 $P(p)=P(\neg\neg p)$。

规则 5（特殊析取规则）：不相容析取命题的概率等于析取支的概率之和，即：

$$P(p\vee q)=P(p)+P(q)$$

如当“张三是小偷”的概率是$\frac{1}{2}$，“李四是小偷”的概率为$\frac{1}{4}$时，命题“要么张三是小偷，要么李四是小偷”的概率就是$\frac{3}{4}$。

特殊析取规则的拓展形式是：

$$P(p_1\vee p_2\vee\cdots\vee p_n)=P(p_1)+P(p_2)+\cdots+P(p_n)=\sum_{i=1}^{n}p(p_i)$$

（二）条件概率

在计算复合命题的概率时，常常会遇到在已知 p命题的条件下求命题 q的概率。这时由于有了附加条件，因此称这种概率为在命题p的条件下命题q的条件概率，记作 $P(\frac{q}{p})$。相应地，把 $P(p)$或 $P(q)$称为无条件概率。

如掷骰子要掷出一个偶数的概率是 12，即 P(偶数)=12，这是无条件概率，但当给定

“2”或“4”已出来时，得到一个偶数的概率便不是 12，而是 1，即 $P(\frac{\text{偶数}}{2\vee 4})=1$。这就是说，如果一定命题$p$被告知是真的，这就会影响到给另一个命题 q分配的概率。条件概率可用公式表示为：

$$P(\frac{q}{p})=\frac{P(p\wedge q)}{P(p)}$$

上式是说，在命题 p条件下命题 q的条件概率，等于这两个命题的合取的概率比已知命题p的概率。如：

$$P(\frac{\text{偶数}}{2\vee 4})=\frac{P(\text{偶数}\wedge(2\vee 4))}{P(2\vee 4)}=\frac{P(2\vee 4)}{P(2\vee 4)}=1$$

（三）导出规则

规则 6（普遍合取规则）：合取的概率等于一个合取支的概率乘以在第一个合取支真的条件下第二个合取支的条件概率，即：

$$P(p\wedge q)=P(p)\times P(\frac{q}{p})=P(q)\times P(\frac{p}{q})$$

以上证明是很简单的。在条件概率定义公式两边同乘以 $P(p)$即可得到。

如在某商店出售的灯泡中，某厂生产的产品占 70%，其中合格率为 90%，求在该商店买到一个灯泡是该厂生产的合格品的概率。

这里，要求买到的灯泡既是该厂的产品（p），又是合格产品（q），故所求概率是 p与 q同时为真的概率，即 $P(p\wedge q)$。由于 $P(p)=70\%$，$P(\frac{q}{p})=90\%$，所以，运用普遍合取规则可求得：

$$P(p\wedge q)=P(p)\times P(\frac{q}{p})=70\%\times 90\%=63\%$$

虽然概率演算（在已知简单陈述的概率之后求复合陈述的概率）和真值函项演算（在已知基本命题的真值后求复合命题的真值）十分类似，但是它们的区别也是明显的。因为当知道构成一个复合命题的简单命题的真假情况之后，便永远能够确定这个复合命题的真或假。但是，却不是永远能够由简单陈述的概率去计算出一个复合陈述的概率。如上所示，如果要计算出合取事件的概率，必须知道条件概率，而要计算出条件概率，又必须知道合取概率。所以，必须根据实际的已知情况，来决定具体事件的概率求法。在这里，是采取先定义条件概率，然后再求合取概率的方式来处理这个问题的。

规则 7（特殊合取规则）：不相干命题的合取的概率，等于合取支的概率的乘积，即：

$$P(p\wedge q)=P(p)\times P(q)$$

如掷一颗骰子的结果和掷另一颗骰子是独立事件，那么出现六点偶的概率便是

$P(p \wedge q) = \frac{1}{6} \times \frac{1}{6} = \frac{1}{36}$。

规则8（贝叶斯定理的简单形式）：在命题p条件下命题q的条件概率，等于命题q的概率与在命题q条件下命题p的概率的乘积比已知命题p的概率，即：

$$P(\frac{q}{p}) = \frac{P(q) \times P(\frac{p}{q})}{P(p)}$$

证明是简单的，试证如下：

（1）$P(p) \times P(\frac{q}{p}) = P(q) \times P(\frac{p}{q})$　　规则6

（2）$P(\frac{q}{p}) = \frac{P(q) \times P(\frac{p}{q})}{P(p)}$　　(1) 两边同除以$P(p)$

至此得证。

规则9（普遍析取规则）：相容析取的概率等于析取支的概率之和减去各支命题的合取的概率，即：

$$P(p \vee q) = P(p) + P(q) - P(p \wedge q)$$

以上证明稍复杂。证明如下：

(1)　$(p \vee q) \leftrightarrow (p \wedge \neg q) \vee q$　　逻辑等值式

(2)　$p \leftrightarrow (p \wedge q) \vee (p \wedge \neg q)$　　逻辑等值式

(3)　$P(p \vee q) = P((p \wedge \neg q) \vee q)$　　(1)，规则4

(4)　$P(p) = P((p \wedge q) \vee (p \wedge \neg q))$　　(2)，规则4

(5)　$P(p \vee q) = P(p \wedge \neg q) + P(q)$　　(3)，规则5

(6)　$P(p) = P(p \wedge q) + P(p \wedge \neg q)$　　(4)，规则5

(7)　$P(p \wedge \neg q) = P(p) - P(p \wedge q)$　　(6)，变换

(8)　$P(p \wedge \neg q) = P(p \vee q) - P(q)$　　(5)，变换

(9)　$P(p \vee q) = P(p) + P(q) - P(p \wedge q)$　　(7)，(8)，等量交换

至此得证。

如要知道掷骰子将露出偶数或一个小于“3”的数的概率，就可以计算如下：

$$\begin{aligned} P(\text{偶数} \vee \text{小于}3) &= P(\text{偶数}) + P(\text{小于}3) - P(\text{偶数} \wedge \text{小于}3) \\ &= P(2 \vee 4 \vee 6) + P(1 \vee 2) - P(2) \\ &= \frac{1}{2} + \frac{1}{3} - \frac{1}{6} \\ &= \frac{2}{3} \end{aligned}$$

根据普遍析取规则，还可以得到普遍合取规则的另一种形式，即：

$$P(p\wedge q)=P(p)+P(q)-P(p\vee q)$$

规则 10（普遍否定规则）：一个命题的否定的概率等于 1 减去原命题的概率，即：

$$P(\neg p)=1-P(p)$$

这条规则的证明很容易。试证如下：

(1)	$P(p\vee\neg q)=1$	规则 2
(2)	$P(p\vee\neg p)=P(p)+P(\neg p)$	规则 5
(3)	$P(p)+P(\neg p)=1$	(1)，(2)，等量交换
(4)	$P(\neg p)=1-P(p)$	(3)，变换

至此得证。

如要计算掷骰子得不到“3”的概率，即：

$$P(\neg 3)=1-P(3)=1-\frac{1}{6}=\frac{5}{6}$$

练习题

一、下列结论能否运用完全归纳推理得到？为什么？

1. 原子都是可分的。
2. 人人都有思维能力。
3. 蚂蚁搬家蛇蹓道，老牛大叫雨就到。
4. 在 24 至 28 之间没有质数（凡只能被 1 和自身整除的数叫质数）。
5. 我们厂所有车间都实现了生产自动化。
6. 绿色植物可通过光合作用把水和二氧化碳变成糖类而放出氧气。
7. 春夏秋冬，周而复始。
8. 两个特称命题做前提的三段论不能必然推出结论。
9. 天下乌鸦一般黑。
10. 任何社会形态的矛盾都是生产力和生产关系、经济基础和上层建筑的矛盾。

二、请指出下列归纳推理形式的种类，并写出其逻辑形式。

1. 水稻能够进行光合作用，大豆能够进行光合作用，松树能够进行光合作用，水稻、大豆、松树都是绿色植物，因此凡是绿色植物都能够进行光合作用。

2. 三角形可分为锐角三角形、直角三角形、钝角三角形三种。锐角三角形内角之和为 180°,直角三角形内角之和为 180°，钝角三角形内角之和为 180°。由此可以推出，所有三角形的内角之和都是 180°。

3. 1960 年，英国某农场的 10 万只火鸡和小鸭，由于吃了发霉花生，在几个月内得癌症而死了。后来用这样的花生喂养羊、猫、鸽子等动物，又发生了同样的结果。为什么动物吃了发霉花生会得癌症而死呢？1963 年，某科学家对发霉花生进行化学分析，发现其中含有黄曲霉素，而黄曲霉素是强烈的致癌物质。因此，他得出结论：动物吃了含有黄曲霉素的发霉花生，就会得癌症。

4. 牵牛花是在黎明4点左右开放，野蔷薇是在黎明5点左右开放，龙葵花是在清晨6点左右开放，芍药花是在清晨7点左右开放，鹅掌花是在中午开放，万寿菊是在下午3点左右开放，我们观察了许多种花，发现它们都有自己的开放时间，由此可见，所有的花都有自己的固定开放时间。

5. 人们观察了大量向日葵，发现它们的花总是朝着太阳。经过研究发现，向日葵茎部含有一种植物生长素，它可以刺激生长，又具有背光的特性。生长素常常在背着太阳的一面，使得茎部背光的一面生长快于向阳的一面，于是开在顶端的花就总是朝着太阳。因此，所有向日葵的花都朝向太阳。

6. 罗马体育馆的设计师，分析研究了人的头盖骨的结构和功能。他发现，人的头盖骨由8块骨片组成，形薄、体轻却比较坚固。他想，体育馆的屋顶用1 620块形薄、体轻的构件组成颅形，也应该是坚固的。按照这种想法设计施工，果然达到了预期的目的。

7. 某地区种植水稻30万亩，我们按长势将之分为三个等级，其中长势好的15万亩，一般的10万亩，差的5万亩。然后，依次从三个等级中随机抽取3亩、2亩、1亩共6亩作为样本，这6亩样本平均每亩估产为1 500斤，由此推广到总体30万亩水稻亩产也是1 500斤，总体产量为4.5亿斤。

8. 流通中的货币量发生了明显的变化，经济学家就运用一般规律性知识，即如果商品数量、商品价格或者货币流通速度发生了变化，那么流通中的货币量也会发生相应的变化，从而分析、推测出货币量的变化可能是由于商品数量的变化或者商品价格的变化或者货币流通速度的变化引起的。因为货币流通规律告诉我们，流通中货币变量（U）是由商品数量（T）、商品价格（P）和货币流通速度（V）三个因素决定的，其规律是：$U=\frac{T\times P}{V}$。

9. 某银行保险柜里现金被盗，侦破人员勘查现场发现，保险柜锁没有因被撬动而损坏的痕迹，于是认为作案者是开保险柜的工作人员。但是，如果上述论断成立，那么唯一开保险柜的工作人员陈小英，在发案的那天晚上就会到过现场。后来经过调查，陈小英确实在发案的那天晚上到过现场。由此，侦破人员所做出的论断得到了确证。

10. 某电冰箱厂生产1 000台电冰箱，检查员从中随意抽取500台进行检查，结果发现有450台是合格品，其余50台是次品。由此可知，产品的合格率是90%。

11. 自然科学来自人类的生产活动。最早的天文学是在人们的游牧活动和农业活动中，总结各种天象及日月星辰的观察材料而建立起来的；农业生产和商业交往活动，需要丈量土地、衡量器物、计数事物、测定时间，从而出现了古代数学；在手工劳动中，制造和使用各种工具、器械，从事建筑，进行推、拉、举、抛等活动，体验到一些机械运动原理，产生了古代力学；从畜牧业和种植活动中，了解到动物、植物、微生物的形状和生长规律，获得了最早的生物学知识等。

三、下列各题运用了何种探求因果联系的逻辑方法？为什么？

1. 棉花能保温，积雪也能保持地面温度。据测定，新降落的雪有40%到50%的空气间隙，棉花是植物纤维，雪是水的结晶，很不相同，但二者都是疏松多孔的。由此可见，疏松多孔的东西能够保温。

2. 有一个国家，近几年来流通中货币量有所增加，经济学家分析，由于生产的增长，商品总量的确有所增加；近几年来货币流通速度没有发生变化。但是，流通中货币量却超过了商品总量增加的15%。因此，经济学家得出结论：这个国家的物价在近几年内上涨了15%。

3. 我国古代著名的医学家孙思邈注意到，得脚气病的往往是富人，穷人患此病的很少。他通过进一步的观察、比较后发现，穷人的劳作、生活等情况各有差别，但穷人的食物中多米糠、麸皮；富人的生活情况各有差别，但富人吃的精面、白面都是把米糠、麸皮去得一干二净的。于是他就试着用米糠来治疗脚气病，果然灵验。

4. 20世纪初，科学家为了了解甲状腺肿大的原因，对这种疾病流行的地区进行了调查研究、分析、比较，结果发现这些地区的人口、气候、地理位置等各不相同，但有一个共同的情况，就是这些地区的饮水中缺碘，土壤流水中都缺碘。由此科学家得出结论：缺碘是引起甲状腺肿大的原因。

5. 长期生活在又咸又苦的海水中的鱼，它的肉却不是咸的，这是为什么呢？科学家们考察了一些生活在海水中的鱼，发现它们虽然在体形、大小、种类等方面不同，但它们的鳃片上都有一种能排盐的特殊构造，叫“氯化物分泌细胞”组织。科学家们又考察了一些生活在淡水中的鱼，发现它们虽然也在体形、大小、种类等方面不同，但它们的鳃片上都没有这种“氯化物分泌细胞”组织。由此可见，具有“氯化物分泌细胞”组织是海鱼在海水中长期生活而肉不具有咸味的原因。

6. 地球磁场发生磁暴的周期性经常与太阳黑子的周期性一致。随着太阳黑子数目的增加，磁暴的强烈程度也增高。当太阳黑子数目减少时，磁暴的强烈程度也随之降低。所以，太阳黑子的出现可能是磁暴的原因。

7. 某地发生一起杀人案件，被害者身上除被木棍等钝器重击的伤痕外，致命处还有一个刀刺的伤口。已抓捕的嫌疑人供认，作案时没有携带匕首一类的锐器，调查结果也证实他们没有杀死被害人的动机。公安人员确认真正的杀人凶手还没有归案。后经过深入侦查，终于抓到了真正的杀人犯。

8. 科技人员将一些正在生蛋的母鸡分为两组，每组供给的饲料的数量、质量、次数都相同。所不同的只是一组用普通水喂养，另一组喂以雪水。三个月后，饮雪水的一组母鸡比饮普通水的那组母鸡产量要多一倍。因此，用雪水喂鸡，能使鸡蛋产量增加。

9. 有位医生对许多健康的人做了多年细致的调查，了解他们是否吸烟，吸烟的时间长短和数量，什么时候戒烟等。经过长时期调查发现，在引起死亡的疾病中，只有肺癌的死亡率和吸烟有密切关系。吸烟者比不吸烟者死亡率大10倍；每天吸25支以上者比不吸烟者几乎大20倍；戒烟不到10年的比不吸烟者大8倍；戒烟超过10年以上者，仅为吸烟者的5倍。有的数字统计，吸烟者发生肺癌的比率比不吸烟者高出10倍至50倍。

10. 有人做过一个十分有趣的统计：过去几百年间流传至今的466幅圣母玛利亚的画像中，有373幅里的耶稣是在左边吸吮圣母的乳汁的，这一数字大约是全部被统计画幅的80%。艺术是生活的概括，如果你稍微留意的话，就会发现，大多数母亲喂奶时，也是把婴儿抱在左边的。为什么会这样呢？为此，有个心理学家做了以下的两个实验：一个实验是让一些婴儿间断地听每分钟 72 次的心跳录音。结果发现，这些婴儿在不听录音时啼哭时间是 60%，而在听录音时，就比较安静，啼哭时间降至 38%。另一个实验是任选四组婴儿，每组人数相同，把他们放在声音环境不同的房间里。第一个房间保持寂静，第二个房间放催眠曲，第三个房间放模拟的心跳声，第四个房间放真实的心跳声的录音。心理学家用这样的方法来研究哪一个房间里的婴儿最先入睡。结果是第四个房间里的婴儿，只用了其他房间中婴儿入睡所需时间的一半，就进入了梦乡。然后依次是第三个房间、第二个房间、第一个房间里的婴儿先后入睡。这个实验不但证明心跳声是一种有很强镇静作用的外界刺激，而且表明模拟的心跳声的效果不如真的心跳声的效果。

四、单项选择题（下列各题中均有四个选项，请从其中选择一项作答）。

1. 一位社会学家对两组青少年做了研究。第一组成员每周看有暴力内容的影视的时间平均不少于 10 小时；第二组则不多于 2 小时。结果发现第一组成员中举止粗鲁者所占的比例要远高于第二组。因此，此项研究认为，多看有暴力内容的影视容易导致青少年举止粗鲁。

以下哪项如果为真，将对上述研究的结论提出质疑？（　　）

A. 第一组中有的成员的行为并不粗鲁。

B. 第二组中有的成员的行为比第一组有的成员粗鲁。

C. 第一组中有的成员的文明行为是父母从小教育的结果，这使得他们能抵制暴力影视的不良影响。

D. 第一组成员中很多成员的粗鲁举止是从小养成的，这使得他们特别爱看暴力影视。

2. 莫大伟到吉安公司上班的第一天，就被公司职工自由散漫的表现所震惊。莫大伟由此得出结论：吉安公司是一个管理失效的公司，吉安公司的员工都缺乏工作积极性和责任心。

以下哪项如果为真，最能削弱上述论证？（　　）

A. 当领导不在时，公司的员工会表现出自由散漫。

B. 吉安公司的员工超过 2 万，遍布该省的十多个城市。

C. 莫大伟大学刚毕业就到吉安公司，对校门外的生活不适应。

D. 吉安公司的员工和领导的表现完全不一样。

3. 社会成员的幸福感是可以运用现代手段精确量化的。衡量一项社会改革措施是否成功，要看社会成员的幸福感总量是否增加。S 市最近推出的福利改革明显增加了公务员的幸福感总量，因此，这项改革措施是成功的。

以下哪项如果为真，最能削弱上述论证？（　　）

A. 上述改革措施并没有增加 S 市所有公务员的幸福感。

B. S 市公务员只占全市社会成员很小的比例。

C. 上述改革措施在增加公务员幸福感总量的同时，减少了 S 市民营企业人员的幸福感总量。

D. 上述改革措施在增加公务员幸福感总量的同时，减少了 S 市全体社会成员的幸福感总量。

4. 一项关于婚姻状况的调查显示，那些起居时间明显不同的夫妻之间，虽然每天相处的时间相对较多，但每月爆发激烈争吵的次数，比起那些起居时间几乎相同的夫妻明显要多。因此，为了维护良好的夫妻关系，夫妻之间应当注意尽量保持基本相同的起居规律。

以下哪项如果为真，最能削弱上述论证？（　　）

A. 夫妻之间不发生激烈争吵，不一定关系就好。

B. 夫妻闹矛盾时，一方往往用不同时起居的方式以示不满。

C. 起居时间的不同很少是夫妻间争吵的直接原因。

D. 起居时间的明显变化会影响人的情绪和健康。

5. 粮食可以在收割前在期货市场进行交易。如果预测谷物产量不足，谷物期货价格就会上升；如果预测谷物丰收，谷物期货价格就会下降。今天早上，气象学家们预测从明天开始谷物产区里会有非常需要的降雨。因为充分的潮湿对目前谷物的存活非常重要，所以今天的谷物期货价格会大幅下降。

以下哪项如果为真，将最严重地削弱上述观点？（　　）

A. 气象学家预测的准确性并不稳定。

B. 气象学家同时提醒做好防涝准备，防备这场大面积降雨延续过长。

C. 农业学家预测，一种严重的虫害将在本季粮食作物的成熟期出现。

D. 和期货市场上的某些商品相比，粮食价格的波动幅度较小。

6. 在法庭的被告中，被指控偷盗、抢劫的定罪率，要远高于被指控贪污、受贿的定罪率。其重要原因是后者能聘请收费昂贵的私人律师，而前者主要由法庭指定的律师辩护。

以下哪项如果为真，最能支持题干的论证？（　　）

A. 一个合格的私人律师，与法庭指定的律师一样，既忠实于法律，又努力维护委托人的合法权益。

B. 被指控偷盗、抢劫的被告中罪犯的比例，不高于被指控贪污、受贿的被告。

C. 一些被指控偷盗、抢劫的被告，有能力聘请私人律师。

D. 司法腐败导致对有权势的罪犯的庇护，而贪污、受贿等职务犯罪的构成要件是当事人有职权。

7. 新疆北鲵是一种濒危珍稀动物，1840 年由沙俄探险家首次发现，此后一百多年不见踪影，1989 年在新疆温泉县重新被发现。但资料显示，自 1989 年以后的 15 年间，新疆北鲵的数量减少了一半。有专家认为，新疆北鲵的栖息地原是当地的牧场，每年夏季在草原上随处走动的牛羊会将其大量踩死，因而造成其数量锐减。

以下哪项如果为真，将对上述专家的观点提出最大质疑？（　　）

A. 1997 年“温泉新疆北鲵自然保护区”建立，当地牧民保护新疆北鲵的意识日益高。

B. 近年来雨水减少，地下水位下降，新疆北鲵赖以栖息的水源环境受到影响。

C. 新疆北鲵是一种怕光的动物，白天大多躲在小溪的石头下，也避开了牛羊的踩踏。

D. 新疆北鲵的栖息地位于山间，一般游人根本无法进入。

8. 据国际卫生与保健组织 2019 年年会“通讯与健康”公布的调查报告显示，68%的脑癌患者都有经常使用移动电话的历史。这充分说明，经常使用移动电话将会极大地增加一个人患脑癌的可能性。

以下哪项如果为真，将最严重地削弱上述结论？（　　）

A. 有经常使用移动电话历史的人在2010年到2019年超过世界总人口的65%。

B. 在2019年全世界经常使用移动电话的人数比2018年增加了68%。

C. 使用普通电话与移动电话通话者同样有导致脑癌的危险。

D. 没有使用过移动电话的人数在21世纪初超过世界总人口的50%。

9. 美国黑人患高血压的比美国白人高两倍。把西方化的非洲黑人和非洲白人相比，情况也是如此。研究者们假设，西方化的黑人之所以会患高血压，是两个原因相互作用的结果，一个原因是西方食品含盐量高，另一个原因是黑人遗传基因中对于缺盐环境的适应机制。

以下哪项如果是真的，最能支持研究者的假设？（　　）

A. 当代西方化非洲黑人塞内加尔人和冈比亚人后裔的血压通常不高，塞内加尔和冈比亚历史上一直不缺盐。

B. 非洲某些地区的不同寻常高盐摄入是危害居民健康的严重问题。

C. 考虑到保健，大多数非洲白人也注意控制盐的摄入量。

D. 西非约鲁巴人的血压通常不高，约鲁巴人有史以来一直居住在远离海盐的内陆，并远离非洲撒哈拉盐矿。

五、下列实验，如已经安排的，分析安排得是否正确？如不正确，应如何安排？如未安排，请根据求因果五法进行适当的安排。

1. 某药品研究单位，为了比较两种感冒冲剂的疗效，对同一个感冒患者先使用了一种感冒冲剂，观察一天。然后又使用另一种感冒冲剂，再观察一天，比较前后症状的不同，确定哪一种感冒疗效更好。

2. 某学校在高中三年级实验两种高效学习方法。实验是这样安排的，在程度好的快班推行第一种高效学习方法；在程度差的慢班推行第二种高效学习方法。实验一段时间后，比较哪种高效学习方法好。

3. 17世纪意大利人法朗士格·雷蒂用实验推翻了当时流行的“腐肉自身生蛆”的见解。他先把肉放在容器内，密盖以纸，虽经很长时间肉腐而无蛆。待移去纸盖，代以纱网，让肉味透过纱网吸引苍蝇，苍蝇在网上产卵，随之孵化为蛆。

4. 有两群鸡，每群600只，都是笼养的。一群是两个月以下的幼雏，另一群三分之二是幼雏，三分之一是两个月至六个月的中雏。在一项饲料实验中，一群喂甲种饲料，另一群喂乙种饲料，过一定时期后称其体重，以确定哪种饲料在育肥效应上较好。

5. 在一项乳牛饲料实验中，头两个星期喂甲种饲料，其次两个星期换乙种饲料，再次两个星期换丙种饲料，度量各时期的泌乳量，以确定哪一种饲料较优。

6. 近年来有些地方试验一种水稻栽培技术，即“小苗带土移栽”。现要确定新的栽培方法是否比不带土移栽优越。

7. 两块可以做试验田的土地，一块土壤较肥沃，另一块土质较差。现要通过实验确定一种新品种的玉米是否能增产。

8. 有三块槐树林，正处在盛花期，由于面积大小不同，蜜蜂采蜜的花源充足程度不同。现有 60 箱蜜蜂，要测定蜂蜜产量和花源充足程度的关系。

9. 已结婚的配偶分为快乐的和不快乐的两种。快乐的配偶除了快乐之外，还有一项因素相同，而所有不快乐的配偶却缺乏这一因素。于是，我们可以得出结论说，这项因素是婚姻快乐的原因。例如，性情相投。

六、求下列事件的概率。

1. 下雨（r）的概率是$\frac{3}{5}$，下冰雹（h）的概率是$\frac{1}{10}$，而下雨和下冰雹是独立事件，求:

（1）$P(\neg h)$

（2）$P(\neg r)$

（3）$P(r \wedge h)$

（4）$P(r \wedge \neg h)$

（5）$P(\frac{h}{r})$

（6）$P(\frac{r}{h})$

（7）$P(\frac{\neg r}{h})$

（8）$P(\frac{h}{\neg r})$

（9）$P(h \wedge \neg r)$

（10）$P(\neg h \wedge \neg r)$

（11）$P(r \vee h)$

（12）$P(r \vee \neg h)$

（13）$P(\neg r \vee h)$

（14）$P(\neg r \vee \neg h)$

（15）$P((r \wedge \neg h) \vee (r \wedge h))$

（16）$P((r \wedge \neg h) \vee (\neg r \wedge \neg h))$

（17）$P(r \wedge (\neg h \vee h))$

（18）$P(\frac{r}{h \vee \neg h})$

（19）$P(r \wedge (h \vee \neg r))$

（20）$P((r \wedge \neg h) \vee (\neg r \wedge h) \vee (\neg r \wedge \neg h))$

2. 雷鸣（t）的概率是$\frac{1}{4}$，闪电（l）的概率是$\frac{1}{4}$，而在雷鸣条件下发生闪电的概率是$\frac{5}{8}$，求:

（1）$P(\neg l)$

（2）$P(t \wedge l)$
（3）$P(t \vee l)$
（4）$P(\neg(t \vee l))$
（5）$P(\neg t \wedge \neg l)$
（6）$P(\frac{\neg t}{\neg l})$
（7）$P((t \wedge l) \vee (\neg t \wedge \neg l))$
（8）$P((t \wedge l) \vee (t \wedge \neg l))$
（9）$P(t \wedge \neg l)$
（10）$P(\frac{t}{\neg l})$
（11）$P(\frac{\neg l}{t})$
（12）$P(\frac{l}{t \wedge \neg t})$
（13）$P(\frac{t}{t \wedge l})$

3. 袋中放有三个红球、三个黑球和四个白球，这些球除了颜色以外其他方面都相同，求:
（1）任取一球取得红球的概率。
（2）任取一球取得非红球的概率。
（3）任取两球取得红球的概率。
（4）任取两球取得一个红球、一个黑球的概率。
（5）任取三球取得红球的概率。

4. 一个袋中有10颗胶姆糖，5颗红的，5颗白的。现在摇匀口袋，闭上眼睛，从袋中取糖。求:
（1）从袋中取出一颗红糖的概率。
（2）从袋中第一次取出红糖后第二次取出红糖的概率。
（3）从袋中第一次取出白糖后第二次取出红糖的概率。
（4）从袋中第一次取出红糖并且第二次取出红糖的概率。
（5）从袋中第一次取出白糖并且第二次取出红糖的概率。
（6）从袋中第一次取出一颗之后第二次取出一颗红糖的概率。

5. 将一副扑克牌（除王以外52张）洗好后，求:
（1）抽出A的概率。
（2）抽出红桃的概率。
（3）第一张抽出红桃的概率。
（4）接连抽出两张红桃的概率。
（5）连续抽出五张同花色扑克牌的概率。

第九章

证明与反驳

人们在思维过程中，往往需要确定某个思想是正确的，或者确定某个思想是错误的，这就需要论证。论证包括证明与反驳两个方面。论证某个思想的真实性叫证明，论证某个思想的虚假性或者某个论证是不能成立的就叫反驳。

第一节　证明

一、证明及组成

1. 什么是证明

证明，就是用一个或几个已知为真的命题去确定另一个命题的真实性的思维形式。

我们先来看一个故事。

很久以前，在浙江省的句章县，有一妇女杀死其丈夫之后，害怕官府追究，就将房屋烧掉。然后号啕大哭告诉别人，不慎房屋失火烧死了丈夫。丈夫本家族人怀疑此事，告到县府。当时任句章县的县令名叫张举，他命令取出两头猪，杀死其中的一头。然后将一头死猪、一头活猪，同时放到柴堆里点着火烧。火灭后，取出两头猪看，杀死的那头猪，嘴里无灰；活活烧死的那头猪，嘴张着，口中有灰炭。于是县令张举当众向这个妇女宣告："你丈夫不是失火烧死的。凡被烧死的人，死前在火中，烟熏火烤，呛得喘不过气来，迫于呼吸，口中势必吸进一些灰炭。你丈夫口中为什么是干净的呢？"谋杀丈夫的事情露了马脚，妇女无话可答。经过审讯，只好供认了谋杀丈夫的罪行。

在上述故事中，县令张举对杀人犯的审判进行了以下证明：

你丈夫不是被火烧死的。因为凡被火烧死者的口中都有灰炭，但你丈夫口中没有灰炭。

所以，你丈夫不是被火烧死的。两头猪，一头直接烧死，另一头先杀死后烧。结果，直接烧死的猪口中有灰炭，先杀死后烧的猪口中没有灰炭。

2. 证明的组成部分

任何一个证明都是由论题、论据和论证方式三个部分组成的。

论题也称为论点，是指通过论证要确定其真实性的命题。它回答的是“证明什么”的问题。上述故事中证明的论题是：你丈夫不是被火烧死的。论题标志证明的目的、宗旨，是立论者所要解决的问题、所提出来的主张，是证明的所在、证明之点。论题是证明的“纲”，“纲举目张”“提纲挈领”，在分析证明的结构时，把握住论题，整个证明就迎刃而解。论题是证明的“灵魂”，是整个证明的指导思想、中心思想，证明所围绕的轴心。全面证明，应该紧扣论题来进行。证明的着力点，就是要运用各种证明方式，以确立论题的真实性。论题通常在证明的开头提出，在证明的末尾归结。标志论题的联结词，有“所以”“因此”“因而”“那么”“于是”“由此可见”“如此说来”“这说明”“这表明”“这证明”等。

论题是已被或尚未被实践或理论证明为真的命题。对已被实践或理论证明为真的命题，在传授知识、宣传真理时，仍需进行证明，以便让人们确认、相信其为真。对尚未被实践或理论证明为真的命题，更需用充分的论据来进行证明，以使其具有定理、真理的身份，构成科学体系的一环。真实的论题，来源于人们对事物的正确认识。论题真实是建立正确证明的先决条件。只有论题真实，才有可能通过证明来确立其为真。虚假论题来源于人们对事物的错误认识。虚假论题经不起事实的推敲和实践的检验，也不能经由证明确立其为真。对虚假论题，无论进行怎样巧妙的证明，都不能使它由假变真。虚假论题终究会为事实、实践和真理所驳倒。

论据也称为证据，它是用来确定论题真实性的命题。回答的是“用什么来证明”的问题。上述故事中，“凡被火烧死者的口中都有灰炭，但你丈夫口中没有灰炭”“两头猪，一头直接烧死，另一头先杀死后烧。结果，直接烧死的猪口中有灰炭，先杀死后烧的猪口中没有灰炭”等都是用来证明的论据。论据是论题得以成立的理由、根据。论据是证明的“血肉”。证明的丰满、充实依靠充足的、真实的论据。荀子说：“持之有故。”即坚持一个论题，应该有论据。墨子说：辞“以故生”，“立辞而不明于其所生，妄也”。即论题凭借论据以产生，建立论题而不明确其所产生的论据，是虚妄的论断。论据应该具有真实、关联和独立三种性质，它们是建立有效证明的前提和先决条件。论据不真实，无从引出论题的真实。论据与论题没有密切关联的性质，风马牛不相及，则不能必然推出论题来。论据的真实性不独立于论题，则会使证明循环，像车轮在原地无效空转。

可以作为论据的命题包括两类。一类是已被确认的关于事实的命题，即事实论据。事实论据，是反映事物实际情况的命题。事实胜于雄辩，真实而充足的事实论据，对于证明的作用，胜过雄健有力的辩论技巧。当然，事物纷然杂陈，充满矛盾，证明论题的事实论据，不是任意选取、随意拈来的，具有说服力的是那些典型的、有代表性的论据。事实论据不在于多，而在于精，在于能够说明论题。另一类是表述科学原理的命题，即理论论据。如科学中的公理、定义、定理、原理等。用关于事实的命题作为论据去证明论题叫作“摆事实”，用表述科学原理的命题作为论据去证明论题叫作“讲道理”，说明道理，进行理论推导，是论证性和说服力的非常重要的方面。用论据证明论题的过程实际上就是“摆事实，讲道理”的过程。就上述故事中的证明而言，“两头猪，一头直接烧死，另一头先杀死后烧。结果，直接烧死的猪口中有灰炭，先杀死后烧的猪口中没有灰炭”“你丈夫口中没有灰炭”都是事实论据；“凡被火烧死者的口中都有灰炭”则是理论论据。标志论据的联结词，有“因为”“由于”“如果”“既然”等。

论证方式是指论据和论题之间的联系方式，即证明过程中所使用的推理形式。它回答的是“怎样用论据证明论题”的问题。最简单的证明，只由一个推理构成。较为复杂的证明，则由多个或多种推理构成。上述故事中的证明，首先使用了三段论第二格的演绎推理，即：

凡被火烧死的人口中都有灰炭；
你丈夫口中没有灰炭；
所以，你丈夫不是被火烧死的。

该三段论为三段论第二格推理的 AEE 式，是一个形式有效的推理。

上述证明，在论证“凡火烧死者口中必有灰炭”的真实性时，还运用了归纳推理中的求异法进行论证，即：

直接烧死的猪，有临死前挣扎的情况，口中有灰炭；
先杀后烧的猪，没有临死前挣扎的情况，口中没有灰炭。
所以，直接烧死的猪因为临死前挣扎是口中有灰炭的原因。

严格说来，上述证明还包含以下类比推理，即：

猪和人在许多属性上相同或相似；
猪在临死前挣扎口中必有灰炭。
所以，人因为临死前挣扎口中也必有灰炭。

总之，上述证明既使用了演绎证明，也使用了归纳证明，属于演绎和归纳的综合运用。

证明方式所反映的是证明的骨骼、脉络和结构。如果证明的骨骼环环相扣，脉络分明，结构严谨，就可以有较强的论证性和说服力。证明方式是论题赖以成立的思路、条理，是证明过程中所运用的推理的总和。荀子说：“言之成理。”即对论题的论证，顺理成章。墨子说：辞“以理长”，“今人非道无所行，虽有强股肱，而不明于其道，其困也，可立而待也”。即论题凭借条理而导出。证明的过程不合理，犹如行不有径，虽有强健的体魄，不知路在何方，必然立刻遭到困难。只有证明方式有效，才能思路畅通，条贯理达。

3. 证明和推理的关系

证明和推理既有联系又有区别。它们的联系主要表现在：推理是证明的工具，证明是推理的运用。证明必须运用推理，证明的过程就是推理的过程。证明和推理，可以具有完全相同的语言表达。证明中的论据相当于推理的前提，论题相当于推理的结论，证明方式相当于推理形式。证明和推理的联系，可以用下列表格表示出来：

表 9-1

证明	推理
论据	前提
论题	结论
证明方式	推理形式

证明和推理的区别主要有：

第一，思维过程不同。证明的思维进程是先提出论题，后为证明论题的真实性而寻找论据来论证，是论题在先，论据在后。推理则是先有前提，然后由前提推出结论，其思维进程是先前提，后结论。

第二，逻辑要求的着重点不同。证明的着重点放在论题和论据的真实性上，重点要求论据必须真。推理本身却并不要求前提必须真实，推理所着重强调的是前提和结论之间的逻辑联系。

第三，逻辑结构的繁简不同。证明的结构往往比推理要复杂得多，证明通常是多个推理甚至是多种推理的综合运用。

总之，任何证明都需要运用推理，但并非任何推理都是证明。

4．证明的作用

证明的根本作用在于使思想具有论证性。思想必须有论证性才会有说服力。论证性是指证明中的论题、论据的真实性和论据对论题的支持程度。说服力，是指一个证明使人信服的力量。墨子说："服，执说。""服"是信服，"说"是推论，"故"是理由。使人信服，需要采用理由充分的证明。论证性和说服力呈正相关，论证性越强，说服力就越强。有强论证的科学理论，会在长期实践过程中为自己开辟道路，说服众人相信。

证明是建构科学体系的工具。科学是揭示事物规律性的知识体系，需要通过证明来建立。比如，在数学中，根据公理和已知定理，论证和发现新定理。只有经过严格的逻辑证明的命题，才能取得定理、原理的资格，加入科学知识的体系中。爱因斯坦指出，在数学领域中，"命题如果是在某一逻辑体系里按照公认的逻辑规则推算出来的，它就是正确的"[①]。通过逻辑证明，判明为正确的定理、原理，才能构成科学体系的一环。

逻辑证明和实践检验存在密切联系。逻辑证明是在实践检验的基础上来进行的，归根结底依赖于实践检验。证明中论据和论题的真实性，证明方式的公理性和必然性，都是要经受实践检验的。逻辑证明反映实践检验的结果，并反作用于实践检验。

逻辑证明和实践检验又存在着严格区别。逻辑证明以推理形式实现，具有不受时空条件的限制的普遍性和超越性。老子说："不出户，知天下；不窥牖，见天道。"荀子说："坐于室而见四海，处于今而论久远。"逻辑证明有着非常重要的作用。实践检验以生产、实验等行为方式实现，有直观性、直接性和现实性的优点，也有一定具体条件下的相对性和局限性。不过，实践仍然是检验真理的最终唯一的标准。

① 爱因斯坦.爱因斯坦文集：第1卷. 北京：商务印书馆，2010：6.

二、基本的证明结构

在我们对证明的基本组成做出分析，完成了一个证明的重新构造之后，就可以用图解的方法来表示它的结构，也就是前提和结论之间的连接关系。传统上，我们都是用树形图来表示的。

证明的基本结构包括：单前提结构、多前提结构、链式结构和复合结构。

单前提结构是证明的第一种基本结构，就是组成证明的最基本的三要素：一前提一结论的结构：前提→结论。①

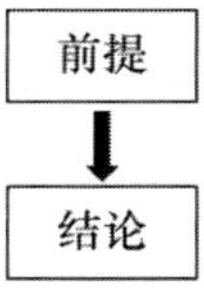

例如：“你没有通过这次公务员考试，因为你没有认真准备。”

单前提单结论结构的一个变形是单前提多结论结构。例如：前提→结论 1 并且结论 2。

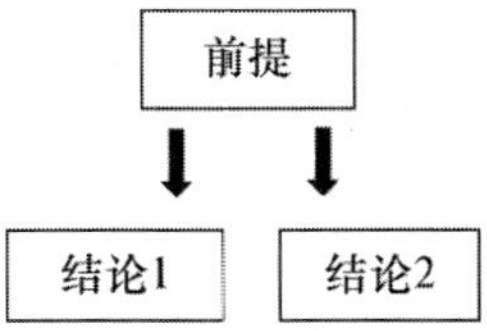

例如：“你现在不抓紧时间好好学习外语，那么你就无法通过托福考试，也就不能申请去国外留学。”

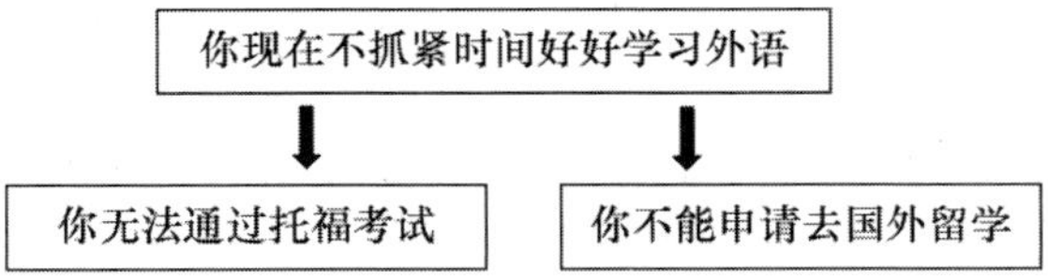

第二种证明结构是多前提单一结论，即由两个或更多的前提来推导出一个结论。这个结构有两类：一类是“独立的多前提结构”，即前提之间互相独立，每一个前提都可以单独推导出这个结论，不需要另一个前提的帮助。两个前提一起用是为了加强证据的支持力量。另一类是“相互依赖的多前提结构”，即前提之间互相依赖，缺一，其他前提就不能推导出结论。反驳独立的多前提结构，需要反驳每一个前提；反驳相互依赖的多前提结构，只需反对其中的一个前提即可。

独立的多前提结构：

---

① 董毓. 批判性思维原理和方法：走向新的认知和实践. 北京：高等教育出版社，2010：107.

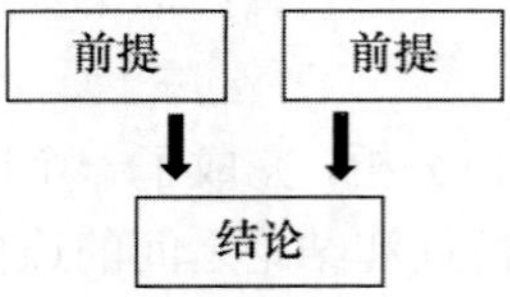

例如：母亲对儿子说："我不看那部电影，我根本就不喜欢看小孩看的片子，况且也没有票卖了。"两个前提各自都可以说明母亲为什么不和儿子一起看那部电影。即使有票卖，母亲不喜欢也不会去看；母亲喜欢，没有票卖，母亲也不会去看。母亲的论证用树形图表示如下：

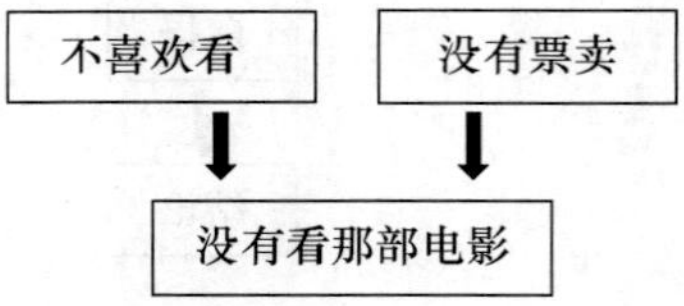

相互依赖的多前提结构：

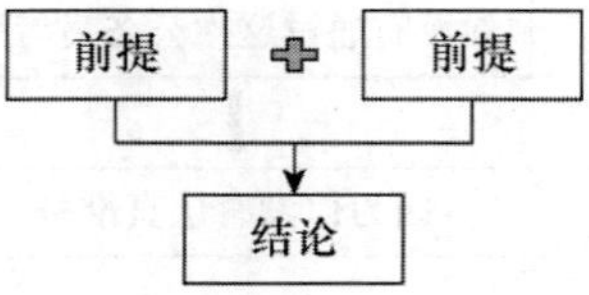

例如：太太对先生抱怨先生新买的戒指不够漂亮，她不喜欢。先生就对太太说："亲爱的，你不爱我。"太太问理由，先生说："如果你爱我，那么你就会喜欢我给你买的所有礼物。而你不喜欢这个礼物。"先生所给出的太太不爱他的论证中，两个前提互相依赖。对先生而言，"如果你爱我，那么你就会喜欢我给你买的所有礼物"是普遍规律，太太不喜欢戒指则是事实，二者合起来才构成了对结论的支持。树形图表示如下：

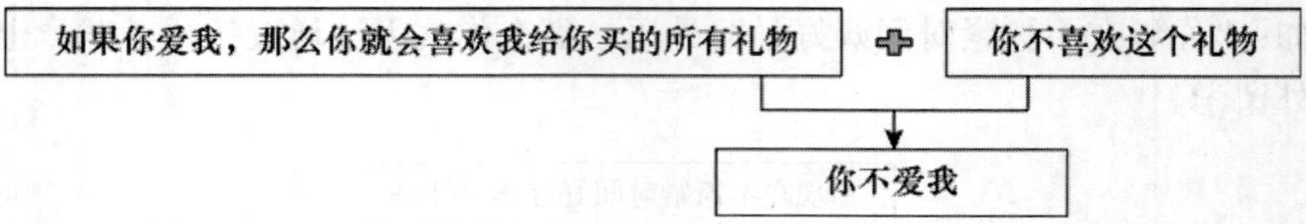

第三种结构是链式结构。就是首先从一个或多个前提推导出一个结论，然后再从这个结论推导出一个新的结论。最开始的前提我们称为"初始前提"；初始前提的结论，又是下一步结论的前提，称之为"中介前提"或"中介结论"；最后结论则被称为"最终结论"。其最基本的树形图如下：

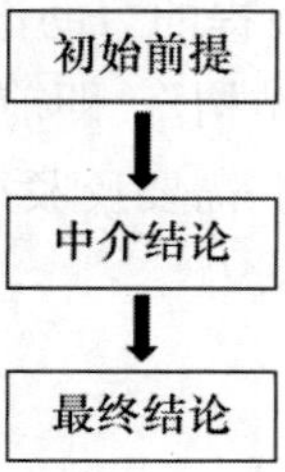

因为事物的复杂性和人们的好奇心，我们常常刨根问底，因此，从一个结论到另一个结论的链式论证结构很普遍。例：“孕妇不要喝酒，据某知名专家说，孕妇哪怕是喝一点点酒都会对胎儿的生长产生危险，因为大量实验证明，酒精对细胞有抑制反应。”这个论证中，“实验证明酒精对细胞有抑制反应”是“初始前提”，由它我们得到“孕妇哪怕是喝一点点酒都会对胎儿的生长产生危险”，这是“中介前提”或者“中介结论”，最后得到的“孕妇不要喝酒”则是“最终结论”。这个链式结构的树形图如下：

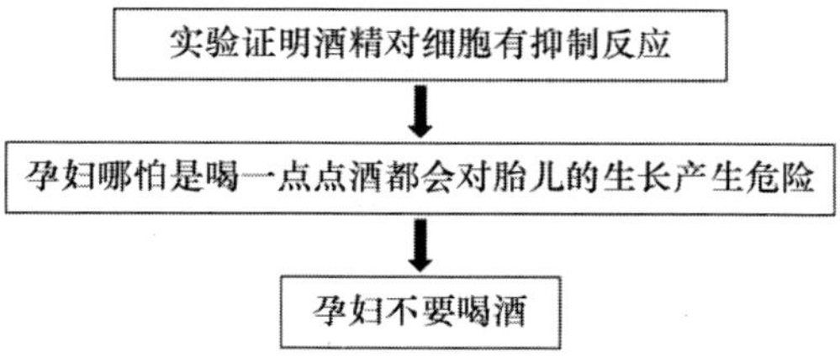

第四种证明结构是复合结构。实际证明复合结构要远比单前提结构、多前提结构和链式结构复杂，但再复杂的证明，都是由这三种结构组合起来的。如有的主要是一个链式推理，但其中的某些部分是多前提的结构；有的是多前提的结构，但其中某些前提本身又有前提，所以它的分支上是链式结构。①

绝大多数论证，都由多前提结构和链式结构组合而成，比较复杂。因此，当我们分析一个证明时，就有必要画出它们的结构图。②

画结构图时，一般把最终结论放在最下面，最初前提放在最上面。中介结论放在中间。用箭头表示推理。相互依赖的前提用加号链接起来。独立前提则用另外的箭头表示。

例如：“如果你现在不抓紧时间学习，那么这门课你就不会得高分，老师也不会为你写求职推荐信。另外你其他课程的分数也不高，你的平均分也不高，况且你也没有其他优秀表现，申请研究生也很困难。”

用树形图表示，这个证明的结构是：

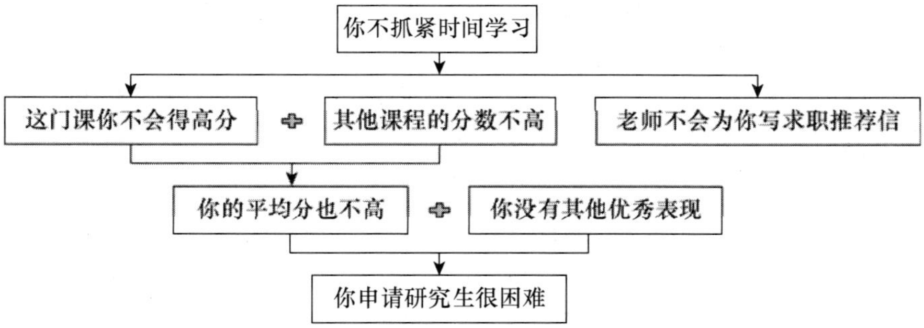

三、证明的种类

根据证明过程中所使用的推理形式不同，可以把证明分为演绎证明、归纳证明。

① 董毓.批判性思维原理和方法：走向新的认知和实践. 北京：高等教育出版社，2010：112.

② 杨武金. 逻辑思维能力训练. 北京：中国人民大学出版社，2020：108.

1. 演绎证明

演绎证明是运用演绎推理形式所进行的证明。其论据是一般原理，论题的一般性程度较弱于论据。例如，

水生物化石的地层，都是地质史上的海洋地区。地质普查探明，喜马拉雅山脉的地层中遍布着珊瑚、苔藓、海藻、鱼龙、海百合等化石。因此，可以得出结论，喜马拉雅山脉在过去的地质年代里曾经被海洋淹没过。

上述证明属于演绎证明，其中运用了三段论第一格的 AAA 式。推理过程如下：

水生物化石的地层，都是地质史上的海洋地区；
喜马拉雅山脉的地层中遍布着珊瑚、苔藓、海藻、鱼龙、海百合等化石；
所以，喜马拉雅山脉在过去的地质年代里曾经被海洋淹没过。

所有演绎推理的有效形式都可以用来进行演绎证明。演绎证明的论据蕴涵论题，论据真则论题真，推论形式具有必然性，有足够强的说服力，是证明的主要形式。

在数学和数理逻辑等精密科学中，用公理方法，从初始概念和公理出发，用演绎推理引申出一系列定理，构成公理系统。古希腊数学家欧几里得著《几何原本》，提出了最早的几何学公理系统。德国数学家希尔伯特，提出了几何学的现代形式公理系统。古希腊逻辑学家亚里士多德的三段论理论，是逻辑学中第一个公理化的演绎系统，类似于今天的自然演绎系统。德国逻辑学家弗雷格，在逻辑史上第一次构造了命题演算和谓词演算的形式公理系统。英国逻辑学家罗素，建立了比较完善的经典命题演算公理系统和经典谓词演算公理系统。公理化方法，是系统完整的演绎证明，形式化是高度抽象和严格的公理化，是现代逻辑的重大成果和重要特征。

2. 归纳证明

归纳证明是运用归纳推理形式所进行的证明。其论据是特殊的具体的事实，论题的一般性程度强于论据。所有归纳推理的形式，都可以用来进行归纳证明。不过，不同的归纳推理形式，论据对论题的支持程度不同，论证性和说服力也就不同。

首先看运用完全归纳推理的证明。运用完全归纳推理的证明，论据蕴涵论题，论据真则论题必然真，论证方式有必然性，有足够强的论证性和说服力。其论据部分，考察了一类事物全部个体的属性，在归结论题部分，对一类事物的全体对象的属性做出归纳，如果论据真，所用形式有效，则所导出的论题就是真实的。在词项逻辑中，证明“两个特称前提不能得出结论”的规则，就把“两个特称前提”分为“两个否定”、“两个肯定”和“一个肯定一个否定”三种情况，分别考察在这三种情况下，都“不能得出结论”，因为三种情况穷尽了全部可能，所以论题必然得证。

其次看运用不完全归纳推理（简单枚举归纳推理）的证明。运用不完全归纳推理（简单枚举归纳推理）的证明，论据不蕴涵论题，论据真论题不必然真，证明方式只具有或然性而不具有必然性。其论据部分，单纯列举若干正面事例，考察了一类事物部分个体的属性，并且没有发现反例，在归结论题部分，对于一类事物的全体对象的属性做出归纳。即使所列论据全部真实，也只是导出论题的必要条件，而不是充分条件。推论形式和所导出

的论题不具有必然性，只具有盖然性、或然性或一般性。但是，人们可以通过增加论据对于论题的典型性、代表性，来提高论题的可靠性程度，从而确保归纳论证的充足性和说服力。例如，

自古雄才多磨难，纨绔子弟少伟男。翻书看看，大凡成才的贤人哲士，哪个不是经历了艰辛的呢？屈原流放赋《离骚》，左丘失明传《国语》，司马迁受刑写《史记》，曹雪芹举家食粥创作那不朽的《红楼梦》。……古今中外，无不如此。而那些整天吃喝玩乐、花天酒地的公子少爷，那些达官贵人，他们又做了什么大事呢？不过庸人一世，蛀虫一生罢了。

上述证明属于归纳证明，具体地运用简单枚举法来进行证明。首先提出论点，然后列举事例进行论证。证明的最后还列举反面情况进行对照，使论证更具有说服力。

下面是一篇题为《火箭发射与致命的巧合》①的文章，可以从中体会归纳证明的作用。

火箭发射真稀奇，失败多在星期一。

火箭总设计师谢·帕·科罗廖夫领导了 79 枚运载火箭的发射，在逢星期一进行的 11 次发射中，有 7 次失败。

1960 年 10 月 16 日，星期一，新的运载火箭“闪电”号定于这一天发射。它应该把自动站送上火星。然而，火箭爆炸了。

“天顶”号摄影侦察设备首次发射是在 1961 年 12 月 11 日进行的，这一天又是星期一，火箭爆炸了。

1964 年 4 月 20 日，科学家们第五次尝试发射用于在月球上软着陆的小站。运载火箭爆炸了。这天是星期一。

1965 年 2 月 22 日，星期一，无人驾驶的“上升—2”号发射。飞行开始很顺利，飞船进入了轨道，但是由于操纵手的失误，飞船爆炸了。

谢·帕·科罗廖夫在世时最后一次发射又逢星期一，是 1965 年 10 月 4 日进行的，也以失败告终。

上述归纳论证的论点是“火箭发射真稀奇，失败多在星期一”，其他部分都是论据。整个论证在给出论点后，先对论点做一个说明，在逢星期一的 11 次发射中有 7 次失败。然后使用枚举归纳法，列出了其中 5 次失败的具体情况。实际上，该论证还可以继续下去。比如，在其他时间火箭发射的情况如何，做一个对照，会使论证具有更大的说服力。另外，还可以分析一下，为什么星期一发射火箭容易失败的原因，比如可能是由于周末休息之后人们的注意力容易松懈等，这时就已经是在运用科学归纳推理进行论证了。

运用科学归纳推理所进行的论证是综合运用了不完全归纳推理（简单枚举归纳推理）和演绎推理两种推理的综合证明。例如：

[论题] 适量饮酒患心脏病的危险小。

[论据 1] 波士顿妇女医院医生迈克尔，研究了 680 个案例，发现适量饮酒患心脏

---

① 安德烈·叶尔绍夫.火箭发射与致命的巧合.俄罗斯消息报，1996-07-20.

病的危险小。（简单枚举归纳推理，列举出事实论据，“摆事实”）

[论据2]

[大前提]过去的研究表明，脂蛋白质含量高使患心脏病的危险减少。

[小前提]现在的研究表明，适量饮酒脂蛋白质含量高。

[结论]适量饮酒患心脏病的危险小。（演绎推理，列举理论论据，“讲道理”）

如上所述的应用科学归纳推理所进行的证明，其特点和优点是：论据有事实论据和理论论据两种。证明方式（推理形式）有归纳推理（简单枚举归纳推理），列举正面事例，属于“摆事实”，起“知其然”的作用，说明事物“是什么”和“怎么样”。其中的演绎推理，属于“讲道理”，起到“知其所以然”的作用，说明事物情况的“为什么”，探明因果联系和必然联系。这种证明是证明的基本形式，也是科学研究中常用的证明形式。

四、证明的方法

根据证明过程的不同，证明可分为直接证明和间接证明。间接证明又分为反证法和选言证法。

1. 直接证明

直接证明是用论据从正面直接论证论题的真实性的论证方法。一般进行的证明都是直接证明。上述所举的证明事例都属于直接证明。

2. 反证法

反证法是一种间接证明方法，它是通过论证与原论题相矛盾的论断为假，然后根据排中律确定原论题为真的证明方法。由于其中用到了假言推理，所以，反证法又称为假言证法。

反证法的第一步，是设与原论题“p”相矛盾的论题“非 p”真。第二步，是以“非 p”为真的设定为前件，推出一个或一组命题为后件的荒谬的结论，进而运用充分条件假言推理的否定后件式，由否定后件到否定前件，得出前件“非p”为真的设定不能成立。第三步，根据排中律，由论题 p的矛盾命题“非 p”为假，确定原论题 p为真。

反证法可以用公式表示如下：

求证：p

证明：

（1）令非 p（非p是与p相矛盾的论题）成立。

（2）如果非 p，那么 q。

（3）非 q。

（4）所以，并非（非p）（充分条件假言推理否定后件式），即非p假。

（5）所以，p（排中律）。

例如，

求证：三段论第一格的小前提必须是肯定的。

证明：

第一步，设三段论第一格的小前提是否定的。

第二步，如果三段论的第一格的小前提是否定的，则其结论是否定；如果结论是否定的，则大项在结论中周延；如果大项在结论中周延，则大项在大前提中周延；如果大项在大前提中周延，则大前提必须是否定的（因为第一格三段论的大项是大前提的谓项）。即如果三段论第一格的小前提是否定的，则其大前提也是否定的。这样，两个否定前提不能推出结论。因此，“三段论第一格的小前提是否定的”这个假设不能成立。

第三步，既然“三段论第一格的小前提是否定的”不能成立，则根据排中律，“三段论第一格的小前提是肯定的（不是否定的）”就是成立的。

上述证明中，充分运用了反证法来进行论证。反证法是科学研究中常用的证明方法。

3. 选言证法

选言证法是另外一种间接证明方法。它是指通过论证与原论题相关的所有其他可能的论断都不成立，从而确定原论题为真的证明方法。

选言证法的第一步，是要构造一个包括原论题在内的选言论题。第二步，是论证除了原论题外其他论断均不成立。第三步，是根据选言推理的否定肯定式确定原论题为真。

选言证法可以用公式表示如下：

求证：p

证明：

（1）令 p或 q或 r成立。

（2）非q。

（3）非 r。

（4）所以，p（选言推理否定肯定式）。

例 9.1 分析以下论证。

对待历史文化遗产应采取批判继承的态度。对待历史文化遗产的态度，要么是全盘继承，要么是虚无主义，要么是批判继承。全盘继承，不分精华和糟粕，不能推陈出新，不利于文化的发展，这种态度是不可取的。虚无主义，割断了历史，违背了文化发展的规律，同样不利于文化的发展。只有批判继承，去其糟粕，取其精华，才能促进文化繁荣。

解析：上述论证充分应用了选言证法来进行证明。其推理过程可以表达为：

对待历史文化的态度或者是全盘继承或者是虚无主义或者是批判继承。

全盘继承不可取，虚无主义不可取。

所以，对待历史文化的态度只能是批判继承。 ■

福尔摩斯说：“当你考虑到一切可能的因素，并且把绝对不可能的因素都除去以后，不管剩下的是什么，不管是多么难以相信的事，那不就是实情吗？”选言证法是科学研究和日常论证中常用的证明方法。

例 9.2 雌性斑马和它们的幼小子女离散后，可以在相貌体形相近的成群斑马中很快又聚集到一起。研究表明，斑马身上的黑白条纹是它们互相辨认的标志，而幼小斑马不能将自己母亲的条纹与其他成年斑马的条纹区分开来，显而易见，每个母斑马都可以辨别出自己后代的条纹。

上述论证采用了以下哪种论证方法？

A. 通过对发生机制的适当描述，支持关于某个可能发生现象的假说。

B. 在对某种现象的两种可供选择的解释中，通过排除其中的一种，来确定另一种。

C. 论证一个普遍规律，并用来说明某一特殊情况。

D. 根据两组对象有某些类似的特性，得出它们具有另一个相同特性。

解析：答案是 B。

题干论证运用了选言证法。具体论证过程是：雌性斑马和它们的幼小子女离散后又能很快聚到一起这一事实说明，或是小斑马能识别自己母亲的条纹，或是母斑马能识别出自己后代的条纹。既然事实上小斑马不能识别自己母亲的条纹，因此，母斑马能识别出自己后代的条纹。■

在实际论证过程中，各种证明方法是综合运用，交替进行的。

第二节 反驳

一、什么是反驳

反驳是用一个或几个已知为真的命题去确定另外一个命题的虚假性或者某个论证不能成立的思维形式。如果证明称为“立”的话，则反驳就可以称为“破”。例如，

> 亚里士多德曾经认为，重的物体必定比轻的物体下落速度快。后来，伽利略对此进行了反驳。因为如果重的物体（A）必定比轻的物体（B）下落速度快，那么将 A 和 B 两个物体绑在一起下落的速度到底如何呢？一方面由于 A+B 比 A 重，所以 A+B 的下落速度必定大于 A 下落的速度。但是，另一方面，既然 A 物体下落的速度快于 B 物体下落的速度，那么其合速度 A+B 就应该比 A 慢。由此可知，假设重的物体比轻的物体下落速度快，就会导致重物体加上轻物体的下落速度，既快于重的物体又慢于重的物体的矛盾，所以，假设重的物体比轻的物体下落速度快是不成立的。

反驳在结构上分为被反驳的论题、用来反驳的论据和反驳方式。被反驳的论题就是通过反驳要确定其为假的命题。反驳的论据就是用来确定被反驳的论题不能成立的论断。反驳方式就是在反驳过程中所用到的推理形式。上述反驳中，“重的物体必定比轻的物体下落速度快”就是被反驳的论题。伽利略在反驳中指出：“如果重的物体（A）必定比轻的物体（B）下落速度快，那么……一方面由于 A+B 比 A 重，所以 A+B 的下落速度必定大于 A 下落的速度。但是，另一方面，既然 A 物体下落的速度快于 B 物体下落的速度，那么其合速度 A+B 就应该比 A 慢。因此，假设重的物体比轻的物体下落速度快，就会导致重物体加上轻物体的下落速度，既快于重的物体又慢于重的物体的矛盾。”都是用来反

驳的论据。伽利略在反驳过程中使用了充分条件否定后件到否定前提的推理形式，这就是反驳方式。

反驳的作用，在于破斥谬误，同时也在于阐扬真理。在反驳中，论证对方的论题假，同时也就等于证明自己的论题真。上述伽利略论证了亚里士多德关于“重的物体必定比轻的物体下落速度快”的论题为假，同时也就等于证明了自己的论题“并非重的物体必定比轻的物体下落速度快”为真。

二、反驳的种类

反驳的对象可以是一个命题，也可以是一个证明。

上例的反驳就是一个对命题的反驳。下面讨论对证明的反驳。

证明的组成部分包括论题、论据和论证方式三个方面。对证明的反驳可以分为反驳论题、反驳论据和反驳论证方式三种。

（一）反驳论题

反驳论题，就是对论题这一命题的反驳，即根据已知为真的命题，来确定所要反驳的论题的虚假性。一般地对论题的反驳，分为直接反驳和间接反驳两种。

1. 直接反驳

直接反驳是用事实论据的归纳证明和理论论据的演绎证明，直接导出对方论题假。分为直接归纳反驳和直接演绎反驳。

直接归纳反驳是用事实论据的归纳证明，直接反驳对方论题。比如，有人说：“人都是自私的”。这种说法是不对的。因为现实生活中，就存在着雷锋不自私、孔繁森不自私等事实，因此，并非人人都是自私的。再如中国古代的墨家学派用“金靡炭”（金属压灭炭火，金克火，金胜火）等事实论据的归纳证明，反驳阴阳家“火克金”等“五行常胜”的论题。达尔文细致观察澳大利亚东部塔斯马尼亚岛鸭嘴兽卵生、哺乳的过程，在单孔动物中设立卵生哺乳动物的亚纲，用事实论据的归纳证明，反驳了“哺乳动物都是胎生的”这个一般命题。

例 9.3 在美国商界，有很多人反对政府对商业的干预。他们认为，这种干预提高了商业成本，削弱了有益的竞争，最终对企业和公众都不利。他们列举了货车运输业、航空业和电讯业这样一些行业，在这些行业中非干预政策带来了明显的经济效益。但这些人所持的观点忽略了诸如金融业这样一些行业，政府干预在这些行业中是至关重要的。事实上在 20 世纪 30 年代，如果没有政府的干预，这个行业中某些部分会彻底崩溃。

以下哪项，最为恰当地指出了题干所使用的方法？

A. 通过反例来驳斥对方的观点。

B. 指出对方的观点中存在着前后矛盾。

C. 对对方立论的动机提出疑问。

D. 对对方论据的真实性提出质疑。

解析：答案是 A。

题干中美国商界很多人通过列举货车运输业、航空业和电讯业等行业，归纳出一般性

的结论：政府干预商业是不应该的。但题干作者则举出金融业等事实论据进行归纳，从而反驳了对方的一般观点。■

上述反驳案例，相当于中国古代墨家的著作《墨子》所说的一种重要的反驳方式“止”（即使得对方停止的意思)。《墨子·经说上》说：“彼举然者，以为此其然也，则举不然者而问之。”即对方通过列举正面事例，就得出一个全称结论，这时我方就可以通过列举反面事例来驳难。

直接演绎反驳，是用理论论据的演绎证明，直接反驳对方论题。如毛泽东批评“许多人不承认社会主义社会还有矛盾”，用“对立统一规律是宇宙的根本规律”“矛盾是普遍存在的”[①]等理论论据的演绎证明，直接反驳了“社会主义社会无矛盾论”。

2. 间接反驳

间接反驳是借助矛盾律，用证明对方论题的反论题真和从对方论题导出荒谬的方法，间接引出对方论题假。分为独立证明间接反驳法和归谬法。

（1）独立证明间接反驳法。

独立证明间接反驳法是通过先论证与被反驳论题相矛盾或相反对的论题为真，然后根据矛盾律确定被反驳的论题为假的反驳方法。

间接反驳不是直接论证对方论题如何假，而是先提出一个与对方相矛盾或相反对的论题，并独立地论证其真实性，然后根据矛盾律确定对方论题是虚假的。例如，

> 有人认为，生产关系都是阶级关系。这种观点值得商榷。众所周知，原始社会的生产关系就不是阶级关系，原始社会的生产关系也是生产关系呀！可见，有的生产关系就不是阶级关系。

独立证明间接反驳法可用公式表示为：

> 被反驳的原论题：p
> 论证：
> ①设非 p（非p与 p为矛盾或反对关系）。
> ②证明非p真。
> ③p假（矛盾律）。

例 9.4 一种流行的说法是，多吃巧克力会引起皮肤特别是脸上长粉刺。确实，许多长粉刺的人都证实，他们皮肤上的粉刺都是在吃了大量巧克力以后出现的。但是，这种说法很可能是把结果当成了原因。最近一项科学研究指出，荷尔蒙的改变加上精神压力会引起粉刺，有证据表明，喜欢吃巧克力的人，在遇到精神压力时会吃更多的巧克力。

以下哪项最为准确地概括了题干中所运用的方法？

A. 引用反例，对所要反驳的观点之论据做出不同的解释。

B. 提出新的论据，对所要反驳的观点之论据做出不同的解释。

C. 运用科学权威的个人影响来破除人们对流行看法的盲从。

---

① 毛泽东文集：第 7 卷. 北京：人民出版社，1999：213.

D. 指出所要反驳的观点会引申出自相矛盾的结论。

解析：答案是B。

题干论证所运用的基本方法是引用新的证据来反驳一般流行的观点，属于间接证明即独立证明的反驳方法，是一个恰当的反驳。其他选项都不准确。■

（2）归谬法。

归谬法即归谬反驳，是指为了反驳某一论题，先假定该论题为真，然后由此导出荒谬（与已知事实矛盾、与已知真理矛盾、自相矛盾），最后根据充分条件假言推理的否定后件式和矛盾律，确定被反驳论题为假的反驳方法。例如，

> 有人说，不上大学就是没出息，就成不了才。照此说来，瓦特、高尔基、爱迪生、富兰克林等就都是没出息的人了！因为他们都没有上过大学。然而，瓦特这个钟表店的学徒却是蒸汽机的发明者；高尔基——一个流浪儿，靠自学成了一代文豪；富兰克林——一个普通印刷工人凭着刻苦钻研，成为电学的先驱者；爱迪生只读过3个月的书，也是靠自学成了伟大的发明家，你能说他们不是人才？

归谬法可用公式表示为：

被反驳的论题：p

论证：

①设 p真。

②如果 p真，则 q。

③非q。

④所以，并非 p真（充分条件假言推理否定后件式）。

⑤所以，p假（矛盾律）。

由归谬假设所导出的命题，可以是与已知事实相矛盾的命题。如加拿大前外交官切斯特·朗宁，出生于湖北襄阳，喝中国奶妈的乳汁长大。在他竞选省议员时，反对派说他“喝中国人的奶长大，身上一定有中国血统”。朗宁反驳说：“根据你们的逻辑，你们喝牛奶长大，身上一定有牛的血统。”这与已知事实矛盾，所以对方命题不能成立。

由归谬假设所导出的命题，可以是与已知真理矛盾的命题。如说：“假定垂直于同一直线的两条直线延长后能够相交，则自直线外一点可以引两条直接同它垂直但这同已知的‘自直线外一点可以引一条而且只能引一条直线同这条直线垂直’的欧氏几何定理相矛盾，所以，‘垂直于同一直线的两条直线延长后能够相交’的假定，在欧氏几何学体系中不能成立。”

由归谬假设导出的命题，也可以是自相矛盾的命题。如古希腊的克拉底鲁说：“我们对任何事物所做的肯定和否定都是假的。”亚里士多德反驳说：“克拉底鲁的话等于说：‘一切命题都是假的。’而如果一切命题都是假的，那么，这个‘一切命题都是假的’命题也是假的。”一个命题既真又假不可能，所以该命题不能成立。

例 9.5　股票市场分析家总是将股市的暴跌归咎于国内或国际的一些政治事件的影响。根据是二者显示出近似的周期性。如果这种见解能够成立的话，我们完全有理由认为，股

市的起落和月球的运转周期有关，正是它同时也造成周期性的政局动乱和世界事务的紧张，如同它引起周期性的潮汐一样。

以下哪项最为恰当地概括了题干对股票市场分析家的观点提出质疑时所使用的方法？

A. 他运用了科学技术的新发现来说明股市分析家观点的不成立。

B. 他援用了被普遍接受的观念来说明股市分析家观点的不成立。

C. 他指出了另一种因果关系，通过论证这种因果关系的成立来说明股市分析家观点的不成立。

D. 他从股票市场分析家的论证中引出了一个荒谬的结论，从而对他的观点提出质疑。

解析： 答案是 D。

题干中作者为了反驳股票市场分析家的观点，先假设股票市场分析家的这个观点是对的，然后由此引出荒谬的结论。显然是在运用归谬法进行反驳。 ■

下面是一篇题目为《毛泽东祖籍之争可以休矣》（作者焦国标）的文章，从中可以体会到运用归谬法进行论证的作用。

> 《河南大学学报》2003 年第一期刊载一篇文章，题目叫《论毛泽东祖籍河南原阳》。初见之下，吃惊非小。粗看了全文，方知不是我少见多怪，是学界一些学者心术不正，乱用祖籍。
>
> “毛泽东祖籍河南原阳”，依据是什么？湖南韶山毛氏原籍云南永胜，永胜毛氏原籍江西吉水，吉水毛氏原籍浙江衢州，衢州毛氏原籍河南原阳，“所以，毛泽东原籍在河南原阳”。
>
> 这一脉毛氏在河南原阳是什么时候？是毛泽东爷爷时代吗？不！是西晋末期，始祖即相传“毛宝放龟而得渡”的毛宝。从毛宝到毛泽东已历时 1 600 年，50 多代。
>
> 试问：一个人的祖籍可以这样追溯吗？如果可以说毛泽东祖籍河南原阳，我们是不是也大体可以说毛阿敏祖籍也是河南原阳？由此是不是天南地北随便抓一个姓孔的就可以说他祖籍山东曲阜？再以你我为例，当别人问你祖籍哪里时，你能拿 1 600 年前祖先曾经居住过的地方当成祖籍所在地回答人家吗？如果有人问我祖籍哪里，我如果答以 1 600 年前祖先的居住地，人家会不会说这人是不是脑子灌水了？再以赵本山为例，假定你问：“本山你祖籍是哪儿？”如果赵本山以 1 600 年前祖先的居住地回答，你必定说：“你这是演小品吧？”
>
> 仍然回到毛泽东祖籍的问题上。毛宝不是像孙悟空，由石头一下子崩裂出来的，毛宝也有父母。毛宝不是毛氏的发源地，毛宝往上还可以继续追溯。毛宝往上溯 52 代到毛郑，毛郑才是毛氏的始祖。毛郑是谁？毛郑是周文王的儿子，当然姓姬，“食采于毛，子孙以邑为姓”。食采就是吃粮的意义。采是采集，采邑就是能采集的区域，也就是封地。“食采于毛”，即封于毛地。毛地在什么地方？在今河南宜阳。如果可以说河南原阳是毛泽东的祖籍，那么迟早必然会得出毛泽东祖籍河南宜阳的结论。
>
> 宜阳还远远没完。我们知道，周文王也不是石头崩裂出来的，仍然可以上推，起码可以推到周人的始祖后稷。后稷封于邰（音台），就是现在陕西武功县。由此可以说毛泽东祖籍陕西武功。

这仍然没完。后稷也不是石头里崩裂出来的，他也是人生父母养的。后稷父母是谁？根据《史记·五帝本纪》，后稷的妈妈是姜原，爸爸是帝喾。帝喾是谁？帝喾是黄帝的曾孙。黄帝本姓公孙，生于寿丘（山东曲阜东北六里），长于姬水，居于轩辕之丘（河南新郑西北），故以地为姓为号，姓姬，号轩辕。由此可以说毛泽东祖籍山东曲阜或河南新郑。至于姬水在哪里，一时尚不清楚。姬水一旦被弄清楚，毛泽东祖籍又多一个。汉族的所有姓氏都可以追根到姬姓，因为大家都是黄帝的后代。由此我们每一个汉族人也都可以说祖籍曲阜或新郑了。

这仍然没完。黄帝还可以上推，起码可以推到伏羲。伏羲生于甘肃天水，葬于河南淮阳。由此可以说毛泽东祖籍甘肃天水，又可以说河南淮阳。一般说，黄帝是汉族的祖先，而伏羲是中华各族的祖先。至此可以随便抓一个中国人，包括毛泽东，说他的祖籍是甘肃天水，或河南淮阳。

这还没完。伏羲也不是石头裂变的。根据世界人类学和考古学的一个成说，人类全部发源于非洲，中国人是经过中亚来到黄河流域的。由此可以随便抓一个中国人，包括毛泽东，说他的祖籍是中亚的哈萨克斯坦或吉尔吉斯斯坦。

这还没完。由此我们可以随便抓一个人，包括毛泽东，说他祖籍是非洲。

还没完。人是从海里爬上来的。由此我们可以随便指一个地球五色人，包括毛泽东，说："你的祖籍是大海洋。"

《论毛泽东祖籍河南原阳》一文说：过去学术界一般认为毛泽东祖籍江西吉水。1997 年《党的文献》第三期发表《毛泽东祖籍在浙江衢州》一文，"从而把毛泽东祖籍研究向前推进了一大步"。如今由衢州又到河南原阳，看来又"向前推进一大步"。

我想问一声：最后您总不会推到大海里去吧？

这些荒谬的推论都起自祖籍这个词上。什么是祖籍？《现代汉语词典》的解释很简单："祖籍：原籍。"那么什么是原籍呢？"原先的籍贯（区别于'寄籍、客籍'）：原籍浙江，寄籍北京。"根据这个权威性解释，毛泽东的籍贯问题很清楚：原籍湖南（湘潭韶山），寄籍北京。

那么毛泽东祖籍吉水、衢州、永胜、原阳之说又是哪里出了毛病，使得我们得出毛泽东祖籍乃至所有的中国人、所有的地球人祖籍是大海的荒唐结论呢？是学者们把韶山毛氏的源流与毛泽东单个人的祖籍弄混了。一个姓氏的居住地的变迁，与该姓氏某个体的祖籍是根本不同的两回事。"湖南韶山毛氏原籍云南永胜，永胜毛氏原籍江西吉水，吉水毛氏原籍浙江衢州，衢州毛氏原籍河南原阳"，这是韶山毛氏整个姓氏的源流或一层层上溯的原籍，不是毛泽东单个人的祖籍。它与毛泽东单个人的祖籍是完全不同的东西、完全不同的所指。

我们每个人，无论是文化人还是文盲，在互相询问祖籍的时候都不会拿自己 1 600 年前的祖先居住地当成自己的祖籍，可是为什么一帮学者们在毛泽东祖籍上闹一个这么低级的笑话？因为他是毛泽东，如果是毛阿敏，大体不会有人犯这个错误。正如《论毛泽东祖籍河南原阳》一文说的："毛泽东是中华人民共和国的缔造者，一代伟人，研究毛泽东祖籍，对姓氏文化、传统文化的继承和发展，对寻根问祖，加强海内外华人、侨胞联系，大陆与台湾和平统一，对招商引资、发展旅游行业，对振兴中华、振兴河南等既有历史意义，又有现实意义。”原文如此，标点符号和介词结构显得错乱。好家伙，有这么多“意义”，哪管“祖籍”是什么意义！目的性大于科学理性，文人学者的迎合心理常常使自己成为攫金的齐人，一点常识都不讲了。

（二）反驳论据

反驳论据是证明对方的论据是虚假的。反驳论据的方法，与反驳论题的方法类似。例如：

那种认为“人的本性都是善的”观点，其论据是人都有同情心和正义感。其实，这种论据是不值一驳的。因为如果“人都有同情心和正义感”的话，那么法西斯分子对人们也会有同情心和正义感。

上述反驳，指出了对方得出结论的论据“人都有同情心和正义感”是不能成立的，反驳中运用了归谬法。

必须指出，对方论据假，其论题并不必然假，而是可真可假。驳倒对方论证中的部分或全部论据，意味着驳倒了对方的证明，但不等于就驳倒了对方的论题。这是为什么呢？因为在演绎推理中，前提（论据）假，无论推理形式正确与否，结论（论题）都可能是真的，也可能是假的，即不必然假，结论（论题）的假不是必然的。但是，驳倒对方论据，表明对方论题是尚未得到证明的。如果对方坚信自己的论题真，就应该另择真实论据，重新予以证明。

（三）反驳论证方式

反驳论证方式是指出对方的论证方式不能成立，也就是证明对方论据和论题之间没有或缺少足够的推断关系，即由其论据推不出其论题。例如：

那种以为资本主义国家是搞股票市场的，我们国家又不是资本主义国家，因而我们国家就不能搞股票市场的观点是站不住脚的。因为并非只有资本主义国家才能搞股票市场，社会主义也可以有股票市场。

上述反驳指出了对方的论证方式不能成立。因为对方论证中所用到的推理“资本主义国家是搞股票市场的，我们国家不是资本主义国家，因而不能搞股票市场”，是一个充分条件假言推理的否定前件到否定后件的推理，属于无效的推理形式。

又如某人被误判犯杀人罪的论证是：

罪犯了解现场情况。
某人了解现场情况。
所以，某人是罪犯。

此证明中所运用的论证方式无效。其推理形式是：

$$PAM \land SAM \to SAP$$

这是三段论第二格的AAA式，是一个无效式，违反了“中项必须至少周延一次”和“第二格的两个前提必须有一否定”的规则，犯了“中项两次不周延”和“三段论第二格的两个前提均肯定”的逻辑错误。事实上，了解现场情况，未必是作案者。了解现场情况，除作案者外，还可听自传闻，或亲自调查。运用无效的论证方式判案，可能铸成冤假错案。

必须指出，反驳论证方式只能说明对方的论证不能成立，对方的论题没有得到论证，但并不能说明对方的论题就是假的。这是为什么呢？因为在演绎推理中，如果推理形式无效，无论前提（论据）真还是假，结论（论题）可能真，也可能假，即结论（论题）的假不是必然的。但是，驳倒对方的论证方式，表明对方论题是尚未得到证明的。如果对方坚信自己的论题真，就应该另择论证方式，重新予以证明。

在实际论证中，反驳论题、反驳论据和反驳论证方式，可综合运用、交替进行，这将使反驳更加全面、有力。

第三节　论证的规则

为了使论证能够正确地进行，必须遵守一定的规则。下面的规则，既是证明的规则，也是反驳的规则。

一、关于论题的规则

1. 论题必须明确

论题明确，即充当论题的命题，必须有明确的意义。论题是整个论证的最关键部分。只有论题明确，才能使论证具有明确的方向，从而有效地确定论题的真实性，增强议论的论证性和说服力。所以，在论证中，论证者必须首先弄清楚自己的论题是什么，而且要尽量用明确的语言把它表述出来。有时为了避免歧义，在表述论题时应该尽量用内涵明确的语词，对于论题中的核心概念，有时还必须加以扼要的介绍，以明确它的内涵和外延。

论题应该是清楚明白的，这是保证一个论证有效的最起码的要求。违反这个要求就会犯“论题模糊”或者“论题含混”的错误。

如有一次哲学课，老师提出一个讨论题“唯心主义是否反映客观存在”，让学生讨论。有的学生说：“唯心主义不反映客观存在。因为唯心主义主张意识第一性、物质第二性，意识不是客观存在的反映。”有的学生说：“唯心主义反映客观存在。因为任何思想都是存在的反映，唯心主义是思想，当然也反映存在。”引起激烈争论，难以得到统一认识。这是因为论题不明确，使人对其产生不同的理解。第一种意见，是把论题理解为“唯心主义是否主观上自觉主张意识反映存在”。第二种意见，是把论题理解为“唯心主义观点是否在客观上也是存在的反映”。如果论题明确，就能把讨论有效地引导到正确的方向，而不必在歧义上进行无谓的争论。

2. 论题必须保持同一

论题保持同一，是说在一个论证中只能有一个论题，而且在整个论证过程中保持不变，始终围绕论题进行论证，这是同一律在论证中的表现。在论证或表达思想的过程中，论题没有保持同一，通常就会犯“转移论题”或“偷换论题”的逻辑错误。

“转移论题”或“偷换论题”最常见的是用内容完全不同的另外一个命题替换了原论题。例如，本来要论证的是“吃鱼能健脑”这个论题，而实际上却笔头一转，去论证“吃鱼可以使你头脑聪明”这个论题了。很显然，这是两个不同的论题。用后者替换前者，就犯了“转移论题”的逻辑错误。请看下列对话：

张先生对孩子说：“只有经历了风雨，才能见彩虹。”
孩子回答说：“爸，我怎么经历了那么多风雨，就没有见彩虹呢？！”

张先生所断定的是，“经历风雨”是“能够见彩虹”的必要条件。其孩子则将之当作充分条件的命题（即“经历风雨”是“能够见彩虹”的充分条件）来进行反驳，偷换了其父亲的论题。

“转移论题”或“偷换论题”的另一种情况，是用近似原来论题的命题替换原论题，或者把它扩大，犯“论证过多”的逻辑错误，或把它缩小，犯“论证过少”的逻辑错误。

“论证过多”是指在论证过程中，实际论证的论题比原论题断定更多所犯的逻辑错误。如有位哲学家，为了反对“把思维中想象的东西当作客观存在的事实”的唯心主义观点，提出论题“思维和存在不是等同的”，而实际证明的论题，却是“思维和存在没有任何同一性”。“思维和存在没有任何同一性”的断定，除了包括“思维和存在不是等同的”含义之外，还包括“思维和存在不是互相联系、互相转化的”含义，这就犯了“论证过多”的逻辑错误。事实上，根据辩证唯物主义的观点，“思维和存在不是等同的”是真命题，而“思维和存在没有任何同一性”则是假命题。

“论证过少”是指在论证过程中，实际论证的论题比原论题断定更少所犯的逻辑错误。例如，本来要论证的是“中国社会的主要矛盾”，而实际上论证的却是“中国社会现阶段的主要矛盾”，这就犯了“论证过少”的逻辑错误。

另外，在对话中，对当下急切需要回答的问题不做回应或者不便于回应，于是只好去论证与当下问题完全不同的另外一个命题。这种“转移论题”的逻辑错误情况，通常称为“顾左右而言他”或者“王顾左右而言他”。《孟子·梁惠王下》中，孟子和齐宣王有下面一段对话。孟子第一次提问：“王有臣把妻子儿女托付给朋友照顾，自己到楚国旅游，等他回来，妻子儿女在挨饿受冻，对这样的朋友，该怎么办？”齐宣王答：“绝交。”孟子第二次提问：“王的司法官不能管理好下级，该怎么办？”齐宣王答：“撤职。”孟子第三次提问：“整个齐国治理得不好，该怎么办？”这是个针对齐宣王本人的问题，对此，齐宣王的态度是“顾左右而言他”。

二、关于论据的规则

3. 论据应当真实

论证的目的，就是由论据的真实，导出论题的真实。只有引用真实的论据，用事实和真理论证论题，才能达到论证的目的，议论也才具有论证性和说服力。论据是用来确立论题真实性的根据。论证的过程就是从真实性的论据推出真实性的论题的过程。如果论据虚假，虽然不能说明论题就假，但是论题的真实性却是还未得到证明的。亚里士多德说：“作为证明知识出发点的前提必须是真实的、首要的、直接的，是先于结果、比结果更容易了解的，并且是结果的原因。只有具备这样的条件，本原才能适当地应用于有待证明的事实。没有它们，可能会有三段论，但决不可能有证明，因为其结果不是知识。”①

如果以虚假的判断作为论据，就会犯“论据虚假”的逻辑错误，论题的真实性也就失去了可靠的基础，论题就不能得到证明，从而论证也就失去了说服力。因为如果用来论证论题的前提或理由本身是虚假的话，则即使推理的形式是正确的，但也还是不能保证论证的正确性。

例如：

所有鱼都是用鱼鳃呼吸的。
鲸鱼是鱼。
所以，鲸鱼是用鱼鳃呼吸的。

上述推理在形式上是正确的，但由于其第二个前提“鲸鱼是鱼”是虚假的，所以，结论“鲸鱼是用鱼鳃呼吸的”也不能成立。事实上，鲸鱼是用肺呼吸，而不是用鱼鳃呼吸的。

1985 年 4 月，英国国防部军法部门起诉七名英国士兵犯叛国罪，充当克格勃间谍，两年内出卖军事情报数百份。经英国中央刑事法院调查审查，判定起诉罪名不成立，因查无实据，如所谓“操纵这一间谍小组的克格勃少校阿列克谢·康士坦丁”，原是查不出问题的塞浦路斯警察等，证明这是由“论据虚假”导致的冤假错案。

滑坡谬误从根本上也属于前提虚假的问题。

以两个或多个充分条件假言判断做前提，推出另一个充分条件假言判断的结论，通常称为假言连锁推理，也叫纯假言推理，或者假言三段论。中国古代将这种推理形式称为连珠体。这种推理的一般形式如下：

$$(a_1 \to a_2) \land (a_2 \to a_3) \land \cdots \land (a_{n-1} \to a_n) \to (a_1 \to a_n)$$

这种推理在逻辑形式或者逻辑结构上是没有问题的。但问题常常出现在，前提中的充分条件判断，其前件未必是后件的充分条件，从而导致前提虚假错误。例如：

如果你偷懒，就会令公司蒙受损失；公司赚不到钱，就要解雇员工；遭解雇的人因为失去收入，就会打劫；如果打劫时遇到对方反抗，就会杀人。所以，如果你偷懒，你就是杀人犯。

一个人偷懒，可能导致公司蒙受损失，但不一定就会导致公司蒙受损失。遭人解雇的人因为失去收入，有可能去打劫，但未必就去打劫。每一个假言前提都未必真，所以，结论也就不能成立。

再看下列“没有陈圆圆就没有新中国”的论证：

没有陈圆圆，吴三桂就不会当汉奸。
吴三桂不当汉奸，清军就不会入关。

① 亚里士多德. 后分析篇//苗力田主编. 亚里士多德全集：第 1 卷. 北京：中国人民大学出版社，1990：248.

清军不入关，这几百年来就绝对是汉人统治。

汉人统治就没有反清复明、驱除鞑虏的政治纲领。

没有驱除鞑虏的民族诉求，就没有红花会、天地会，一直到后来孙中山的同盟会。

没有同盟会，中国就会成为一个君主立宪制国家。

君主立宪制的中国就是英国、日本那一套，就不是新中国。

所以，没有陈圆圆就没有新中国。

没有陈圆圆，吴三桂就不会去当汉奸了，不一定。没有陈圆圆，可能别的人或者别的事件会导致吴三桂当汉奸。吴三桂当汉奸，主要是由其内在本性决定的，这种内在本性在外在情况具备的时候就会呈现出来。

下述关于“如果潘金莲不开窗，中国就是当今世界最发达国家”的论证，也存在上述论证中的类似问题。

如果潘金莲当时没有开窗，那么她就不会遇到西门庆。

如果没有遇到西门庆，那么她就不会被迫出轨，那样武松就不会怒发冲冠，这样他就不会奔上梁山。

武松就不会奔上梁山，不会奔上梁山之后，哪怕水泊梁山107将依旧轰轰烈烈，但是宋江和方腊的战役，方腊也不会被武松单臂擒住。

只要武松治不了方腊，枭雄方腊就能取得大宋的江山。

只要方腊取得了大宋的江山，就不会有靖康耻，不会有偏安一隅，不会有金兵入关。

金兵不入关，就不会有后来的大清朝。

没有大清朝，当然也不会有后来的闭关锁国，没有慈禧太后。

没有慈禧太后，没有闭关锁国，自然也不会有八国联军侵略中国啊，不会有鸦片战争啊。

没有这些杀千刀的战争和不平等条约，中国说不定凭借五千年的文化首先就发展资本主义了。

发展了资本主义，发展到今天，说不定中国早就超过了美国。已经是最发达的、最强悍的国家了。

如果潘金莲当时不开窗，她就不会遇到西门庆了？！西门庆经常在附近转悠，今天潘金莲没有遇到他，说不定明天就会遇到他。

4. 论据的真实性应该是已知的

论据的真实性应该是已知的，即已经被确定为真的，而不能想象为真、期望为真的。如果以尚待证实的判断作为论据，就会犯“预期理由”，又叫“想当然论据”“以未经证明的假定做论据”“把应该证明的东西当作前提”的逻辑错误。例如，有人说：

地球上出现的不明飞行物，肯定是外星球的宇宙人发射的，因为现代科学告诉我们，外星球可能存在着比地球人更高级的宇宙人。他们向地球发射宇宙飞行物是很自然的事情。

这段议论中的论据“外星球存在着比地球人更高级的宇宙人”这一个真实性尚未证实的命题，以它作为论据进行论证，就犯了“预期理由”的逻辑错误。

5. *论据的真实性不能靠论题的真实性来论证*

在论证中，论题的真实性是从论据的真实性推出来的，也就是说，论题的真实性是依靠论据的真实性来论证的，如果论据的真实性反过来还要靠论题的真实性来论证，就会形成论题和论据互为论据、互为论题的情况，实际上等于没有论证。违反这条规则就会犯“循环论证”，又叫“循环证明”“窃取论题”的逻辑错误。例如：

在证明“地球是圆的”这一论题时，以观察到的事实“我们站在高处看海中的帆船，从远处驶来，总是先见船杆后见船身”作为论据的；而当说明这一论据时，又以“地球是圆的”作为论据来进行证明，这就犯了“循环论证”的逻辑错误。

例 9.6　思考：下列陈述中存在什么样的缺陷？

许多人不仅不理解别人，而且也不理解自己，尽管他们可能曾经试图理解别人，但这样的努力注定会失败，因为不理解自己的人是不可能理解别人的。可见，那些缺乏自我理解的人是不会理解别人的。

解析：上述陈述中，结论是“那些缺乏自我理解的人是不会理解别人的”，断言自我理解是理解别人的必要条件。但其前提又说“不理解自己的人是不可能理解别人的”，也是断定理解自己是理解别人的必要条件。显然，结论仅仅是对其论证前提的简单重复而已，陈述中存在“循环论证”的错误。■

三、关于论证方式的规则

6. *在论据和论题之间必须存在推断关系*

论证方式的规则也就是论据必须能够推出论题来。如果论证方式是必然性的，即论证过程中所使用的推理是演绎推理或完全归纳推理这样的具有必然性的推理，则推理形式必须有效，即论题能从论据必然地推出。但如果论证方式是或然性的，即论证过程中所使用的推理是不完全归纳或类比推理，则推理形式也必须具有合理的证据支持度，即论题能从论据合理地推出。

总之，论据是论题的充足理由，从论据的真实性必须能够推出论题的真实性来。违反这条规则就会犯“推不出来”的错误。“推不出来”有两种类型。一种类型属于形式谬误，另一种类型属于非形式谬误。演绎推理中出现的各种非有效推理形式，如充分条件假言推理的肯定后件式、三段论第一格的 EEE 式等，都属于形式谬误，都是形式地推不出来的。非形式谬误有各种形式如“论据与论题不相干”“夸大相关程度”“以相对为绝对”等。

练习题

一、分析下列证明的结构，指出其论题、论证方式和反驳方法。

1. 党政干部必须提高科学文化水平。因为党政干部不提高科学文化水平，他们所负责的各个部门的组织领导工作就不能适应新形势的需要，我国社会主义事业就难以顺利地向前发展。

2. 文学艺术也要实行民主。如果没有不同意见的争论，没有自由的批评，任何科学既不能发展，也不能进步，文学艺术也不例外。

3. 科学技术是生产力。因为蒸汽机的诞生，带来了第一次工业革命，使人类社会的生产方式，由手工操作进入了机械化生产的时代，使社会生产力大大提高。电动机的制造成功，带来了第二次工业革命，使社会的大生产由机械化进入电气化阶段，社会生产力又前进了一大步。这说明科学技术的进步，促进了社会生产结构的普遍变革，影响到生产部门的深刻变化，最终促进生产力的普遍提高。

4. 并不是所有的社会现象都是有阶级性的。在社会现象中，有的是有阶级性的，有的是没有阶级性的。这一点，我们可以从语言现象没有阶级性得到证实，既然语言现象是没有阶级性的，而语言现象是社会现象，这就充分说明，并非所有社会现象都是有阶级性的。

5. 基本初等函数都是连续的。因为我们已经证明，角函数和反函数是连续的，幂函数是连续的，指数函数是连续的，对数函数是连续的，而角函数、反函数、幂函数、指数函数和对数函数是所有的基本初等函数。

6. 古希腊的无神论者论证说，世界上有灾难和丑恶的存在就证明神是不存在的。伊壁鸠鲁说："我们应当承认，神或是愿意但又不能够除掉世间的丑恶，或是能够但又不愿除掉世间的丑恶，或是能够但又愿意除掉世间的丑恶。如果神愿意而不能够除掉世间的丑恶，那么它就不是万能的，而这种无能为力是与神的本性相矛盾的。如果神能够但不愿意除掉世间的丑恶，那么就证明了神的恶意，而这种恶意也同样是与神的本性相矛盾的。如果神愿意而又能够除掉世间的丑恶这唯一适合于神的一个假定，那么何以在这种情况下世间还有丑恶？"

7. 绿色植物通过光合作用都能放出氧气。我们可以通过许多实验来证明。水藻通过光合作用可以放出氧气。玉米苗可以通过光合作用放出氧气……这是因为，绿色植物在光合作用过程中，水和二氧化碳变成糖类而放出氧气。

8. 在所有正整数中，除了可以被 1 与它自己除尽外，再不能被其他整数除尽的数叫素数。那么，素数一共有多少个？欧几里得回答说："有无穷多个"，如果素数不是无穷多个，而是有穷多个，那么，就可以把它们都写出来：p_1、p_2、p_3……p_n，除此再无更大的素数了。然而，$p_1 \times p_2 \times p_3 \times \dots \times p_{n+1}$ 也是一个素数，它比 p_1、p_2、p_3……p_n 都大，这就与前提发生矛盾，因此，认为素数是有穷多个的假设是错误的。所以，"素数有无穷多个"是正确的。

二、分析下列论证的结构，指出其前提和结论，并给出论证图。

1. 摄影术使得表现性的艺术过时，因为没有人甚至也没有最好的艺术家，能够比一个照相机更精确。

2. 在世界上存在着许多恶的同时，也存在着许多善。因为如果存在着恶，那么必定存在着善，因为善和恶是相对的，就像大和小一样。而且没有人会否定恶的存在。

3. 尽管事实上，避孕被大多数美国人认为是一件幸福的事情，但使用避孕药却是不道德的。因为凡是非自然的东西都是不道德的，既然上帝创造和控制着自然。而且，避孕是不自然的，因为它扰乱了自然。

4. 死后不存在生命。因为现存的东西是你所能看见的、听到的或者接触到的。而且，你不能看见、听到或接触到死后的生命。而且，死后生命是不可能的，除非人类有灵魂。但灵魂的观念属于潜科学和过时的世界观。因此，灵魂的信念属于迷信的领域。

5. 由于各种各样的理由，私立大学有麻烦了。第一，私立大学再三增加学费一直超过通货膨胀率。任何这样涨价的商品是最有可能招致麻烦的。第二，很多人开始质疑高等教育的价值，因为大学学位不再可以保障一份吸引人的薪水。第三，无论对错，美国大众相信，高校都没有实践良好的财务管理，因此，大众认为，学费的钱经常用来资助了低效率。

三、分析下列反驳的结构，指出被反驳的论题、反驳方式和反驳方法。

1. 以为后进生都成不了才的观点是不对的。牛顿上学的时候，学习成绩是全班倒数第一，但是后来却成了世界闻名的大物理学家；达尔文在校时，曾被教师和家长视作智力低下、平庸无奇的儿童，但是后来却成了世界闻名的大生物学家；林奈在上学时，曾因成绩太差而几乎被劝退学，但是后来却成了大植物学家。由此可见，后进生有的也是可以成才的，在他们身上花费一点心血是必要的。

2. 燃素说是 17 世纪由德国化学家施塔尔提出的，他认为一切可燃烧物中有一种特殊的物质——燃素，燃烧过程就是可燃物质放出燃素的过程。但是后来对燃烧现象进行精确的定量分析表明，金属燃烧后，重量不是减少，而是增加。这样，燃素说只好宣称燃素有负能量。这当然是极其荒谬的。

3. 有人说："吃鱼可以使人聪明"，真的是这样吗？鲁迅先生因刺多费时，素不喜欢吃鱼，他那目光如炬的洞察力，所向披靡的批判锋芒，足以显示了他的聪明。"举家食粥"的曹雪芹，此时恐早已与鱼无缘，却写下了流芳千古的《红楼梦》。就是喜食鱼头的聂卫平，如果只是一日三餐大吃鱼头，也绝无棋盘上的聪明的。那些花天酒地，终身绝无食鱼之虞的末代昏君与纨绔子弟，有一个聪明的吗？海底那些唯以鱼为食的生物，虽比人类出现得还要早，至今也仅仅聪明到为人类的盘中餐而已！天才无疑是最聪明的，然而"天才，就是百分之二的灵感加上百分之九十八的汗水"（爱迪生语）。这是吃鱼就能吃出来的吗？历史上杰出的人物，反倒多是从困境中走出来的，是从"食无鱼"的境况中奋斗出来的。

4. 短文章就没有分量？那不见得，文章不在长短，要看内容如何。内容有分量，尽管文章短小也是有分量的；如果内容没有分量，尽管文章写得像万里长城那样，还是没有分量。所以不能用量压人，要讲求质。黄金只有一点点，但还是有分量的；牛粪虽然一大堆，分量却不见得有多重。说短文章没有分量是不切实际的。中国古代就有许多短文章，如《论语》《道德经》等。《论语》中有不少好的东西，就是《道德经》在那个时代也有它突出的地方。"三个臭皮匠，凑个诸葛亮"这样的话就很好。它十几个字抵得过一大篇文章。类似的例子有的是。

5. 有的人说形式逻辑也是有阶级性的，这种观点是不对的。如果形式逻辑有阶级性，那么历史上和现实中就应当有农民阶级的形式逻辑与资产阶级的形式逻辑之别，然而事实并非如此，形式逻辑对任何阶级都是一视同仁的。

6. 某被告的辩护人说："被告在犯罪前工作积极，曾荣立三等功，希望法庭在量刑时考虑这一点，对被告从轻处罚。”公诉人答辩说：“赏罚分明，是我们党的一贯政策，功归功，过归过，一个人立功只能说明他的过去，不能说明他的现在，更不能拿过去立功抵消现在之过……如果过去立过功，今天就可以胡作非为，且可以从轻免于处罚，怎么能够体现社会主义国家法律的严肃性呢？”

7. 有一个青年人阿姆斯特朗被诬告图财害命，被收买的诬告者说：10 月 18 日晚 11 时，他在草堆后面，亲眼看到被告人在离草堆二三十米远的地方向被害人开枪，因为月光照在被告人脸上，所以他看清楚了作案人是被告。被告人蒙冤，有口难辩。林肯主动担任被告人的辩护律师。林肯说：这个证人是彻头彻尾的骗子。他一口咬定 10 月 18 日 11 点，他在月光下认清了被告人的脸。10 月 18 日那天是上弦，到了晚上 11 点，月亮早已下山了，哪里还有月光？退一步说，即使他时间也记不得那么精确，时间稍提前，还有月光。但那时月光应是从西往东照，草堆在东，大树在西，如果被告人脸朝大树，月光可以照到脸上，可是证人根本看不到被告人的脸。如果被告人朝着草堆，那么月光只能照到被告人的后脑勺，证人又怎样看到月光照到被告人的脸上呢？又怎样能从二三十米远的地方看清被告的脸呢？证人被驳得张口结舌，无地自容，法庭宣告被告无罪释放，林肯的辩护取得了胜利。

四、分析下列证明或反驳中的逻辑错误。

1. 有人说，写历史剧可以有艺术虚构。我不同意这种观点。我们无产阶级的文艺工作者，应该坚持实事求是的思想路线，应该按历史的本来面目去反映历史。胡编滥造，只能是对历史的歪曲、篡改。

2. 你说这个三段论不正确，这不对。因为，如果一个三段论是正确的，那么它的中项在前提中至少周延一次，而这个三段论的两个中项都周延，这个三段论怎么不正确？

3. 对于有效三段论而论，如果一个项在结论中不周延，那么该项在前提中也不周延。因为，在有效三段论中，如果一个项在前提中不周延，那么该项在结论中不得周延。

4. 听了韩素音的报告，才知道她原来是个医生。看来知名的作家开始都是学医的。你看契诃夫原来是个医生，柯南道尔、鲁迅、郭沫若都学过医。

5. 名人未出名门者委实更多。值得注意的是，如果越是注意查看一些名人的经历，就越是发现他们的出身并不高贵，其家庭既不是有万贯家财的富户，其先父远祖也不具备后辈名人所擅长的技艺，以至于祖传世袭。因此，我们可以说，所有的名人都是从无名小辈中过来的，从没有生下来就是名人的先例。

6. 面对严酷的现实，我们不得不承认：人生就是为了自己的生存而挣扎，而斗争。人们不管做什么都是直接地或间接地为了自己的生活。为别人劳动是为了得到别人为他自己相同的劳动，不是吗？工人工作是为了领取工资而生活，农民种田是为了自己穿衣吃饭，作家写书给人看是为了领取稿费……诚然，有像雷锋这样一心为人民着想的人。但这样的人也必须有自己能生存的基础，也就是说，他们首先得为自己的生存而劳动，否则连他自己都不能生存，又怎么能为别人呢？

7. 鲁迅先生在《论辩的灵魂》一文中，概括了当时反动派的奇谈怪论：“你说甲生疮，甲是中国人，你就是说中国人生疮了。既然中国人生疮，你是中国人，就是你生疮了。你既然也生疮，你就和甲一样。而你只说甲生疮，是说诳也。卖国贼是说诳的，所以你是卖国贼。我骂卖国贼，所以我是爱国者。爱国者的话是最有价值的，所以，我的话是不错的，我的话既然不错，你就是卖国贼无疑了。”

8. 17 世纪法国哲学家笛卡尔曾经这样证明神的存在。他说，我的神的观念是非常明晰的，神是尽善尽美的，无所不包的，因此也包括了“存在”的性质；如果说尽善尽美的神缺乏这一重要性质——这是说他“不存在”，是自相矛盾的。因此，神是存在的。

9. 昆曲《十五贯》中有一段讲无锡知县过于执错判尤葫芦被杀一案。过听说尤葫芦被杀并丢了十五贯钱，而恰好在尤葫芦被杀后，苏戌娟与熊友兰一同出走，且熊身上也带有十五贯钱。据此就主观断定：“熊友兰与苏戌娟一定是通奸谋杀。”他刚与苏一见面，就推断：“看她艳如桃李，岂能无人勾引？年正青春，怎会冷若冰霜？她与奸夫情投意合，自然要生比翼双飞之意。父亲挡阻，因之杀其父而盗其财。此乃人之常情。这案情就是不同，也已明白十之八九了。”

10. 在一次学习讨论会上，有的人说：如果一个人在思想方法上有了主观主义的毛病，那么他就会经常犯错误。小李同志通过整风学习，克服了主观主义的毛病，所以保证他今后在工作中不会犯或大或小的错误了。

11. 老师问：“有一个三角形，它的三边分别是：3cm、4cm、5cm，这是个什么三角形？”学生回答：“这个三角形是直角三角形。因为从毕达哥拉斯定理中得知，凡直角三角形都是斜边的平方等于其他两边平方之和，这个三角形的斜边平方等于其他两边平方之和。”

五、单项选择题（下列各题中均有四个选项，请从其中选择一项作答）。

1. 语言不能生产物质财富，如果语言能够生产物质财富，那么夸夸其谈的人就会成为世界上的富翁了。

下面哪项论证在方式上与上述论证最类似？（　　）

A. 人在自己的生活中不能不尊重规律，如果违背规律，就会受到规律的无情惩罚。

B. 加强税法宣传十分重要，这样做可以普及税法知识，增强人们的纳税意识，增加国家财政收入。

C. 有些近体诗是要求对仗的，因为有些近体诗是律诗，而所有律诗都是要求对仗的。

D. 风水先生惯说空，指南指北指西东，倘若真有龙虎地，何不当年葬乃翁。

2. 一个孩子对他的父亲说：“我从来没说过谎。如果我曾经说过谎，那么我现在不说了。如果我现在还在说谎的话，那也是事出有因，不得已而为之。”

以下哪项与上述议论在表述方式上最为类似？（　　）

A. 大夫：“这个病人主诉恶心、头昏、胃部痉挛，这是典型的食物中毒症状。晚餐他用了开胃虾、烤鸭和冰激凌，其中肯定有一样导致食物中毒。”

B. 气象学家：“最近北部地区不会出现持续降雪。如果出现持续降雪，只有当西伯利亚有强冷空气南下才有可能。但卫星云图显示，最近西伯利亚不会有强冷空气南下。”

C. 律师：“我的当事人不在犯罪现场。如果他在的话，他也没干。如果他干了，那么当时他一定精神错乱了。”

D. 邻居：“我没有借过你的吸尘器。如果我借了，我肯定会归还的，现在你说我没归还，这说明我没有借过。”

3. 人的日常思维和行动，哪怕是极其微小的，都包含着有意识的主动行为，包含着某种创造性，而计算机的一切行为都是由预先编制的程序控制的，因此计算机不可能拥有人所具有的主动性和创造性。

补充下面哪一项，将最强有力地支持题干中的推理？（　）

A. 计算机能够像人一样具有学习功能。

B. 计算机程序不能模拟人的主动性和创造性。

C. 在未来社会，人控制计算机还是计算机控制人，是很难说的一件事。

D. 人能够编制出模拟人的主动性和创造性。

4. 人们都认为，科学家的思维是凭借严格的逻辑推理，而不是凭借类比、直觉、顿悟等形象思维手段。但研究表明，诺贝尔奖获得者比一般科学家更多地利用这些形象思维手段，因此，形象思维手段有助于取得重大的科学突破。

以上结论是建立在以下哪项假设基础之上的？（　）

A. 有条理的、逐步的推理对于一般科学研究是必不可少的。

B. 诺贝尔奖获得者有能力凭借类比、直觉、顿悟来进行创造性思维。

C. 诺贝尔奖获得者取得了重大的科学突破。

D. 诺贝尔奖获得者比一般科学家更为聪明和勤奋。

5. 近来，世界上有些国家，特别是美国和日本，把他们国内的经济低迷归咎于中国的人民币与美元的固定汇率制度，认为人民币估值过低，从而导致向他们国家倾销廉价商品，对他们国内的某些生产企业造成压力。

以下各项都是对上述看法的质疑，除了（　）

A. 日本的经济衰退已经连续几十年了，而当时中国的商品出口额很少，人民币十分疲软。

B. 美国经济衰退主要是由于网络经济泡沫破灭造成的，并且“9·11”恐怖袭击又加重了这一衰退。

C. 中国GDP仅占全球的百分之十几，对外贸易也不过全球的百分之十几，不具备影响世界市场价格和供求关系的能力。

D. 西方国家的消费者从中国的廉价商品中受益匪浅。

6. 我们能够制造出比现在一般的自行车更结实的自行车，我们也能够制造出比现在一般的自行车更轻便的自行车。所以，我们能够制造出同时具有以上两种优点的自行车。

上述论证中的推理缺陷与以下哪项推理中的缺陷最相似？（　）

A. 现在没有能源利用效率高的汽车，也没有不造成污染的汽车。因此，现在没有能源利用效率高，又不造成污染的汽车。

B. 写一部畅销的小说是可能的，写一部能够得到好评的小说也是可能的。因此，一位作者有可能写出一部既畅销又能得到好评的小说。

C. 小王说外面很冷，小张说外面下雪了。所以，外面不但很冷，而且下雪了。

D. 有用来包饺子的机器，也有用来榨果汁的机器，所以，总有一天能够造出同时具有这两种功能的机器。

7. 患有行为紊乱症的动物的大脑组织中，含有大量的铝元素。由于一种硅基化合物可以固定这些铝元素，并阻止其影响大脑组织，所以，这种化合物可以用来治疗动物的行为紊乱症。

上述论证基于以下哪项未陈述的前提？（　　）

A. 将这些硅基化合物引入大脑后不会有任何副作用。

B. 这些铝元素是行为紊乱症的病因，而不是结果。

C. 不同种类的动物需要不同量的硅基化合物来治疗。

D. 正常的动物大脑组织中不含铝元素。

8. 有一种心理学理论认为，要想快乐，一个人必须与另一个人保持亲密关系。然而，世界上最伟大的哲学家们孤独地度过了他们一生中的大部分时光，并且没有亲密的人际关系。因此，这种心理学理论一定是错误的。

以下哪一项是上面的结论所必须假设的？（　　）

A. 世界上最伟大的哲学家们情愿避免亲密的人际关系。

B. 具有亲密的人际关系的人很少孤独地度过自己的时光。

C. 孤独对于哲学家的沉思而言是必要的。

D. 世界上最伟大的哲学家们是快乐的。

六、简析以下议论是证明还是反驳，如果是证明，指出论题和论证方式；如果是反驳，指出被反驳的论题和反驳方式。

1. 在中华民族的开化史上，有素称发达的农业手工业，有许多伟大的思想家、科学家、发明家、政治家、军事家、文学家和艺术家，有丰富的文化典籍。在很早的时候，中国就有了指南针的发明。还在 1 800 年前，已经发明了造纸术。在 1 300 年前，已经发明了刻板印刷。在 800 年前，更发明了活字印刷。火药的应用也在欧洲人之前。所以，中国是世界文明发达最早的国家之一。

2. 太阳是恒星。因为能自身发光的、质量大的星球是恒星，而太阳能自身发光、质量是地球的 33 万倍，占太阳系质量的 99.86%。

3. 人治兴则法治衰，法治衰则人情滥，人情滥则后门开，后门开则贪污盛，贪污盛则国家危。所以，人治兴则国家危。

4. 历史上凡是自由讨论的风气旺盛的时代，也是学术文化蓬勃发展的时代。公元前 5 世纪至前 3 世纪末的战国时代，自由讨论风气最旺盛，形成中国学术文化发展的突出高峰。公元前 81 年汉昭帝时盐铁会议的自由学术讨论，产生了值得重视的文化成果桓宽的《盐铁论》。五四运动 30 年的学术讨论，促进了马克思主义和进步文化的发展。

5. 从前，有许多人坐在一间房子里，议论某甲的品行。其中一人说："某甲其他方面都不坏，只有两样不好。第一，喜欢发怒。第二，做事鲁莽。"不料此人正好经过门外，听到这话，勃然大怒，一脚踢进门去，挥拳打那说话的人，嘴里叫道："我到底什么时候曾经喜欢发怒？！什么时候做事鲁莽？！"别人都说道："过去的情况且不说了，现在的事实不就证明了吗？"

6. 假如语言能够生产物质财富，那么夸夸其谈的人就会成为世界上最富有的人了。而这不是事实，所以，语言不能生产物质财富。

7. 若言琴上有琴声，放在匣中何不鸣？若言声在指头上，何不于君指上听？（苏轼：《琴诗》）

8. 吸烟是有害的。因为烟的热解产物，有500多种对人体有害。烟尘颗粒中含有40多种致癌物质（致癌能力极强的苯并芘、甲基苯蒽等）。烟中的尼古丁和一氧化碳，对心血管造成严重损害。吸烟导致肺癌、脑出血、心脏病、高血压、气管炎和其他疾病。吸烟使人早衰、早死，每天吸一支烟，减寿5分半，每天40支烟，减寿8.3年。吸烟影响下一代，怀孕妇女吸烟，影响胎儿发育。

9. 有人想把从发热器中取出的热量全部变为有用功，制造出第二类永动机，这是异想天开。因为根据热力学第二定律，一切可以实现的热机，从发热器（高温热源）取得的热量，一部分变成有用功，一部分必须传给冷却器（低温热源），第二类永动机不可能制造成功。

10. 清热解毒中草药能控制细菌感染。因为实验表明，肺炎高热病人，用中药银花、大青叶、鱼腥草、穿心莲等清热解毒中草药治疗，一周后肺部炎症吸收。患急性菌痢白细胞降低病人，用中药白头翁汤、苦参等清热解毒药，几天内即治愈。苦参、白花蛇舌草、银花连翘、龙胆草、七叶一枝花、黄连、黄柏、牛黄、蟾酥、板蓝根、败酱草等药物，能改善炎症部位毛细血管的通透性，抑制渗出和限制炎症范围，有消炎、解毒、镇痛和修复被损害组织器官的作用。当病菌在人体内肆虐时，消热解毒的中草药，能激发机体抗感染的免疫功能，增强白细胞和网状内皮系统的吞噬功能，促进抗体的生成。

11. 凡是历史上发生的东西，总是要在历史上被消灭。战争是历史上发生的东西。所以，战争总是要在历史上被消灭。

12. “还是杂文时代，还要鲁迅笔法。”鲁迅处在黑暗势力统治下面，没有言论自由，所以用冷嘲热讽的杂文形式作战，鲁迅是完全正确的。我们也需要尖锐地嘲笑法西斯主义、中国的反动派和一切危害人民的事物，但在给革命文艺家以充分民主自由、仅仅不给反革命分子以民主自由的陕甘宁边区和敌后各抗日根据地，杂文形式就不应该简单地和鲁迅的一样。我们可以大声疾呼，而不要隐晦曲折，使人民大众不易看懂。如果不是对于人民的敌人，而是对于人民自己，那么，“杂文形式”的鲁迅，也不曾嘲笑和攻击革命人民和革命政党，杂文的写法也和对于敌人的完全两样。对于人民的缺点是需要批评的，我们在前面已经说过了，但必须是真正站在人民的立场上，用保护人民、教育人民的满腔热情来说话。如果把同志当作敌人来对待，就是使自己站在敌人的立场上去了。我们是否废除讽刺？不是的，讽刺是永远需要的。但是有几种讽刺：有对付敌人的，有对付同盟者的，有对付自己队伍的，态度各有不同。我们并不一般地反对讽刺，但是必须废除讽刺的乱用。

13. 《检察日报》2001年9月9日第6版《法制评论·法辩》专栏有文题为《让他坐下说》，大意如下：

我们在电视上常看到干警在警局询问时，嫌疑人（包括女性）都是蹲在地上的镜头。笔者不禁要问：警局能不能让嫌疑人坐着回答问题，嫌疑人有没有坐着的权利？

根据法律的有关规定，任何公民在未经人民法院做出判决前，其他任何单位和个人均无权认定其有罪。是否构成犯罪需要查明后经法院判决，事实上有许多嫌疑人最终都洗刷了不白之冤。因此说，嫌疑人也是人，享有公民的一切权利，与司法机关的干警在地位上是平等的。

退一步说，即使真是罪犯，也不能如此剥夺他（她）的人格尊严，不能因为他们是犯人就剥夺他们坐的权利。我们少数执法人员总是用有色眼镜看待嫌疑人，认为自己高人一等，不尊重嫌疑人的权利。于是少数人在执法中，刑讯逼供成为侦破案件的手段，现实中处女被判卖淫女、无辜者被判死刑都曾出现过，而一些新闻媒体把这种不规范的司法行为也搬上电视，容易误导观众。

司法机关负有惩罚犯罪的神圣职责，但最终是为了保护人民，保护人民群众的利益。在沉默权离我们尚远的情况下，不妨先施于坐的权利，如何？

14. 停止的论点、悲观的论点、无所作为的论点和骄傲自满的论点，都是错误的。其所以是错误的，因为这些论点不符合大约 100 万年以来人类社会发展的历史事实，也不符合迄今为止我们所知道的自然界（例如天体史、地球史、生物史和其他各种自然科学史所反映的自然界）的历史事实。

15. 合抱之木，生于毫末；九层之台，起于累土；千里之行，始于足下。故天下难事，必作于易；天下大事，必作于细。

七、指出以下议论作为证明，是否存在逻辑错误？如果存在，是犯了什么逻辑错误？

1. 方志敏说："我确实一个铜板也没有，想从我这里发洋财，你们想错了。"国民党士兵甲说："你骗谁？像你这样当大官的会没有钱？"国民党士兵乙说："绝不会没有钱的，一定是藏在哪里，我是老出门的，骗不得我。"

2. 三个窃贼在一起分窃来的 6 颗珍珠。甲取 1 颗给乙，又取 2 颗给丙，自己取 3 颗。乙、丙说："你凭什么拿 3 颗？"甲说："因为我是头！"乙、丙说："你什么时候当的头？"甲说："因为我的珍珠多！"

3. 有的白血病患者能治愈，幸子是白血病患者，所以她能治愈。

4. 你这么刻苦，肯定能拿奖学金。

5. 意大利人甲说："最近在罗马挖掘古代遗址时，发现了一些生锈的铜线。"犹太人乙说："那又怎么样呢？"甲说："这是我们祖先发明电话的证据。"乙说："从前我们挖掘耶路撒冷时，什么也没有挖出来。"甲说："我想也是这样。"乙说："你真无知。这是我们祖先发明无线电的证据。"

6. 大夫登徒子侍于楚王，短宋玉曰："玉为人体貌闲丽，口多微词，又性好色。愿王勿与出入后宫。"王以登徒子之言问宋玉。玉曰："体貌闲丽，所受于天也。口多微词，所学于师也。至于好色，臣无有也。"王曰："子不好色，亦有说乎？有说则止，无说则退。"玉曰："天下之佳人莫若楚国，楚国之丽者莫若臣里，臣里之丽者莫若东家之子。东家之子，增一分则太长，减一分则太短；着粉则太白，施朱则太赤；眉如翠羽，肌如白雪，腰如束素，齿如含贝。嫣然一笑，惑阳城，迷下蔡。然此女登墙窥臣三年，至今未许也。登徒子则不然。其妻蓬头挛耳，齞唇历齿，旁行踽偻，又疥又痔。登徒子悦之，使有五子。王熟察之，谁为好色者矣？"（宋玉：《登徒子好色赋》）

7. 唐代诗人贺知章（659—744）曰："少小离家老大回，乡音无改鬓毛衰。儿童相见不相识，笑问客从何处来。”（《回乡偶书》）1957 年，刘少奇在谈到解决职工两地分居的问题时，引用该诗，认为从这首诗可以看出，唐朝像贺知章这样的人物（曾任礼部侍郎、太子宾客、秘书监等很高职务的官），做官都不带眷属。毛泽东 1958 年 2 月 10 日写信给刘少奇说：“唐朝未闻官吏禁带眷属事，整个历史也未闻此事。所以不可以‘少小离家’一诗便作为断定古代官吏禁带眷属的充分证明。”“贺知章在长安做了数十年太子宾客等官，同明皇有君臣而兼友好之遇。他曾推荐李白于明皇，可见彼此惬洽。在长安几十年，不会没有眷属。这是我的看法。他的夫人中年逝世，他就变成独处，也未可知。他是信道教的，也有可能屏弃眷属。但一个九十多岁像齐白石这样高年的人，没有亲属共处，是不可想像的。”

8. 坎特伯雷大主教安瑟尔谟（Anselmus，1033—1109）关于上帝存在的本体论证明：我们心中有一个上帝的观念，并且确信它是最伟大的实体，要设想任何比它更伟大的实体是不可能的。而且确定无疑的是，一件东西，既然无法设想有任何东西比它更伟大，就决不能仅仅存在于理智中。因为，假定它仅仅存在于理智中，我们就能够设想：存在于现实中是更伟大的。这就是说，如果上帝仅仅存在于人心里而不是具有现实的存在，那么，它也就不成其为最伟大的实体了。我们既然确信没有任何东西比上帝更伟大，因此毫无疑问，上帝既存在于理智中，也存在于现实中。

9. 罗亭：“据你说来，是没有什么信念之类的东西了。”

毕加梭夫：“是的，没有。”

罗亭：“这就是你的信念吗？”

毕加梭夫：“是的。”

罗亭：“那么你怎样可以说是没有这东西呢？这里你首先便已经有了一个。”

10. 某甲清晨起床，问某乙：“你昨夜梦见我没有？”某乙答：“没有。”某甲怒斥说：“我昨夜梦中分明见到你，你怎么抵赖？硬说没有梦见我，岂有此理！”

第十章
谬误

第一节　概述

一、什么是谬误

谬误有广义和狭义之分。**广义谬误**指违背事实、违反真理与规则而导致的各种错误。**狭义谬误**指违反逻辑规律的要求与规则而导致的各种逻辑错误，常常特指推理论证过程出现的错误。

亚里士多德在《工具论》中的《辩谬篇》里集中讨论了推理论证中的谬误。他指出："很显然有些推理是真正的推理，有些则是似是而非的推理。在其他方面也会由于真假混淆而发生这种事情，论证也是如此。"①

谬误通常是指不自觉地违反了规律或规则要求而产生的错误。如果是有意为之，我们通常称之为诡辩。

本章谬误主要指广义谬误，但不涉及与事实有关的谬误，而且也不特意区分诡辩与无意所犯的谬误。

二、谬误的种类

根据不同的标准可将谬误分为不同的种类。最主要的有如下两种分类。

1. *形式谬误与非形式谬误*

这种划分的标准是，谬误是不是由于违反推理形式规则而产生。如果是，则是**形式谬误**；否则，是**非形式谬误**。前面讲命题逻辑给出了各种正确有效的推理形式，同时也特别指出一些容易出现的错误推理形式，如充分条件假言推理的否定前件式。又如违反三段论

① 亚里士多德.辩谬篇//苗力田主编.亚里士多德全集：第1卷.北京：中国人民大学出版社，1990：551.

的五条基本规则的三段论推理。使用这些错误的推理形式，产生的谬误就属于形式谬误。

而非形式谬误指形式谬误以外的一切谬误，通常是如之前讨论的转移论题、偷换概念等都属于非形式谬误。

2. *语形谬误、语义谬误和语用谬误*

这是根据导致谬误的原因是否涉及符号的语形、语义和语用来划分的。如果涉及语形，即符号的结构规则，就属于**语形谬误**。语形谬误实质上就是上面的形式谬误。如果涉及语义，即符号的意义，即为**语义谬误**。语义谬误主要指语言歧义导致的。**语用谬误**是由于推理论证时诉诸所处语境中的情感、人格等各种非理性因素令他人接受其结论。亚里士多德在《修辞学》第二卷论述了演说中的情感与性格在论证说服中的效用。本章所讨论谬误大部分指语用谬误。

第二节　几种常见的非形式谬误

非形式谬误又大致可分为三种，语言歧义型谬误、心理相关型谬误以及论据不充分型谬误。以下分别讨论。

一、语言歧义型谬误

同一律要求在确定的语境下保持语词与命题的含义明确。**语言歧义型谬误**都是由于使用者无意或有意混淆语言的意义，违反同一律的要求而导致的谬误。有两种主要类型，一种是由于语言客观的多义造成的，包括语词歧义以及语句歧义等类型谬误。如某人说“咱们在钓鱼台的前一站下车”，听者对“前一站”有两种理解：指到达钓鱼台站之前的那一站，也可以指到达钓鱼台站后的那一站下车。再如，在三段论中出现的“四概念错误”也属于语词歧义型谬误。又如，某人说“这种苹果不大好吃”，“不大”既可以当副词，表示好吃的程度，也可以当形容词，表示苹果的外形。

有的歧义是由于书面语未标识读音，而不同的读音会导致不同的含义。如，“老王的工作就是看材料”，“看”既可以是指阅读（第四声），也可以指看护（第一声）。

例 10.1　对同一事物，有的人说“好”，有的人说“不好”，这两种人之间没有共同语言。可见，不存在全民族通用的共同语言。

以下除哪项外，都与题干推理所犯的逻辑错误近似？

A. 甲：“厂里规定，工作时禁止吸烟。”乙：“当然，可我吸烟时从不工作。”

B. 象是动物，所以小象是小动物。

C. 有意杀人者应处死刑，行刑者是有意杀人者，所以行刑者应处死刑。

D. 这种观点既不属于唯物主义，又不属于唯心主义，我看两者都有点像。

E. 万物中人第一宝贵，我是人，所以万物中我第一宝贵。

解析：答案是 D。

题干的“共同语言”，A 项中的“工作”、B 项中的“小”和 C 项中的“有意杀人”，

都是在同一思维过程中，用同一语词表达，但内涵不同的概念，即偷换概念。 ■

例 10.2 一份犯罪调研报告揭示，某市近三年来的严重刑事犯罪案件 60%皆为已记录在案的 350 名惯犯所为。报告同时揭示，严重刑事犯罪案件的作案者半数以上同时是吸毒者。

如果上述断定都是真的，那么，下述哪项断定一定是真的？

A. 350 名惯犯中可能没有吸毒者。

B. 350 名惯犯中一定有吸毒者。

C. 350 名惯犯中大多数是吸毒者。

D. 吸毒者中大多数在 350 名惯犯中。

E. 吸毒是造成严重刑事犯罪的主要原因。

解析：答案是 A。

题干说的是“严重刑事犯罪案件的作案者半数以上同时是吸毒者”，而不是说“半数以上严重刑事犯罪案件的作案者同时是吸毒者”，因此以下情况是可能的：上述 350 名惯犯虽然作案的数量占了严重刑事犯罪案件的 60%，但人数只占严重刑事犯罪案件作案者的很小比例(例如 5%)。这样，虽然严重刑事犯罪案件的作案者半数以上同时是吸毒者，但 350 名惯犯中完全可能没有吸毒者。 ■

此题“半数以上”这个概念，限定的是“严重刑事犯罪案件的作案者”，而不是“严重刑事犯罪案件”。在关键概念的理解上发生偏差，会失之毫厘，差之千里。

另一种语言歧义型谬误是由于语言使用者主观上对语言的理解有意或无意地发生偏差而在推理论证过程中犯错。以下重点讨论这种类型谬误。它又可以细分如下几种。

1. 稻草人的谬误

在论辩中有意或无意地歪曲对方的立场以便能够更容易地攻击对方，或者回避对方较强的论证而攻击其较弱的论证。虚构、歪曲对方的立场就像捆扎了一个相对容易击败的稻草人在前面，想象着击败了稻草人就意味着击败了对方。稻草人的谬误有很多种类型。

（1）歪曲论点。

把显然错误的观点强加给对方。通常的手法，是由对方的一句话开始，通过夸张、概括、推广、引申、简化、绝对化或省略等，歪曲对方原本的观点。

例如：学生甲说，当前中国教育投入太少了，应该投入更多资金用于发展教育。学生乙马上回应道：天啊，没想到你居然这么不爱国，居然想着减少国防开支，让外国敌对势力有机可乘。又如：学生甲表示，在选拔公务员时应当要注意考察私德。学生乙立即回应道：私德好的人不一定适合当公务员。显然上述两例中，学生乙歪曲了对方的观点。

（2）虚构论点。

通常是为了证明己方的观点，虚构反方观点的论证。

例如：“我反对做产前 B 超检查。那些主张做产前 B 超检查的，实际上想杀死有缺陷的生命。”

又如：我们应该实行强制征募。人们之所以不愿意参军，是因为他们觉得那样很不方便。但他们应该认识到还有许多比方便与否更为重要的事情需要我们去做。此处论证虚构了一个极其简单轻松就可被驳倒的不愿意参军的理由，但事实上，除了觉得不方便以外，人们完全可以找到更多更具说服力的理由不去参军。而这些理由不是轻易就可被驳倒的。

有的虚构方式比较隐蔽。例如，通过强调相反观点暗示对方持有某观点。如：“我认为，发扬民主才是我们企业当前提高生产效率、增强凝聚力的首要工作。”如果对方不立即回应这一说法，声明自己也同样赞同发扬民主，那么会给人这样一种暗示：对方反对发扬民主。另一种方式是当某人属于群体时，通过对团体的名称望文生义强加某种性质于此人。例如：“作为妇女干部，她肯定是同情我的妻子的。”

2. 复杂问语的谬误

一个问话中隐含着附带一个预设，而该预设不成立导致该问话也不能成立。这种情况就是复杂问语的谬误。也叫“多重问题谬误”“诘问谬误”。

如：“你是否已停止打你父亲了？”这样的问话暗含一个假定：你打了你父亲。只有上述假定成立的情况下，这个问话才能以“是”或“否”回答；否则，问话本身就犯了复杂问语的谬误。

有的问话不是一般疑问句，但也暗含不当假定。如：“你用偷来的钱干什么了？”“你把偷来的钱藏在什么地方了？”这两个问话的恰当性都是以“你偷了钱”为前提的；如果此前提不成立，它们就都犯了复杂问语的谬误。

有的问话是给出既定选项，但是选项设定不合理。如：“你是支持民主党和繁荣经济，还是不支持？”但是对方可能会选择不支持民主党但支持繁荣经济。问话预设了支持民主党和支持繁荣经济同时成立或同时不成立。这个预设是不恰当的。

有的问话所给选项更为复杂，但实质上与上述一样。如：“你是赞成集中与专制，还是选择民主与混乱？”在民主、集中、专制、混乱四者中问话只给出两种组合供选择，这一预设是不恰当的。

有的问话将不恰当的预设放置在补充性的状语中。如：

> 调查者：作为你骗人广告的效果，你的销售额增加了吗？
>
> 销售商：没有。
>
> 调查者：这么说你已经承认了你的广告是骗人的了。你知道这种行为是违法的吗？你会受到进一步调查指控。

“骗人”这个词就是一个暗含的预设。如果广告并不是骗人的，这个问话本身就犯了复杂问语的谬误。在这种情况下，销售员应当先明确指出这个暗含假定不成立，即“广告本身并没有骗人”。

一般地，应对复杂问语的谬误都是先明确指出暗含的假定不成立，不落入对方设置的陷阱。

例 10.3 你主张为了发展可以牺牲环境，还是主张宁可不发展也不能破坏环境？

上述提问中的不当也存在于以下各项中，除了

A. 你要社会主义的低速度，还是资本主义的高速度？

B. 你认为“9·11”恐怖袭击事件必然发生，还是认为有可能避免？

C. 你认为中国队必然夺冠，还是认为不可能夺冠？

D. 你认为人都自私，还是认为人都不自私？

E. 在《三国演义》中，你认为刻画得最成功的是曹操还是诸葛亮？

解析：答案是 B。

题干与 A、C、D、E 项的不当，都是在两个并不互相矛盾的断定中，要求必须做一选择。B 项并无此种不当，因为必然发生和有可能避免互相矛盾，要求从中做一选择并无不当。 ■

例 10.4 记者："您是央视《百家讲坛》最受欢迎的演讲者之一，人们称您为国学大师、学术超男，对这两个称呼，您更喜欢哪一个？"

教授："我不是国学大师，也不是学术超男，只是一个文化传播者。"

教授在回答记者的问题时使用了以下哪项陈述所表达的策略？

A. 将一个多重问题拆成单一问题，分而答之。

B. 摆脱非此即彼的困境而选择另一种恰当的回答。

C. 通过重述问题的预设来回避对问题的回答。

D. 通过回答另一个有趣的问题而答非所问。

E. 基于一个一般性原理来阐述一个具体的结论。

解析：答案是 B。

记者的提问方式是假设非此即彼，针对这种非黑即白的谬误，教授选择另一种恰当的回答。 ■

二、心理相关型谬误

心理相关型谬误，根源于语言功能多样以及个体不同程度地会受心理因素干扰。语言具有传递信息、交流思想的认识功能，也有激发情绪、传递情感、促使行动的功能。正确的论证，其前提与结论具有一定程度的逻辑相关性。如果论证的结论不是依据它与前提内容或形式上的逻辑关联，而是依赖受众心理上的关联，如恐惧、敌意、怜悯等，就犯了心理相关型谬误。这种谬误具体有如下几种类型。

1. 诉诸人身的谬误

最典型的是人身攻击。具体说有两种。

（1）人格人身攻击。

双方论辩不是讨论主题，依理服人，而是攻击对方人格。通常举黑格尔《谁在抽象地思考？》中的如下例子：

> "老妇，你的鸡蛋是坏的！"一位女佣对女摊贩说。"什么？"她还嘴说，"我的蛋是坏的？你才坏呢！竟然这样说我的蛋？就凭你？你爸是不是在乡间大马路上被虱子咬了？你妈不是跟法国佬逃了吗？你奶奶是不是死在养老院了？——让她买一件体面点的衬衣，别让她戴那条土围巾了！大家都知道她的围巾和帽子从哪来的：如果不是那些军官，有些人才不会这么花枝招展咧，如果那些女主人多注意自家的情况，

很多人都要被关在牢房里了——赶紧让你奶奶补一下她丝袜的那些破洞吧！”①

这位女摊贩就犯了人身攻击的错误。

人格人身攻击通常通过诋毁对方的技能、才智、品性或人格来否定对方的观点。这种直接进行人身攻击是极端情况，其错误也明显，不是讲道理，而是粗俗的谩骂。更常见也更隐蔽的是以下这种人身攻击。

（2）处境人身攻击。

处境人身攻击是依据对方的某种处境（地位、贫富等）而得出与之无逻辑上必然关联的结论。例如：某人贫穷，所以他就一定爱占小便宜。某人并不是经济学领域的专家，所以，他昨天演讲对当前经济形势的分析是错的。“贫穷”与“爱占小便宜”并没有必然关联。而某人对经济的分析预设是否正确取决于其分析是否基于事实、是否合乎经济学原理，而不取决于他是不是经济学领域的专家。

还有一种特殊的处境人身攻击形式，通常称为“你也是”（“You too”）。

例如，甲说：“你怎么虚报了上周出差的费用？”乙马上说：“你不也一样？你忘记了去年你虚报了购买办公用品的费用？”

（3）人格人身保护。

在论辩或谈话时，有人常说“我以我的人格担保我所说的是真的”“我以我的××担保我昨天在北海公园见到过他”。这类以人格或品性担保所说为真的做法，就是诉诸人格人身保护。一方面，人格与品性高尚界定模糊，属价值判断，与事实判断并无必然关联。另一方面，以自己的人格来保证自己所说的话也是间接地循环论证。

（4）处境人身保护。

处境人身保护是以自己或他人的社会地位与职业等所处的社会环境为根据，诱使他人相信其主张。例如：某人是在研究所工作，他的话就一定有很高的学术水准。某人是在政府机关上班，他的话是可信的。研究所、政府机关的工作种类很多，包括行政后勤保卫等，即使是在研究所做学术研究，在政府机关任较重要职务，这些与其所言的真实性并无逻辑必然联系。

2. 诉诸无知的谬误

诉诸无知的谬误中的“无知”有两种具体的情形。一种是以当事人不知晓为论据。如在法庭审判中常出现被告以自己不懂法为自己辩护，常见的说辞是：“我不知道这样的行为是犯罪，请法官轻判”。这种请求于法无据，犯了诉诸无知的谬误。

另一种是以大众或当前的科学还未对某个命题真假做出确切的判断，于是得出与该命题相矛盾的命题的确切判断。一般形式是：

因为还没有证明命题 A 为假（或为真）。

所以，命题 A 为真（或为假）。

断定一个命题为真（或为假），要给出支撑其成立的正面论据，而不能以未知其为假（或为真）为根据。例如，并没有人证明上帝不存在，因此，上帝存在。这是典型的诉诸无知，把缺乏证据证明某种情况不存在，当作证明某种情况存在的证据。

① https://www.bilibili.com/read/cv13144863.

类似地，把缺乏证据证明某种情况存在，当作证明某种情况不存在的证据，也犯了诉诸无知的谬误。如，既然医学没有证明吸烟会得肺癌，所以，吸烟不会得肺癌。

例 10.5 学生上完体育课后回到教室，有 15 人喝了饮水机里的纯净水，其中有 5 人很快肚疼腹泻了。饮水机里的纯净水马上被送去检验，检验的结果不能肯定其中有造成腹泻的有害物质。因此，喝了饮水机里的纯净水不是造成腹泻的原因。

如果上述检验结果是正确的，则以下哪项对上述论证的评价最为恰当？

A. 题干的论证是成立的。

B. 题干的论证有漏洞，因为它没有考虑到另一个事实：那些没有喝饮水机里的纯净水的人没有腹泻。

C. 题干的论证有漏洞，因为它把缺少证据证明某种情况存在，当作有充分证据证明某种情况不存在。

D. 题干的论证有漏洞，因为它没有利用一个有力的论据：为什么有更多人喝了饮水机里的纯净水没有腹泻。

E. 题干的论证有漏洞，因为它忽视了一个结果可以由多种原因造成。

解析：答案是 C。

题干论证中的谬误：诉诸无知。 ■

例 10.6 Ⅰ-Ⅱ基于以下题干：

陈教授：中世纪初欧洲与东亚之间没有贸易往来，因为在现存的档案中找不到这方面的任何文字记录。

李研究员：您的论证与这样一个论证类似：传说中的喜马拉雅雪人是不存在的，因为从来没有人作证亲眼看到过这种雪人。这一论证的问题在于：有人看到雪人当然能证明雪人存在，但没人看到不能证明雪人不存在。

Ⅰ. 以下哪项最为准确地概括了李研究员所要表达的结论？

A. 断定中世纪初欧洲与东亚之间存在贸易往来，和断定存在喜马拉雅雪人一样，缺少科学的证据。

B. 尽管缺少可靠的文字记录，但中世纪初欧洲与东亚之间非常可能存在贸易往来。

C. 不同内容的论证之间存在可比性。

D. 不能简单地根据缺乏某种证据证明中世纪初欧洲与东亚之间有贸易往来，就说这种贸易往来不存在。

E. 证明事物不存在要比证明它存在困难得多。

解析：答案是 D。

陈教授的论证中的逻辑漏洞是，把缺乏证据证明某种情况存在，当作证明此种情况不存在的证据。李研究员正确地指出了这一点。D 项准确地概括了李研究员所要表达的结论。 ■

Ⅱ. 以下哪项如果为真，最能反驳李研究员的论证？

A. 中世纪初欧洲与东亚之间存在贸易往来的证据，应该主要依赖考古发现，而不是依赖文字档案。

B. 虽然东亚保存的中世纪初文档中有关于贸易的记录，但这一时期的欧洲文档却几乎没有关于贸易的记录。

C. 有文字档案记载，中世纪初欧洲与南亚和北非之间存在贸易往来。

D. 中世纪初欧洲的海外贸易主要依赖海水运输。

E. 欧洲与东亚现存的中世纪初文档中没有当时两个地区贸易的记录，如果有这种贸易往来，不大可能不留记录。

解析：答案是E。

E项断定，如果贸易往来，则很可能会留记录。由此可得：如果不留记录，则很可能没有贸易往来。因此，D项有力地反驳了李研究员的论证。■

3. 诉诸怜悯的谬误

诉诸怜悯的谬误，是指以某人某事值得怜悯同情作为论据，引诱人接受其观点。在法庭审判时常见被告人以自己家庭经济状况差、有老人需要赡养、有幼儿需要抚养或是经营企业破产四处举债过日子等为理由，为其违法犯罪行为辩解，博取法官同情，乞求轻判。

4. 诉诸众人的谬误

诉诸众人的谬误是指在推理论证中以众人的意见为论据。事实上，众人的意见未必是真的。如，在日心说被接受之前，众人都认为太阳和其他星体都围绕地球旋转。但现在我们知道这是假的。正如成语“三人成虎”所指，说的人多了，就能使人们把谣言当事实。

诉诸众人的谬误是从众心理在推理论证中的表现。

5. 诉诸权威的谬误

诉诸权威的谬误，是指在推理论证过程中不加分析地引用权威人士的言论作为其论证的根据。比较经典的例子是中世纪对亚里士多德权威的膜拜和信奉。亚里士多德认为，人的神经是在心脏里汇合。人们尤其是经院哲学家们，一直奉亚里士多德的话为权威，认为他说的就是真的。但中世纪，解剖学家发现这是假的。解剖学家请经院哲学家去参观人体解剖。当眼前呈现人的神经在大脑中汇合时，解剖学家问他：“现在你该相信了吧？”经院哲学家回答说：“您是如此清楚明白地让我看到了这一切，但是，假如在亚里士多德的著作里没有与此相反的说法，即神经是在心脏里汇合，那我一定会承认这是真理。”

诉诸权威的一种极端形式是诉诸强权：根本不需要论据，仅凭借强力迫使他人接受自己的观点。社会处于未启蒙的野蛮愚昧时代或是特殊时期、场合会出现这种情况，例如，封建社会皇帝圣旨、现代的刑讯逼供都属于诉诸权威。

三、论据不充分型谬误

论据不充分型谬误指从论据不足以推出论点，从而论证不成立。这类谬误又可细分为很多种，很多都涉及归纳推理。

1. 特例的谬误

特例的谬误是指对于主张某些情况一般性原理对其不适用但却又无法给出充足理由。一般原理与规则允许例外，但必须提供充足理由。例如，机动车驾驶人应当遵守道路交通安全法律、法规的规定，按照操作规范安全驾驶、文明驾驶。这是一般性规则，对每个人适用，包括警察。如果有例外，要给出充足理由，如执行紧急任务，或是紧急救助或避免。如果一个警察驾驶机动车前往鉴定中心提取肇事车辆证据，行驶过程未按规定使用安全带，这种情况下这个警察提出交规对其不适用就犯了特例的谬误。

2. 特例概括的谬误

特例概括的谬误也叫非典型例证，以偏概全，仓促（轻率）概括，是指由特例不恰当地引申推出一般结论的错误论证。类似于寓言故事《守株待兔》中农夫犯的错误。

3. 样本太少的谬误

不完全归纳推理论证需要有足够的样本，样本过少就会得出错误的结论。这是以偏概全的另一种形式。

例 10.7 陈华为了图便宜花 50 元买了双旅游鞋，不到一个月就断裂了。不久，他按市价的几乎一半买了件皮夹克，结果发现是仿羊皮的。于是他得出结论，便宜无好货。

陈华得出结论的思维方法，与下列哪项最为类似？

A. 李京是语文老师，他仔细地阅改了每一篇作文，得出结论，全班同学的文字表达能力普遍有提高。

B. 王江检验一批产品，第一件合格，第二件是次品，于是得出结论，这批产品不全合格。

C. 美国“挑战者号”航天飞机失事的原因或是设备故障，或是操作失误，联邦调查局已经找到操作失误的证据，因此得出结论，可以排除设备故障的原因。

D. 大明邻居家的小男孩，头发有两个旋，脾气很犟；大明的小侄子，头发也有两个旋，脾气也很犟。大明因此得出结论，头发上有两个旋的孩子，脾气很犟。

E. 大明认为头发有两个旋的孩子脾气很犟，因此得出结论，自己的孩子脾气不犟是因为头发上只有一个旋。

解析：答案是 D。

题干中的陈华和 D 项中的大明同样以偏概全。 ■

例 10.8 周清打算请一个钟点工，于是上周末她来到惠明家政公司，但公司工作人员粗鲁的接待方式使她得出结论：这家公司的员工缺乏教养，不适合家政服务。

以下哪项如果为真，最能削弱上述论证？

A. 惠明家政公司员工通过有个性的服务展现其与众不同之处。

B. 惠明家政公司员工有近千人，绝大多数为外勤人员。

C. 周清是一个爱挑剔的人，她习惯于否定他人。

D. 教养对家政公司而言并不是最主要的。

E. 周清对家政公司员工的态度既傲慢又无礼。

解析：答案是 B。

B 项如果为真，说明周清的论证以偏概全。 ■

4. 平均数的谬误

平均数的谬误是指将平均数运用到个体而产生的谬误。平均数适用于整体，而非个人。尤其是当参与平均样本存在较大差异时，平均数难以真实反映所有样本状态。如下例所示。

某工厂厂长对求职者甲说：“我们这里报酬不错，平均工资每人每月 1 550 元。”甲工作数月后，每月所得工资仅为600元，他激动地找厂长求解释。厂长说："平均工资每人每月1 550元没有错。你看，管理人员5人：我得8 000元，我弟弟得6 000元，我另一个亲戚得5 000元，两个领班每人1 500元；普通工人15人，每人得600元。20人共计31 000元，平均工资每人得1 550元，对吧？"甲无法反驳。求职者不小心很容易掉入这个厂长布下的平均数的陷阱。

下面的例子平均数的谬误隐藏得更深一些。

在不远的将来，若中国的人均公关费用达到日本水平，中国公关市场营业额将从25亿元增长到300亿元，平均每家公关公司就有3 000万元左右的营业收入。这意味着一大批本土公关公司将胜过外资公司，成为世界级的公关公司。

谬误在于，上述平均每家公关公司的样本中也包含外资公关公司，完全有可能正是由于外资公司的营业收入高于本土公关公司的营业收入，才导致平均营业收入的上涨。

5. 数据不当的谬误

数据不当的谬误包括数据取样不当和数据比较不当两种类型。

数据比较不当，是指以不同类别的数据，错误相比的论证。美国海军曾经强调："海军的死亡率，比纽约市民的死亡率还低。"的确，纽约市民的死亡率是16‰，而美国与西班牙作战期间，海军的死亡率是9‰。但因此就刊登广告，鼓励青年投入海军就犯了数据比较不当的谬误。因为，16‰与9‰两个数据属不同类别，不能相比：海军士兵是经过体检，特意遴选的健康年轻人，纽约市民中有不少婴幼儿、老年人和病人。

正确比较战时海军与普通市民的死亡率，应选择同等条件的抽样，即在纽约市民中，选择与海军士兵同样年龄和健康状况的数据，才能得出在逻辑上可信的结论。有人说："怎么现在得癌症的人越来越多？"这种说法也犯有数据比较不当的谬误，因为限于条件，过去有不少患癌症的病例没有被检查出来，统计资料不充分，现在改进检查的仪器、工具和方法，统计资料更充分，这两种数据属不同类别，不可相比。

数据取样不当是指所取样本仅是总体中的一些特定成分的群体，而不能全面而真实地代表总体状况。

例10.9 从1980年代末到1990年代初，5年时间中科院7个研究所和北京大学共有134名在职人员死亡。有人搜集这一数据后得出结论：中关村知识分子的平均死亡年龄为53.34岁，低于北京市1990年人均期望寿命73岁，比10年前调查的58.52岁也低了5.18岁。

下面哪一项最准确地指出了该统计推理的谬误？

A. 实际情况是143名在职人员死亡，样本数据不可靠。

B. 样本规模过小，应加上中关村其他科研机构和大学在职人员死亡情况的资料。

C. 这相当于在调查大学生平均死亡年龄是22岁后，得出惊人结论：具有大学文化程度的人比其他人平均寿命少50多岁。

D. 该统计推理没有在中关村知识分子中间做类型区分。

E. 北京大学和中科院是知识分子压力最重的单位，对于中关村和知识分子的一般状况不具有代表性。

解析：答案是C。

题干的统计结论有关中关村知识分子的平均死亡年龄，但统计对象却是中科院研究所和北京大学的在职死亡人员。在知识分子的死亡人员中，在职人员显然年龄较轻。因此，知识分子在职人员的平均死亡年龄不能反映整个知识分子的平均死亡年龄。这种谬误称为统计样本不当。

C 项所指出的谬误也是统计样本不当。

E 项也指出题干样本不当，但论证该样本不当的理由并不能说明题干的逻辑漏洞的真正所在。 ■

例 10.10 为了调查当前人们的识字水平，其实验者列举了 20 个词语，请 30 位文化人士识读，这些人的文化程度都在大专以上。识读结果显示，多数人只读对 3 到 5 个词语，极少数人读对 15 个以上，甚至有人全部读错。其中，“蹒跚”的辨识率最高，30 人中有 19 人读对；“呱呱坠地”所有人都读错。20 个词语的整体误读率接近 80%。该实验者由此得出，当前人们的识字水平并没有提高，甚至有所下降。

以下哪项如果为真，最能对该实验者的结论构成质疑？

A. 实验者选取的 20 个词语不具有代表性。

B. 实验者选取的 30 位识读者均没有博士学位。

C. 实验者选取的 20 个词语在网络流行语言中不常用。

D. “呱呱坠地”这个词的读音有些大学老师也经常读错。

E. 实验者选取的 30 位识读者中约有 50%大学成绩不佳。

解析：答案是 A。

A 项如果为真，说明题干的实验样本不当。 ■

例 10.11 为了估计当前人们对管理基本知识掌握的水平，《管理者》杂志在读者中开展了一次管理知识有奖问答活动。答卷评分后发现，60%的参加者对于管理基本知识掌握的水平很高，30%左右的参加者也表现出了一定的水平。《管理者》杂志因此得出结论，目前社会群众对于管理基本知识的掌握还是不错的。

以下哪项如果为真，则最能削弱以上结论？

A. 管理基本知识的范围很广，仅凭一次答卷就得出结论未免过于草率。

B. 掌握了管理基本知识与管理水平的真正提高还有相当的距离。

C. 并非所有《管理者》的读者都参加了此次答卷活动，其信度值得商榷。

D. 从发行渠道看，《管理者》的读者主要是高学历者和实际的经营管理者。

E. 可能有几位杂志社的工作人员的亲戚也参加了此次答卷，并获了奖。

解析：答案是 D。

D 项如果为真，说明题干得出结论的样本不当。 ■

6. 赌徒的谬误

赌徒的谬误，又叫蒙特卡洛[①]谬误，是误以为随机序列中一个事件发生的机会率与之前发生的事件有关，即其发生的机会率会随着之前没有发生该事件的次数而上升。这种认知偏差在赌场上常见。重复抛一个质地均匀的硬币，而连续多次抛出正面朝上，赌徒可能错误地认为，下一次抛出反面的机会会较大。事实上，正面朝上与反面朝上的概

① 蒙特卡洛（Monte Carlo）是世界著名的“赌城”之一，是摩纳哥的标志。

率是均等的。不会因为前面多次——哪怕是 9 次——抛出都是正面朝上，接下来一次——第 10 次——抛出反面朝上的概率就会增加。

7. 强词夺理的谬误

强词夺理的谬误，是指无理强辩的错误论证。又叫强辩，狡辩的谬误。

黑格尔说：“世界上一切腐败的事物都可以为它的腐败说出好的理由。”“但到了你体验到所谓说出理由究竟是怎样一回事之后，你就会对它不加理睬，不为强词夺理的理由所欺骗。”①“譬如，我生存和我应有生存的手段本来可说是我的行为的一个主要动机。但假如我单独突出考虑我个人的福利这一原则，而排斥其他，因此就推出这样的结论，说为维持生存起见，我可以偷窃别人的物品，或可以出卖祖国，那么这就是诡辩。同样，在行为上，我须保持我主观的自由，这意思是说，凡我所作所为，我都以我的见解和我的自信为一个主要原则。但如果单独根据这一原则来替我的一切自由行为作辩护，那就会陷于诡辩，会推翻一切的伦理原理。”②这是对强词夺理谬误的深刻分析。

8. 强置因果的谬误

原因与结果具有空间共存性和时间先后性。但具有空间共存性和时间先后性的事物之间不一定有因果联系。仅仅根据空间上共存或时间上先行后续，就确定存在因果关系，这种谬误，称为“强置因果”。

例 10.12 自 1997 年以来，香港陷入比较严重的经济衰退；就在这一年，香港开始实行“一国两制”。有人声称：是“一国两制”造成了香港的经济衰退。

以下哪一个问题对于反驳上述推理最为相关？

A. 两件事情同时发生或相继发生，就能确定它们之间有因果关系吗？

B. 为什么台湾地区、新加坡、韩国、美国在此期间也发生经济衰退？

C. 为什么中国的经济一派欣欣向荣？

D. 为什么以前管制香港的英国在此期间的经济状况也很糟糕？

E. 为什么历史上香港也出现过严重的经济衰退？

解析：答案是 A。

题干在两个事物现象之间建立因果联系，根据仅仅是它们同时发生或相继发生。这种“以先后为因果”，是一种强置因果。A 项的问题抓住了这一点。■

例 10.13 服用深海鱼油胶囊能降低胆固醇。一项对 6 403 名深海鱼油胶囊定期服用者的调查显示，他们患心脏病的风险降低了三分之一。这项结果完全符合另一个研究结论：心脏病患者的胆固醇通常高于正常标准。因此，上述调查说明，降低胆固醇减少了患心脏病的风险。

以下哪项最为恰当地指出了上述论证的漏洞？

A. 没有考虑到这种情况：深海鱼油胶囊减少了服用者患心脏病的风险，但并不是降低胆固醇的结果。

B. 忽视了这种可能性：深海鱼油胶囊有副作用。

C. 由“心脏病患者的胆固醇通常高于正常标准”，可直接得出“降低胆固醇能减少

① 黑格尔. 小逻辑. 北京：商务印书馆，1980：264.

② 同①177-178.

患心脏病的风险”。因此，以上述调查结论作为论据是没有意义的。

D. 上述调查的结论有关降低胆固醇对患心脏病的影响，但应该揭示的是深海鱼油胶囊对胆固醇的作用。

E. 没有考虑普通人群服用深海鱼油胶囊的百分比。

解析：答案是 A。

题干的论证是：服用深海鱼油胶囊降低了胆固醇，也降低了患心脏病的风险，这说明，降低胆固醇能减少患心脏病的风险。这一论证忽视了：并存或相继出现的两个现象，可能有因果联系，但不一定有因果联系。A 项恰当地指明了这一点。

其余各项均不恰当。例如 C 不恰当。因为一个结论可以依据不同的论证得出。不能因为其中一个论证成立，就断定其余的论证没有意义。 ■

9.倒置因果的谬误

例 10.14 某组研究人员报告说：与心跳速度每分钟低于 58 次的人相比，心跳速度每分钟超过 78 次者，心脏病发作或者发生其他心血管问题的概率高出 39%，死于这类病的风险高出 77%，其整体死亡率高出 65%。研究人员指出，长期心跳过快导致了心血管疾病。

以下哪项如果为真，最能够对该研究人员的观点提出质疑？

A. 各种心血管疾病影响身体的血液循环机能，导致心跳过快。

B. 在老年人中，长期心跳过快的不到 19%。

C. 在老年人中，长期心跳过快的超过 39%。

D. 野外奔跑的兔子心跳很快，但是很少发现它们患心血管疾病。

E. 相对老年人，年轻人生命力旺盛，心跳较快。

解析：答案是 A。

解析：A 项如果为真，说明题干的论证存在因果倒置的谬误。 ■

例 10.15 参加跆拳道运动的人通常比不参加跆拳道运动的人身体更健康，因此，跆拳道运动有助于增进健康。

以下哪一项如果为真，最能构成对上述结论的质疑？

A. 每年都有少数人在跆拳道运动中因意外事故而受伤。

B. 跆拳道运动能够训练人的反应能力，增强人的敏捷度。

C. 只有身体健康的人才参加跆拳道运动。

D. 男子比女子更喜爱跆拳道运动。

E. 和健身运动相比，跆拳道更适合作为竞技运动。

解析：答案是 C。

C 项如果为真，说明题干的论证存在因果倒置的谬误。 ■

10. 窃取论题的谬误

把所要证明的结论，作为证明该结论的论据，这种谬误，称为窃取论题，也叫循环论证。

例 10.16 宇宙空间当然是无穷的。如果宇宙是有穷的，那么，有穷的宇宙空间之外又是什么呢？

上述论证中的漏洞，存在于以下各项中，除了

A. 上帝当然是万能的。如果上帝不是万能的，就不是上帝了。

B. 伟人也会犯错误。如果绝对不犯错误，伟人就不是人了。

C. 商人都唯利是图。如果不唯利是图，就不是商人了。

D. 任何结果都有原因。如果有一结果没有原因，那么，它是什么引起的呢？

E. 人都会犯错误。如果有人不犯错误，那么他就不是人，而是“神”了。

解析：答案是 B。

题干窃取论题。这一谬误存在于除了 B 外的各选项中。

B 项无不当。试比较 B 和 E。E 项的结论是“人都会犯错误”；论据是“不存在有人不犯错误”，等同于结论，窃取论题。B 项的结论是“伟人也会犯错误”；论据是两个：第一，“人都会犯错误”，第二，“伟人是人”。未窃取论题。■

练习题

指出下列各段议论中的谬误，并分析其实质和种类。

1. 某国国会开会讨论一个提案，议员们由于不赞成提案，在一片叫骂声中全体愤然起立，主持人见状宣布说：“赞成者请起立！好！因为全体赞成，所以本案通过！”

2. 某人的理论是错误的。因为他是一个悲壮的失败者，他甚至不能挣到足够的钱来养家。

3. 某人的哲学不值一信，因为他曾因接受过不正当馈赠而被免除一切官职。

4. 一位先生曾提议从学校的课程表上取消作文，另一位先生对此评论说：“这位先生为什么做这种提议呢？因为他自己不会写文章，看一看他写的报告就知道了。他认为自己不会做的事，别人也不应该会做。他害怕有一天一位清洁工的儿子或女儿会写文章，超过了他，所以他要来打倒作文。”

5. 统一木工联合会官员托马斯·基德因被控有犯罪阴谋而被起诉。名律师克拉伦斯达罗在为基德辩护时对陪审团说：“我向你们请求，不过不是为了托马斯·基德，而是为了地球上许许多多被掠夺、被蹂躏的人，无论是过去的，还是将来的。为那些天不亮就起床、天黑了才回家，耗尽自己的生命和力气，辛勤劳作以使他人富足和伟大的人，我向你们请求。我以那些把生命献给了黄金这一现代上帝的女人的名义向你们请求，我以那些小孩(无论活着的还是尚未出生的)的名义向你们请求。”

6. 苏格拉底在审判中为自己辩护说：“朋友，我是一个人，和其他人一样，是血肉之躯，不是草木，如荷马所说；我有家，对了，还有儿子，都是雅典人，三个，一个已几乎成人，其他两个还小。”

7.《墨子》中有《明鬼》篇，意在证明鬼神是存在的。其根据是入一乡一里而问之，鬼神为众人之所同见，众人之所同闻，并且周、郑、燕、宋、齐等诸侯国的《春秋》(历史书)中都记载有活灵活现的神鬼故事。

8. 日本共同社纽约 1990 年 11 月 10 日电，日本众议院议员石原慎太郎在美国《花花公子》杂志 10 月号上的采访记中说，据认为原日本军队屠杀了 30 多万中国人的南京事件(1937 年)是“中国人捏造的谎言”。该社东京同日电，石原慎太郎对记者说：“《花花公子》杂志的报道与我的发言没有出入。我说了中国方面应该(就南京大屠杀的事实)提出证据。我不认为发生过所谓的南京大屠杀。把没有说成有，这难道不是谎言吗？如果真有那种破天荒的事情，当时的外国随军记者为何没有报道呢？这是个疑问。请去问问自民党的政治家看看，几乎所有的人都说不相信有过‘南京大屠杀’这回事。”

9.《管子·乘马》篇说：“何以知货之多也？曰事治。何以知事之治也？曰货多。”意即怎么知道物资丰富呢？回答是农业搞得好。怎么知道农业搞得好呢？回答是物资丰富。

10. eggplant(茄子)是植物。鸡是 eggplant(鸡蛋工厂)。所以，鸡是植物。

11. 一位父亲晚饭后到大街上散步，突然发现小儿子在抽烟，于是生气地对儿子说：“好啊！你竟敢背着我抽烟？！回家再说！”儿子却对父亲说：“爸！您别生气！以后抽烟我一定不背着您！”

12. 旧时有一县令，上台伊始，便在堂上高悬一副对联：“得一文，天诛地灭。听一情，男盗女娼。”以为标榜。而打官司的富人依然相信“有钱能使鬼推磨”的旧例，于是照样把金钱玉帛往县令手里送，县令照收不误。有人问县令：“你办事怎么忘了对联上的誓言呢？”县令回答说：“没有违背誓言。因为我接受的不只是一文钱，徇私也不是只有一次。”

13. 有一艘船，一启航船长就同大副闹翻了。大副爱喝酒的癖好加剧了二人的对立。因为船长严禁船员喝酒。大副的过失招致船长不断地教训，而这又使大副喝酒更厉害。数次警告之后，一次大副喝酒比平时还多，船长遂把此事记入航海日志：“大副今天喝醉了。”后轮到大副记航海日志，发现船长的记录，担心被船主解雇，于是请求船长把这句话删去，遭拒绝。大副于是沮丧中苦思一计，在航海日志中写道：“船长今天没有喝醉。”

14. 王安石之子王元泽自幼聪明，数岁时，有一位客人用一只笼子装一只獐(鹿科动物、无角)与一只鹿敬献。客人问王元泽：“你说哪一只是獐，哪一只是鹿？”王元泽不认识，想了一下说：“獐旁边是鹿，鹿旁边是獐。”

15. 一位青年留了长发，父亲见了说：“你快去把长发剪掉，不然别进这个家门！”儿子说：“那我剃光了行吗？”

16. 这部机器所有零部件都很轻。所以，这部机器组装以后一定也很轻。

17. 顾某对何某说：“您的姓是荷花的荷，还是河水的河？”何某对顾某说：“您的姓是坚固的固，还是故旧的故？”

18. 公共汽车耗油量大于小汽车。因为一辆公共汽车耗油量大于一辆小汽车。

19. 一天中午，电台播送的广播词中提到，当儿子向父亲叫“爸爸”时，不讲心里话，而当儿子向父亲叫“哥们”时，却能讲心里话。听到这里，一位青年向父亲说：“您是愿意我向您叫‘爸爸’而不讲心里话呢，还是愿意我向您叫‘哥们’而讲心里话？”

20. 某航空公司的广告说：“乘飞机比乘汽车安全。因为飞机平均飞行 1 亿公里才死一个人，而汽车平均开行 5 000 万公里就死一个人。请乘飞机旅游吧！”某汽车公司的广告说：“乘汽车比乘飞机安全。因为汽车平均开行 200 万小时才死一个人，而飞机平均飞行 20 万小时就死一个人。请乘汽车旅游吧！”

21. 赵小姐身穿崭新的旗袍上班，一进办公室，同事钱先生不禁对赵说：“您今天真漂亮！”赵听后快快不乐，赵的朋友孙小姐问赵怎么啦，赵说：“说我今天漂亮，这是说我过去不漂亮。”迟到上班的李先生一进门又对赵说：“您的旗袍真漂亮！”赵听后更为不快，孙小姐问她，赵说：“说我旗袍漂亮，这是说我人不漂亮！”

22. 日本通产省曾发布消息说：“东京是全世界第八个最容易生活的城市。因为以国民收入来相比，东京物价是比较便宜的都市。”并称这是调查了全球 31 个主要都市的物价，参照各都市的国民收入所得出的结果。有人指出这一结果未将同人民生活有密切关系的地价、房租、食品和其他高物价计算在内。

23. 旧时有位内阁大学士的儿子不成才，而孙子却成才。这位大学士常责备不成才的儿子，儿子说：“您的父亲不如我的父亲，您的儿子不如我的儿子，所以，您还不如我呢！您没有资格责备我。”

24. 某公司董事长冯某用淀粉加红糖制成所谓“营养增高剂”，被骗者甚众。公安人员问他：“你卖的是不是假药？”冯某答：“这不是假药。什么叫假药？假药只有跟真药相比较才知道。营养增高剂是我首创的，全世界只有我一家，怎么能说它是假的呢？没有真的，怎么会有假？”工商管理人员问冯某：“所谓营养增高剂并没有增高效果，这是不是欺骗行为？”冯某答：“我又没有害死人。营养增高剂吃不死人，你不信，我现在吃给你试试，要是我吃死了，就算是我骗人。”公安人员说：“对你这种不正当手段致富的人应该惩处。”冯某说：“政策允许一部分人先富起来，所以，你们不应该压制我。”

25. 约翰说：“我找不出有适当理由进行这次旅行，所以我已经不打算去了。”玛丽说：“啊！你承认有适当理由进行这次旅行，这是你说的！我很高兴听到你说你打算去。”

26. 一位议会外的门廊说客为使一提案通过，对一位众议员说：“我代表选区内成千上万选民和潜在的竞选赞助人，你应该听取我的意见，赞成通过这项法案。”

27. 一位学生说：“我同意生死轮回是真理。因为这是我老师的观点。”

28. 北宋邵北温假托苏洵名义撰《辨奸论》，其中说王安石穿粗衣、吃粗食、不梳头、不洗脸，所以一定是大奸臣。

29. 甲说：“我戒烟了。因为这对我身体有害。”乙说：“这还没有被证明。所以这对你身体有益。”甲：“好吧！让我抽上一支。”

30. 学生冯某数学考试没考好，他找到老师说：“您如果给我不及格，我的奖学金就没了。”

31. 一位律师为被告陈某辩护说：“你们看他有如此美丽温柔的妻子和讨人喜欢的女孩，他会去诱拐别人的孩子吗？”

32. 楚某说：“天是圆的。地是方的。”魏某说：“你怎么知道？”楚某：“嘿！大家都这么说！”

33. 种瓜得瓜，种豆得豆。所以，春天种 5 美元的玉米，秋天将收获 5 美元的玉米。

34. 蒋局长肯定廉洁，因为从来没听说过他有什么丑闻。

35. 遭雷击是偶然事件，而偶然事件经常发生，所以遭雷击经常发生。

36. 有一人看了电视上日本相扑力士的表演说：“日本人怎么这么多大块头？”

37. 甲校高二英语成绩高于乙校高二英语成绩，所以甲校高二学生每人英语成绩高于乙校高二学生每人英语成绩。

38. 你拥护政府对于泰米尔人的可耻的政策吗？

39. 从一筐橘子中拿出一个尝一尝很甜，推断整筐橘子很甜。

40. 甲问乙：“一枚硬币连抛10次，都是正面向上，那么在抛第11次时哪面向上的可能性更大？”乙：“反面。”

41. 楚国想攻打宋国，派侦察员去宋国侦察澭水渡口。侦察员向一宋国人询问，宋人怀疑他居心叵测，于是告诉他澭水平均深度在人的腰膝以下，并故意指给他一段深可没人的河道，说：“这里可以作为渡口。”楚国侦察员信以为真，暗设标志而去。楚人深夜按标志渡河，淹死1 000多人，军队惊慌混乱得像都市里房屋崩塌时一样，溃散而逃。

42. 在法西斯当政的德国有人说：“希特勒并不愚蠢。如果他愚蠢，就不会有这么大名气。”后有人告发他说“希特勒愚蠢”，并因此而被处极刑。

43. 有人看到酒精使某些酒鬼酗酒闹事，于是认为“所有烈性酒都有害，应用法律禁止其销售和使用”。

10 套综合练习题

第 1 套

一、选择题（从所列的备选答案中选出一个，多选为错）

1. 思维的逻辑形式之间的区别，取决于（　　）。
   A. 思维的内容
   B. 语言表达形式
   C. 逻辑常项
   D. 变项
   E. 逻辑常项和变项
2. 我们的干部来自五湖四海。“干部”这个概念，是在（　　）的意义上使用的。
   A. 集合概念
   B. 非集合概念
3. 中国女子排球队多次夺得过世界冠军。这里“世界冠军”是（　　）。
   A. 普遍概念
   B. 单独概念
4. “单独概念”这个概念是（　　）。
   A. 单独概念
   B. 普遍概念
   C. 空概念
5. <u>中国</u>（a）在<u>亚洲</u>（b），是<u>世界贸易组织成员国</u>（c），也是<u>发展中国家</u>（d）。以下哪组欧拉图正确地刻画了上述画横线的四个概念间的关系？（　　）

A.

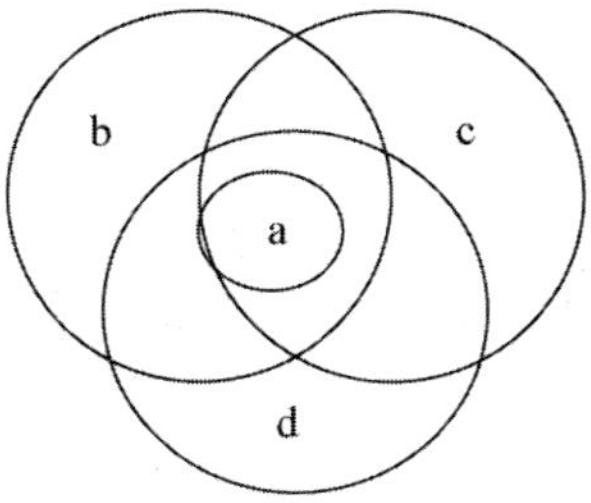

B.

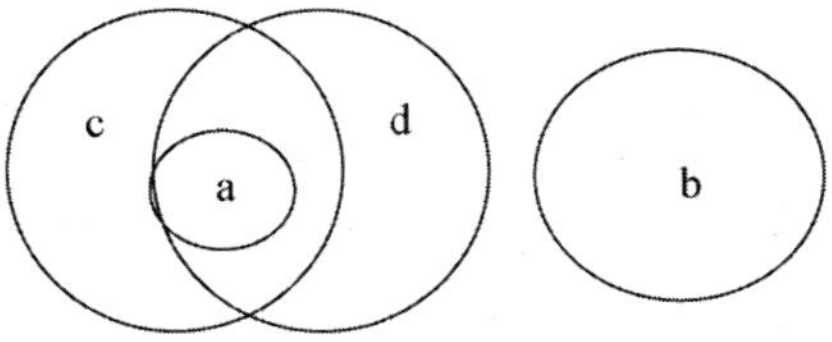

6. 将“学生”限制为“中学生”，概括为“知识分子”。

以下哪项对上述限制和概括的评价最为确切？（　　）

A. 限制和概括都正确。

B. 限制和概括都不正确。

C. 限制正确，概括不正确。

D. 限制不正确，概括正确。

7. 正方形就是四角相等的四边形。

以下哪项对上述定义的评价最为确切？（　　）

A. 正确。

B. 不正确，定义过宽。

C. 不正确，定义过窄。

D. 不正确，循环定义。

E. 不正确，同语反复。

8. 母项 S 通过划分，得到并且只得到 S_1 和 S_2 两个子项。如果这一划分是正确的，则 S_1 和 S_2 不可能具有以下哪种关系？（　　）

（1）属种关系

（2）矛盾关系

（3）对立关系

A. 只有（1）。

B. 只有（2）。

C. 只有（3）。

D. 只有（1）和（2）。

E. 只有（1）和（3）。

9. 如果 S 是一个正概念，P 是一个负概念，则 S 与 P 的外延关系（　　）。

A. 必定是矛盾关系

B. 必定不是矛盾关系

C. 可能不是矛盾关系

D. 不可能是矛盾关系

E. 必定是全异关系

10. “平反是对处理错误的案件进行纠正。”依据以下哪项能最为确切地说明上述定义的不严格？（　　）

A. 对案件是否处理错误，应该有明确的标准，否则不能说明什么是平反。

B. 应该说明平反的操作程序。

C. 应该说明平反的主体，平反的主体应该具备足够的权威性。

D. 对平反的客体应该具体分析，平反了，不等于没错误。

E. 处理错误的案件包括三种：重罪轻判、轻罪重判和无罪而判。

11. 超过20年使用期限的汽车都应当报废。某些超过20年使用期限的汽车存在不同程度的设计缺陷，在应当报废的汽车中有一些不是H国进口车。所有的H国进口车都不存在设计缺陷。

如果上述断定为真，则以下哪项一定为真？（　　）

A. 有些H国进口车不应当报废。

B. 有些存在设计缺陷的汽车应当报废。

C. 有些H国进口车应当报废。

D. 所有应当报废的汽车的使用期限都超过20年。

E. 有些超过20年使用期限的汽车不应当报废。

12. “认识错误”是“改正错误”的（　　）。

A. 充分条件

B. 必要条件

C. 充分必要条件

D. 不构成条件关系

（注：若C项成立，则A项和B项自然同时成立。约定：若选C项，则不选择A项或B项）

13. “宏达超市的商品不但价廉，而且物美。”这一命题的负命题与以下哪个命题表达的含义完全相同？（　　）

（1）宏达超市的商品价不廉，并且物不美。

（2）宏达超市的商品价廉，但物不美。

（3）宏达超市的商品价不廉，但物美。

（4）宏达超市的商品如果价廉，那么一定物不美。

（5）宏达超市的商品如果价廉，那么一定物美。

A. 仅（1）。

B. 仅（2）和（3）。

C. 仅（4）。

D. 仅（4）和（5）。

E. （1）、（2）、（3）、（4）和（5）。

14. “航天号”飞机的失事或是由于设备故障，或是由于人为破坏；已查明失事原因确系设备故障。因此，可以排除人为破坏。

以下哪项正确地评价了上述命题推理?（　　）

A. 推理正确，是不相容选言推理的肯定否定式。

B. 推理正确，是相容选言推理的否定肯定式。

C. 推理错误，是不相容选言推理的否定肯定式。

D. 推理错误，是相容选言推理的肯定否定式。

15. 以“如果甲、乙都不是木工，那么丙是木工”为一前提，若再增加以下哪项作为前提，可必然推出“乙是木工”。（　　）

A. 丙是木工。

B. 丙不是木工。

C. 甲不是木工。

D. 甲是木工。

E. 甲和丙都不是木工。

16. 违法必究，但几乎看不到违反道德的行为受到惩治，如果这成为一种常规，那么，民众就会失去道德约束。道德失控对社会稳定的威胁并不亚于法律失控，因此，为了维护社会的稳定，任何违反道德的行为都不能不受惩治。

以下哪项对上述论证的评论最为恰当？（　　）

A.上述论证是成立的。

B. 上述论证有漏洞，它忽略了：有些违法行为并未受到追究。

C. 上述论证有漏洞，它忽略了：由违法必究，推不出缺德必究。

D. 上述论证有漏洞，它夸大了：违反道德行为的社会危害性。

E. 上述论证有漏洞，它忽略了：由否定“违反道德的行为都不受惩治”，推不出“违反道德的行为都要受惩治”。

17. 根据三段论的七条规则（五条基本规则加上两条导出规则），试证：三段论第一格的大前提是全称的。

证明：因为第一格的小前提是肯定的，因此小前提的谓项不周延；第一格的中项分别是大前提的主项和小前提的谓项；现小前提的谓项不周延，为使中项至少周延一次，大前提的主项必须周延。因此，大前提是全称的。

以下哪项对上述证明的评价最为恰当?（　　）

A. 证明正确。

B. 证明有误，对第一格的形式理解有误。

C. 证明有误，对词项周延性的理解有误。

D. 证明有误，犯了“预期理由”的错误。

E. 证明有误，对“中项至少周延一次”的规则理解和运用有误。

18. 已知“基本粒子不都可分”真，则据此不能确定真假的命题是（　　）。

（1）所有的基本粒子都可分。

（2）所有的基本粒子都不可分。

（3）有的基本粒子可分。

（4）有的基本粒子不可分。

A. 仅（1）和（4）

B. 仅（2）和（3）

C. 仅（2）

D. 仅（3）

E. （1）、（2）、（3）和（4）都可确定真假

19. 甲班考试结束后，几位老师在一起议论。

张老师说："班长和学习委员都能得优秀。"

李老师说："除非生活委员得优秀，否则体育委员不能得优秀。"

陈老师说："我看班长和学习委员两人中至少有一人不能得优秀。"

郭老师说："我看生活委员不能得优秀，但体育委员可得优秀。"

基于以上断定，可推出以下哪项一定为真？（　　）

A. 四位老师中有且只有一位的断定为真。

B. 四位老师中有且只有两位的断定为真。

C. 四位老师的断定都可能为真。

D. 四位老师的断定都可能为假。

E. 题干的条件不足以推出确定的结论。

20. 血液中脂肪蛋白含量的增多，会增加人体阻止吸收过多的胆固醇的能力，从而降低血液中的胆固醇。有些人通过有规律的体育锻炼和减肥，能明显地增加血液中高浓度脂肪蛋白的含量。

以下哪项，作为结论从上述题干中推出最为恰当？（　　）

A. 有些人通过有规律的体育锻炼降低了血液中的胆固醇，则这些人一定是胖子。

B. 不经常进行体育锻炼的人，特别是胖子，随着年龄的增大，血液中出现胆固醇的风险越来越大。

C. 体育锻炼和减肥是降低血液中高胆固醇的最有效的方法。

D. 有些人通过有规律的体育锻炼和减肥能降低血液中的胆固醇。

E. 标准体重的人只需要通过有规律的体育锻炼就能降低血液中的胆固醇。

21. 一个有效的三段论的小项、大项、中项分别为 S、P、M，若 P 在结论中周延，则其大前提只能是（　　）。

A. PIM

B. MOP

C. MAP

D. POM

E. PIM

22. 不可能所有香港人都会说普通话。

以下哪项断定的含义，与上述断定最为接近？（　　）

A. 可能所有香港人都不会说普通话。

B. 可能有的香港人不会说普通话。

C. 可能有的香港人会说普通话。

D. 必然所有香港人都不会说普通话。

E. 必然有的香港人不会说普通话。

23. 陈经理今天将乘飞机赶回公司参加上午 10 点的重要会议。秘书小张告诉王经理：如果陈经理乘坐的飞机航班被取消，那么他就不能按时到达会场，但事实上该航班正点运行，因此，小张得出结论：陈经理能按时到达会场。王经理回答小张："你的前提没错，但推理有缺陷。我的结论是：陈经理最终将不能按时到达会场。"

以下哪项对上述断定的评价最为恰当？（　　）

A. 王经理对小张的评论是正确的，王经理的结论也由此被强化。

B. 王经理对小张的评论有缺陷，王经理的结论也由此被弱化。

C. 虽然王经理的结论根据不足，但他对小张的评论是正确的。

D. 王经理对小张的评论是正确的，但王经理的结论是错误的。

E. 王经理对小张的评论有偏见，并且王经理的结论根据不足。

24. 哺乳动物是不会灭绝的，东北虎是哺乳动物，所以东北虎是不会灭绝的。对于这个推理，以下哪项为真？（　　）

A. 这个推理是错误的，因为它的结论是错误的。

B. 这个推理是正确的，因为它的前提是正确的。

C. 这个推理是错误的，因为它违反了同一律。

D. 不能确定这个推理正确与否。

E. 这根本不是一个推理。

25. 有人认为，任何一个机构都包括不同的职位等级或层级，每个人都隶属于其中的一个层级。 如果某人在原来级别岗位上干得出色，就会被提拔，而被提拔者得到重用后却碌碌无为，这会造成机构效率低下、人浮于事。

以下哪项如果为真，最能质疑上述观点？（　　）

A.不同岗位的工作方法是不同的，对新岗位要有一个适应过程。

B. 部门经理王先生业绩出众，被提拔为公司总经理后工作依然出色。

C. 个人晋升常常在一定程度上影响所在机构的发展。

D. 李明的体育运动成绩并不理想，但他进入管理层后却干得得心应手。

E. 王副教授教学科研能力都很强，而晋升为正教授后却表现平平。

26. 在我国的戏剧工作者中，只有很小的比例在全国 30 多个艺术家协会中任职。这说明，在我国的艺术家协会中，戏剧艺术方面缺少应有的代表性。

以下哪项是对上述论证最为恰当的评价？（　　）

A. 上述论证是成立的。

B. 上述论证有漏洞，因为我国的戏剧工作者中，只有很少的比例在全国 30 多个艺术家协会中任职，并不意味着在我国艺术家协会中戏剧工作者只占很少的比例。

C. 上述论证缺乏说服力，因为一个戏剧工作者在艺术家协会中任职，并不意味着他就一定在其中有效地体现戏剧艺术的代表性。

D. 上述论证有漏洞，因为我国的戏剧工作者中，只有很少的比例在全国艺术家协会中任职，并不意味着其他艺术种类的工作者中有较高的比例在我国艺术家协会中任职。

E. 上述论证不能成立，因为它没有提供准确的比例数字。

27. 和专门的研究机构不同，高等院校，即使是研究型的高等院校，其首要任务是培养学生。这一任务完成得不好，校园再漂亮，硬件设施再先进，教师科研成果再多，也是没有意义的。

上述议论的结构和以下哪项最不类似？（　）

A. 一个饭店，最重要的是要使顾客感到饭菜好吃。价格的合理，服务的周到，环境的幽雅，只有在顾客吃得满意的情况下才有意义。

B. 一个人最要紧的是不能穷。一旦没有钱，有学问，有相貌，有品行，又能有什么用呢？

C. 一个国家要发展，最重要的是保持稳定。一旦失去稳定，经济的发展、政治的改革就失去了可行性。

D. 和学术著作不同，对于文艺作品来说，最重要的是它的可读性和观赏性。只要有足够多的读者，高质量的文艺作品就一定能实现它的社会效益和经济效益，同时体现它的学术价值。

E. 一个品牌最重要的是产品质量。如果广告和其他形式的包装对于某个品牌的产品长期占领市场确实起到实质性的作用，那么该产品一定具有过硬的质量。

28. 张竞说："只有正式代表才可以发言。"刘强说："不对吧！李贵也是正式代表，但他并没有发言。"

刘强的回答是把张竞的话错误地理解为以下哪项？（　）

A. 所有发言的人都是正式代表。

B. 李贵要发言。

C. 所有正式代表都发言了。

D. 没有正式代表发言。

E. 李贵不是正式代表。

29～30题基于以下题干：

以下是一份商用测谎器的广告：

员工诚实的个人品质，对于一个企业来说至关重要。一种新型的商用测谎器，可以有效地帮助贵公司聘用诚实的员工。著名的QQQ公司在一次招聘面试时使用了测谎器，结果完全有理由让人相信它的有效功能。有三分之一的应聘者在这次面试中撒谎。当被问及他们是否知道法国经济学家道尔时，他们都回答知道，或至少回答听说过。但事实上这个经济学家是不存在的。

29. 以下哪项最可能是上述广告所假设的？（　）

A. 上述应聘者中的三分之二知道所谓的法国经济学家道尔是不存在的。

B. 上述面试的主持者是诚实的。

C. 上述应聘者中的大多数是诚实的。

D. 上述应聘者在面试时并不知道使用了测谎器。

E. 该测谎器的性能价格比非常合理。

30. 以下哪项最能说明上述广告存在漏洞?（　　）

A. 上述广告只说明面试中有人撒谎，并未说明测谎器能有效测谎。

B. 上述广告未说明为何员工诚实的个人品质，对于一个公司来说至关重要。

C. 上述广告忽视了：一个应聘者即使如实地回答了某个问题，仍可能是一个不诚实的人。

D. 上述广告依据的只有一个实例，难以论证一般性的结论。

E. 上述广告未对 QQQ 公司及其业务进行足够的介绍。

二、综合题

1. 试证：一个有效的三段论，若小前提为全称否定命题，则大前提必须为全称肯定命题。

2. 构造命题变形直接推理，由“不搞阴谋诡计的人不是野心家”推出“有些非野心家不搞阴谋诡计”。

3. 用真值表方法判定以下推理是否有效：

（如果我）没有调查研究，（那么我）就没有发言权；我调查研究了。所以，我当然有发言权。

第 2 套

一、选择题（从所列的备选答案中选出一个，多选为错）

1. “要么 p，要么 q”与“或者 p，或者 q”这两个命题形式，它们含有（　　）。

A. 相同的逻辑常项，相同的变项

B. 相同的逻辑常项，不同的变项

C. 不同的逻辑常项，相同的变项

D. 不同的逻辑常项，不同的变项

E. 相同的语言表达形式

2. 下列各组概念具有交叉关系的是（　　）。

A. 机关；学校

B. 小麦；农作物

C. 企业；工厂

D. 大学生；共产党员

E. 教师；学生

3. “我最爱阅读外国文学作品，英国的、法国的、古典的，我都爱读。”这一陈述在逻辑上犯了哪项错误？（　　）

A. 划分外国文学作品的标准混乱，前者是按国别的，后者是按时代的。

B. 外国文学作品，没有按究竟是诗歌、小说还是戏剧等。

C. 没有说最喜好什么。

D. 没有说是外文原版还是翻译本。

E. 在“古典的”后面，没有紧接着指出“现代的”。

4. 在“知识分子是国家的宝贵财富”和“大学教师是知识分子”这两个命题中，“知识分子”（　　）。

A. 都是集合概念

B. 都是非集合概念

C. 前者是集合概念，后者是非集合概念

D. 前者是非集合概念，后者是集合概念

5. 将“违法行为”限制为“贪污行为”，概括为“犯罪行为”。其中，（　　）。

A. 限制正确，概括不正确

B. 限制不正确，概括正确

C. 限制和概括都正确

D. 限制和概括都不正确

6. “森林”和“树木”，这两个概念是（　　）。

A. 交叉关系

B. 属种关系

C. 矛盾关系

D. 对立关系

E. 既非矛盾也非对立的不相容关系

7. 下列各组概念中，具有属种关系的是（　　）。

（1）对象的本质属性—对象的固有属性

（2）相容关系—属种关系

（3）亚洲—中国

（4）美国人—美国黑人

A. （1）、（2）、（3）和（4）

B. 仅（1）和（3）

C. 仅（2）和（4）

D. 仅（1）、（3）和（4）

E. （1）、（2）、（3）和（4）都不是

8. “有作案动机”和“有作案行为”之间是什么关系？（　　）

A. 前者是后者的充分条件。

B. 前者是后者的必要条件。

C. 前者是后者的充分必要条件。

D. 前者和后者不构成条件关系。

（注：若C项成立，则A项和B项自然同时成立。约定：若选C项，则不选择A项或B项）

9. “昨晚小张和小李至少有一人值班。”

以下哪个命题是上述命题的矛盾命题？（　　）

A. 昨晚小张和小李至多有一人值班。

B. 昨晚小张和小李两人都没有值班。

C. 昨晚小张和小李两人都值班了。

D. 昨晚小张没值班或者小李没值班。

E. 昨晚要么小张没值班，要么小李没值班。

10. 以下哪个推理形式能够成立？（　　）

（1）如果非 p，那么q

p

所以，非 q

（2）并非（p或者q）

所以，p

（3）只有非p，才q

所以，如果 q，则非 p

A. 只有（1）。

B. 只有（2）。

C. 只有（3）。

D. 只有（1）和（2）。

E. （1）、（2）和（3）。

11. 已知“只有小王是大学生，小王才懂英语”为假，则（　　）为真。

A. 如果小王不是大学生，那么小王不懂英语

B. 小王是大学生并且小王不懂英语

C. 小王不是大学生并且小王不懂英语

D. 小王不是大学生或者小王懂英语

E. 如果小王懂英语，那么小王是大学生

12. 要使中国足球队真正能跻身世界强队之列，至少必须解决两个关键问题：一是提高队员基本体能，二是讲究科学训练。不切实解决这两点，即使临战时拼搏精神发挥得再好，也不可能取得突破性的进展。

以下诸项都表达了上述议论的观点，除了（　　）。

A. 只有提高队员的基本体能和讲究科学训练，才能取得突破性进展

B. 除非提高队员的基本体能和讲究科学训练，否则不能取得突破性进展

C. 如果取得了突破性进展，说明一定提高了队员的基本体能并且讲究了科学训练

D. 如果不能提高队员的基本体能，即使讲究了科学训练，也不可能取得突破性进展

E. 只要提高了队员的基本体能和讲究了科学训练，再加上临战时拼搏精神发挥得好，就一定能取得突破性进展

13. 以下是一个西方经济学家陈述的观点：一个国家如果能有效地运作经济，就一定能创造财富而变得富有；而这样的一个国家想保持政治稳定，它所创造的财富必须得到公正的分配；而财富的公正分配将减少经济风险；但是经济风险的存在正是经济有效率运作的不可或缺的先决条件。

从这个经济学家的上述观点，可以得出以下哪项结论？（　　）

A. 一个国家政治上的稳定和经济上的富有不可能并存。

B. 一个国家政治上的稳定和经济上的有效率运作不可能并存。

C. 一个富有国家的经济运作一定是有效率的。

D. 在一个经济运作无效率的国家中，财富一定得到了公正的分配。

E. 一个政治上不稳定的国家，一定同时充满了经济风险。

14. 除非有两种以上稀有品种的水果，否则含有香蕉的水果沙拉通常是一道乏味的菜。这盘水果沙拉里面有香蕉，并且其中唯一奇特的水果是番石榴，所以，这道菜可能十分乏味。

以下哪项推理的结构与题干的最为类似？（　　）

A. 通常 40%的鹿会在冬季死亡，除非某个冬季异常温暖。在这个冬季，死去的鹿与往常一样，是 40%，所以我认为这个冬季并非异常温暖。

B. 除非拳王赛的卫冕者被收买，否则，挑战者很难以击倒对方而获胜。在这次拳王赛中，卫冕者已被收买，因此，挑战者很可能以击倒对方而获胜。

C. 作者第一次写作的手稿通常不被出版商注意，除非他是名人。我的手稿可能不会引起出版商的注意，因为我是第一次写作，而且不是名人。

D. 不会有很多人参加周四的法庭辩论旁听。通常在审理离婚案时，参加旁听的人就非常少，而周四开庭审理的正是离婚案。

E. 死者的遗产通常要么分给仍然活着的配偶，要么分给仍然活着的子女。这个案子中没有仍然活着的配偶，因此，遗产可能分给仍然活着的子女。

15. 由“如果这是一部好电影，那么它的思想性强并且艺术性高”这个前提出发，再增补前提和结论分别构成以下三个推理，其中正确的是（　　）。

（1）这是一部好电影，所以它的思想性强。

（2）这不是一部好电影，所以它的思想性不强或艺术性不高。

（3）这部电影虽然艺术性高，但思想性不强，所以它不是一部好电影。

A. 只有（1）

B. 只有（2）

C. 只有（3）

D. 只有（1）和（3）

E. （1）、（2）和（3）

16. 这几年参加注册会计师考试的人越来越多了，可以这样讲，所有想从事会计工作的人都想获得注册会计师证书。小王也想获得注册会计师证书，所以，小王一定是想从事

会计工作的人了。

以下哪项如果为真，最能加强上述论证？（　　）

A. 目前越来越多的从事会计工作的人具有了注册会计师证书。

B. 不想获得注册会计师证书，就不是一个好的会计工作者。

C. 只有想获得注册会计师证书的人，才有资格从事会计工作。

D. 只有想从事会计工作的人，才想获得注册会计师证书。

E. 想要获得注册会计师证书，一定要对会计理论非常熟悉。

17.纯种赛马是昂贵的商品。一种由遗传缺陷引起的疾病威胁着纯种赛马，使它们轻则丧失赛跑能力，重则瘫痪甚至死亡。因此，赛马饲养者认为，一旦发现有此种缺陷的赛马应停止饲养。这种看法是片面的。因为一般来说，此种疾病可以通过饮食和医疗加以控制。另外，有此种遗传缺陷的赛马往往特别美，这正是马术表演特别看重的。

以下哪项最为准确地概括了题干所要论证的结论？（　　）

A．美观的外表对于赛马来说特别重要。

B．有遗传缺陷的赛马不一定丧失比赛能力。

C．不应当绝对禁止饲养有遗传缺陷的赛马。

D．一些有遗传缺陷的赛马的疾病未得到控制，是由于缺乏合理的饮食或必要的医疗。

E．遗传疾病虽然是先天的，但其病变可以通过后天的人为措施加以控制。

18. 出席今天会议的不全是南方人。

如果上述命题为假，则以下哪项不能据此断定真假？（　　）

（1）出席今天会议的全是南方人。

（2）出席今天会议的全不是南方人。

（3）有的出席今天会议的是南方人。

（4）有的出席今天会议的不是南方人。

A. 只有（3）。

B. 只有（4）。

C. 只有（1）和（4）。

D. 只有（2）和（3）。

E.（1）、（2）、（3）和（4）都能断定真假。

19. 小张既高又胖。

以下哪项如果为真，能驳倒上述断定？（　　）

（1）小张高但不胖。

（2）小张胖但不高。

（3）小张要么不高，要么不胖。

（4）小张或者不高，或者不胖。

A. 只有（4）。

B. 只有（3）和（4）。

C. 只有（1）和（2）。

D.（1）、（2）、（3）和（4）。

E.（1）、（2）、（3）和（4）都不能驳倒题干。

20. 小张既高又胖。

以下哪项是上述命题的矛盾命题?（　　）

A. 小张高但不胖。

B. 小张胖但不高。

C. 小张要么不高，要么不胖。

D. 小张或者不高，或者不胖。

E. 如果小张不高，他一定胖。

21.（1）并非所有乔木都是常绿树；

（2）并非所有乔木都不是常绿树。

上述两个命题（　　）。

A. 不能同真，也不能同假

B. 不能同真，可以同假

C. 不能同假，可以同真

D. 可以同真，也可以同假

22. 有些阔叶树是常绿植物，因此，所有阔叶树都不生长在寒带地区。

以下哪项如果为真，最能反驳上述结论？（　　）

A. 常绿植物不都是阔叶林。

B. 常绿植物都生长在寒带地区。

C. 有些阔叶树不生长在寒带地区。

D. 常绿植物都不生长在寒带地区。

E. 寒带的某些地区不生长阔叶树。

23. （　　）E（　　）

SA（　　）

―――――――――

S（　　）P

为使上述三段论成立，括号中应填的字母按顺序是（　　）。

（1）P，M，M，O

（2）M，P，M，E

（3）P，M，M，E

A. 只有（1）

B. 只有（2）

C. 只有（3）

D. 只有（2）和（3）

E.（1）、（2）和（3）

24. 小王、小李、小张准备去爬山。天气预报说，今天可能下雨。围绕天气预报，三个人争论起来。

小王说：“今天可能下雨，那并不排斥今天也可能不下雨，我们还是去爬山吧。”

小李说："今天可能下雨，那就表明今天要下雨，我们还是不去爬山了吧。"

小张说："今天可能下雨，只是表明今天不下雨不具有必然性，去不去爬山由你们决定。"

对天气预报的理解，三个人中（　　）。

A. 小王和小张正确，小李不正确

B. 小王正确，小李和小张不正确

C. 小李正确，小王和小张不正确

D. 小张正确，小王和小李不正确

E. 小李和小张正确，小王不正确

25. 某医院肠道门诊部同一天深夜有七个腹泻病人前来就诊，医生询问后得知，他们都吃了某菜场出售的螃蟹。据此初步断定，腹泻可能是由螃蟹不新鲜引起的。上述推论运用到的探求因果联系方法是（　　）。

A. 两步求同，一步求异

B. 从同中求异

C. 从异中求同

D. 先行情况中仅有一种情况为差异情况

E. 共变法

26. 目前，港南市主要干道上自行车道的标准宽度为单侧 3 米。很长一段时期以来，很多骑自行车的人经常在机动车道上抢道骑行。在对自行车违章执法还比较困难的现阶段，这种情况的存在严重地影响了交通，助长了人们对交通法规的漠视。有人向市政府提出，应当将自行车道拓宽为 3.5 米，这样，给骑自行车的人一个更宽松的车道而能够消除自行车抢道的违章现象。

以下哪项如果为真，最能削弱上述论点？（　　）

A. 拓宽自行车道的费用较高，此项建议可行性较差。

B. 自行车道宽了，机动车走起来不方便，许多乘坐公共交通的人会很有意见。

C. 拓宽自行车道的办法对于机动车的违章问题没有什么作用。

D. 当自行车道拓宽到 3.5 米以后，人们仍然会在缩小后的机动车道上抢道违章。

E. 自行车道拓宽，自行车车速加快，交通事故可能增多。

27. 学校在为失学儿童义捐活动中收到两笔没有署真名的捐款，经过多方查找，可以断定是周、吴、郑、王中的某两个人捐的。经询问，周说："不是我捐的。"吴说："是王捐的。"郑说："是吴捐的。"王说："我肯定没有捐。"最后经过详细调查证实四个人中有两个人说的是真话。

根据已知条件，请你判断以下哪项有可能为真？（　　）

A. 是吴和王捐款的。

B. 是周和王捐款的。

C. 是郑和王捐款的。

D. 是郑和吴捐款的。

E. 是郑和周捐款的。

28. 语言不能生产物质财富，如果语言能够生产物质财富，那么夸夸其谈的人就会成为世界上的富翁了。

以下哪项论证在方式上与上述论证最为类似？（ ）

A. 人在自己的生活中不能不尊重规律，如果违背规律，就会受到规律的无情惩罚。

B. 加强税法宣传十分重要，这样做可以普及税法知识，增强人们的纳税意识，增加国家财政收入。

C. 有些近体诗是要求对仗的，因为有些近体诗是律诗，而所有律诗都要求对仗。

D. 风水先生惯说空，指南指北指西东，倘若真有龙虎地，何不当年葬乃翁。

E. 金属都具有导电的性质，因为，我们研究了金、银、铜、铁、铅这些金属，发现它们都能导电。

29. 一个研究人员发现免疫系统活性水平较低的人在心理健康测试中得到的分数比免疫系统活性水平正常或较高的人低。该研究人员从这个实验中得出结论：免疫系统既能抵御肉体上的疾病也能抵御心理疾病。

以下哪项如果为真，研究人员的结论将受到最有力的削弱？（ ）

A. 在针对实验的实验性研究的完成与开始实验本身之间有一年的间隔时间。

B. 人们的免疫系统活性水平没有受到他们服用的药物的影响。

C. 免疫系统活性高的一些人在心理测试方面的得分与免疫系统活性正常的人的得分一样。

D. 与免疫系统活性正常或高的人相比，免疫系统活性低的人更易得过滤性毒菌引起的感染。

E. 高度压力首先导致心理疾病，然后导致正常人的免疫系统活性的降低。

30. 交通部科研所最近研制了一种自动照相机，它对速度有敏锐的反应，只要（并且只有）违规超速汽车经过镜头时，它就自动按下快门。在某条单向行驶的公路上，在一个小时内，这样一架照相机摄下了 50 辆超速汽车的照片。在这条公路前方，距这架照相机约 1 公里处，一批交通警察于隐蔽处正在进行目测超速汽车的能力测试。在这同一个小时内，某个警察测定，共有 25 辆汽车超速通过。由于经过那架自动照相机的汽车一定经过目测处，可以推定，该警察对超速汽车的目测准确率不高于 50%。

要使题干的推断成立，以下哪项是必须假设的？（ ）

A. 在该警察测定为超速的汽车中，包括在照相机处不超速而到目测处超速的汽车。

B. 在上述一个小时中，在照相机前超速的汽车，都一定超速通过目测处。

C. 在上述一个小时中，在照相机前不超速的汽车，到目测处不会超速。

D. 在该警察测定为超速的汽车中，包括在照相机处超速而到目测处不超速的汽车。

E. 在上述一个小时中，通过目测处的非超速汽车一定超过 25 辆。

二、综合题

1. 证明：如果同时肯定下列三个命题，则违反矛盾律的逻辑要求。

（1）PES

（2）MOP→SIP

（3）SIM

（提示：本题运用到以下知识：命题变形直接推理；命题推理；三段论推理；逻辑基本规律）

2. 构造命题变形直接推理，由“有些农村人口在城市工作”推出“有些在城市工作的人不是非农村人口”。

3. 用真值表方法判定以下推理是否有效：

（小张）只有考试成绩优秀，才能被评为三好学生。事实上小张没被评为三好学生，所以她考试成绩未达优秀。

第 3 套

一、选择题（从所列的备选答案中选出一个，多选为错）

1. 下列命题都具有相同逻辑形式，除了（　　）。

A. 只要功夫深，铁杵磨成针

B. 如果你有空，请立即回信

C. 要是寒潮到来，气温就会下降

D. 理论一旦掌握群众，就会变成物质力量

E. 只有讲究科学方法，才能取得好成绩

2. “人口不少于 50 万的城市”与“人口多于 100 万的城市”这两个概念具有的是（　　）关系。

A. 交叉

B. 全异

C. 真包含于

D. 真包含

E. 全同

3. a：普遍概念　b：正概念　c：实体概念　d：概念

以下哪组欧拉图正确地刻画了上述概念间的关系？（　　）

A.

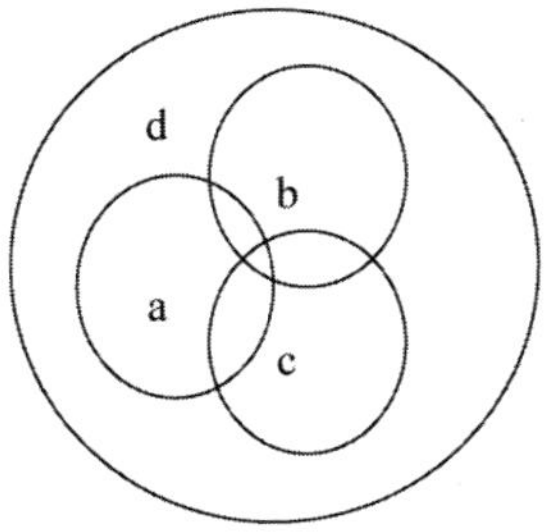

B.

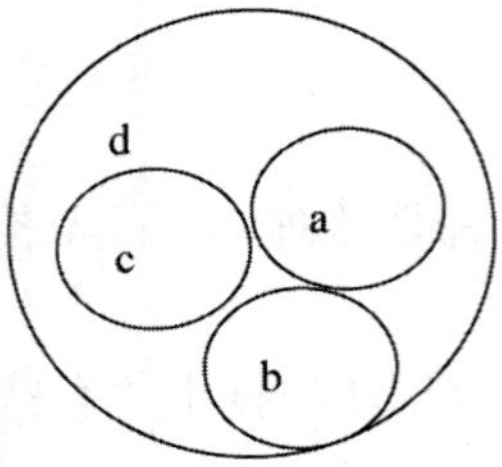

4. “相容关系”和“交叉关系”，这两个概念是（　　）。

A. 交叉关系

B. 属种关系

C. 矛盾关系

D. 对立关系

E. 既非矛盾也非对立的不相容关系

5. 下列各组概念中，具有不相容关系的是（　　）。

（1）太阳系—太阳

（2）器官—大脑

（3）自然灾害—地震

（4）电子产品—医疗用品

A. 只有（1）

B. 只有（2）

C. 只有（3）

D. 只有（1）、（2）和（3）

E.（1）、（2）、（3）和（4）都不是

6. “A 是 B 的充分必要条件”和“A 是 B 的充分条件”之间是什么关系？（　　）

A. 前者是后者的充分条件。

B. 前者是后者的必要条件。

C. 前者是后者的充分必要条件。

D. 前者和后者不构成条件关系。

（注：若 C 项成立，则 A 项和 B 项自然同时成立。约定：若选 C 项，则不选择 A 项或 B 项）

7. 要么老张当选代表，要么老李当选代表。

以下哪项如果为真，能驳倒上述命题？（　　）

（1）老张和老李都当选。

（2）老张和老李都没当选。

（3）老张和老李都当选，或者老张和老李都没当选。

A. 只有（1）。

B. 只有（2）。

C. 只有（3）。

D. 只有（1）和（2）。

E. （1）、（2）和（3）。

8. 要么老张当选代表，要么老李当选代表。

以下哪项是上述命题的矛盾命题？（　　）

A. 老张和老李都当选。

B. 老张和老李都没当选。

C. 老张当选，但老李没当选。

D. 老张没当选，当选的是老李。

E. 老张和老李都当选，或者老张和老李都没当选。

9. 以下哪个推理形式能够成立？（　　）

（1）p，否则 q

p

所以，非 q

（2）并非（p并且非 q）

所以，非 p或者 q

（3）只有 p，才（q或者 r）

非 p

所以，非 r

A. 只有（1）。

B. 只有（2）。

C. 只有（3）。

D. 只有（2）和（3）。

E. （1）、（2）和（3）。

10. 某大学某寝室住着若干个学生。其中，一个是哈尔滨人，两个是北方人，一个是广东人，两个在法律系，三个是进修生。因此，该寝室恰好有 8 个人。

以下各项关于该寝室的断定是真的，都能加强上述论证，除了（　　）。

A. 题干中的介绍涉及了寝室中所有的人

B. 广东学生在法律系

C. 哈尔滨学生在财经系

D. 进修生都是南方人

E. 该校法律系不招收进修生

11. “并非只要学好外语就能出国”与之等值的命题是（　　）。

A. 学好外语且能出国

B. 不学好外语但能出国

C. 学好外语而不能出国

D. 不学好外语也不能出国

E. 或者不学好外语或者不能出国

12. 李进：这学期没有女生获得“银士达”奖学金。

王方：这就是说这学期没人获得“银士达”奖学金。

李进：不，事实上有几个男生这学期获得了“银士达”奖学金。

王方的回答可能假设了以下所有的断定，除了（　　）。

A. “银士达”奖学金只发给女生

B. 只有女生能申请“银士达”奖学金

C. 所有的女生“银士达”奖学金申请者要比男生申请者更为够格

D. 这学期“银士达”奖学金的申请者中，女生多于男生

E. 男生和女生将获得相等数额的“银士达”奖学金名额

13. 如果新产品打开了销路，那么本企业今年就能实现转亏为盈。只有引进新的生产线或者对现有设备进行有效的改造，新产品才能打开销路。本企业今年没能实现转亏为盈。

如果上述断定为真，那么以下哪项也一定是真的？（　　）

（1）新产品没打开销路。

（2）没引进新的生产线。

（3）对现有设备没实现有效的改造。

A. 只有（1）。

B. 只有（2）。

C. 只有（3）。

D.（1）、（2）和（3）。

E.（1）、（2）和（3）都不必定是真的。

14. 在化妆品中，只有灵芝玉液同时具有防晒、增白、祛斑、抗过敏和护肤的功能，并且只有灵芝玉液有白玉兰香味。

如果上述广告是真的，那么以下哪项不可能是真的？（　　）

（1）由爱丽雅化妆品公司推出瑶池秋露虽然没有白玉兰香味，但是同时具有防晒、增白、祛斑、抗过敏和护肤的功能。

（2）美白护肤霜同时具有祛斑和抗过敏的功能。

（3）大漠空气清新剂具有白玉兰香味。

A. 只有（1）。

B. 只有（2）。

C. 只有（3）。

D. 只有（1）和（3）。

E.（1）、（2）和（3）都不可能是真的。

15. 以“只有违法，才受贿”为前提进行正确的假言推理，其另一个前提可以是（　　）。

（1）受贿。

（2）违法。

（3）未受贿。

（4）未违法。

A. 只有（1）和（4）

B. 只有（2）和（3）

C. 只有（1）和（2）

D. 只有（3）和（4）

E. （1）、（2）、（3）和（4）

16. 新学年开学伊始，有些新生刚入学就当上了校学生会干部。在奖学金评定中，所有广东籍的学生都申请了本年度的甲等奖学金，所有校学生会干部都没有申请本年度的甲等奖学金。

如果上述断定是真的，以下哪项有关断定也必定是真的？（　　）

A. 所有新生都不是广东人。

B. 有些新生申请了本年度的甲等奖学金。

C. 有些新生不是广东人。

D. 并非所有广东籍的学生都是新生。

E. 有些校学生会干部是广东人。

17. 所有值得拥有专利的产品或设计方案都是创新，但并不是每一项创新都值得拥有专利；所有的模仿都不是创新，但并非每一个模仿者都应该受到惩罚。

根据以上陈述，以下哪项是不可能的？（　　）

A. 有些创新者可能受到惩罚。

B. 有些值得拥有专利的产品是模仿。

C. 所有的模仿者都受到了惩罚。

D. 没有模仿值得拥有专利。

E. 有些值得拥有专利的创新产品并没有申请专利。

18. 宏达超市的所有商品都是合格产品。有些贴有蓝箭商标的商品不是合格产品。

如果以上两个命题为真，则以下哪个命题能确定真假？（　　）

（1）贴有蓝箭商标的商品都是宏达超市的商品。

（2）贴有蓝箭商标的商品都不是宏达超市的商品。

（3）有些贴有蓝箭商标的商品是合格产品。

A. 只有（1）。

B. 只有（2）。

C. 只有（3）。

D. 只有（1）和（3）。

E.（1）、（2）和（3）。

19. （1）没有人不是自私的。

（2）没有人是自私的。

上述两个命题（　　）。

A. 不能同真，也不能同假

B. 不能同真，可以同假

C. 不能同假，可以同真

D. 可以同真，也可以同假

20. 没有一个思想僵化者不是形而上学者，没有一个故步自封的人不是形而上学者，所以，没有一个故步自封的人不是思想僵化者。

以下哪项是对上述推理的正确评判？（　　）

A. 推理正确。

B. 推理错误，两否定前提推不出结论。

C. 推理错误，中项两次不周延。

D. 推理错误，大项不当周延。

E. 推理错误，小项不当周延。

21. （　　）A（　　）

S（　　）M

―――――――――

SEP

为使上述三段论成立，括号中应填的字母按顺序是（　　）。

（1）M，P，O

（2）M，P，E

（3）P，M，E

A. 只有（1）

B. 只有（2）

C. 只有（3）

D. 只有（2）和（3）

E. （1）、（2）和（3）

22. 世界上不可能有某种原则适用所有不同的国度。

以下哪项与上述断定的含义最为接近？（　　）

A. 有某种原则可能不适用世界上所有不同的国度。

B. 有某种原则必然不适用世界上所有不同的国度。

C. 任何原则都必然有它所适用的国度。

D. 任何原则都必然有它不适用的国度。

E. 任何原则都可能有它不适用的国度。

23. 在“非典”期间，某地区共有 7 名参与治疗“非典”的医务人员死亡，同时也有 10 名未参与“非典”治疗工作的医务人员死亡。这说明参与“非典”治疗并不比日常医务工作危险。

以下哪项相关断定如果为真，最能削弱上述结论？（　　）

A. 因参与“非典”治疗死亡医务人员平均年龄，略低于未参与“非典”治疗而死亡的医务人员。

B. 参与“非典”治疗的医务人员的体质，一般高于其他医务人员。

C. 个别参与治疗“非典”死亡的医务人员的死因，并非是感染“非典”病毒。

D. 医务人员中只有一小部分参与了“非典”治疗工作。

E. 经过治疗的“非典”患者死亡人数，远低于未经治疗的“非典”患者死亡人数。

24. 某中学发现有学生课余用扑克玩带有赌博性质的游戏，因此规定学生不得带扑克进入学校，不过即使是硬币，也是可以用作赌具，但禁止学生带硬币进入学校是不可思议的，因此，禁止学生带扑克进入学校是荒谬的。

以下哪项如果为真，最能削弱上述论证？（　　）

A. 禁止学生带扑克进入学校不能阻止学生在校外赌博。

B. 硬币作为赌具远不如扑克方便。

C. 很难查明学生是否带扑克进入学校。

D. 赌博不但败坏校风，而且影响学习成绩。

E. 有的学生玩扑克不涉及赌博。

25. 桌子上有四个杯子，每个杯子上写着一句话。第一个杯子：“所有的杯子中都有水果糖。”第二个杯子：“本杯中有苹果。”第三个杯子：“本杯中没有巧克力。”第四个杯子：“有些杯子中没有水果糖。”如果其中只有一句话真，那么以下哪项为真？（　　）

A. 所有杯子中都有水果糖。

B. 所有的杯子中都没有水果糖。

C. 所有的杯子中都没有苹果。

D. 第三个杯子中有巧克力。

E. 第二个杯子中有苹果。

26. 一个孩子对他的父亲说：“我从来没说过谎。如果我曾经说过谎，那么我现在不说了。如果我现在还在说谎的话，那也是事出有因，不得已而为之。”

以下哪项与上述议论在表述方式上最为类似？（　　）

A. 法医：“尸检发现死者在胸部有三处枪伤，每处都可能致命，我把它们分别标为 A、B 和 C。如果不是 A 直接导致毙命，那么就是 B 或 C，如果不是 B，那就一定是 C。”

B. 大夫：“这个病人主诉恶心、头昏、胃部痉挛，这是典型的食物中毒的症状。晚餐他用了开胃虾、烤鸭和冰激凌，其中肯定有一样导致食物中毒。”

C. 气象学家：“最近北部地区不会出现持续降雪。如果出现持续降雪，只有当西伯利亚有强冷空气南下才有可能。但卫星云图显示，最近西伯利亚不会有强冷空气南下。”

D. 律师：“我的当事人不在犯罪现场。如果他在的话，他也没干。如果他干了，那么当时他一定精神错乱了。”

E. 邻居：“我没有借过你的吸尘器。如果我借了，我肯定会归还的，现在你说我没归还，这说明我没有借过。”

27. 在一次商业谈判中，甲方总经理说：“根据以往贵公司履行合同的情况，有的产品不具备合同规定的要求，我公司蒙受了损失，希望以后不再出现类似的情况。”乙方总经理说：“在履行合同中出现有不符合要求的产品，按合同规定可退回或要求赔偿，贵公司当时既不退回产品，又不要求赔偿，这究竟是怎么回事？”

以下哪项正确判断了乙方总经理文句的实质？（　　）

A. 甲方企图要乙方赔偿上次合同的损失。

B. 甲方说的有的产品不符合要求，却没有证据。

C. 甲方可能是因为怕麻烦，没有追究乙方的违约行为。

D. 乙方虽有不符合要求的产品，甲方照顾乙方面子，就不提出。

E. 甲方为了在这次谈判中讨价还价，故意指责乙方以往有违约行为。

28. 2016 年 6 月，股市出现了强劲反弹，某证券部通过对该部股民持仓品种的调查发现，大多数经验丰富的股民都买了小盘绩优股，而所有年轻的股民都选择了大盘蓝筹股，而所有买了小盘绩优股的股民都没买大盘蓝筹股。

如果上述情况为真，则以下哪项关于该证券部股民的调查结果也必定为真？

I. 有些年轻的股民是经验丰富的股民。

II. 有些经验丰富的股民买了大盘蓝筹股。

III. 年轻的股民都没买小盘绩优股。

IV. 有些经验丰富的股民没买大盘蓝筹股。

A. 只有I 和II 。

B. 只有I 和II 和III 。

C. 只有II 和III 。

D. 只有II 和IV。

E. III 和 IV。

29. 某单位要在 100 名报名者中挑选 20 名献血者进行体检。最不可能被挑选上的是 1993 年以来已经献过血，或是 1995 年以来在献血体检中不合格的人。

如果上述断定是真的，则以下哪项所言及的报名者最有可能被选上？（　）

A. 小张 1995 年献过血，他的血型是 O 型，医用价值最高。

B. 小王是区献血标兵，近年来每年献血，这次她坚决要求献血。

C. 小刘 1996 年报名献血，因“澳抗”阳性体检不合格，这次出具了“澳抗”转阴的证明，并坚决要求献血。

D. 大陈最近一次献血时间是在 1992 年，他因公伤截肢，血管中流动着义务献血者的血。他说，我比任何人都有理由献血。

E. 老孙 1993 年因体检不合格未能献血，1995 年体检合格献血。

30. 在大型游乐公园里，现场表演是刻意用来引导人群流动的。午餐时间的表演是为了减轻公园餐馆的压力；傍晚时间的表演则有一个完全不同的目的：鼓励参观者留下来吃晚餐。表面上不同时间的表演有不同的目的，但这背后，却有一个统一的潜在目标，即：

以下哪一选项作为本段短文的结束语最为恰当？（　）

A. 尽可能地减少各游览点的排队人数。

B. 吸引更多的人来看现场表演，以增加利润。

C. 最大限度地避免由于游客出入公园而引起交通阻塞。

D. 在尽可能多的时间里最大限度地发挥餐馆的作用。

E. 尽可能地招徕顾客，希望他们再次来公园游览。

二、综合题

1. 试证：如果正确的直言三段论结论是全称的，则中项不能周延两次。

2. 构造命题变形直接推理，由“所有城市人口都吃商品粮”推出“有些非城市人口不吃商品粮”。

3. 用真值表方法判定以下真值形式的类型（重言式、矛盾式或非重言的可真式）：

$$(p\rightarrow(q\wedge\neg q))\rightarrow\neg p$$

第4套

一、选择题（从所列的备选答案中选出一个，多选为错）

1. 以下画横线的概念，是在（　　）意义上使用的。

人贵有自知之明。

A. 集合概念

B. 非集合概念

2. “革命者就是从事革命活动的人”，这个定义所犯的逻辑错误是（　　）。

A. 同语反复

B. 循环定义

C. 定义过宽

D. 定义过窄

E. 定义含混

3. 社会关系是人们在社会活动过程中结成的各种关系的总称，包括经济、政治、思想、文化以及家庭等各方面的关系。

上述语句中画横线的部分，对于“社会关系”这个概念来说（　　）。

A. 明确了内涵，但没有明确外延

B. 没有明确内涵，但明确了外延

C. 明确了内涵，并且明确了外延

D. 没有明确内涵，并且没有明确外延

4. “数学家”和“天文学家”，这两个概念是（　　）。

A. 交叉关系

B. 属种关系

C. 矛盾关系

D. 对立关系

E. 既非矛盾也非对立的不相容关系

5. 下列各组概念中，具有矛盾关系的是（　　）。

（1）马克思主义—反马克思主义

（2）东方哲学—西方哲学

（3）故意犯罪—过失犯罪

（4）优质产品—劣质产品

A. 只有（1）、（2）和（3）

B. 只有（2）和（3）

C. 只有（1）和（4）

D. 只有（3）

E.（1）、（2）、（3）和（4）

6. 《祝福》(a) 是鲁迅 (b) 写的，不是巴金 (c) 写的，巴金的著名作品是《家》(d)。以下哪组欧拉图正确地刻画了以上画横线的概念间的关系？（　　）

A.

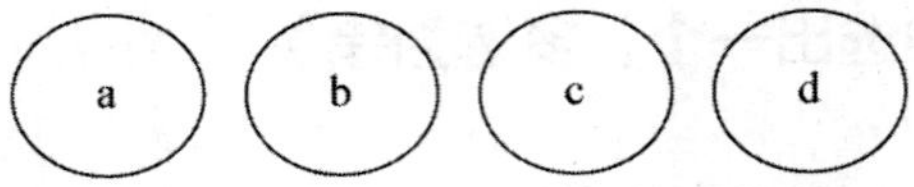

B.

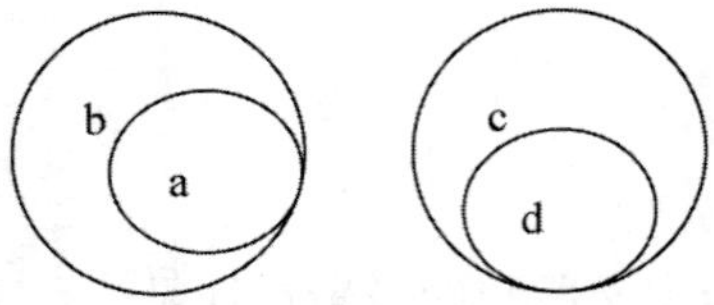

7. 若“S 分为 P、M”是一正确的划分，则 P 与 M 的外延一定不能是以下各项关系，除了（　　）。

A. 交叉关系

B. 反对关系

C. 矛盾关系

D. 属种关系

E. 种属关系

8. 在某校新当选的校学生会的七名委员中，有一个大连人，两个北方人，一个福州人，两个特长生（即有特殊专长的人），三个贫困生（即有特殊经济困难的学生）。

假设上述介绍涉及了该学生会中的所有委员，则以下各项关于该学生会的断定都不与题干相矛盾，除了（　　）。

A. 两个特长生都是贫困生

B. 贫困生不都是南方人

C. 特长生都是南方人

D. 大连人都是特长生

E. 福州人不是贫困生

9. 如果王晶是学生会成员，他一定是二年级学生。

上述判断是基于以下哪个前提做出的？（　　）

A. 只有王晶才能被选入学生会。

B. 只有二年级学生才有资格被选入学生会。

C. 入选学生会成员中必须有二年级学生。

D. 二年级学生也可能不被选入学生会。

E. 王晶没有拒绝加入学生会。

10. 刘先生一定是结了婚的，你看，他总是穿着得体、干干净净的。

上述结论是以下述哪项前提作为依据的？（　　）

A. 除非结了婚，男人都是一副不修边幅、胡乱穿着的样子。

B. 所有结了婚的男人都穿着整齐、干净。

C. 如果男人结了婚，他的穿着一定经常有人照料，自然就不同凡响喽。

D. 公司有规定，结了婚的男人一定要穿着得体，给年轻一代做个榜样。

E. 如果不是穿得体面又干净，刘先生恐怕现在还是单身一人。

11. 只有住在广江市的人才能够不理睬通货膨胀的影响；住在广江市的每一个人都要付税；每一个付税的人都要发牢骚。

根据上面的这些句子，判断以下各项哪项一定是真的？（　　）

（1）每一个不理睬通货膨胀影响的人都要付税。

（2）不发牢骚的人中没有一个能够不理睬通货膨胀的影响。

（3）每一个发牢骚的人都能够不理睬通货膨胀的影响。

A. 只有（1）。

B. 只有（1）和（2）。

C. 只有（2）。

D. 只有（2）和（3）。

E. （1）、（2）和（3）。

12. 森达集团规定，它的下属连锁分店，年营业额超过 800 万元的，雇员可获得年超额奖。年终统计显示，该集团所属 10 个连锁分店，其中 7 个营业额超过 800 万元，其余的不足 500 万元。森达集团又规定，只有年营业额超过 500 万元的，雇员才能获得敬业奖。

如果上述断定都是真的，那么以下哪项关于该集团的断定也一定是真的？（　　）

（1）得敬业奖的雇员，一定得年超额奖。

（2）得年超额奖的雇员，一定得敬业奖。

（3）森达集团的大多数雇员都得了年超额奖。

A. 只有（1）。

B. 只有（2）。

C. 只有（3）。

D. 只有（1）和（2）。

E. （1）、（2）和（3）。

13. 已知“如果小王去天津，那么小李或小张也去天津”为真，则以下必然为真的是（　　）。

A. 如果小李不去天津，则小王不去天津

B. 如果小张不去天津，则小王不去天津

C. 如果小李和小张去天津，那么小王也去天津

D. 如果小王不去天津，那么小李和小张均不去天津

E. 如果小李和小张都不去天津，那么小王也不去天津

14. 以下是某市体委对该市业余体育运动爱好者一项调查中的若干结论：所有的桥牌爱好者都爱好围棋；有些围棋爱好者爱好武术；所有的武术爱好者都不爱好健身操；有些

桥牌爱好者同时爱好健身操。

如果上述结论都是真的，那么以下哪项不可能是真实的？（ ）

A. 所有的围棋爱好者也都爱好桥牌。

B. 有的桥牌爱好者爱好武术。

C. 健身操爱好者都爱好围棋。

D. 有桥牌爱好者不爱好健身操。

E. 围棋爱好者都爱好健身操。

15. 以“参加这次冬泳的都是退休工人”为前提，可必然推出的结论是（ ）。

（1）参加这次冬泳的不是没有退休工人。

（2）有些退休工人参加这次冬泳。

（3）有些退休工人没有参加这次冬泳。

A. 只有（1）

B. 只有（2）

C. 只有（3）

D. 只有（1）和（2）

E. （1）、（2）和（3）

16. “犯法”和“犯罪”之间是什么关系？（ ）

A. 前者是后者的充分条件。

B. 前者是后者的必要条件。

C. 前者是后者的充分必要条件。

D. 前者和后者不构成条件关系。

（注：若 C 项成立，则 A 项和 B 项自然同时成立。约定：若选 C 项，则不选择 A 项或 B 项）

17. 只有当老张的工龄满 30 年，他才能享受特殊津贴。

以下哪项是上述命题的矛盾命题？（ ）

A. 老张的工龄未满 30 年，但能享受特殊津贴。

B. 老张的工龄满 30 年，但不能享受特殊津贴。

C. 老张的工龄满 30 年，并且能享受特殊津贴。

D. 如果老张的工龄满 30 年，那么他能享受特殊津贴。

E. 如果老张的工龄满 30 年，那么他可能不享受特殊津贴。

18. 以下哪个推理形式能够成立？（ ）

（1）p，或者（如果 q，那么 r）

非 p 并且 q

所以，r

（2）并非（只有 p，才 q）

所以，或者 p 或者非 q

（3）p 当且仅当（q 或者 r）

非 p

所以，非 r

A. 只有（1）。

B. 只有（2）。

C. 只有（3）。

D. 只有（1）和（3）。

E. （1）、（2）和（3）。

19. 甲班所有学生都通过体检。没有通过体检的学生中有特长生。

如果以上两个命题为真，则以下哪个命题不能确定真假？（　　）

（1）所有的特长生都在甲班。

（2）有些特长生不是甲班学生。

（3）有些特长生通过了体检。

A. 只有（1）。

B. 只有（2）。

C. 只有（3）。

D. 只有（1）和（3）。

E. （1）、（2）和（3）。

20. （1）今年诺贝尔物理学奖得主的出生地是瑞典。

（2）今年诺贝尔物理学奖得主的出生地是英国。

如果事实上每年诺贝尔物理学奖的得主至多一人，则上述两个命题是（　　）。

A. 矛盾关系

B. 反对关系

C. 既非矛盾关系，也非反对关系

21. 甲班多数同学是共青团员，甲班有些同学是三好学生，所以，甲班有些三好学生是共青团员。

以下哪项是对上述推理的正确评判？（　　）

A. 推理正确。

B. 推理错误，两否定前提推不出结论。

C. 推理错误，中项两次不周延。

D. 推理错误，大项不当周延。

E. 推理错误，小项不当周延。

22. 如果一个正确三段论的小前提是 O 命题，则其大前提和结论必须依次是（　　）。

A. 都是 A 命题

B. A 命题和 O 命题

C. I 命题和 O 命题

D. E 命题和 I 命题

E. E 命题和 O 命题

23. 已知“甲队可能会战胜乙队”，可推出（　　）。

A. 甲队必然会战胜乙队

B. 并非“甲队必然不会战胜乙队”

C. 并非“甲队可能不会战胜乙队”

D. 并非“甲队必然会战胜乙队”

E. 甲队可能不会战胜乙队

24. 有人认为鸡蛋黄的黄色跟鸡所吃的绿色植物性饲料有关。为了验证这个结论，下面哪种实验方法最可靠？（　　）

A. 选择一优良品种的鸡蛋进行实验。

B. 化验比较植物性饲料和非植物性饲料的营养成分。

C. 选择品种等级完全相同的蛋鸡，一半喂食植物性饲料，一半喂食非植物性饲料。

D. 对同一批蛋鸡逐渐增加（或减少）植物性饲料的比例。

E. 选出不同品种的蛋鸡，喂同样的植物性饲料。

25. 根据现有物理学定律，任何物质的运动速度都不可能超过光速，但最近一次天文观测结果向这条定律发起了挑战。 距离地球遥远的 IC310 星系拥有一个活跃的黑洞，掉入黑洞的物质产生了伽马射线冲击波。 有些天文学家发现，这束伽马射线的速度超过了光速，因为它只用了 4. 8 分钟就穿越了黑洞边界，而光需要 25 分钟才能走完这段距离。 由此，这些天文学家提出，光速不变定律需要修改了。

以下哪项如果为真，最能质疑上述天文学家所得出的结论？（　　）

A. 光速不变定律已经历过去多次实践检验，没有出现反例。

B. 天文观测数据可能存在偏差，毕竟 IC310 星系离地球很远。

C. 要么天文学家的观测有误，要么有人篡改了天文观测数据。

D. 或者光速不变定律已经过时，或者天文学家的观测有误。

E. 如果天文学家的观测没有问题，光速不变定律就需要修改。

26. 甲：“你认为《末代皇帝》拍得好吗?”

乙：“我认为不算好。”

甲：“那就是说，你认为坏了?”

乙：“不，我并没有说坏。”

甲：“说不好就是坏!”

以下哪项不可能是对甲、乙对话的正确评价?（　　）

A. 甲问话的用意是要求乙做出一个肯定的、明确的答案。

B. 乙的回答前后矛盾。

C. 甲没有把握乙的两次回答的真谛。

D. 在乙看来，《末代皇帝》拍得一般。

E. 甲对事物的评判一般是采取好与坏两个判定标准。

27.去年经纬汽车专卖店调高了营销人员的营销业绩奖励比例，专卖店李经理打算新的一年继续执行该奖励比例，因为去年该店的汽车销售数量较前年增加了 16%。陈副经理对此持怀疑态度。她指出，他们的竞争对手并没有调整营销人员的奖励比例，但在过去的一年也出现了类似的增长。

以下哪项最为恰当地概括了陈副经理的质疑方法？（　　）

A. 运用一个反例，否定李经理的一般性结论。

B. 运用一个反例，说明李经理的论据不符合事实。

C. 运用一个反例，说明李经理的论据虽然成立，但不足以推出结论。

D. 指出李经理的论证对一个关键概念的理解和运用有误。

E. 指出李经理的论证中包含自相矛盾的假设。

28. 兰教授认为，不善于思考的人不可能成为一名优秀的管理者，没有一个谦逊的智者学习占星术，占星家均学习占星术，但是有些占星家却是优秀的管理者。

以下哪项如果为真，最能反驳兰教授的上述观点？（　　）

A. 有些占星家不是优秀的管理者。

B. 有些善于思考的人不是谦逊的智者。

C. 所有谦逊的智者都是善于思考的人。

D. 谦逊的智者都不是善于思考的人。

E. 善于思考的人都是谦逊的智者。

29. 认为大学的附属医院比社区医院或私立医院要好，是一种误解。事实上，大学的附属医院抢救病人的成功率比其他医院要小。这说明大学的附属医院的医疗护理水平比其他医院要低。

以下哪项如果为真，最能驳斥上述论证？（　　）

A. 很多医生既在大学工作又在私立医院工作。

B. 大学，特别是医科大学的附属医院拥有其他医院所缺少的精密设备。

C. 大学附属医院的主要任务是科学研究，而不是治疗和护理病人。

D. 去大学附属医院就诊的病人的病情，通常比去私立医院或社区医院的病人的病情重。

E. 抢救病人的成功率只是评价医院的标准之一，而不是唯一的标准。

30. 第一个事实：电视广告的效果越来越差。一项跟踪调查显示，在电视广告所推出的各种商品中，观众能够记住其品牌名称的商品的百分比逐年降低。第二个事实：在一段连续插播的电视广告中，观众印象较深的是第一个和最后一个，而中间播出的广告留给观众的印象，一般地说要浅得多。

以下哪项如果为真，最能使得第二个事实成为对第一个事实的一个合理解释？（　　）

A. 在从电视广告里见过的商品中，一般电视观众能记住其品牌名称的还不到一半。

B. 近年来，被允许在电视节目中连续插播广告的平均时间逐渐缩短。

C. 近年来，人们花在看电视上的平均时间逐渐缩短。

D. 近年来，一段连续播出的电视广告所占用的平均时间逐渐增加。

E. 近年来，一段连续播出的电视广告中所出现的广告的平均数量逐渐增加。

二、综合题

1. 已知一个正确的三段论，两个前提中只有大前提中有一个词项周延，这个三段论的大前提应是什么命题，为什么？

2. 构造命题变形直接推理，由“所有生物都是有机物”推出“所有无机物都不是生物”。

3. 用真值表方法判定以下推理是否成立：

如果（我）患有肝炎，那么（我）一定会出现厌食；我最近常感厌食。因此，我准是患了肝炎。

第5套

一、选择题（从所列的备选答案中选出一个，多选为错）

1. “只有q才p”与“如果q那么p”这两个命题形式，它们含有（　　）。

A. 相同的逻辑常项，相同的变项

B. 不同的逻辑常项，相同的变项

C. 相同的逻辑常项，不同的变项

D. 不同的逻辑常项，不同的变项

E. 相同的语言表达形式

2. 设S为“《孔乙己》”，P为“《鲁迅全集》”，则S与P的外延关系为（　　）。

A. 属种关系

B. 种属关系

C. 全异关系

D. 相容关系

E. 交叉关系

3. “大气污染”和“水质污染”，这两个概念是（　　）。

A. 交叉关系

B. 属种关系

C. 矛盾关系

D. 对立关系

E. 既非矛盾也非对立的不相容关系

4. 下列各组概念中，具有属种关系的是（　　）。

（1）逻辑变项—联结词

（2）真值联结词—逻辑常项

（3）WTO（世界贸易组织）—中国

（4）有色人种—黑种人

A.（1）、（2）、（3）和（4）

B. 仅（1）和（2）

C. 仅（4）

D. 仅（3）和（4）

E.（1）、（2）、（3）和（4）都不是

5. “X 不等于 Y”和“Y 小于 X”之间是什么关系？（　　）

A. 前者是后者的充分条件。

B. 前者是后者的必要条件。

C. 前者是后者的充分必要条件。

D. 前者和后者不构成条件关系。

（注：若 C 项成立，则 A 项和 B 项自然同时成立。约定：若选 C 项，则不选择 A 项或 B 项）

6. “只有常年喝牛奶，才不缺钙”。

以下哪个命题是上述命题的矛盾命题？（　　）

A. 常年喝牛奶，仍然缺钙。

B. 不常年喝牛奶，但不缺钙。

C. 如果常年喝牛奶，则一定缺钙。

D. 如果常年不喝牛奶，则一定不缺钙。

7. 以下哪个推理形式能够成立？（　　）

（1）如果非 p，那么 q

所以，如果非q，则 p

（2）并非（p或者 q）

所以，非p

（3）只有（p或者 q），才r

r并且非p

所以，q

A. 只有（1）。

B. 只有（2）。

C. 只有（3）。

D. 只有（1）和（2）。

E. （1）、（2）和（3）。

8. 有疾病不是遗传的。

如果上述命题为真，则以下哪项能据此断定真假？（　　）

（1）所有疾病都是遗传的。

（2）所有疾病都不是遗传的。

（3）有疾病是遗传的。

A. 只有（1）。

B. 只有（2）。

C. 只有（3）。

D. 只有（1）和（3）。

E. （1）、（2）、（3）都能断定真假。

9. 所有的花都结果，并且有的果实有毒。

以下哪项如果为真，能驳倒上述结论？（　　）

（1）有的花不结果。

（2）有的果实没有毒。

（3）有的花不结果，或者有的果实没有毒。

A. 只有（1）。

B. 只有（2）。

C. 只有（3）。

D. 只有（1）和（2）。

E. （1）、（2）和（3）。

10. 所有的花都结果，并且有的果实有毒。

以下哪项是上述命题的矛盾命题？（　　）

A. 有的花不结果。

B. 有的果实没有毒。

C. 有的花不结果，或者有的果实没有毒。

D. 有的花不结果，或者所有的果实都没有毒。

E. 有的花不结果，并且所有的果实都没有毒。

11. （1）有的犯罪是故意犯罪。

（2）有的犯罪是过失犯罪。

上述两个命题（　　）。

A. 不能同真，也不能同假

B. 不能同真，可以同假

C. 不能同假，可以同真

D. 可以同真，也可以同假

12. 这两个《通知》或者属于规章或者属于规范性文件，任何人均无权依据这两个《通知》将本来属于当事人选择公证的事项规定为强制公证的事项。根据以上信息，可以得出以下哪项？

A. 规章或者规范性文件既不是法律，也不是行政法规。

B. 规章或规范性文件或者不是法律，或者不是行政法规。

C. 这两个《通知》如果一个属于规章，那么另一个属于规范性文件。

D. 这两个《通知》如果都不属于规范性文件，那么就属于规章。

E. 将本来属于当事人选择公证的事项规定为强制公证的事项属于违法行为。

13. P（　　）M

（　）A（　）

————————

SIP

为使上述三段论成立，括号中应填的字母按顺序是（　　）。

（1）A，S，M

（2）A，M，S

（3）I，M，S

A. 只有（1）

B. 只有（2）

C. 只有（3）

D. 只有（2）和（3）

E. （1）、（2）和（3）

14. 如果他勇于承担责任，那么他就一定会直面媒体，而不是选择逃避；如果他没有责任，那么他就一定会聘请律师，捍卫自己的尊严。 可是事实上，他不仅没有聘请律师，现在逃得连人影都不见了。

根据以上陈述，可以得出以下哪项结论？（　　）

A. 即使他没有责任，也不应该选择逃避。

B. 虽然选择了逃避，但是他可能没有责任。

C. 如果他有责任，那么他应该勇于承担责任。

D. 如果他不敢承担责任，那么说明他责任很大。

E. 他不仅有责任，而且没有勇气承担责任。

15. “企业可分为国有企业、集体企业”，这个划分所犯的逻辑错误是（　　）。

A. 子项相容

B. 划分不全

C. 多出子项

D. 划分标准不一

E. 越级划分

16. 某学校校长在校庆大会上讲话时说：“我们有许多毕业同学以自己的努力已在各自领域中获得了优异成绩。他们有的已成为科学家、将军、市长、大企业家，我们的学校以他们为骄傲。毋庸置疑，我们已毕业同学中有许多女同学……”

如果该校长讲话中的断定都是真的，那么以下哪项必定是真的？（　　）

A. 取得优异成绩的全部是女同学。

B. 取得优异成绩的至少有女同学。

C. 取得优异成绩的男同学多于女同学。

D. 取得优异成绩的女同学多于男同学。

E. 取得优异成绩的可能没有女同学。

17. 除非不把理论当作教条，否则就会束缚思想。

以下各项都表达了与题干相同的含义，除了（　　）。

A. 除非束缚思想，否则不会把理论当作教条

B. 如果把理论当作教条，就会束缚思想

C. 只有束缚思想，才会把理论当作教条

D. 只有不把理论当作教条，才不会束缚思想

E. 如果不把理论当作教条，就不会束缚思想

18. 大嘴鲈鱼只在有鲦鱼出现的河中长有浮藻的水域里生活。漠亚河中没有大嘴鲈鱼。

从上述断定能得出以下哪项结论？（　　）

（1）鲦鱼只在长有浮藻的河中才能发现。

（2）漠亚河中既没有浮藻，也发现不了鲦鱼。

（3）如果在漠亚河中发现了鲦鱼，则其中肯定不会有浮藻。

A. 只有（1）。

B. 只有（2）。

C. 只有（3）。

D. 只有（1）和（2）。

E.（1）、（2）和（3）都不是。

19. 如果你犯了法，你就会受到法律制裁；如果你受到法律制裁，别人就会看不起你；如果别人看不起你，你就无法受到尊重；而只有得到别人尊重，你才能过得舒心。

从上面叙述中，可以得出以下哪项结论？（　　）

A. 你不犯法，日子就会过得舒心。

B. 你犯了法，日子就不会过得舒心。

C. 你日子过得不舒心，证明你犯了法。

D. 你日子过得舒心，表明你看得起别人。

E. 如果别人看得起你，你日子就能舒心。

20. “如果李明在人大，那么张胜不在人大”为真，则以下哪个命题必定为假？（　　）

A. 李明不在人大，张胜在人大。

B. 李明和张胜都不在人大。

C. 只有李明不在人大，张胜才在人大。

D. 李明和张胜至少有一人在人大。

E. 并非“李明不在人大或张胜不在人大”。

21. “老张不是石油工人，又不是钢铁工人”与“如果老张是石油工人，那么老张不是钢铁工人”这两个命题之间（　　）。

A. 可同真但可同假

B. 不可同假但可同真

C. 可同真并且可同假

D. 不可同真并且不可同假

E. 具有等值关系

22. 所有安徽来京打工人员都办理了暂住证；所有办理了暂住证的人员都获得了就业许可证；有些安徽来京打工人员当上了门卫；有些业余武术学校的学员也当上了门卫；所有的业余武术学校的学员都未获得就业许可证。

如果上述断定都是真的，那么除了以下哪项，其余的断定也必定是真的？（　　）

A. 所有安徽来京打工人员都获得了就业许可证。

B. 没有一个业余武术学校的学员办理了暂住证。

C. 有些安徽来京打工人员是业余武术学校的学员。

D. 有些门卫没有就业许可证。

E. 有些门卫有就业许可证。

23. 一个有效三段论，如小前提是 E 命题，则其大前提可以是（　　）。

（1）所有 M 是 P。

（2）没有 P 是 M。

（3）没有 P 不是 M。

A. 只有（1）

B. 只有（2）

C. 只有（3）

D.（1）、（2）和（3）

E.（1）、（2）和（3）都不可以作为大前提

24. 据卫星提供的最新气象资料表明，原先预报的明年北方地区的持续干旱不一定出现。

以下哪项最接近于上述气象资料所表明的含义？（　　）

A. 明年北方地区的持续干旱可能不出现。

B. 明年北方地区的持续干旱可能出现。

C. 明年北方地区的持续干旱一定不出现。

D. 明年北方地区的持续干旱出现的可能性比不出现的可能性大。

E. 明年北方地区的持续干旱不可能出现。

25. 一位社会学家对两组青少年做了研究。第一组成员每周看暴力内容的影视的时间平均不少于 10 小时。结果发现第一组成员中举止粗鲁者所占的比例要远远高于第二组。因此，此项研究认为，多看暴力内容的影视容易导致青少年举止粗鲁。

以下哪项如果为真，将对上述研究的结论提出质疑？（　　）

A. 第一组中有的成员的行为并不粗鲁。

B. 第二组中有的成员的行为比第一组有的成员粗鲁。

C. 第二组中很多成员的行为很文明。

D. 第一组中有的成员的文明行为是父母从小教育的结果，这使得他们特别能抵制暴力影视的不良影响。

E. 第一组成员中很多成员的粗鲁举止是从小养成的，这使得他们特别爱看暴力影视。

26. 一项时间跨度为半个世纪的专项调查研究得出肯定结论：饮用常规量的咖啡对人的心脏无害。因此，咖啡的饮用者完全可以放心地享用，只要不过量。

以下哪项最为恰当地指出了上述论证的漏洞？（　　）

A. 咖啡的常规饮用量可能因人而异。

B. 心脏健康不等同于身体健康。

C. 咖啡饮用者可能在喝咖啡时吃对心脏有害的食物。

D. 喝茶，特别是喝绿茶比喝咖啡有利于心脏保健。

E. 有的人从不喝咖啡心脏仍然健康。

27. “男女”和“阴阳”似乎指的是同一种区分标准，但实际上，“男人和女人”区分人的性别特征，“阴柔和阳刚”区分人的行为特征。按照“男女”的性别特征，正常人分为两个不重叠的部分；按照“阴阳”的行为特征，正常人分为两个重叠的部分。

以下各项都符合题干的含义，除了（　　）。

A. 人的性别特征不能决定人的行为特征

B. 女人的行为，不一定具有阴柔的特征

C. 一个人的同一个行为，可以既有阴柔又有阳刚的特征

D. 同一个人的行为，可以既有阴柔又有阳刚的特征

E. 男人的行为，不一定具有阳刚的特征

28. 在美国商界，有很多人反对政府对商业的干预。他们认为，这种干预提高了商业成本，削弱了有益的竞争，最终对企业和公众都不利。他们列举了货车运输业、航空业和电信业这样一些行业，在这些行业中非干预政策带来了明显的经济效益。但这些人所持的观点忽略了诸如金融业这样一些行业，政府干预在这些行业中是至关重要的。事实上在 30 年代，如果没有政府的干预，这个行业的某些部分会彻底崩溃。

以下哪项，最为恰当地指出了题干所使用的方法？（　）

A. 通过反例来驳斥对方的观点。

B. 指出对方的观点中存在着前后矛盾。

C. 对对方立论的动机提出疑问。

D. 对对方论据的真实性提出质疑。

E. 指出对方在论证中运用的是不正确的推理。

29. 有人坚信飞碟是存在的，理由是：谁能证明飞碟不存在呢？

以下哪项与上述的论证方式是相同的？（　）

A. 中世纪欧洲神学家论证上帝存在的理由是：你能证明上帝不存在吗？

B. 神农架地区有野人，因为有人看见过野人的踪影。

C. 科学家不是天生聪明的，因为爱因斯坦就不是天生聪明的。

D. 一个经院哲学家不相信人神经在脑中汇合，理由是：亚里士多德著作中讲到，神经是从心脏里产生出来的。

E. 鬼是存在的。如果没有鬼，为什么古今中外有那么多鬼故事？

30. 据目前所知，最硬的矿石是钻石，其次是刚玉，而一种矿石只能用与其本身一样硬度或更硬的矿石来刻痕。

如果以上陈述为真，以下哪项所指的矿石一定是可被刚玉刻痕的矿石？（　）

（1）这种矿石不是钻石。

（2）这种矿石不是刚玉。

（3）这种矿石不是像刚玉一样硬。

A. 只有（1）。

B. 只是（3）。

C. 只是（1）和（2）。

D. 只是（1）和（3）。

E.（1）、（2）和（3）。

二、综合题

1. 试证：一个有效的三段论，如果大前提是特称的，那么小前提必须是全称肯定。

2. 构造命题变形直接推理，由“农村人口都不吃商品粮”推出“有些不吃商品粮的不是城市人口”。

3. 用真值表方法判定：

（1）老张不是石油工人，又不是钢铁工人。

（2）如果老张是石油工人，那么老张不是钢铁工人。

这两个命题（　　）。

A. 可同真但不可同假

B. 不可同假但可同真

C. 可同真并且可同假

D. 不可同真并且不可同假

E. 要么同真，要么同假

第 6 套

一、选择题（从所列的备选答案中选出一个，多选为错）

1. 地震是由于地球内部的某种动力活动而产生的地壳震动，分为构造性地震和非构造性地震两种。

上述语句中画横线的部分，对于“地震”这个概念来说，（　　）。

A. 明确了内涵，但没有明确外延

B. 没有明确内涵，但明确了外延

C. 明确了内涵，并且明确了外延

D. 没有明确内涵，并且没有明确外延

2. “不变资本”和“可变资本”，这两个概念是（　　）。

A. 交叉关系

B. 属种关系

C. 矛盾关系

D. 对立关系

E. 既非矛盾也非对立的不相容关系

3. 下列各组概念中，具有不相容关系的是（　　）。

（1）矛盾关系—对立关系

（2）相容关系—交叉关系

（3）相容关系—不相容关系

（4）矛盾关系—不相容关系

A. （1）、（2）、（3）和（4）

B. 仅（1）和（3）

C. 仅（3）

D. 仅（3）和（4）

E.（1）、（2）、（3）和（4）都不是

4. 以下的欧拉图，刻画的是哪组概念间的关系？（　　）

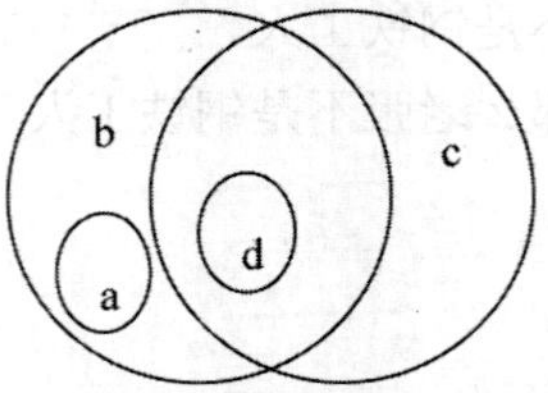

（1）巴金（a）是文学家（b）不是历史学家（c），郭沫若（d）既是文学家又是历史学家。

（2）毛泽东（a）既是诗人（b），又是革命家（c），彭德怀（d）是革命家但不是诗人。

（3）中国人民大学（a）是全国重点大学（b），但不是以理工科为主的大学（c），清华大学（d）既是全国重点大学，又是以理工科为主的大学。

A. 仅（1）。

B. 仅（2）。

C. 仅（3）。

D. 仅（1）和（3）。

E.（1）、（2）和（3）。

5. “普遍概念”限制为“单独概念”；
“中国”限制为“北京”；
“科学”限制为“自然科学”；
“亚洲”限制为“中国”；
“竞争”限制为“人才竞争”。
在上述五个相应概念的限制中（　　）。

A. 只有一个是正确的

B. 只有两个是正确的

C. 只有三个是正确的

D. 只有四个是正确的

E. 都是正确的

6. 如A与B都是单独概念，则A与B的外延关系不可能是（　　）。

（1）全同

（2）属种

（3）不相容

A. 只有（1）

B. 只有（2）

C. 只有（3）

D. 只有（1）和（3）

E.（1）、（2）和（3）

7. 由于信息高速公路上信息垃圾问题越来越严重，科学家们不断发出警告：如果我

们不从现在开始就重视预防和消除信息高速公路上的信息垃圾，那么总有一天信息高速公路将无法正常通行。

以下哪项的意思最接近科学家们的警告？（　　）

A. 总有那么一天，信息高速公路不再能正常通行。

B. 只要从现在起就开始重视信息高速公路上信息垃圾的预防和消除，信息高速公路就可以一直正常通行下去。

C. 只有从现在就开始重视信息高速公路上信息垃圾的预防和消除，信息高速公路才可能预防无法正常通行的后果。

D. 信息高速公路如果有一天不再能正常通行，那是因为我们没有从现在起重视信息高速公路上信息垃圾的预防和消除。

E. 信息高速公路上信息垃圾的严重性，已经引起了我们的高度重视。

8. 小张约小李第二天去商场，小李说："如果明天不下雨，我去爬山。"第二天，天下起了毛毛细雨，小张以为小李不会去爬山了，就去小李的宿舍找他，谁知小李仍然去爬山了。待两人又见面时，小张责怪小李食言，既然天下雨了，为什么还去爬山；小李却说，他没有食言，是小张的推论不合逻辑。

对于两人的争论，以下哪项论断是合适的？（　　）

A. 小张和小李的这场争论是没有意义的。

B. 小张的推论不合逻辑。

C. 两个人对毛毛细雨的理解不同。

D. 由于小李食言，引起了这场争论。

E. 由于小李的表达不够明确，引起了这场争论。

9. 某公司一批优秀的中层干部竞选者除了李女士自身外，没有人能同时具备她的所有优点。

从以上断定能合乎逻辑地得出以下哪项结论？（　　）

A. 在所有竞选者中，李女士最具备当选总经理。

B. 李女士具备其他竞争者都不具备的某些优点。

C. 李女士具备其他竞争者的所有优点。

D. 李女士的任一优点都有竞选者不具备。

E. 任何其他竞选者都有不及李女士之处。

10. 已知"如果甲值班，那么乙和丙也值班"为真，则（　　）必然为真。

A. 只有甲值班，乙或丙才值班

B. 如果乙和丙值班，那么甲也值班

C. 如果甲不值班，那么乙和丙均不值班

D. 如果乙不值班，那么甲也不值班

E. 只有乙值班，甲才值班

11. 林园小区有住户家中发现了白蚁。除非小区中有住户家中发现白蚁，否则任何小区不能免费领取高效杀蚁灵。静园小区可以免费领取高效杀蚁灵。

如果上述断定都真，那么以下哪项据此不能确定真假？（　　）

（1）林园小区有的住户家中没有发现白蚁。

（2）林园小区能免费领取高效杀蚁灵。

（3）静园小区的住户家中都发现了白蚁。

A. 只有（1）。

B. 只有（2）。

C. 只有（3）。

D. 只有（2）和（3）。

E.（1）、（2）和（3）。

12. “x 能被 2 整除”和“x能被 4 整除”之间是什么关系？（　）

A. 前者是后者的充分条件。

B. 前者是后者的必要条件。

C. 前者是后者的充分必要条件。

D. 前者和后者不构成条件关系。

（注：若 C 项成立，则 A 项和 B 项自然同时成立。约定：若选 C 项，则不选择 A 项或 B 项）

13. “只有敢想，才能敢干”。

以下哪个命题是上述命题的矛盾命题？（　）

A. 敢想，但不敢干。

B. 不敢想，但敢干。

C. 如果敢想，则一定敢干。

D. 如果不敢想，则一定不敢干。

14. 以下哪个推理形式能够成立？（　）

（1）要么 p，要么（q并且r）

p

所以，非q

（2）p当且仅当（如果 q，那么 r）

非p

所以，q并且非r

（3）只有（p或者 q），才r

所以，如果 r，则 p或者q

A. 只有（1）。

B. 只有（2）。

C. 只有（3）。

D. 只有（2）和（3）。

E.（1）、（2）和（3）。

15. 本问题发生在一所学校内。学校的教授们有一些是球迷；学校预算委员会的成员们一致要求把学校的足球场改建为一个科贸写字楼，以改善学校的收入状况；所有的足球迷都反对将学校的足球场改建成科贸写字楼。

如果以上陈述均为真，那么以下哪项也必为真？（　　）

A. 学校所有的教授都是学校预算委员会的成员。

B. 学校有的教授不是学校预算委员会的成员。

C. 学校预算委员会有的成员是足球迷。

D. 并不是所有的学校预算委员会的成员都是学校的教授。

E. 有的足球迷是学校预算委员会的成员。

16. 基本粒子不都具有内部结构。

如果上述命题为真，则以下哪项不能据此断定真假？（　　）

（1）所有基本粒子都具有内部结构。

（2）所有基本粒子都不具有内部结构。

（3）有基本粒子具有内部结构。

A. 只有（1）。

B. 只有（2）。

C. 只有（3）。

D. 只有（2）和（3）。

E.（1）、（2）、（3）都能断定真假。

17. 已知：

（1）若甲和乙都参加了公务员考试，则丙不参加公务员考试。

（2）只有乙参加公务员考试，丁才参加公务员考试。

（3）甲和丙都参加了公务员考试。

根据以下条件，可推知（　　）。

A. 乙和丁都参加了公务员考试

B. 乙和丁都没参加公务员考试

C. 乙参加了公务员考试，但丁没参加

D. 乙没参加，但丁参加了公务员考试

18. 所有的结果都有原因，但是有的原因没有结果。

以下哪项如果为真，能驳倒上述结论？（　　）

（1）有的结果没有原因。

（2）有的原因有结果。

（3）有的结果没有原因，或者有的原因有结果。

A. 只有（1）。

B. 只有（2）。

C. 只有（3）。

D. 只有（1）和（2）。

E.（1）、（2）和（3）。

19. 所有的结果都有原因，并且有的原因没有结果。

以下哪项是上述命题的矛盾命题？（　　）

A. 有的结果没有原因。

B. 有的原因有结果。

C. 有的结果没有原因，或者有的原因有结果。

D. 有的结果没有原因，或者所有的原因都有结果。

E. 有的结果没有原因，并且所有的原因都有结果。

20. （1）有的言论是禁止的。

（2）有的言论是允许的。

上述两个命题（　　）。

A. 不能同真，也不能同假

B. 不能同真，可以同假

C. 不能同假，可以同真

D. 可以同真，也可以同假

21. 有些青年是发明家，有些青年是知识分子，所以，有些知识分子是发明家。以下哪项是对上述推理的正确评判?（　　）

A. 推理正确。

B. 推理错误，偷换概念。

C. 推理错误，中项两次不周延。

D. 推理错误，大项不当周延。

E. 推理错误，小项不当周延。

22. （　　）E（　　）

M（　　）S

―――――――――

SOP

为使上述三段论成立，括号中应填的字母按顺序是（　　）。

（1）P，M，A

（2）M，P，I

（3）M，P，O

A. 只有（1）

B. 只有（2）

C. 只有（3）

D. 只有（1）和（2）

E. （1）、（2）和（3）

23. 一有效三段论的结论是假的，则其大小前提不可能（　　）。

（1）都真。

（2）都假。

（3）一真一假。

A. 只有（1）

B. 只有（2）

C. 只有（3）

D. 只有（1）和（3）

E. 只有（2）和（3）

24. 在一项实验中，实验对象的一半作为实验组，食用了大量的味精，而作为对照组的另一半没有食用这种味精。结果，实验组的认知能力比对照组差得多。这一不利结果是由于这种味精的一种主要成分——谷氨酸造成的。

以下哪项如果为真，最有助于证明味精中某些成分造成这一实验结论？（　　）

A. 大多数味精消费者不像实验中的人那样食用大量的味精。

B. 上述结论中提到的谷氨酸在所有蛋白质中都有，为了保证营养必须摄入一定量这种谷氨酸。

C. 实验组中人们所食用的味精数量是在政府食品条例规定的安全用量之内的。

D. 第二次实验时，只给一组食用大量味精作为实验组，而不设食用味精的对照组。

E. 两组实验对象是在实验前按其认知能力均等划分的。

25. 一家珠宝店被盗，经查可以肯定是甲、乙、丙、丁四人中的某一个人所为。审讯中，他们四人各自说了一句话。

甲说："我不是罪犯。"

乙说："丁是罪犯。"

丙说："乙是罪犯。"

丁说："我不是罪犯。"

经调查证实，四人中只有一个人说的是真话。

根据以上条件，下列哪个判断为真？（　　）

A. 甲说的是假话，因此，甲是罪犯。

B. 乙说的是真话，丁是罪犯。

C. 丙说的是真话，乙是罪犯。

D. 丁说的是假话，丁是罪犯。

E. 四个人说的全是假话，丙才是罪犯。

26. 甲、乙、丙、丁四人在一起议论本班同学申请建行学生贷款的情况。甲说："我班所有同学都已申请了贷款。"乙说："如果班长申请了贷款，那么学习委员就没申请。"丙说："班长申请了贷款。"丁说："我班有人没申请贷款。"

已知四人中只有一人说假话，则可推出以下哪项结论？（　　）

A. 甲说假话，班长没申请。

B. 乙说假话，学习委员没申请。

C. 丙说假话，班长没申请。

D. 丁说假话，学习委员申请了。

E. 甲说假话，学习委员没申请。

27. 全国运动会举行女子 5 000 米比赛，辽宁、山东、河北各派了三名运动员参加。比赛前，四名体育爱好者在一起预测比赛结果。甲说："辽宁队训练就是有一套，这次的前三名非他们莫属。"乙说："今年与去年可不同了，金、银、铜牌辽宁队顶多拿一个。"丙说："据我估计，山东队或者河北队会拿牌的。"丁说："第一名如果不是辽宁队，就该是山东队的了。"比赛结束后，发现以上四人只有一人言中。

以下哪项最可能是该项比赛的结果？（　　）

A. 第一名辽宁队，第二名辽宁队，第三名辽宁队。

B. 第一名辽宁队，第二名河北队，第三名山东队。

C. 第一名山东队，第二名辽宁队，第三名河北队。

D. 第一名河北队，第二名辽宁队，第三名辽宁队。

E. 第一名河北队，第二名辽宁队，第三名山东队。

28. 某学院最近进行了一项有关奖学金对学习效率是否有促进作用的调查，结果表明：获得奖学金的学生比那些没有获得奖学金的学生的学习成绩平均要高出 25%。调查的内容包括自习的出勤率、完成作业所需要的平均时间、日平均阅读量等许多指标。这充分说明，奖学金对帮助学生提高学习效率的作用是很明显的。

以下哪项如果为真，最能削弱以上的论证？（　　）

A. 获得奖学金的同学通常有好的学习习惯和高的学习效率。

B. 获得奖学金的同学可以更容易改善学习环境来提高学习效率。

C. 学习效率低的同学通常学习时间长而缺少正常的休息。

D. 对学习效率的高低跟奖学金的多少的关系的研究应当采取定量方法进行。

E. 没有获得奖学金的同学普遍觉得学习压力过重，很难提高学习效率。

29. 某学期学校新开设 4 门课程："《诗经》鉴赏""老子研究""唐诗鉴赏""宋词选读"。 李晓明、陈文静、赵珊珊和庄志达 4 人各选修了其中一门课程。已知：

（1）他们 4 人选修的课程各不相同；

（2）喜爱诗词的赵珊珊选修的是诗词类课程；

（3）李晓明选修的不是"《诗经》鉴赏"就是"唐诗鉴赏"。

以下哪项如果为真，就能确定赵珊珊选修的是"宋词选读"？

A. 庄志达选修的不是"宋词选读"。

B. 庄志达选修的是"老子研究"。

C. 庄志达选修的不是"老子研究"。

D. 庄志达选修的是"《诗经》鉴赏"。

E. 庄志达选修的不是"《诗经》鉴赏"。

30. 威尼斯面临的问题具有典型意义。一方面，为了解决市民的就业，增加城市的经济实力，必须保留和发展它的传统工业，这是旅游业所不能替代的经济发展的基础；另一方面，为了保护其独特的生态环境，必须杜绝工业污染，但是，发展工业将不可避免地导致工业污染。

以下哪项能作为结论从上述断定中推出？（　　）

A. 威尼斯将不可避免地面临经济发展的停滞或生态环境的破坏。

B. 威尼斯市政府的正确决策应是停止发展工业以保护生态环境。

C. 威尼斯市民的生活质量只依赖于经济和生态环境。

D. 旅游业是威尼斯经济收入的主要来源。

E. 如果有一天威尼斯的生态环境受到了破坏，这一定是它为发展经济所付出的代价。

二、综合题

1. 如果一个有效三段论的大前提为 O 命题，试说明：它是第几格的三段论?它的逻辑形式是什么?

2. 构造命题变形直接推理，由“说假话的都不是正派人”推出“有些不正派的人不说真话”。

3. 用真值表方法判定以下推理是否有效：

如果“世界上没有真理”这个命题是真的，那么它就是假的。因此，这个命题是假的。

第 7 套

一、选择题（从所列的备选答案中选出一个，多选为错）

1. a：工人　b：青年人　c：中年人　d：共产党员

以下哪一欧拉图正确地刻画了上述概念间的关系?（　　）

A.

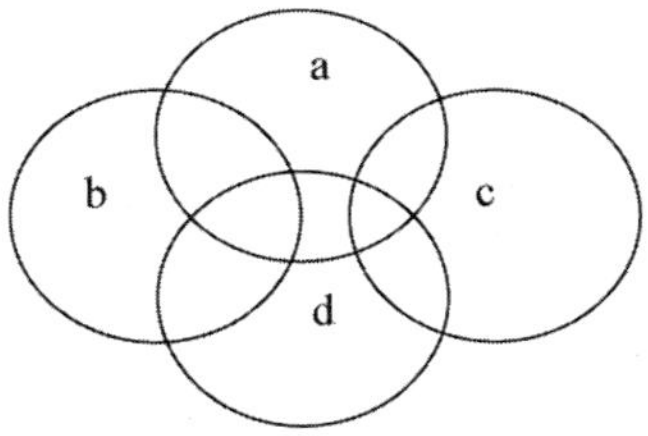

B.

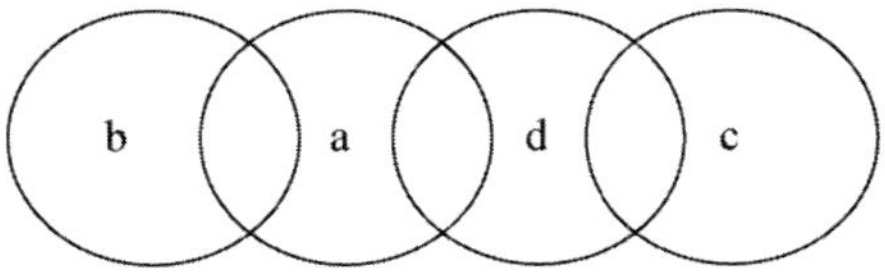

2. 在（1）“青年是祖国的未来”和（2）“青年应当又红又专”中的“青年”（　　）。

A. 都是集合概念

B. （1）是集合概念（2）不是集合概念

C. 都不是集合概念

D. （1）不是集合概念（2）是集合概念

E. 都是单独概念

3. 下列各组概念中，具有属种关系的是（　　）。

（1）判断—概念

（2）逻辑常项—量项

（3）太阳系—地球

（4）工人—矿工

A. （1）、（2）、（3）和（4）

B. 仅（1）和（3）

C. 仅（2）和（4）

D. 仅（1）、（3）和（4）

E. （1）、（2）、（3）和（4）都不是

4. 下列句子中，“教师”是集合概念的一句是（　　）。

A. 教师是培养千百万接班人的辛勤园丁

B. 教师是知识分子

C. 教师应当成为人类灵魂的工程师

D. 陶行知是教师

E. 今天是教师节

5. “共产党”和“共产党员”，这两个概念是（　　）。

A. 交叉关系

B. 属种关系

C. 矛盾关系

D. 对立关系

E. 既非矛盾也非对立的不相容关系

6. 下列各组概念中，具有属种关系的是（　　）。

（1）北京市—海淀区

（2）男人—老头

（3）中国人民大学—中国人民大学远程教育中心

（4）相容关系—属种关系

A. （1）、（2）、（3）和（4）

B. 仅（1）和（3）

C. 仅（2）和（4）

D. 仅（1）、（3）和（4）

E. （1）、（2）、（3）和（4）都不是

7. 据《科学日报》消息，1998年5月瑞典科学家在研究中首次提出，一种对防治老年痴呆症有特殊功效的微量元素，只有在未经加工的加勒比椰果中才能提取。

如果《科学日报》的上述消息是真实的，那么，以下哪项不可能是真实的?（　　）

（1）1977年4月，芬兰科学家在相关领域的研究中提出，对防治老年痴呆症有特殊功效的微量元素，除了未经加工的加勒比椰果，不可能在其他对象中提取。

（2）荷兰科学家在相关领域的研究中证明，在未经加工的加勒比椰果中，并不能提取对防治老年痴呆症有特殊功效的微量元素，这种微量元素可以在某些深海微生物中提取。

（3）著名的苏格兰医生查理博士在相关的研究领域中证明，该微量元素对防治老年痴呆症并没有特殊功效。

A. 只有（1）。

B. 只有（2）。

C. 只有（3）。

D. 只有（2）和（3）。

E.（1）、（2）和（3）。

8. 如果李生喜欢表演，那么他报考戏剧学院，如果他不喜欢表演，那么他可以成为戏剧理论家。如果他不报考戏剧学院，那么不能成为戏剧理论家。

由此可推出李生（　　）。

A. 不喜欢表演

B. 成为戏剧理论家

C. 不报考戏剧学院

D. 报考戏剧学院

E. 不成为戏剧理论家

9. 某个岛上的土著居民分为骑士和无赖两部分，骑士只讲真话，无赖只讲假话。甲和乙是该岛上的两个土著居民，关于他俩，甲说："或者我是无赖，或者乙是骑士。"

根据以上条件，可推出以下哪项结论？（　　）

A. 甲和乙都是骑士。

B. 甲和乙都是无赖。

C. 甲是骑士，乙是无赖。

D. 甲是无赖，乙是骑士。

E. 条件尚不够充分以推出结论。

10. "吸毒"和"感染艾滋病"之间是什么关系？（　　）

A. 前者是后者的充分条件。

B. 前者是后者的必要条件。

C. 前者是后者的充分必要条件。

D. 前者和后者不构成条件关系。

（注：若 C 项成立，则 A 项和 B 项自然同时成立。约定：若选 C 项，则不选择 A 项或 B 项）

11. "小张和小李至多有一人获奖"。

以下哪个命题是上述命题的矛盾命题？（　　）

A. 小张和小李至少有一人获奖。

B. 小张和小李两人都没获奖。

C. 小张和小李两人都获奖。

D. 小张没获奖或者小李没获奖。

E. 要么小张没获奖，要么小李没获奖。

12. 以下哪个推理形式能够成立？（　　）

（1）如果（p或者 q），那么r

p

所以，r

（2）并非（p并且q）

所以，p

（3）只有 p，才 q

所以，如果 q，则 p

A. 只有（1）。

B. 只有（2）。

C. 只有（3）。

D. 只有（1）和（3）。

E.（1）、（2）和（3）。

13. 从事此项研究的不全是专职人员。

如果上述命题为假，则以下哪项不能据此断定真假？（　　）

（1）从事此项研究的全是专职人员。

（2）从事此项研究的全不是专职人员。

（3）有的从事此项研究的是专职人员。

（4）有的从事此项研究的不是专职人员。

A. 只有（3）。

B. 只有（4）。

C. 只有（1）和（4）。

D. 只有（2）和（3）。

E.（1）、（2）、（3）和（4）都能断定真假。

14. 鱼和熊掌可兼得。

以下哪项如果为真，能驳倒上述结论？（　　）

（1）鱼可得但熊掌不可得。

（2）鱼不可得而熊掌可得。

（3）要么鱼不可得，要么熊掌不可得。

（4）鱼不可得，或者熊掌不可得。

A. 只有（4）。

B. 只有（3）和（4）。

C. 只有（1）和（2）。

D.（1）、（2）、（3）和（4）。

E.（1）、（2）、（3）和（4）都不能驳倒题干。

15. 鱼和熊掌可兼得。

以下哪项是上述命题的矛盾命题？（　　）

A. 鱼可得但熊掌不可得。

B. 鱼不可得而熊掌可得。

C. 要么鱼不可得，要么熊掌不可得。

D. 鱼不可得，或者熊掌不可得。

E. 如果鱼不可得，则熊掌可得。

16. （1）所有的错误都可避免。

（2）有的错误不可避免。

上述两个命题（　　）。

A. 不能同真，也不能同假

B. 不能同真，可以同假

C. 不能同假，可以同真

D. 可以同真，也可以同假

17. 审判员都在法院工作，这些人在法院工作，所以，这些人是审判员。

以下哪项是对上述推理的正确评判？（　　）

A. 推理正确。

B. 推理错误，偷换概念。

C. 推理错误，中项两次不周延。

D. 推理错误，大项不当周延。

E. 推理错误，小项不当周延。

18. MIP

M（　　）S

S（　　）P

为使上述三段论成立，括号中应填的字母按顺序是（　　）。

（1）A，I

（2）E，O

（3）E，I

A. 只有（1）

B. 只有（2）

C. 只有（3）

D. 只有（2）和（3）

E.（1）、（2）和（3）

19. 所有聪明人都是近视眼，我近视得很厉害，所以，我很聪明。

以下哪项揭示了上述推理是明显错误的？（　　）

A. 我是个笨人，因为所有的聪明人都是近视眼，而我的视力那么好。

B. 所有的猪都有四条腿，但这种动物有八条腿，所以它不是猪。

C. 小李十分高兴，所以小李一定长得很胖；因为高兴的人都长得很胖。

D. 所有的天才都高度近视，我一定是高度近视，因为我是天才。

E. 所有的鸡都是尖嘴的，这种总在树上待着的鸟是尖嘴的，因此它是鸡。

20. 在改革开放的中国社会，白领阶层以其得体入时的穿着、斯文潇洒的举止，在城市中逐渐形成一种新的时尚。张进力穿着十分得体，举止也十分斯文，一定是白领阶层的一员。

以下哪项陈述最准确地指出了上述判断在逻辑上的缺陷？（　　）

A. 有些白领阶层的人穿着也很普通，举止并不潇洒。

B. 有些穿着得体、举止斯文的人并非从事令人羡慕的白领工作。

C. 穿着举止是人的爱好、习惯，也与工作性质有一定的关系。

D. 张进力的穿着举止受社会时尚的影响很大。

E. 白领阶层的工作性质决定了他们应当穿着得体、举止斯文。

21. “他是歌星或者既是影星又是笑星”。如果这一断定假，则以下哪项一定为真？（　　）

（1）他不是歌星。

（2）他不是影星并且不是笑星。

（3）他不是影星，或者不是笑星。

A. 仅（1）。

B. 仅（2）。

C. 仅（3）。

D. 仅（1）和（2）。

E. 仅（1）和（3）。

22. 我班没人会下国际象棋。

如果上述命题为假，则以下哪项不能据此断定真假？（　　）

（1）我班所有人都会下国际象棋。

（2）我班有人会下国际象棋。

（3）我班有人不会下国际象棋。

A. 仅（1）。

B. 仅（2）。

C. 仅（3）。

D. 仅（1）和（3）。

E.（1）、（2）和（3）都能断定真假。

23. 许多孕妇都出现了维生素缺乏的症状，但这通常不是由于孕妇的饮食中缺乏维生素，而是由于腹内胎儿的生长使她们比其他人对维生素有更高的需求。

为了评价上述结论的确切程度，以下哪项操作最为重要？（　　）

A. 对某个缺乏维生素的孕妇的日常饮食进行检测，确定其中维生素的含量。

B. 对某个不缺乏维生素的孕妇的日常饮食进行检测，确定其中维生素的含量。

C. 对孕妇的科学食谱进行研究，以确定有利于孕妇摄入足量维生素的最佳选择。

D. 对日常饮食中维生素足量的一个孕妇和一个非孕妇进行检测，并分别确定她们是否缺乏维生素。

E. 对日常饮食中维生素不足量的一个孕妇和另一个非孕妇进行检测，并分别确定她们是否缺乏维生素。

24. 对同一事物，有的人说“好”，有的人说“不好”，这两种人没有共同语言。可见，不存在全民族通用的共同语言。

以下除哪项外，都与题干推理所犯的逻辑错误近似？（　　）

A. 甲：“厂里规定，工作时禁止吸烟。”乙：“当然，可我吸烟时从不工作。”

B. 有的写作教材上讲，写作中应当讲究语言形式的美，我的看法不同。我认为语言就应该朴实，不应该追求那些形式主义的东西。

C. 有意杀人者应处死刑，行刑者是有意杀人者，所以行刑者应处死刑。

D. 象是动物，所以小象是小动物。

E. 这种观点既不属于唯物主义，又不属于唯心主义，我看两者都有点像。

25. 古代一位国王和他的张、王、李、赵、钱五位将军一同出外打猎，各人的箭上都刻有自己的姓氏。打猎中，一只鹿中箭倒下，但不知是何人所射。

张说："或者是我射中的，或者是李将军射中的。"

王说："不是钱将军射中的。"

李说："如果不是赵将军射中的，那么一定是王将军射中的。"

赵说："既不是我射中的，也不是王将军射中的。"

钱说："既不是李将军射中的，也不是张将军射中的。"

国王让人把射中鹿的箭拿来，看了看，说："你们五位将军的猜测，只有两个人的话是真的。"

请根据国王的话，判定以下哪项是真的?（　　）

A. 张将军射中此鹿。

B. 王将军射中此鹿。

C. 李将军射中此鹿。

D. 赵将军射中此鹿。

E. 钱将军射中此鹿。

26. 张云、李华、王涛都收到了明年 2 月初赴北京开会的通知。 他们可以选择乘坐飞机、高铁与大巴等交通工具进京。 他们对这次进京方式有如下考虑：

（1）张云不喜欢坐飞机，如果有李华同行，他就选择乘坐大巴。

（2）李华不计较方式，如果高铁票价比飞机便宜，他就选择乘坐高铁。

（3）王涛不在乎价格，除非预报 2 月初北京有雨雪天气，否则他就选择乘坐飞机。

（4）李华和王涛家住的较近，如果航班时间合适，他们将一同乘飞机出行。

如果上述三人的考虑都得到满足，则可以得出以下哪项？（　　）

A. 如果李华没有选择乘坐高铁或飞机，则他肯定和张云一起乘坐大巴进京。

B. 如果张云和王涛乘坐高铁进京，则 2 月初北京有雨雪天气。

C. 如果三人都乘坐飞机进京，则飞机票价比高铁便宜。

D. 如果三人都乘坐大巴进京，则预报 2 月初北京有雨雪天气。

E. 如果王涛和李华乘坐飞机进京，则 2 月初北京没有雨雪天气。

27. 帕累托最优，指这样一种社会状态：对于任何人来说，如果不使其他某个（或某些）人境况变坏，他的情况就不可能变好。如果一种变革能使至少有一人的境况变好，同时没有其他人境况因此变坏，则称这一变革为帕累托变革。

以下各项都符合题干的断定，除了（　　）。

A. 对于任何一个人来说，只要他的情况可能变好，就会有其他人的境况变坏。这样的社会，处于帕累托最优状态

B. 如果某个帕累托变革可行，则说明社会并非处于帕累托最优状态

C. 如果没有任何帕累托变革的余地，则社会处于帕累托最优状态

D. 对于任何一个人来说，只有使其他某个（或某些）人境况变坏，他的情况才能变好。这样的社会处于帕累托最优状态

E. 对于任何一个人来说，只要使其他人境况变坏，他的情况就可能变好，这样的社会处于帕累托最优状态

28. 小王参加了某公司招工面试，不久，他得知以下消息：

（1）公司已决定，他与小陈至少录用一人。

（2）公司可能不录用他。

（3）公司一定录用他。

（4）公司已录用小陈。

其中两条消息为真，两条消息为假。

如果上述断定为真，则以下哪项为真？（　）

A. 公司既未录用小王，也未录用小陈。

B. 公司未录用小王，已录用小陈。

C. 公司既录用了小王，也录用了小陈。

D. 公司已录用小王，未录用小陈。

E. 不能确定录用结果。

29. 在微波炉清洁剂中加入漂白剂，就会释放出氯气；在浴盆清洁剂中加入漂白剂，也会释放出氯气；在排烟机清洁剂中加入漂白剂，没有释放出任何气体。现有一种未知类型的清洁剂，加入漂白剂后，没有释放出氯气。

根据上述实验，以下哪项关于这种未知类型的清洁剂的断定一定为真？（　）

I. 它是排烟机清洁剂。

II. 它既不是微波炉清洁剂，也不是浴盆清洁剂。

III. 它要么是排烟机清洁剂，要么是微波炉清洁剂或浴盆清洁剂。

A. 仅I。

B. 仅II。

C. 仅III。

D. 仅I和II。

E. I、II和III。

30. 如果飞行员严格遵守操作规程，并且飞机在起飞前经过严格的例行技术检查，那么飞机就不会失事，除非出现如劫机这样的特殊意外。这架波音 737 在金沙岛上空失事。

如果上述断定是真的，那么以下哪项也一定是真的？（　）

A. 如果失事时无特殊意外发生，那么飞行员一定没有严格遵守操作规程，并且飞机在起飞前没有经过严格的例行技术检查。

B. 如果失事时有特殊意外发生，那么飞行员一定严格遵守操作规程，并且飞机在起飞前经过了严格的例行技术检查。

C. 如果飞行员没有严格遵守操作规程，并且飞机在起飞前没有经过严格的例行技术检查，那么失事时没有特殊意外发生。

D. 如果失事时没有特殊意外发生，那么可得出结论：只要飞机失事的原因是飞行

员没有严格遵守操作规程，那么飞机在起飞前一定经过了严格的例行技术检查。

E. 如果失事时没有特殊意外发生，那么可得出结论：只要飞机失事的原因不是飞机在起飞前没有经过严格的例行技术检查，那么一定是飞行员没有严格遵守操作规程。

二、综合题

1. 用选言法证明：小前提为 O 命题的有效三段论必定是第二格三段论。

2. 试用构造命题变形直接推理的方法证明：由“所有的非党员都不缴纳党费”只能推出“有些党员缴纳党费”，而推不出“所有的党员都缴纳党费”。

3. 用真值表方法判定以下真值形式的类型（重言式、矛盾式或非重言的可真式）：

$$(p\wedge\neg q)\leftrightarrow(\neg p\vee q)$$

第 8 套

一、选择题（从所列的备选答案中选出一个，多选为错）

1. a：米　b：分米　c：厘米　d：毫米

以下哪组欧拉图正确地刻画了上述概念间的关系？（　　）

A.

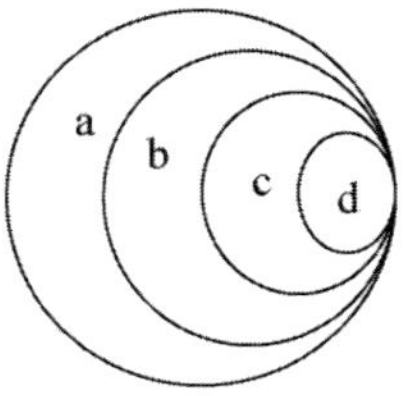

B.

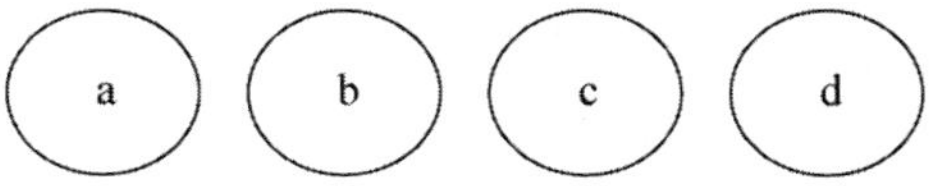

2. 若 S 是划分的母项，则根据划分的规则，S 不可以是（　　）。

A. 单独概念

B. 普遍概念

C. 正概念

D. 负概念

E. 非集合概念

3. “马克思主义者”和“反马克思主义者”，这两个概念是（　　）。

A. 交叉关系

B. 属种关系

C. 矛盾关系

D. 对立关系

4. 下列断定中不正确的一项是（ ）。

A. 一个对象如果不具有某个概念的内涵，那么它一定不属于这个概念的外延

B. 每一概念的正确定义是唯一的

C. 如果p是q的充分条件，那么q就是p的必要条件

D. 否定一个选言命题，等于肯定一个联言命题；否定一个联言命题，等于肯定一个选言命题

5. “语句”和“命题”，这两个概念是（ ）。

A. 交叉关系

B. 属种关系

C. 矛盾关系

D. 对立关系

E. 全同关系

6. 下列各组概念中，具有交叉关系的是（　　）。

（1）人—动物

（2）数学家—天文学家

（3）发展中国家—资本主义国家

（4）美国人—黑种人

A. （1）、（2）、（3）和（4）

B. 仅（1）和（3）

C. 仅（2）和（4）

D. 仅（2）、（3）和（4）

E. （1）、（2）、（3）和（4）都不是

7. 某地有两个奇怪的村庄，张庄的人在星期一、三、五说谎，李村的人在星期二、四、六说谎。在其他日子他们说实话。一天，外地的王聪明来到这里，见到两个人，分别向他们提出关于日期的问题。两个人都说：“前天是我说谎的日子。”

如果被问的两个人分别来自张庄和李村，以下哪项最可能为真？（　　）

A. 这一天是星期五或星期日。

B. 这一天是星期二或星期四。

C. 这一天是星期一或星期三。

D. 这一天是星期四或星期五。

E. 这一天是星期三或星期六。

8. 某地住着甲、乙两个部落，甲部落总是讲真话，乙部落总是讲假话。一天，一个旅行者来到这里，碰到一土著人 a。旅行者就问他：“你是哪一个部落的人？” a回答说：“我是甲部落的人。”这时又过来一个土著人 b，旅行者就请 a去问 b 属于哪一个部落。a问过 b以后，回来对旅行者说：“他说他是甲部落的人。”

根据这种情况，对 a、b所属的部落，旅行者所做出的正确的判断是以下哪项？（　　）

A. a是甲部落的人，b是乙部落的人。

B. a是乙部落的人，b是甲部落的人。

C. a是甲部落的人，b所属部落不明。

D. a所属部落不明，b是乙部落的人。

E. a、b所属部落不明。

9. “经常运动”和“健康长寿”之间是什么关系？（　　）

A. 前者是后者的充分条件。

B. 前者是后者的必要条件。

C. 前者是后者的充分必要条件。

D. 前者和后者不构成条件关系。

（注：若 C 项成立，则 A 项和 B 项自然同时成立。　约定：若选 C 项，则不选择 A 项或 B 项）

10. “昨晚小张和小李都没值班。”

以下哪个命题是上述命题的矛盾命题？（　　）

A. 昨晚小张和小李至多有一人值班。

B. 昨晚小张和小李两人都值班了。

C. 昨晚要么小张值班了，要么小李值班了。

D. 昨晚小张值班了或者小李值班了。

E. 昨晚要么小张没值班，要么小李没值班。

11. “昨晚小张和小李都没值班”。

以下命题如果为真，都能驳倒上述命题，除了（　　）。

A. 昨晚小张和小李至多有一人值班

B. 昨晚小张和小李两人都值班了

C. 昨晚要么小张值班了，要么小李值班了

D. 昨晚小张值班了或者小李值班了

E. 昨晚要么小张没值班，要么小李没值班

12. “如果货币的储蓄额和销售回笼额都没有增长，那么货币的入股额一定增长”，以此为前提，若再增加一个前提，可以推出“货币的储蓄额事实上增长了”的结论。

以下哪项可以是该增加的前提？（　　）

A. 货币的入股额事实上增长了。

B. 货币的入股额事实上没增长。

C. 货币的销售回笼额事实上没增长。

D. 货币的销售回笼额和入股额事实上都没有增长。

E. 货币的销售回笼额和入股额事实上都增长了。

13. 根据假言命题之间的转换规律，“只有解决了温饱，才能谈论道德”可以转换为（　　）。

（1）如果不解决温饱，就不能谈论道德。

（2）如果不谈论道德，就不能解决温饱。

（3）如果解决了温饱，就能谈论道德。

（4）如果能谈论道德，那一定是解决了温饱。

A. 只有（1）和（4）

B. 只有（2）和（4）

C. 只有（1）和（2）

D. 只有（1）和（3）

E. （1）、（2）、（3）和（4）

14. 有些导演留大胡子，因此，有些留大胡子的人是大嗓门。

为使上述推理成立，必须补充以下哪项作为前提？（　　）

A. 有些导演是大嗓门。

B. 所有大嗓门的人都是导演。

C. 所有导演都是大嗓门。

D. 有些大嗓门不是导演。

E. 有些导演不是大嗓门。

15. 在某住宅小区的居民中，大多数中老年教员都办理了人寿保险。所有买了四居室以上住房的居民都办理了财产保险。而所有办理了人寿保险的都没办理财产保险。

如果上述断定是真，以下哪项关于该小区居民的断定必定是真的？（　　）

（1）有中老年教员买了四居室以上的住房。

（2）有中老年教员没办理财产保险。

（3）买了四居室以上住房的居民都没办理人寿保险。

A. （1）、（2）和（3）。

B. 只有（1）和（2）。

C. 只有（2）和（3）。

D. 只有（1）和（3）。

E. 只有（2）。

16. 一个心理健康的人，必须保持自尊；一个人只有受到自己所尊敬的人的尊敬，才能保持自尊；而一个用“追星”方式来表达自己尊敬情感的人，不可能受到自己所尊敬的人的尊敬。

以下哪项结论可以从题干的断定中推出？（　　）

A. 一个心理健康的人，不可能用“追星”的方式来表达自己的尊敬情感。

B. 一个心理健康的人，不可能接受用“追星”的方式所表达的尊敬。

C. 一个人如果受到了自己所尊敬的人的尊敬，他（她）一定是个心理健康的人。

D. 没有一个保持自尊的人，会尊敬一个用“追星”方式表达自己尊敬情感的人。

E. 一个用“追星”方式表达自己尊敬情感的人，完全可以同时保持自尊。

17. 由于烧伤致使四个手指黏结在一起时，处置方法是用手术刀将手指黏结部分切开，然后实现皮肤移植，将伤口覆盖住。但是，有一个非常头痛的问题是，手指靠近指根的部分常会随着伤势的愈合又黏结起来，非再一次开刀不可。一位年轻的医生从穿着晚礼服的新娘子手上戴的白手套得到启发，发明了完全套至指根的保护手套。

以下哪项如果为真，最能削弱保护手套的作用？（　　）

A. 该保护手套的透气性能直接关系到伤势的愈合。

B. 由于材料的原因，保护手套的制作费用比较贵，如果不能大量使用，价格很难下降。

C. 烧伤后新生长的皮肤容易与保护手套粘连，在拆除保护手套时容易造成新的伤口。

D. 保护手套需要与伤患的手形吻合，这就影响了保护手套的大批量生产。

E. 保护手套不一定能适用于脚趾烧伤后的复原。

18. 麻醉品不全是毒品。

如果上述命题为假，则以下哪项不能据此断定真假？（　　）

（1）麻醉品全是毒品。

（2）麻醉品全不是毒品。

（3）有的麻醉品是毒品。

（4）有的麻醉品不是毒品。

A. 只有（3）。

B. 只有（4）。

C. 只有（1）和（4）。

D. 只有（2）和（3）。

E. （1）、（2）、（3）和（4）都能断定真假。

19. 一天，小方、小林做完数学题后发现答案不一样。小方说："如果我的不对，那你的就对了。"小林说："我看你的不对，我的也不对。"旁边的小刚看了看他们两人的答案后说："小林的答案错了。"这时数学老师刚好走过来，听到了他们的谈话并查看了他们的运算结果后说："刚才你们三个人所说的话只有一句是真的。"

根据以上信息，可断定以下说法中哪一个是正确的？（　　）

A. 小方说的是真话，小林的答案对了。

B. 小刚说的是真话，小林的答案错了。

C. 小林说对了，小方和小林的答案都不对。

D. 小林说错了，小方的答案是对的。

E. 小刚说对了，小林和小方的答案都不对。

20. 一个产品要想稳固地占领市场，产品本身的质量和产品的售后服务二者缺一不可。空谷牌冰箱质量不错，但售后服务跟不上，因此，很难长期稳固地占领市场。

以下哪项推理的结构和题干的最为类似？（　　）

A. 德才兼备是一个领导干部尽职胜任的必要条件。李主任富于才但疏于德，因此，他难以尽职胜任。

B. 如果天气晴朗并且风速在三级以下，跳伞训练将对外开放。今天的天气晴朗但风速在三级以上，所以跳伞场地不会对外开放。

C. 必须有超常业绩或教龄在 30 年以上，才有资格获得教育部颁发的特殊津贴。张教授获得了教育部颁发的特殊津贴但教龄只有 15 年，因此，他一定有超常业绩。

D. 如果不深入研究广告制作的规律，那么所制作的广告知名度和信任度不可兼得。空谷牌冰箱的广告既有知名度又有信任度，因此，这一广告的制作者肯定深入研究了广告制作的规律。

E. 罪犯要作案，必须既有作案动机又有作案时间。李某既有作案动机又有作案时间，因此，李某肯定是作案的罪犯。

21. 如今的音像市场上，正版的激光唱盘和影视盘销售不佳，而盗版的激光唱盘和影视盘却屡禁不绝，销售非常火爆。有的分析家认为，这主要是因为在价格上盗版盘更有优势，所以在市场上更有活力。

以下哪项是这位分析人员在分析中隐含的假定？（　　）

A. 正版的激光唱盘和影视盘往往内容呆板，不适应市场的需要。

B. 与价格的差别相比，正版盗版质量差别不大。

C. 盗版的激光唱盘和影视盘不如正版的盘进货渠道畅通。

D. 正版的激光唱盘和影视盘不如盗版的盘销售网络完善。

E. 知识产权保护对盗版盘的打击使得盗版盘的价格上涨。

22. M（　　）P

S（　　）M

———————

SAP

为使上述三段论成立，括号中应填的字母按顺序是（　　）。

（1）A，A

（2）I，A

（3）A，O

A. 只有（1）

B. 只有（2）

C. 只有（3）

D. 只有（2）和（3）

E.（1）、（2）和（3）

23. 某仓库失窃，四个保管员涉嫌被传讯。四人的口供如下。甲：我们四人都没作案。乙：我们中有人作案。丙：乙和丁至少有人没作案。丁：我没作案。

如果上述四人中有两人说的是真话，有两人说的是假话，那么以下哪项断定成立？（　　）

A. 说真话的是甲和丙。

B. 说真话的是甲和丁。

C. 说真话的是乙和丙。

D. 说真话的是乙和丁。

E. 说真话的是丙和丁。

24. 某大学运动会即将召开，经管学院拟组建一支 12 人的代表队参赛，参赛队员将从该院 4 个年级的学生中选拔。学校规定：每个年级都须在长跑、短跑、跳高、跳远、铅球 5 个项目中选择 1～2 项参加比赛，其余项目可任意选择；一个年级如果选择长跑，就不能选择短跑或跳高；一个年级如果选择跳远，就不能选择长跑或铅球；每名队员只参加 1 项比赛。已知该院：

（1）每个年级均有队员被选拔进入代表队。

（2）每个年级被选拔进入代表队的人数各不相同。

（3）有两个年级的队员人数相乘等于另一个年级的队员人数。

如果某年级队员人数不是最少的，且选择了长跑，那么对于该年级来说，以下哪项是不可能的？（　　）

A. 选择短跑或铅球。

B. 选择短跑或跳远。

C. 选择铅球或跳高。

D. 选择长跑或跳高。

E. 选择铅球或跳远。

25. 有球迷喜欢所有参赛球队。

如果上述断定为真，则以下哪项不可能为真?（　　）

A. 所有参赛球队都有球迷喜欢。

B. 有球迷不喜欢所有参赛球队。

C. 所有球迷都不喜欢某个参赛球队。

D. 有球迷不喜欢某个参赛球队。

E. 每个参赛球队都有球迷不喜欢。

26. 舞蹈学院张教授批评本市芭蕾舞团最近的演出没能充分表现古典芭蕾舞的特色。他的同事林教授认为这一批评是个人偏见。作为芭蕾舞技巧专家，林教授考察过芭蕾舞团的表演者，结论是每一位表演者都拥有足够的技巧和才能来表现古典芭蕾的特色。

以下哪项最恰当地概括了林教授反驳中的漏洞?（　　）

A. 他对张教授的评论风格进行攻击而不是对其观点加以批驳。

B. 他无视张教授的批评意见是与实际相符的。

C. 他不当地假设，如果一个团体每个成员具有某种特征，那么这个团体就总能体现这种特征。

D. 他依据一个特殊事例轻率概括出一个普遍结论。

E. 他仅从维护自己的权威地位的角度加以反驳。

27. 因偷盗、抢劫或故意伤害罪入狱的刑满释放人员的重新犯罪率，要远远高于因索贿、受贿等职务犯罪入狱的刑满释放人员。这说明，在狱中对上述前一类罪犯教育改造的效果，远不如对后一类罪犯。

以下哪项如果为真，最能削弱上述论证?（　　）

A. 与其他类型的罪犯相比，职务犯罪者往往有较高的文化水平。

B. 对贪污、受贿的刑事打击，并没能有效地扼制腐败，有些地方的腐败反而愈演愈烈。

C. 刑满释放人员很难再得到官职。

D. 职务犯罪的罪犯在整个服刑犯中只占很小的比例。

E. 统计显示，职务犯罪者很少有前科。

28. 在某届洲际足球大赛中，第一阶段某小组单循环赛共有 4 支队伍参加，每支队伍需要在这一阶段比赛三场。甲国足球队在该小组的前两轮比赛中一平一负。在第三轮比赛之前，甲国队主教练在新闻发布会上表示："只有我们在下一场比赛中取得胜利并且本组的另外一场比赛打成平局，我们才有可能从这个小组出线。"

如果甲国队主教练的陈述为真，以下哪项是不可能的？

A. 第三轮比赛该小组两场比赛都分出了胜负，甲国队从小组出线。

B. 甲国队第三场比赛取得了胜利，但他们未能从小组出线。

C. 第三轮比赛甲国队取得了胜利，该小组另一场比赛打成平局，甲国队从小组出线。

D. 第三轮比赛该小组另外一场比赛打成平局，甲国队从小组出线。

E. 第三轮比赛该小组两场比赛都打成了平局，甲国队未能从小组出线。

29. 在美国，实行死刑的州，其犯罪率要比不实行死刑的州低。因此，死刑能够减少犯罪。

以下哪项如果为真，最可能质疑上述推断？（　　）

A. 犯罪的少年，较之守法的少年更多出自无父亲的家庭。因此，失去了父亲能够引发少年犯罪。

B. 美国的法律规定了在犯罪地起诉并按其法律裁决，许多罪犯因此经常流窜犯罪。

C. 在最近几年，美国民间呼吁废除死刑的力量在不断减弱，一些政治人物也已经不再像过去那样在竞选中承诺废除死刑了。

D. 经过长期的跟踪研究发现，监禁在某种程度上成为酝酿进一步犯罪的温室。

E. 调查结果表明：犯罪分子在犯罪时多数都曾经想过自己的行为可能会受到死刑或常年监禁的惩罚。

30. 有一种通过寄生方式来繁衍后代的黄蜂，它能够在适合自己后代寄生的各种昆虫的大小不同的虫卵中，注入恰好数量的自己的卵。如果它在宿主的卵中注入的卵过多，它的幼虫就会在互相竞争中因为得不到足够的空间和营养而死亡；如果它在宿主的卵中注入的卵过少，宿主卵中的多余营养部分就会腐败，这又会导致它的幼虫的死亡。

如果上述断定是真的，则以下哪项的有关断定也一定是真的？（　　）

I. 上述黄蜂的寄生繁衍机制中，包括它准确区分宿主虫卵大小的能力。

II. 在虫卵较大的昆虫聚集区出现的上述黄蜂比在虫卵较小的昆虫聚集区多。

III. 黄蜂注入过多的虫卵比注入过少的虫卵更易引起寄生幼虫的死亡。

A. 仅I。

B. 仅II。

C. 仅III。

D. 仅I和II。

E. I、II和III。

二、综合题

1. 试证：如果正确的直言三段论结论是全称的，则中项不能周延两次。

2. 构造命题变形直接推理，由"有些生物不是有性繁殖的"推出"有些无性繁殖的不是非生物”。

3. 用真值表方法判定以下推理是否有效：

我们不可能既不保持安定局面又发展经济。因此，保持安定局面是发展经济的必要条件。

第 9 套

第一部分　综合能力测试

1. 对某高校本科生的某项调查统计发现：在因成绩优异被推荐免试攻读硕士研究生的文科专业学生中，女生占 70%，由此可见，该校本科生专业的女生比男生优秀。

以下哪项如果为真，能最有力地削弱上述结论？（　　）

A. 在该校本科生专业学生中，女生占 30%以上。

B. 在该校本科生专业学生中，女生占 30%以下。

C. 在该校本科生专业学生中，男生占 30%以下。

D. 在该校本科生专业学生中，女生占 70%以下。

E. 在该校本科生专业学生中，男生占 70%以上。

2. 在本届全国足球联赛的多轮比赛中，参赛的青年足球队先后有六个前锋，七个后卫，五个中卫，两个守门员。比赛规则规定：在一场比赛中同一个球员不允许改变位置身份，当然也不允许有一个以上的位置身份，同时，在任一场比赛中，任一球员必须比赛到终场，除非受伤。由此可得出结论：联赛中青年足球上场的共有球员 20 名。

以下哪项为真，最能削弱以上结论？（　　）

A. 比赛中若有球员受伤，可由其他球员替补。

B. 在本届全国足球联赛中，青年足球队中有些球员在各场球赛中都没有上场。

C. 青年足球队中有些队员同时是国家队队员。

D. 青年足球队的某个球员可能在不同的比赛中处于不同的位置。

E. 根据比赛规则，只允许 11 个球员上场。

3. 一经济管理杂志刊登的文章提出：在对外经济交往中不能一味好让不争。在必要的时候，我们也要用“反倾销”的武器来保护自己。

除哪项以外，下面都是对上述观点的进一步论述？（　　）

A. 一些国家频频对我国的某些产品提出“反倾销”，而我们却常常把市场拱手让人。

B. 某外国公司卖的某商品的价格远远低于专家推算的成本价。

C. “反倾销”是一把双刃剑，可能影响我国的商品出口。

D. 某外国公司计划用高额的代价取得在我国彩电市场上的绝对优势。

E. 我国要加速制定“反倾销”的有关法律、法规，并形成保护自身的群体意识。

4～5 题基于以下题干：

在某住宅小区的居民中，大多数中老年教员都办理了人寿保险，所有买了四居室以上住房的居民都办理了财产保险。而所有办理了人寿保险的都没办理财产保险。

4. 如果上述断定是真的，以下哪项关于该小区居民的断定必定是真的?（　）

I. 有中老年教员买了四居室以上的住房。

II. 有中老年教员没办理财产保险。

III.买了四居室以上住房的居民都没办理人寿保险。

A. I、II和III。

B. 仅I和II。

C. 仅II和III。

D. 仅II。

E. 仅III。

5. 如果在题干的断定中再增加以下断定："所有的中老年教员都办理了人寿保险"，并假设这些断定都是真的，那么，以下哪项必定是假的?（　　）

A. 在买了四居室以上住房的居民中有中老年教员。

B. 并非所有办理人寿保险的都是中老年教员。

C. 某些中老年教员没买四居室以上的住房。

D. 所有的中老年教员都没办理财产保险。

E. 某些办理了人寿保险的没买四居室以上的住房。

6～7 题基于以下题干：

只要不下雨，典礼就按时开始。

6. 以下哪项正确地表达了上述断定?（　　）

I. 如果典礼按时开始，则一定没下雨。

II. 如果典礼不按时开始，则一定下雨。

III. 除非下雨，否则典礼就按时开始。

A. 只有I。

B. 只有II。

C. 只有III。

D. 只有II和III。

E. I、II和III。

7. 以下哪项如果为真，说明上述断定不成立?（　　）

I. 没下雨，但典礼没按时开始。

II. 下雨，但典礼仍然按时开始。

III. 下雨，典礼推迟举行。

A. 只有I。

B. 只有II。

C. 只有III。

D. 只有II和III。

E. I、II和III。

8. 近年来许多橱柜制造商赢得了比肩艺术家的美誉。但是，既然家具一定要有使用价值，橱柜制造商的技艺必须更关注产品的实际功用。由此，制造橱柜并非艺术。

以下哪项是一个有助于从上述理由推出其结论的假设？（　　）

A. 一些家具被陈列在博物馆里，从未被人使用。

B. 一些橱柜制造商比其他人更关心其产品的实际功用。

C. 橱柜制造商应当比目前更加关心其产品的实际功用。

D. 如果一件物品的制造者关注它的实际功用，那它就不是一件艺术品。

E. 艺术家不关心其产品的市场价值。

9. 在过去的十年中，由美国半导体工业生产的半导体增加了 200%，但日本半导体工业生产的半导体增加了 500%，因此，日本现在比美国制造的半导体多。

以下哪项为真，最能削弱以上命题？（　　）

A. 过去五年中，由美国半导体工业生产的半导体增长仅 100%。

B. 过去十年中，美国生产的半导体的美元价值比日本生产的高。

C. 今天美国半导体出口在整个出口产品中所占的比例比十年前高。

D. 十年前，美国生产的半导体占世界半导体的 90%，而日本仅 2%。

E. 十年前，日本生产半导体是世界第 4 位，而美国列第一位。

10. 在青崖山区，商品通过无线广播电台进行密集的广告宣传将会迅速获得最大程度的知名度。

上述断定最可能推出以下哪项结论？（　　）

A. 在青崖山区，无线广播电台是商品打开市场的最重要的途径。

B. 在青崖山区，高知名度的商品将拥有众多消费者。

C. 在青崖山区，无线广播电台的广告宣传可以使商品的信息传到每户人家。

D. 在青崖山区，某一商品为了迅速获得最大程度的知名度，除了通过无线广播电台进行密集的广告宣传外，不需要利用其他宣传工具做广告。

E. 在青崖山区，某一商品的知名度与其性能和质量的关系很大。

11. 从事与皮肤病相关的职业仍是医学院校毕业生的一个安全选择。与太阳紫外线照射相关的皮肤癌病例每年都保持相对稳定的数量，即使与 20 年前盛行晒太阳相比，现在特意将自己暴晒于太阳下的成年人要少得多。

以下每项如果为真都可解释上述统计数字上的差异，除了（　　）。

A. 因为大气层顶层臭氧含量减少，现在更多的人都将无意识地暴露在过量的太阳紫外线下

B. 继续特意在太阳底下暴晒的人比起过去太阳浴者吸收更大剂量的有害放射物

C. 来自太阳以外的紫外线辐射量逐年增加

D. 大多数皮肤癌同患者病症发作前 30 年经常暴露于太阳紫外线下相关

E. 尽管现在更少的女性特意在太阳下暴晒，但这样做的男性人数显著增长

12. 如果某人答应作为矛盾双方的调解人，那么，他就必须放弃事后袒护任何一方的权利。因为在调解之后再袒护一方，等于说明先前的公正是伪装的。

下列哪项是以上论述最强调的？（　　）

A. 调解人不能有自己对争议双方矛盾的任何看法。

B. 如果不能保持公正的姿态，就不能做一个好的调解人。

C. 调解人要完全附和矛盾双方的意见，左右逢源。

D. 如果调解人把自己的偏见公开化，争论时可以袒护一方。

E. 为了不使争论公开化，调解人应当伪装公正。

13. 针对威胁人类健康的甲型 H1N1 流感，研究人员研制出了相应的疫苗，尽管这些疫苗是有效的，但某大学研究人员发现，阿司匹林、羟苯基乙酰胺等抑制某些酶的药物会影响疫苗的效果，这位研究人员指出："如果你使用了阿司匹林或者对乙酰氨基酚，那么你注射疫苗后就必然不会产生良好的抗体反应。"

如果小张注射疫苗后产生了良好的抗体反应，那么根据上述研究结果可以得出以下哪项结论？（　　）

A. 小张服用了阿司匹林，但没有服用对乙酰氨基酚。

B. 小张没有服用阿司匹林，但感染了 H1N1 流感病毒。

C. 小张服用了阿司匹林，但没有感染 H1N1 流感病毒。

D. 小张没有服用阿司匹林，也没有服用对乙酰氨基酚。

E. 小张服用了对乙酰氨基酚，但没有服用羟苯基乙酰胺。

14. 很多自称是职业足球运动员的人，尽管日常生活中的很多时间都在进行足球训练和比赛，但其实他们并不真正属于这个行业，因为足球的比赛和训练并不是他们主要的经济来源。

上面这段话在推理过程中做了以下哪项假设？（　　）

A. 职业足球运动员的技术水准和收入水平都比业余足球运动员要高得多。

B. 经常进行足球训练和比赛是成为职业球员的必由之路。

C. 一个运动员除非他的大部分收入来自比赛和训练，否则不能称为职业运动员。

D. 运动员希望成为职业运动员的动力来自想获得更高的经济收入。

E. 有一些经常进行足球训练和比赛的人并不真正属于职业运动员行业。

15～16 题基于以下题干：

P. 任何在高速公路上运行的交通工具的时速必须超过 60 公里。

Q. 自行车的最高时速是 20 公里。

R. 我的汽车只有逢双日才被允许在高速公路上行驶。

S. 今天是 5 月 18 日。

15. 如果上述断定都是真的，下面哪项断定也一定是真的？（　　）

I. 自行车不允许在高速公路上行驶。

II. 今天我的汽车仍然可能不被允许在高速公路上行驶。

III. 如果我的汽车的时速超过 60 公里，则当日肯定是逢双日。

A. I、II和III。

B. 仅I。

C. 仅I和II。

D. 仅I和III。

E. 仅II和III。

16. 假设只有高速公路才有最低时速限制，则从上述断定加上以下哪项条件可合理地

得出结论："如果我的汽车正在行驶的话，时速不必超过 60 公里。"（　　）

A. Q 改为"自行车的最高时速可达 60 公里"。

B. P 改为"任何在高速公路上运行的交通工具的时速必须超过 70 公里"。

C. R 改为"我的汽车在高速公路上驾驶不受单双日限制"。

D. S 改为"今天是 5 月 20 日"。

E. S 改为"今天是 5 月 19 日"。

17. 已知：若甲和乙都参加了公务员考试，则丙不参加公务员考试。并且只有乙参加公务员考试，丁才参加公务员考试。现在确认甲和丙都参加了公务员考试。问：乙和丁是否参加了公务员考试？（　　）

A. 乙和丁都参加了。

B. 乙和丁都没有参加。

C. 乙参加了但丁未参加。

D. 乙未参加但丁参加了。

E. 由已知条件不能确认这二人是否参加。

18. 北京市是个水资源严重缺乏的城市，但长期以来水价格一直偏低。最近北京市政府根据价值规律调高水价，这一举措将对节约使用该市的水资源产生重大的推动作用。

为使上述议论成立，以下哪项必须是真的？（　　）

I. 有相当数量的用水浪费是因为水价格偏低而造成的。

II. 水价格的上调幅度一般地足以对浪费用水的用户产生经济压力。

III. 水价格的上调不会引起用户的不满。

A. I、II和III。

B. 仅I和II。

C. 仅I和III。

D. 仅II和III。

E. 仅III。

19. 某种虾常游弋于高温的深海间歇泉附近，在那里生长有它爱吃的细菌类生物。由于间歇泉发射一种暗淡的光线，因此，科学家们认为这种虾背部的感光器官是用来寻找间歇泉，从而找到食物的。

下列哪项对科学家的结论提出质疑？（　　）

A. 实验表明，这种虾的感光器官对间歇泉发出的光并不敏感。

B. 间歇泉的光线十分暗淡，人类肉眼难以觉察。

C. 间歇泉的高温足以杀死这附近的细菌。

D. 大多数其他品种的虾的眼睛都位于眼柄的末端。

E. 其他虾身上的感热器官同样能起到发现间歇泉的作用。

20. 几年来，我国许多餐厅使用一次性筷，这种现象受到越来越多人的批评。许多资源环境工作者在报刊上呼吁：为了保护森林资源，让山变绿、水变清，是采取坚决措施，禁用一次性筷的时候了！

以下除哪项外，都从不同方面对批评者的观点提供了支持？（　　）

A. 我国森林资源十分匮乏，把大好的木材用来做一次性筷，实在是莫大的浪费。

B. 1998 年的特大水灾造成的损失既与气候有关，也与多年的滥砍滥伐有很大关系。

C. 森林和各种绿色植被对涵养水分、调节气候、防止水土流失具有不可替代的作用。

D. 禁用一次性筷既要大张旗鼓地宣传，又要制定相应的法规，建立完善的监督机制。

E. 保护森林不能只保不用。合理使用，适量地采伐，发展林区经济，还能促进保护。

21～22 题基于以下题干：

一般认为，一个人 80 岁和他在 30 岁时相比，理解和记忆能力都显著减退。最近的一项调查显示，80 岁的老人和 30 岁的年轻人在玩桥牌时所表现出的理解和记忆能力没有明显差别。因此，认为一个人到了 80 岁理解和记忆能力会显著减退的看法是站不住脚的。

21. 以下哪项如果为真，最能削弱上述论证？（　　）

A. 80 岁的老人比 30 岁的年轻人有更多时间玩桥牌。

B. 玩桥牌只需要较低的理解和记忆能力。

C. 玩桥牌需要的主要不是理解和记忆能力。

D. 玩桥牌有利于提高一个人的理解和记忆能力。

E. 一个人到了 80 岁理解和记忆能力会显著减退的看法，是对老年人的偏见。

22. 以下哪项如果为真，最能加强上述论证？（　　）

A. 科学研究证明，人的平均寿命可以达到 120 岁。

B. 记忆能力的减退不必然导致理解能力的减退。

C. 上述调查由权威部门策划和实施。

D. 上述调查的对象都是退休或在职的大学教师。

E. 目前 30 岁的年轻人的理解和记忆能力，高于 50 年前的同龄人。

23.

6	9	a	b
第1张	第2张	第3张	第4张

以上四张卡片，一面是阿拉伯数字，另一面是英文字母。

主持人断定，如果一面为元音字母，则另一面就为偶数。

如果要通过翻动以上卡片来验证主持人断定的正确性，则必须翻动（　　）。

A. 第 1 张和第 3 张

B. 第 1 张和第 4 张

C. 第 2 张和第 3 张

D. 第 2 张和第 4 张

E. 以上全部卡片

24. 有的数能被 2 整除，有的数能被 3 整除，因此，有的数既能被 2 整除，又能被 3 整除。

对此论证恰当的评价是：（　　）

A. 此论证成立。因为其结论为真。

B. 此论证成立。因为其前提与结论都为真。

C. 此论证成立。因为 6 既能被 2 整除，又能被 3 整除。

D. 此论证不成立。因为 8 并非既能被 2 整除，又能被 3 整除。

E. 此论证不成立。因为有的数是偶数，有的数是奇数，但没有数既是偶数又是奇数。

25. 北方人不都爱吃面食，但南方人都不爱吃面食。

如果已知上述第一个断定真，第二个断定假，则以下哪项据此不能确定真假？（　　）

I. 北方人都爱吃面食，有的南方人也爱吃面食。

II. 有的北方人爱吃面食，有的南方人不爱吃面食。

III. 北方人都不爱吃面食，南方人都爱吃面食。

IV. 如果有的北方人不爱吃面食，那么有的南方人不爱吃面食。

A. 只有I、II。

B. 只有I、III。

C. 只有II和III。

D. 只有I、II和III。

E. 只有II、III和 IV。

26. 服用花粉能降低血糖。一项对 7 500 名定期花粉服用者的调查显示，他们患糖尿病的风险降低了三分之一。这项结果完全符合另一个研究结论：糖尿病患者的血糖通常高于正常标准。因此，上述调查说明，降低血糖减少了患糖尿病的风险。

以下哪项最为恰当地指出了上述论证的漏洞？（　　）

A. 上述调查的结论有关降低血糖对患糖尿病的影响，但应该揭示的是花粉对血糖的作用。

B. 没有考虑到这种情况：花粉减少了服用者患糖尿病的风险，但并不是降低血糖的结果。

C. 由“糖尿病患者的血糖通常高于正常标准”，可直接得出“降低血糖能减少患糖尿病的风险”。因此，以上述调查结论作为论据是没有意义的。

D. 忽视了这种可能性：花粉有副作用。

E. 没有指出花粉降低血糖的机制。

27. 一个著名的旅游城市，每年都接待许多中外旅客。在游览风景名胜的路上，导游小姐总在几个工艺品加工厂停车，劝大家去厂里参观，而且说买不买都没有关系。为此，一些游客常有怨言，但此种现象仍在继续，甚至一年胜似一年。

以下哪项最不可能是造成以上现象的原因？（　　）

A. 虽然有的人不满意，但许多游客是愿意的，他们从厂里出来时的笑容就是证据。

B. 有些游客来旅游的一项重要任务就是购物。若是空手回家，家里人会不高兴的。

C. 厂家生产的产品直销，质量有保证，价格也便宜，何乐而不为。

D. 所有的游客经济上都是富裕的，他们只想省时间，不在意商品的价格。

E. 在厂家购物，导游小组会得到奖励。当然，奖励的钱是间接地从购物者那里来的。

28. 过去，大多数航空公司都尽量减轻飞机的重量，从而达到节省燃油的目的。那时最安全的飞机座椅是非常重的，因此只安装很少的这类座椅。今年，最安全的座椅卖得最好。这非常明显地证明，现在的航空公司在安全和省油这两方面更倾向重视安全了。

以下哪项如果为真，能够最有力地削弱上述结论？（　　）

A. 去年销售量最大的飞机座椅并不是最安全的座椅。

B. 所有航空公司总是宣称他们比其他公司更加重视安全。

C. 与安全座椅销售不好的那些年比，今年的油价有所提高。

D. 由于原材料成本提高，今年的座椅价格比以往都贵。

E. 由于技术创新，今年最安全的座椅反而比一般座椅的重量轻。

29. 在司法审判中，所谓肯定性误判是指把无罪者判为有罪，否定性误判是指把有罪者判为无罪。肯定性误判就是所谓的错判，否定性误判就是所谓的错放。而司法公正的根本原则是“不放过一个坏人，不冤枉一个好人”。某法学家认为，目前衡量一个法院在办案中是否对司法公正的原则贯彻得足够好，就看它的肯定性误判率是否足够低。

以下哪项如果为真，能最有力地支持上述法学家的观点？（　　）

A. 错放，只是放过了坏人；错判，则是既放过了坏人，又冤枉了好人。

B. 宁可错判，不可错放，是“左”的思想在司法界的反映。

C. 错放造成的损失，大多是可弥补的；错判对被害人造成的伤害，是不可弥补的。

D. 各个法院的办案正确率普遍有明显的提高。

E. 各个法院的否定性误判率基本相同。

30. 一个已经公认的结论是，北美洲人的祖先来自亚洲。至于亚洲人是如何到达北美的，科学家们一直假设，亚洲人是跨越在14 000年以前还连接着北美和亚洲后来沉入海底的陆地进入北美的，在艰难的迁徙途中，他们靠捕猎沿途陆地上的动物为食。最近的新发现导致了一个新的假设，亚洲人是驾船沿着上述陆地的南部海岸，沿途以鱼和海洋生物为食而进入北美的。

以下哪项如果为真，最能使人有理由在两个假设中更相信后者？（　　）

A. 当北美和亚洲还连在一起的时候，亚洲人主要以捕猎陆地上的动物为生。

B. 上述连接北美和亚洲的陆地气候极为寒冷，植物品种和数量都极为稀少，无法维持动物的生存。

C. 存在于8 000年以前的亚洲和北美文化，显示出极大的类似性。

D. 在欧洲，靠海洋生物为人的食物来源的海洋文化，最早发端于 10 000 年以前。

E. 在亚洲南部，靠海洋生物为人的食物来源的海洋文化，最早发端于14 000年以前。

第二部分　知识点测试

一、填空题（每小题1分，共10分）

1. 考虑下列每组概念外延间的关系：“矛盾关系”与“同一关系”是__________关系；“矛盾关系”与“反对关系”是__________关系；“交叉关系”与“属种关系”是__________关系；“限制”与“概括”是__________关系。

2. 在一个正确的划分中，“母项”与“子项”在外延上具有__________关系，而“子项”与“子项”之间具有__________关系。

3. 全称命题的主项周延，特称命题的主项__________；肯定命题的谓项____________；否定命题的谓项____________。

4. 由常用联结词联结构成的复合命题的逻辑性质是由__________________________决定的。

5. 设 p为“甲去北京”，q为“乙去北京”，则与“并非‘甲和乙都不去北京’”相等值的充分条件假言命题的逻辑形式是______________。

6. 当p取值为真时，$(\neg p\rightarrow p)\rightarrow p$取值为________；当$p$取值为假时，$(\neg p\rightarrow p)\rightarrow p$取值为________；由此可以判定，$(\neg p\rightarrow p)\rightarrow p$的类型为________。

7. 若 $\mathrm{SE\overline{P}}$取值为真，则 $\mathrm{SA\overline{P}}$取值为______________；若 $\mathrm{SI\overline{P}}$取值为假，则 $\mathrm{SO\overline{P}}$取值为______________。

8. 若“所有 S 是 P”取值为真，则“所有非 P 是非 S”取值为________。

9. 在“$[\neg p$（　　）$q]\rightarrow q$”的空括号中，填入逻辑常项符号________，可构成有效的推理式。

10. 某三段论以“凡 M 是 P”“凡 M 是 S”为前提，以“有 S 是 P”为结论，则该三段论属于第________格，采用了________式。

二、单项选择题（在每小题的四个备选答案中选出一个正确的答案，并将正确答案的号码填在题中的括号内。每小题 1 分，共 12 分）

1. “国际奥委会”和“中国奥委会”这两个概念的关系是（　　）。

A. 属种

B. 种属

C. 交叉

D. 不相容

2. “概念”与“命题”这两个概念之间的关系是（　　）。

A. 属种

B. 交叉

C. 反对

D. 矛盾

3. “甲去且乙也去”和“要么甲去，要么乙去”这两个命题（　　）。

A. 可同真，可同假

B. 可同真，不可同假

C. 不可同真，不可同假

D. 可同假，不可同真

4. 并非“只有（p并且 q并且r），才 s”等值于（　　）。

A. （非 p或者非 q或者非r）并且 s

B. （p或者q或者 r）并且s

C. （非 p并且非 q并且非 r）或者s

D. （非 p并且非q并且非 r）并且s

5. 若两个性质命题的变项完全相同，而常项完全不同，则这两个性质命题（　　）。

A. 可同真，可同假

B. 可同真，不可同假

C. 不可同真，可同假

D. 不可同真，不可同假

6. 一有效三段论的小前提是 E 命题，其大前提可为（　　）。

A. MAP

B. POM

C. PEM

D. PAM

7. 一有效的 AAI 式三段论，其大小项在前提中均不周延，则此三段论为（　　）。

A. 第一格

B. 第二格

C. 第三格

D. 第四格

8. “小李和小王是好朋友”和“小李和小王是大学生”，这两个命题（　　）。

A. 都是关系命题

B. 都不是关系命题

C. 前者是关系命题，后者不是

D. 前者不是关系命题，后者是

9. 定义可用公式表示为“D_s就是D_p”，犯“定义过窄”的错误指的是在外延上（　　）。

A. D_s全同于D_p

B. D_s真包含于D_p

C. D_s真包含D_p

D. D_p真包含D_s

10. 若 a 与 c 交叉，b 既真包含于 a 又真包含于 c，则下列为假的命题是（　　）。

A. b 是 a 或 b 是 c

B. 若 b 不是 a，则 b 不是 c

C. 要么 b 是 c，要么 b 是 a

D. 只有 b 是 a，b 才是 c

11. 当一个三段论大前提真实而结论虚假时，这个三段论不可能是（　　）。

A. 形式有效且小前提真实

B. 形式有效且小前提虚假

C. 形式无效且小前提真实

D. 形式无效且小前提虚假

12. 如对 $SE\overline{P}$与 SOP 同时加以否定，则（　　）的要求。

A. 违反同一律

B. 违反矛盾律

C. 违反排中律

D. 不违反逻辑基本规律

三、双项选择题（在每小题的五个备选答案中选出两个正确的答案，并将正确答案的序号分别填入题中的括号内；正确的答案没有选全或有选错的，该题无分。每小题 2 分，共 20 分）

1. 下列概念的限制中，正确的是（　　）、（　　）。
   A. “普遍概念”限制为“单独概念”
   B. “中国”限制为“北京”
   C. “科学”限制为“自然科学”
   D. “判断”限制为“概念”
   E. “竞争”限制为“人才竞争”
2. 若“S 分为 P、M、Z”是一正确的划分，则 P 与 M 的外延关系一定是(　　)、(　　)。
   A. 矛盾
   B. 属种
   C. 交叉
   D. 反对
   E. 不相容
3. 设“甲在家，乙就在家”为假，则下面命题中为假的是（　　）、（　　）。
   A. 甲和乙都在家
   B. 甲和乙都不在家
   C. 甲和乙至少有一人不在家
   D. 只有甲不在家，乙才在家
   E. 并非“甲不在家或乙在家”
4. 下列各组命题形式中，具有矛盾关系的是（　　）与（　　）。
   A. $\neg(p\wedge q)$与 $\neg p\vee\neg q$
   B. $p\rightarrow q$与 $p\wedge\neg q$
   C. $p\wedge q$与 $\neg(\neg p\vee\neg q)$
   D. $(p\wedge\neg q)\vee(\neg p\wedge q)$与 $p\leftrightarrow q$
   E. $\neg(p\rightarrow q)$与 $\neg p\wedge q$
5. 有一个正确的三段论式，其小前提是 SIM，大前提可以是（　　）、（　　）。
   A. PAM
   B. MIP
   C. PEM
   D. MEP
   E. POM
6. “必然 p”与“可能p”的真假关系是（　　）、（　　）。
   A. “必然p”真时“可能 p”一定真
   B. “必然 p”假时“可能p”一定假
   C. “可能p”真时“必然p”一定真
   D. “可能p”假时“必然p”一定假

E. “可能p”假时“必然 p”真假不定

7. 直接推理（1）“$SAP \to \overline{P}ES$”和（2）“$PO\overline{S} \to \overline{S}OP$”（　　）、（　　）。

A. 都有效

B. （1）有效，（2）无效

C. 不都有效

D. 都无效

E. （1）无效，（2）有效

8. 以 q为一前提，应增补（　　）或（　　）为另一前提，可必然推出结论$\neg p$。

A. $p \to \neg q$

B. $q \to p$

C. $q \to \neg p$

D. $p \vee q$

E. $p \leftrightarrow q$

9. 若一推理的前提与结论具有（　　）关系或（　　）关系，则此推理是形式有效的。

A. 矛盾

B. 等值

C. 下反对

D. 反对

E. 蕴涵

10. 以 PAM 为前提，应增补（　　）或（　　）为另一前提，可必然推出 SOP。

A. SIM

B. SAM

C. SOM

D. SEM

E. MOS

四、多项选择题（在每小题的五个备选答案中选出三至五个正确的答案，并将正确答案的序号分别填入题中的括号内；错选、多选、漏选均不得分。每小题 2 分，共 6 分）

1. 已知“并非如果甲是罪犯，则乙不是罪犯”为真，可以必然得出（　　）。

A. 如果乙是罪犯，则甲不是罪犯

B. 如果甲是罪犯，则乙也是罪犯

C. 并非或者甲不是罪犯，或者乙不是罪犯

D. 甲是罪犯，乙也是罪犯

E. 并非只有乙不是罪犯，甲才是罪犯

2. SAP 与 SIP 的关系是（　　）。

A. SAP 真则 SIP 必真

B. SAP 假则 SIP 必假

C. SIP 假则 SAP 必假

D. SIP 真则 SAP 必真

E. SAP 假则 SIP 真假不定

3. 由“凡正确的推理都是形式正确的推理”可必然推出（　　）。

A. 有的正确的推理是形式正确的推理

B. 凡形式不正确的推理都不是正确的推理

C. 有的形式正确的推理是正确的推理

D. 凡形式正确的推理都是正确的推理

E. 有的形式不正确的推理是正确的推理

五、欧拉图解题（每小题 3 分，共 6 分）

1. 用欧拉图表示下列标有横线的概念间的外延关系。

<u>演绎推理</u>（A）是<u>推理</u>（B）的一种类型。它是<u>必然性推理</u>（C），而不是<u>或然性推理</u>（D）。

2. 设 SAP 真，S 与 P 外延间的关系情况如何？用欧拉图表示之。

六、真值表解题（本题 6 分）

列出下列 A、B 两个命题形式的真值表，并据表回答 B 是不是 A 的充分条件。

A：$p\to\neg q$　　B：$\neg p\leftrightarrow\neg q$

七、分析题（每小题 5 分，共 20 分）

1. 概念 S 与概念 P 的外延有交叉关系，试问：以 S 为主项、P 为谓项的四个性质命题中，哪几个取值为真？这些取值为真的命题中，哪几个可以进行有效的换位法推理？请用公式表示这些换位推理。

2. 断定一个复合命题为假，是否意味着断定了其所有支命题为假？试以不相容选言命题为例加以说明。

3. 下面 A、B、C 三公式两真一假，试推出 r 的取值情况。

A：$p\to r$　　B：$q\to r$　　C：$\neg p\wedge\neg q$

4. 如果同时肯定下列 a、b、c 三个命题，是否违反逻辑基本规律的要求？为什么？

a. ME$\overline{\text{P}}$　　b. SAM　　c. SI$\overline{\text{P}}$

八、证明题（本题 8 分）

下面三句话恰有一假，试证明“有 B 是 C”真。

（1）若 A 不与 B 全同，则 A 与 C 全异；

（2）若 A 不真包含于 B，则 B 与 C 全异；

（3）A 和 B 都与 C 全异。

九、综合题（每小题 6 分，共 12 分）

1. 以下三句话一真两假，试确定 S 与 P 的外延关系。

（1）有 S 不是非 P。

（2）有 S 不是 P。

（3）有非 S 是 P。

2. 某商店失窃，职员甲、乙、丙、丁四人涉嫌被调查。

甲说：我没作案，作案的是乙。

乙说：我和丙都没作案。

丙说：除非甲作案，否则乙不会作案。

丁说：甲和丙两人至少有一人作案。

已知甲、乙、丙、丁四人只有一人说真话。问：谁作案？谁说真话？

第10套

第一部分　综合能力测试

1. 一般认为，出生地间隔较远的夫妻所生子女的智商较高。有资料显示，夫妻均是本地人，其所生子女的平均智商为102. 45；夫妻是省内异地的，其所生子女的平均智商为106. 17；而隔省婚配的，其所生子女的智商则高达109. 35。因此，异地通婚可提高下一代智商水平。

以下哪项如果为真，最能削弱上述结论？（　　）

A. 统计孩子平均智商的样本数量不够多。

B. 不难发现，一些天才儿童的父母均是本地人。

C. 不难发现，一些低智商儿童的父母的出生地间隔较远。

D. 能够异地通婚者是智商比较高的，他们自身的高智商促成了异地通婚。

E. 一些情况下，夫妻双方出生地间隔很远，但他们的基因可能接近。

2. 一般认为，剑乳齿象是从北美洲迁入南美洲的。剑乳齿象的显著特征是具有较直的长剑型门齿，腭骨较短，臼齿的齿冠隆起，齿板数目为7个至8个，并呈乳状突起，剑乳齿象因此得名。剑乳齿象的牙齿比较复杂，这表明它能吃草，在南美洲的许多地方都有证据显示史前人类捕捉过剑乳齿象。由此可以推测，剑乳齿象的灭绝可能与人类的过度捕杀有密切关系。

以下哪项如果为真，最能反驳上述结论？（　　）

A. 史前动物之间经常发生大规模相互捕杀的现象。

B. 剑乳齿象在遇到人类攻击时缺乏自我保护能力。

C. 剑乳齿象也存在由南美洲进入北美洲的回迁现象。

D. 由于人类活动范围的扩大，大型食草动物难以生存。

E. 幼年剑乳齿象的牙齿结构比较简单，自我生存能力弱。

3. 有些通信网络维护涉及个人信息安全，因而，不是所有通信网络的维护都可以外包。

以下哪项可以使上述论证成立？（　　）

A. 所有涉及国家信息安全的都不可以外包。

B. 有些涉及个人信息安全的不可以外包。

C. 有些涉及个人信息安全的可以外包。

D. 所有涉及个人信息安全的都不可以外包。

E. 有些通信网络维护涉及国家信息安全。

4. 在产品检验中，误检包括两种情况：一是把不合格产品定为合格；二是把合格产品定为不合格。有甲、乙两个产品检验系统，它们依据的是不同的原理，但共同之处在于：

第一，它们都能检测出所有送检的不合格产品；第二，都仍有恰好 3%的误检率；第三，不存在一个产品，会被两个系统都误检。现在把这两个系统合并为一个系统，使得被该系统测定为不合格的产品，包括且只包括两个系统分别工作时都测定的不合格产品。可以得出结论：这样的产品检验系统的误检率为 0。

以下哪项最为恰当地评价了上述推理？（　　）

A. 上述推理是必然性的，即如果前提真，则结论一定真。

B. 上述推理很强，但不是必然性的，即如果前提真，则为结论提供了很强的证据，但附加的信息仍可能削弱该论证。

C. 上述推理很弱，前提尽管与结论相关，但最多只为结论提供了不充分的根据。

D. 上述推理的前提中包含矛盾。

E. 该推理不能成立，因为它把某事件发生的必要条件的根据，当作充分条件的根据。

5. 某研究所对该所上年度研究成果的统计显示：在该所所有的研究人员中，没有两个人发表的论文的数量完全相同；没有人恰好发表了 10 篇论文；没有人发表的论文的数量等于或超过全所研究人员的数量。

如果上述统计是真实的，则以下哪项断定也一定是真实的？（　　）

I. 该所研究人员中，有人上年度没有发表 1 篇论文。

II. 该所研究人员的数量，不少于 3 人。

III. 该所研究人员的数量，不多于 10 人。

A. 只有I。

B. 只有I和II。

C. 只有I和III。

D. I、II和III。

E. I、II和III都不一定是真实的。

6. 一段时间以来，国产洗发液在国内市场的占有率逐渐减小。研究发现，国外公司的产品广告比国内的广告更吸引人。因此，国产洗发液生产商需要加大广告投入，以增加市场占有率。

以下哪项如果为真，将严重地弱化上述的论证？（　　）

A. 一些国外洗发液的广告是由国内广告公司制作并由国内媒体传播的。

B. 广告只能引起人们对某种商品的注意，质量才能使人们产生对商品的喜爱。

C. 国产洗发液生产商的广告费现在只有国外厂商的一半。

D. 尽管国外洗发液销售额增加，国产洗发液销售额同样在增加。

E. 准备购买新的洗发液的人喜欢从广告中发现合意的品牌。

7. 某西方国家高等院校的学费急剧上涨，其增长率几乎达到通货膨胀率的两倍。1980—1995 年中等家庭的收入只提高了 82%，而公立大学的学费的涨幅比家庭收入的涨幅几乎大了 3 倍，私立院校的学费在家庭收入中所占的比例几乎是 1980 年的 2 倍。高等教育的费用已经令中产阶级家庭苦恼不堪。

以下除哪项外都为上文的观点进一步提供论据？（　　）

A. 尽管 1980—1996 年消费价格指数缓慢增长了 79%，公立四年制大学的学费上涨了 256%。

B. 私立学校的学费上涨比公立学校慢，从 1980 年到 1996 年上涨了 219%。

C. 如果学费继续保持过去的增长速度，1996 年新做父母的人将来他们的子女上私立大学每年的学费和食宿费总额将多达 9 万美元。

D. 政府对公立学校每个学生的补贴在学校收入中的比例从 1978 年的 66%下降到 1993 年的 51%，而同一时期，学费在学校收入中所占比例从 16%上升到 24%。

E. 高教市场已开始显露竞争迹象。几家私立学校和公立学校已通过缩短读学位时间的办法来间接地降低学习费用。

8. 一位研究人员希望了解他所在社区的人们喜欢的口味是可口可乐还是百事可乐。他找了些喜欢可口可乐的人，要他们在一杯可口可乐和一杯百事可乐中，通过品尝指出喜好。杯子上不贴标签，以免商标引发明显的偏见，只是将可口可乐的杯子标志为“M”，将百事可乐的杯子标志为“Q”。结果显示，超过一半的人更喜欢百事可乐，而非可口可乐。

以下哪项如果为真，最可能削弱上述论证的结论？（　　）

A. 参加者受到了一定的暗示，觉得自己的回答会被认真对待。

B. 参加实验者中很多人从来都没有同时喝过这两种可乐，甚至其中的 30%的参加实验者只喝过其中一种可乐。

C. 多数参加者对于可口可乐和百事可乐的市场占有情况是了解的，并且经过研究证明，他们普遍有一种同情弱者的心态。

D. 在对参加实验的人所进行的另外一个对照实验中，发现了一个有趣的结果：这些实验者中的大部分更喜欢英文字母 Q，而不大喜欢 M。

E. 在参加实验前的一个星期中，百事可乐的形象代表正在举行大规模的演唱会，演唱会的场地中有百事可乐的大幅宣传画，并且在电视转播中反复出现。

9. 在国庆 50 周年仪仗队的训练营地，某连队一百多个战士在练习不同队形的转换。如果他们排成五列人数相等的横队，只剩下连长在队伍前面喊口令；如果他们排成七列这样的横队，只有连长仍然可以在前面领队；如果他们排成八列，就可以有两人作为领队了。在全营排练时，营长要求他们排成三列横队。

以下哪项是最可能出现的情况？（　　）

A. 该连队官兵正好排成三列横队。

B. 除了连长外，正好排成三列横队。

C. 排成了整齐的三列横队，另有两人作为全营的领队。

D. 排成了整齐的三列横队，其中有一人是其他连队的。

E. 排成了三列横队，连长在队外喊口令，但营长临时排在队中。

10～11 题基于以下题干：

李工程师：在日本，肺癌病人的平均生存年限（即从确诊至死亡的年限）是 9 年，而在亚洲的其他国家，肺癌病人的平均生存年限只有 4 年。因此，日本在延长肺癌病人生命方面的医疗水平要高于亚洲的其他国家。

张研究员：你的论证缺乏充分的说服力。因为日本人的自我保健意识总体上高于其他的亚洲人，因此，日本肺癌患者的早期确诊率要高于亚洲其他国家。

10. 张研究员的反驳，基于以下哪项假设？（　　）

I. 肺癌患者的自我保健意识对于其疾病的早期确诊起到重要作用。

II. 肺癌的早期确诊对延长患者的生存年限起到重要作用。

III. 对肺癌的早期确诊技术是衡量防治肺癌医疗水平的一个重要方面。

A. 只有I。

B. 只有II。

C. 只有III。

D. 只有I和II。

E. I、II和III。

11. 以下哪项如果为真，能最为有力地指出李工程师论证中的漏洞？（　　）

A. 亚洲一些发展中国家的肺癌患者是死于由肺癌引起的并发症。

B. 日本人的平均寿命不仅居亚洲之首，而且居世界之首。

C. 日本的胰腺癌病人的平均生存年限是 5 年，接近于亚洲的平均水平。

D. 日本医疗技术的发展，很大程度上得益于对中医的研究和引进。

E. 一个数大大高于某些数的平均数，不意味着这个数高于这些数中的每个数。

12～13 题基于以下题干：

贾女士：一项权威性的调查数据显示，美国的医疗技术和设施最先进，但按婴儿死亡率排名，美国在世界上只排第 17 位。这使我得出结论，先进的医疗技术和设施，对于人类生命和健康所起的保护作用，对成人要比对婴儿显著得多。

陈先生：我不能同意您的论证。事实上，一个国家所具有的先进的医疗技术和设施，并不是每个人都能均等地享受的。较之医疗技术和设施而言，较高的婴儿死亡率更可能是低收入的结果。

12. 以下哪项最为恰当地概括了陈先生反驳贾女士所使用的方法？（　　）

A. 对她的论据的真实性提出质疑。

B. 对她的结论的真实性提出质疑。

C. 对她援引的数据提出另一种解释。

D. 暗指她的数据会导致产生一个相反的结论。

E. 指出她偷换了一个关键性的概念。

13. 陈先生的反驳基于以下哪项假设？（　　）

I. 在美国，享受先进的医疗技术和设施需要一定的经济条件。

II. 在美国存在着明显的贫富差别。

III. 在美国，先进的医疗技术和设施主要用于成人的保健和治疗。

A. 只有 I。

B. 只有II。

C. 只有III。

D. 只有I和II。

E. I、II和III。

14. 面对邮政服务水平和工作效率下降的情况举行了一次听证会，会上有人发言说，增加邮票价格可以改善邮政服务的现状和获得很大的好处，他认为邮票价格增加将使国家收入增加并减少邮件流量，从而可以消除邮政系统人员超负荷工作的疲劳状况，改善工作人员的士气，使邮政服务水平和工作效率获得提高。

下面哪项如果正确，最能严重地削弱发言者的观点？（　　）

A. 邮件流量的下降将使国家邮政收入减少。

B. 邮票价格增加也不能阻止人们通过邮件进行联络和交流。

C. 邮政系统内部的管理问题是造成邮政系统服务和效率下降的原因。

D. 可以通过增加邮政系统工作人员提高邮政服务水平和工作效率。

E. 邮政系统人员的收入比普通职工的收入要低。

15. 某出版社近年来出版物的错字率较前几年有明显的增加，引起了读者的不满和有关部门的批评，这主要是由于该出版社大量引进非专业编辑。当然，近年来出版物的大量增加也是一个重要原因。

上述议论中的漏洞，也类似地出现在以下哪项中？（　　）

I. 美国航空公司近两年来的投诉率比前几年有明显下降。这主要是由于该航空公司在裁员整顿的基础上，有效地提高了服务质量。当然，“9·11”事件后航班乘客数量的锐减也是一个重要原因。

II. 统计数字表明：近年来我国心血管病的死亡率，即由心血管病导致的死亡在整个死亡人数中的比例，较前有明显增加，这主要是由于随着经济的发展，我国民众的饮食结构和生活方式发生了容易诱发心血管病的不良变化。当然，由于心血管病主要是老年病，因此，我国人口的老龄人比例的增大也是一个重要原因。

III. S 市今年的高考录取率比去年增加了 15%，这主要是由于各中学狠抓了教育质量。当然，另一个重要原因是，该市今年参加高考的人数比去年增加了 20%。

A. 只有I。

B. 只有II。

C. 只有III。

D. 只有I和III。

E. I、II和III。

16. 天文学家一直假设，宇宙中的一些物质是看不见的。研究显示：许多星云如果都是由能看见的星球构成的话，它们的移动速度要比任何条件下能观测到的快得多。专家们由此推测：这样的星云中包含着看不见的巨大物质，其重力影响着星云的运动。

以下哪项是题干的议论所假设的？（　　）

I. 题干说的看不见，是指不可能被看见，而不是指离地球太远，不能被人的肉眼或借助天文望远镜看见。

II. 上述星云中能被看见的星球总体质量可以得到较为准确的估计。

III. 宇宙中看不见的物质，除了不能被看见这点以外，具有看得见的物质的所有属性，例如具有重力。

A. 只有I。

B. 只有II。

C. 只有III。

D. 只有I和II。

E. I、II和III。

17. 欧几里得几何系统的第五条公理判定：在同一平面上，过直线外一点可以并且只可以作一条直线与该直线平行。在数学发展史上，有许多数学家对这条公理是否具有无可争议的真理性表示怀疑。

要使数学家的上述怀疑成立，以下哪项必须成立？（　　）

I. 在同一平面上，过直线外一点可能无法作一条直线与该直线平行。

II. 在同一平面上，过直线外一点作多条直线与该直线平行是可能的。

III. 在同一平面上，如果过直线外一点不可能作多条直线与该直线平行，那么，也可能无法只作一条直线与该直线平行。

A. 只有I。

B. 只有II。

C. 只有III。

D. 只有I和II。

E. I、II和III。

18. 对行为的解释与对行为的辩护，是两个必须加以区别的概念。对一个行为的解释，是指准确地表达导致这一行为的原因。对一个行为的辩护，是指出行为者具有实施这一行为的正当理由。事实上，对许多行为的辩护，并不是对此种行为的解释。只有当对一个行为的辩护成为对该行为解释的实质部分时，这样的行为才是合理的。

上述断定能够得出以下哪项结论？（　　）

A. 当一个行为得到辩护，则也得到解释。

B. 当一个行为的原因中包含该行为的正当理由，则该行为是合理的。

C. 任何行为都不可能是完全合理的。

D. 有些行为的原因是不可能被发现的。

E. 如果一个行为是合理的，则实施这一行为的正当理由必定也是导致行为的原因。

19～20 题基于以下题干：

某花店只有从花农那里购得低于正常价格的花，才能以低于市场的价格卖花而获利；除非是该花店的销售量很大，否则，不能从花农那里购得低于正常价格的花；要想有大的销售量，该花店就要满足消费者的兴趣或者拥有特定品种的独家销售权。

19. 如果上述断定为真，则以下哪项必定为真？（　　）

A. 如果该花店从花农那里购得低于正常价格的花，那么就会以低于市场的价格卖花而获利。

B. 如果该花店没有以低于市场的价格卖花而获利，则一定没有从花农那里购得低于正常价格的花。

C. 该花店不仅满足了消费者的个人兴趣，而且拥有特定品种独家销售权，但仍然不能以低于市场的价格卖花而获利。

D. 如果该花店广泛满足了消费者的个人兴趣或者拥有特定品种独家销售权，那么就会有大的销售量。

E. 如果该花店以低于市场价格卖花而获利，那么一定是从花农那里购得了低于正常价格的花。

20. 如果上述断定为真，并且事实上该花店没有满足广大消费者的个人兴趣，则以下哪项不可能为真？（　　）

A. 如果该花店不拥有特定品种独家销售权，就不能从花农那里购得低于正常价格的花。

B. 即使该花店拥有特定品种独家销售权，也不能从花农那里购得低于正常价格的花。

C. 该花店虽然没有拥有特定品种独家销售权，但仍以低于市场的价格卖花而获利。

D. 该花店通过广告促销的方法获利。

E. 花店以低于市场的价格卖花获利是花市普遍现象。

21. 张教授：如果没有爱迪生，人类还将生活在黑暗中。理解这样的评价，不需要任何想象力。爱迪生的发明，改变了人类的生存方式。但是，他只在学校中受过几个月的正式教育。因此，接受正式教育对于在技术发展中做出杰出贡献并不是必要的。

李研究员：你的看法完全错了。自爱迪生时代以来，技术的发展日新月异。在当代如果你想对技术发展做出杰出贡献，即使接受当时的正式教育，全面具备爱迪生时代的知识也是远远不够的。

以下哪项最恰当地指出了李研究员的反驳中存在的漏洞？（　　）

A. 没有确切界定何为“技术发展”。

B. 没有确切界定何为“接受式教育”。

C. 夸大了当代技术发展的成果。

D. 忽略了一个核心概念：人类的生存方式。

E. 低估了爱迪生的发明对当代技术发展的意义。

22. 近几年来，一种从国外传入的白蝇严重危害着我国南方农作物生长。昆虫学家认为，这种白蝇是甜薯白蝇的一个变种，为了控制这种白蝇的繁殖，他们一直在寻找并人工繁殖甜薯白蝇的寄生虫。但最新的基因研究成果表明，这种白蝇不是甜薯白蝇的变种，而是与之不同的一种蝇种，称作银叶白蝇。因此，如果这项最新的基因研究成果是可信的话，那么，近年来昆虫学家寻找白蝇寄生虫的努力是白费了。

以下哪项是上述论证最可能假设的？（　　）

A. 上述最新的基因研究成果是可信的。

B. 甜薯白蝇的寄生虫对农作物没有任何危害。

C. 农作物害虫的寄生虫都可以用来有效控制这种害虫的繁殖。

D. 甜薯白蝇的寄生虫无法在银叶白蝇中寄生。

E. 某种生物的寄生虫只能在这种生物及其变种中才能寄生。

23. 爱尔兰有大片泥煤蕴藏量丰富的湿地。环境保护主义者一直反对在湿地区域采煤。他们的理由是开采泥煤会破坏爱尔兰湿地的生态平衡，其直接严重后果是会污染水源。然而，这一担心是站不住脚的。据近 50 年的相关统计，从未发现过因采煤而污染水源的报告。

以下哪项如果为真，最能加强题干的论证？（　　）

A. 在爱尔兰的湿地采煤已有 200 年的历史，其间从未因此造成水源污染。

B. 在爱尔兰，采煤湿地的生态环境和未采煤湿地没有实质性的不同。

C. 在爱尔兰，采煤湿地的生态环境和未开采前没有实质性的不同。

D. 爱尔兰具备足够的科技水平和财政支持来治理污染，保护生态。

E. 爱尔兰是世界上生态环境最佳的国家之一。

24～25 题基于以下题干：

张教授：有的歌星的一次出场费是诺贝尔奖奖金的数十倍甚至更高，这是不合理的。一般地说，诺贝尔奖得主对人类社会和历史的贡献要远高于这样那样的明星。

李研究员：你完全错了。歌星的酬金是一种商业回报，他的一次演出，可能为他的老板带来上千万的利润。

张教授：按照你的逻辑，诺贝尔奖奖金就不应该设立。因为，例如，诺贝尔在生前不可能获益于杨振宁的理论发现。

24. 以下哪项最为恰当地概括了张教授和李研究员争论的焦点？（　　）

A. 诺贝尔奖得主是否应当比歌星有更高的个人收入？

B. 商业回报是否可以成为一种正当的个人收入？

C. 是否存在判别个人收入的合理性的标准？

D. 什么是判别个人收入合理性的标准？

E. 诺贝尔奖奖金是否应当设立？

25. 以下哪项最为恰当地指出了张教授反驳中存在的逻辑漏洞？（　　）

A. 张教授的反驳夸大了不合理个人收入的不良后果。

B. 张教授的反驳忽视了：降低歌星的酬金，意味着增加老板的利润，这是一种更大的不公正。

C. 张教授的反驳忽视了：巨额的出场费只属于个别当红歌星。

D. 张教授的反驳忽视了：诺贝尔生前虽然没有，但他的后代获益于诺贝尔奖得主的理论发现。

E. 张教授的反驳忽视了：商业回报只是个人收入的一种形式，不是唯一形式。

26～27 题基于以下题干：

是过于集中的经济模式，而不是气候状况，造成了近年来 H 国糟糕的粮食收成。K 国和 H 国耕地条件基本相同，但当 H 国的粮食收成连年下降的时候，K 国的粮食收成却连年上升。

26. 为使上述论证有说服力，以下哪项是必须假设的？（　　）

I. 近年来 H 国的气候状况不比 K 国差。

II. K 国并非采取过于集中的经济模式。

III. 气候状况不是影响粮食收成的重要因素。

A. 仅仅I。

B. 仅仅II。

C. 仅仅III。

D. 仅仅I和II。

E. I、II和III。

27. 以下哪项如果为真，最能削弱上述论证？（　　）

A. H国种植的主要谷物品种不是K国种植的主要谷物品种。

B. H国一些谷物不适合在K国生长。

C. K国一些谷物不适合在H国生长。

D. H国的北方邻国J国近年的粮食收成呈下降趋势。

E. H国集中的经济模式使有限的粮食得到了最合理的分配。

28. 域控制器存储了域内的账户、密码和属于这个域的计算机三项信息。当计算机接入网络时，域控制器首先要鉴别这台计算机是否属于这个域，用户使用的登录账户是否存在，密码是否正确。如果三项信息均正确，则允许登录；如果以上信息有一项不正确，那么域控制器就会拒绝这个用户从这台计算机登录。小张的登录账号是正确的，但是域控制器拒绝小张的计算机登录。

基于以上陈述能得出以下哪项结论？（　　）

A. 小张输入的密码是错误的。

B. 小张的计算机不属于这个域。

C. 如果小张的计算机属于这个域，那么他输入的密码是错误的。

D. 只有小张输入的密码是正确的，它的计算机才属于这个域。

E. 如果小张输入的密码是正确的，那么它的计算机属于这个域。

29. 最近发现，19世纪80年代保存的海鸟标本的羽毛中，汞的含量仅为目前同一品种活鸟的羽毛汞含量的一半。由于海鸟羽毛中的汞的积累是海鸟吃鱼所导致，这就表明现在海鱼中汞的含量比100多年前要高。

以下哪项是上述论证的假设？（　　）

A. 进行羽毛汞含量检测的海鸟处于相同年龄段。

B. 海鱼的汞含量取决于其活动海域的污染程度。

C. 来源于鱼的汞被海鸟吸收后，残留在羽毛中的含量会随时间的变化而改变。

D. 在海鸟的食物结构中，海鱼所占的比例，在19世纪80年代并不比现在高。

E. 用于海鸟标本制作和保存的方法并没有显著减少海鸟羽毛中的汞含量。

30. 人类经历了上百万年的自然进化，产生了直觉、多层次抽象等独特智能。尽管现代计算机已经具备了一定的学习能力，但这种能力还需要人类的指导，完全的自我学习能力还有待进一步发展。因此，计算机要达到甚至超过人类的智能水平是不可能的。

以下哪项最可能是上述论证的预设？（　　）

A. 计算机很难真正懂得人类的语言，更不可能理解人类的感情。

B. 理解人类复杂的社会关系需要自我学习能力。

C. 计算机如果具备完全的自我学习能力，就能形成直觉、多层次抽象等智能。

D. 计算机可以形成自然进化能力。

E. 直觉、多层次抽象等这些人类的独特智能无法通过学习获得。

第二部分　知识点测试

一、填空题（每小题 1 分，共 10 分）

1. 在“有 S 不是 P”中，变项是____________；在“$(p\wedge q)\rightarrow r$”中，逻辑常项是____________。

2. 下定义时，如果定义项的外延大于被定义项的外延，那么就会犯____________逻辑错误。

3. _________和_________是明确概念外延的一种逻辑方法。通过缩小概念的内涵来扩大概念的外延以明确概念的逻辑方法是________。

4. 根据逻辑基本规律中的____________律，若“只有甲是大学生，甲才是运动员”为真，则联言命题__________________________为假。

5. 一个直言命题的主项是“教师”，谓项是“球迷”，其主项不周延、谓项周延，表述这一命题的自然语句是_________________________。

6. 选言命题分为______和______。前一种在______情况下为假，后一种在______情况下为真。

7. 在概念外延间的“真包含”“交叉”“全异”关系中，具有传递性的是______关系，具有反对称性的是_______关系。

8. 若$(p\wedge q)\rightarrow\neg r$取值为真，$r$亦取值为真，则 $\neg p\vee\neg q$取值为____________。

9. 在“$[\neg p$（　　）$q]\wedge\neg p\rightarrow q$”的空括号中，填入逻辑常项符号_________可构成有效的推理式。

10. 在第一格三段论中，大项是大前提的_________项，小项是结论的_________项。

二、单项选择题（在每小题的四个备选答案中选出一个正确的答案，并将正确答案的序号填在题中的括号内。每小题 1 分，共 12 分）

1. 如 p与 q是两个相互矛盾的性质命题，则它们具有（　　）。
   A. 相同的常项与变项
   B. 相同的常项，不同的变项
   C. 不同的常项与变项
   D. 不同的常项，相同的变项

2. 若 S 与 P 是具有全同关系的两个概念，则 S 与 P（　　）。
   A. 内涵与外延均相同
   B. 内涵相同而外延不同
   C. 内涵不同但外延相同
   D. 内涵与外延均不相同

3. “要么 p，要么 q”与“或者p，或者 q”这两个命题形式（　　）。
   A. 常项与变项均相同
   B. 常项相同，变项不同
   C. 常项不同，变项相同
   D. 常项与变项均不同

4. 刻画“p，除非 q”的逻辑形式为（　　）。

A. $q \to p$

B. $\neg q \to p$

C. $p \to q$

D. $p \to \neg q$

5. 当 S 真包含于 P 时，（　　）。

A. SAP 与 SEP 均假

B. SEP 与 SOP 均真

C. SAP 与 SIP 均真

D. SIP 与 SOP 均真

6. 下列公式中，其真假情况不完全取决于其变项的真假的是（　　）。

A. $\Diamond \neg p$

B. $p \to q$

C. $p \wedge q$

D. $\neg p \vee \neg q$

7. 命题间的蕴涵关系，属于（　　）关系。

A. 对称且传递

B. 对称但非传递

C. 非对称但传递

D. 非对称且非传递

8. “如果甲和乙都没有及格的话，那么丙及格了”，在此前提基础上，要推出“甲及格了”，还需增加的前提是（　　）。

A. 丙没及格

B. 丙及格了

C. 乙及格了，但丙没有及格

D. 乙和丙都没有及格

9. 若一推理的前提与结论均为假，则其推理形式（　　）。

A. 必然无效

B. 必然有效

C. 不可能无效

D. 可能有效

10. 一有效的 AAI 式三段论，其大小项在前提中均不周延，则此三段论为（　　）。

A. 第一格

B. 第二格

C. 第三格

D. 第四格

11. 关系推理（1）“A 与 B 矛盾，B 与 C 矛盾，所以 A 与 C 矛盾”与（2）“A 蕴涵 B，B 蕴涵 C，所以 A 蕴涵 C”（　　）。

A. 都是有效的

B. （1）有效，（2）无效

C. 都是无效的

D. （1）无效，（2）有效

12. 由“必然地有事物都是发展变化的”为真，可推知以下（　　）为真。

A. 必然地所有事物都是发展变化的

B. 所有事物都是发展变化的

C. 不可能所有事物都不发展变化

D. 可能所有事物是发展变化的

三、双项选择题（在每小题的五个备选答案中选出两个正确的答案，并将正确答案的序号分别填入题中的括号内；正确的答案没有选全或有选错的，该题无分。每小题 2 分，共 20 分）

1. 已知“有 a 不是 b”为假，则 a 与 b 的外延关系是（　　）或（　　）。

A. 全同

B. 全异

C. 交叉

D. a 真包含 b

E. a 真包含于 b

2. 若“所有 S 是 P”与“所有 P 是 S”均假，则 S 与 P 在外延上具有（　　）关系或（　　）关系。

A. 全同

B. S 真包含 P

C. 全异

D. 交叉

E. S 真包含于 P

3. 断定一个主项（S）周延、谓项（P）不周延的命题，也就断定了其主项与谓项具有（　　）关系或（　　）关系。

A. 全同

B. S 真包含 P

C. 全异

D. 交叉

E. S 真包含于 P

4. 若 SOP 与 SIP 恰有一真，则必然有（　　）与（　　）。

A. SAP 与 SEP 恰有一真

B. SAP 与 SIP 恰有一真

C. SEP 与 SOP 恰有一假

D. SAP 与 SEP 恰有一假

E. SAP 与 SIP 恰有一真

5. 下列各组命题具有矛盾关系的是（　　）、（　　）。

A. 非 p或者非 q与并非（p或者q）

B. p或者 q与并非（要么 p，要么q）

C. 这个S是P与这个S不是P

D. 如果p则 q与 只有 p则 q

E. 必然p与可能非p

6. 以 $p\to(q\wedge s)$为一前提，若再增加（　　）或（　　）为另一前提，可有效地推得 $\neg p\wedge r$。

A. q

B. $\neg q$

C. r

D. $\neg q\wedge r$

E. $\neg s\wedge r$

7. 已知$\Diamond\neg p$为真，下列公式中取值确定的是（　　）、（　　）。

A. p

B. $\Diamond p$

C. $\Box p$

D. $p\to\Diamond\neg p$

E. $p\to(\Diamond p\wedge q)$

8. 下列关系中同时具有反对称性质和传递性质的是（　　）与（　　）。

A. 概念间的全同关系

B. 命题间的等值关系

C. 命题间的矛盾关系

D. 概念间的真包含关系

E. 概念间的真包含于关系

9. 下列式子中，正确表达I命题与O命题的真假关系的是（　　）与（　　）。

A. $\neg \mathrm{I}\to \mathrm{O}$

B. $\neg \mathrm{I}\vee\neg \mathrm{O}$

C. $\mathrm{I}\vee \mathrm{O}$

D. $\mathrm{O}\to\neg \mathrm{I}$

E. $\neg(\mathrm{I}\leftrightarrow \mathrm{O})$

10. 设$\bar{\mathrm{S}}\mathrm{I}\bar{\mathrm{P}}$为假，则下列公式中为假的是（　　）与（　　）。

A. $\mathrm{PI}\bar{\mathrm{S}}$

B. $\bar{\mathrm{S}}\mathrm{OP}$

C. $\bar{\mathrm{P}}\mathrm{AS}$

D. SAP

E. SOP

四、多项选择题（在每小题的五个备选答案中选出三至五个正确的答案，并将正确答案的序号分别填入题中的括号内；错选、多选、漏选均不得分。每小题 2 分，共 6 分）

1. 若“A 可以分为 B、C、D”是一正确的划分，则 B 与 C 的外延不能是（　　）。

A. 同一

B. 真包含于

C. 交叉

D. 矛盾

E. 真包含

2. 下列推理形式中，无效的有（　　）。

A. $(\neg p\rightarrow\neg q)\wedge\neg p\rightarrow q$

B. $(p\rightarrow\neg q)\wedge\neg q\rightarrow\neg p$

C. $(p\rightarrow\neg q)\wedge p\rightarrow\neg q$

D. $(\neg p\rightarrow q)\wedge q\rightarrow\neg p$

E. $(\neg p\rightarrow q)\wedge\neg q\rightarrow p$

3. 如果“所有 S 都是 P”这个命题是假的，那么 S 类与 P 类之间可能有的关系是（　　）。

A. 全同关系

B. 真包含关系

C. 真包含于关系

D. 交叉关系

E. 全异关系

五、欧拉图解题（每小题 3 分，共 6 分）

1. 设 SIP 假，S 与 P 外延间的关系情况如何？用欧拉图表示之。

2. 已知：概念 A 与概念 B 交叉，A 与 C 全异，A 真包含 D，B 与 C 交叉，B 真包含 D，请用欧拉图表示 A、B、C、D 间的外延关系。

六、真值表解题（本题 6 分）

用真值表方法解答：丁的话能否成立?为什么?

甲：如果小王第一，那么小李第二。

乙：只有小王不是第一，小李才是第二。

丙：要么小王第一，要么小李第二。

丁：甲、乙、丙三人的话都不对。

七、分析题（每小题 5 分，共 20 分）

1. 在 S 真包含于 P 并且 S 与 Q 交叉的情况下，“所有 P 不是 Q”是否真?为什么?

2. 如断定下述 a 和 b 都真，又断定 c 假，是否违反了矛盾律的要求?为什么?

a：有的甲班学生会说法语。

b：有的甲班学生不会说法语。

c：甲班学生都会说法语。

3. 下面 A、B、C 三公式两真一假，试推出 $\neg r\vee\neg s$ 的取值情况。

A：$r\rightarrow p$　　B：$s\rightarrow q$　　C：$p\wedge q$

4. 已知：

（1）只有甲、乙、丙三人都来自同一个省份，甲、乙、丙三人才都是罪犯。

（2）甲、乙、丙三人并非来自同一省份。

（3）如果甲不是罪犯，则甲的供词是真的，而甲说乙不是罪犯。

（4）如果乙不是罪犯，则乙的供词是真的，而乙说自己与丙是好朋友。

（5）现查明：丙根本不认识乙。

问：谁是罪犯？谁不是罪犯？

八、证明题（本题8分）

证明：如果同时肯定下列三个命题，则违反矛盾律的逻辑要求。

（1）PES

（2）MOP→SIP

（3）SIM

九、综合题（每小题6分，共12分）

1. 在侦破一起谋杀案中侦查人员获得下列事实：

（1）作案者是A、B、C中一人或多人。

（2）如果张先生死前未饮过麻醉剂，那不是C谋害的。

（3）如果张先生死前曾饮过麻醉剂，那不是A谋害的。

（4）如果是A谋害的，那么B也参加了谋害。

（5）如果作案在落雨前，则是A谋害的。

（6）如果作案不在落雨前，则张先生临死前搏斗过。

（7）张先生临死前搏斗过，就不是B谋害的。

（8）经过法医解剖化验，张先生死前曾饮过麻醉剂。

请据此判断是谁谋害了张先生？

2. 以下三句话一真两假，试确定S与P的外延关系。

（1）有S是P。（2）有S不是P。（3）有P不是S。

10套综合练习题答案

第1套

一、选择题

1. C　2. A　3. A　4. B　5. B　6. C　7. B　8. E　9. C　10. E　11. B　12. B　13. C　14. D　15. E　16. E　17. D　18. B　19. B　20. D　21. B　22. E　23. C　24. C　25. B　26. B　27. D　28. C　29. D　30. A

二、综合题

1. 试证：一个有效的三段论，若小前提为全称否定命题，则大前提必须为全称肯定命题。

证明：因为小前提否定，所以大前提必肯定；因为小前提否定，所以结论否定，大项在结论中周延，所以大项在大前提中周延。又因为大前提肯定，所以大项不能是大前提的谓项，因而是大前提的主项。因此，大前提全称肯定。

2. 构造命题变形直接推理，由“不搞阴谋诡计的人不是野心家”推出“有些非野心家不搞阴谋诡计”。

解：$\overline{S}EP \rightarrow \overline{S}A\overline{P} \rightarrow \overline{P}I\overline{S} \rightarrow \overline{P}OS$

3. 用真值表方法判定以下推理是否有效：

（如果我）没有调查研究，（那么我）就没有发言权；我调查研究了。所以，我当然有发言权。

解：上述推理的真值形式为：$((\neg p \rightarrow \neg q) \wedge p) \rightarrow q$。真值表如下：

p	q	$((\neg p \rightarrow \neg q) \wedge p) \rightarrow q$
1	1	1
1	0	0
0	1	1
0	0	1

推理无效。

第 2 套

一、选择题

1. C　2. D　3. A　4. C　5. A　6. E　7. C　8. B　9. B　10. C　11. D　12. E　13. B　14. C　15. D　16. D　17. C　18. E　19. D　20. D　21. C　22. B　23. E　24. A　25. C　26. D　27. C　28. D　29. E　30. B

二、综合题

1. 证明：如果同时肯定下列三个命题，则违反矛盾律的逻辑要求。

（1）PES

（2）MOP→SIP

（3）SIM

（提示：本题运用到以下知识：命题变形直接推理；命题推理；三段论推理；逻辑基本规律）

证明：由（1），可推出（4）：SEP。

由（4），可推出（5）：并非 SIP。

由（2）和（5），可推出（6）：并非 MOP。

由（6），可推出（7）：MAP。

由（3）和（7），可推出（8）：SIP。

（4）和（8）互相矛盾。

2. 构造命题变形直接推理，由“有些农村人口在城市工作”推出“有些在城市工作的人不是非农村人口”。

解：SIP→PIS→PO$\overline{\text{S}}$

3. 用真值表方法判定以下推理是否有效：

（小张）只有考试成绩优秀，才能被评为三好学生。事实上小张没被评为三好学生，所以她考试成绩未达优秀。

解：令：p=（小张）考试成绩优秀；q=（小张）被评为三好学生。则上述推理的真值形式可以为：$((\neg p\rightarrow\neg q)\wedge\neg q)\rightarrow\neg p$。列真值表如下：

p	q	$((\neg p\rightarrow\neg q)\wedge\neg q)\rightarrow\neg p$
1	1	1
1	0	0
0	1	1
0	0	1

推理无效。

第3套

一、选择题

1. E　2. D　3. A　4. B　5. A　6. A　7. E　8. E　9. D　10. B　11. C　12. D　13. A　14. A　15. A　16. C　17. B　18. A　19. B　20. C　21. C　22. D　23. D　24. B　25. D　26. D　27. E　28. E　29. D　30. D

二、综合题

1. 试证：如果正确的直言三段论结论是全称的，则中项不能周延两次。

证明：因为结论全称，所以小项在结论中周延，因此在小前提中周延。假设中项周延两次，则小前提为E命题，故结论否定，因此大项在结论中周延，故在大前提中周延，同理大前提是E命题。两否定前提推不出结论。所以假设不成立。

2. 构造命题变形直接推理，由“所有城市人口都吃商品粮”推出“有些非城市人口不吃商品粮”。

解：SAP→SE$\overline{\text{P}}$→$\overline{\text{P}}$ES→$\overline{\text{P}}$A$\overline{\text{S}}$→$\overline{\text{S}}$I$\overline{\text{P}}$→$\overline{\text{S}}$OP

3. 用真值表方法判定以下真值形式的类型（重言式、矛盾式或非重言的可真式）：

$(p\rightarrow(q\wedge\neg q))\rightarrow\neg p$

解：列真值表如下：

p	q	$(p\rightarrow(q\wedge\neg q))\rightarrow\neg p$
1	1	1
1	0	1
0	1	1
0	0	1

该式是重言式。

第 4 套

一、选择题

1. B 2. A 3. C 4. A 5. B 6. A 7. C 8. A 9. B 10. A 11. B 12. A 13. E 14. E 15. D 16. B 17. A 18. D 19. C 20. B 21. C 22. B 23. B 24. C 25. C 26. B 27. C 28. E 29. D 30. E

二、综合题

1. 已知一个正确的三段论，两个前提中只有大前提中有一个词项周延，这个三段论的大前提应是什么命题，为什么？

解：两个前提中只有大前提中有一个词项周延，故小前提必为 I 命题，大前提只能是以下四种情况之一：

（1）POM（两特称前提推不出结论）

（2）PAM（中项两次不周延）

（3）MOP（两特称前提推不出结论）

（4）MAP（正确）

因此，该大前提是 MAP。

2. 构造命题变形直接推理，由“所有生物都是有机物”推出“所有无机物都不是生物”。

解：SAP→SE$\overline{\text{P}}$→$\overline{\text{P}}$ES

3. 用真值表方法判定以下推理是否成立：

如果（我）患有肝炎，那么（我）一定会出现厌食；我最近常感厌食。因此，我准是患了肝炎。

解：令p表示“（我）患有肝炎”， q表示“（我）一定会出现厌食”，则上述推理的真值形式为：$((p\to q)\wedge q)\to p$。列真值表如下：

p	q	$((p\to q)\wedge q)\to p$
1	1	1
1	0	1
0	1	0
0	0	1

推理无效。

第 5 套

一、选择题

1. B 2. C 3. D 4. C 5. B 6. B 7. E 8. A 9. A 10. D 11. C 12. D 13. D 14. E 15. B 16. E 17. E 18. E 19. B 20. E 21. C 22. C 23. C 24. A 25. E

26. B　27. C　28. A　29. A　30. A

二、综合题

1. 试证：一个有效的三段论，如果大前提是特称的，那么小前提必须是全称肯定。

证明：因为大前提特称，所以小前提必全称。假设小前提全称否定，则大项在结论中周延，因而在大前提中周延，由条件大前提特称，因而大项必为大前提的谓项，所以大前提否定，两否定前提推不出结论，因而假设不成立，小前提必为全称肯定。

2. 构造命题变形直接推理，由“农村人口都不吃商品粮”推出“有些不吃商品粮的不是城市人口”。

解：$SEP \to SA\overline{P} \to \overline{P}IS \to \overline{P}O\overline{S}$

（S表示“农村人口”，P则表示“城市人口”）

3. 用真值表方法判定：

（1）老张不是石油工人，又不是钢铁工人。

（2）如果老张是石油工人，那么老张不是钢铁工人。

这两个命题（　　）。

A. 可同真但不可同假

B. 不可同假但可同真

C. 可同真并且可同假

D. 不可同真并且不可同假

E. 要么同真，要么同假

解：令p表示“老张是石油工人”，q表示“老张是钢铁工人”，则题干中命题的真值形式为：（1）$\neg p \wedge \neg q$；（2）$p \to \neg q$。列真值表如下：

p	q	$\neg p \wedge \neg q$	$p \to \neg q$
1	1	0	0
1	0	0	1
0	1	0	1
0	0	1	1

因此，答案是C。

第6套

一、选择题

1. C　2. C　3. B　4. D　5. B　6. B　7. C　8. B　9. E　10. D　11. E　12. B　13. B　14. D　15. B　16. D　17. B　18. A　19. D　20. C　21. C　22. D　23. A　24. E　25. A　26. E　27. D　28. A　29. D　30. A

二、综合题

1. 如果一个有效三段论的大前提为O命题，试说明：它是第几格的三段论？它的逻辑形式是什么？

解：有效三段论的大前提为 O 命题，小前提必为 A 命题，结论必为 O 命题。各格的形式分别为：

第一格：MOP

SAM

SOP

中项两次不周延

第二格：POM

SAM

SOP

大项不当周延

第三格：MOP

MAS

SOP

正确

第四格：POM

MAS

SOP

大项不当周延

所以，只能是第三格的 OAO 式。

2. 构造命题变形直接推理，由“说假话的都不是正派人”推出“有些不正派的人不说真话”。

解：$\mathrm{SEP}\rightarrow\mathrm{SA\overline{P}}\rightarrow\mathrm{\overline{P}IS}\rightarrow\mathrm{\overline{P}O\overline{S}}$

（S 表示“说假话”，P 表示“说真话”）

3. 用真值表方法判定以下推理是否有效：

如果“世界上没有真理”这个命题是真的，那么它就是假的。因此，这个命题是假的。

解：令 p=世界上没有真理。则题干的真值形式可以表示为：$(p\rightarrow\neg p)\rightarrow\neg p$。列真值表如下：

p	$(p\rightarrow\neg p)\rightarrow\neg p$
1	1
0	1

推理有效。

第 7 套

一、选择题

1. A　2. B　3. C　4. A　5. E　6. C　7. A　8. D　9. A　10. D　11. C　12. D　13. E　14. D　15. D　16. A　17. C　18. A　19. E　20. B　21. E　22. D　23. D　24. E　25. E

26. D　27. E　28. D　29. B　30. E

二、综合题

1. 用选言法证明：小前提为 O 命题的有效三段论必定是第二格三段论。

证明：有效三段论的小前提为 O 命题，大前提必为 A 命题，结论必为 O 命题。各格的形式分别为：

第一格：MAP

SOM

SOP

大项不当周延

第二格：PAM

SOM

SOP

正确

第三格：MAP

MOS

SOP

大项不当周延

第四格：PAM

MOS

SOP

中项两次不周延

所以，命题得证。

2. 试用构造命题变形直接推理的方法证明：由“所有的非党员都不缴纳党费”只能推出“有些党员缴纳党费”，而推不出“所有的党员都缴纳党费”。

解：$\overline{S}EP \to PE\overline{S} \to PAS \to SIP$

所以，由“所有的非党员都不缴纳党费”能推出“有些党员缴纳党费”。

在以上的推导中，由 PAS 换位，只能得到 SIP，不能得到 SAP，所以推不出“所有的党员都缴纳党费”。

3. 用真值表方法判定以下真值形式的类型（重言式、矛盾式或非重言的可真式）：

$(p \wedge \neg q) \leftrightarrow (\neg p \vee q)$

解：列真值表如下：

p	q	$(p \wedge \neg q) \leftrightarrow (\neg p \vee q)$
1	1	0
1	0	0
0	1	0
0	0	0

真值形式为矛盾式。

第 8 套

一、选择题

1. B　2. A　3. D　4. B　5. B　6. D　7. C　8. C　9. D　10. D　11. A　12. D　13. A　14. C　15. C　16. A　17. C　18. E　19. A　20. A　21. B　22. A　23. C　24. B　25. C　26. C　27. C　28. A　29. B　30. A

二、综合题

1. 试证：如果正确的直言三段论结论是全称的，则中项不能周延两次。

证明：因为结论全称，所以小项在结论中周延，所以小项在小前提中也周延。假设中项周延两次，则小前提主谓项都周延，因而是 E 命题，所以结论否定。由结论否定，可推出大项在结论中周延，所以大项在大前提中周延，同理，大前提是 E 命题。两否定前提推不出结论，所以假设不能成立。即：如果正确的直言三段论结论是全称的，则中项不能周延两次。

2. 构造命题变形直接推理，由“有些生物不是有性繁殖的”推出“有些无性繁殖的不是非生物”。

解：$\mathrm{SOP} \to \mathrm{SI\overline{P}} \to \mathrm{\overline{P}IS} \to \mathrm{\overline{P}O\overline{S}}$

3. 用真值表方法判定以下推理是否有效：

我们不可能既不保持安定局面又发展经济。因此，保持安定局面是发展经济的必要条件。

解：令p表示“（我们）保持安定局面”，q表示“（我们）发展经济”，则上述推理的真值形式可以表示为：$\neg(\neg p \wedge q) \to (\neg p \to \neg q)$。列真值表如下：

p	q	$\neg(\neg p \wedge q) \to (\neg p \to \neg q)$
1	1	1
1	0	1
0	1	1
0	0	1

推理有效。

第 9 套

第一部分

1. C　2. D　3. C　4. C　5. A　6. D　7. A　8. D　9. D　10. D　11. E　12. B　13. D　14. C　15. C　16. E　17. B　18. B　19. A　20. E　21. B　22. E　23. C　24. E　25. E　26. B　27. D　28. E　29. E　30. B

第二部分

一、填空题

1. 全异（或反对）；全异（或矛盾）；全异（或反对）；矛盾

2. 真包含（或属种）；全异

3. 不周延；不周延；周延
4. 联结词
5. $\neg p \rightarrow q$（或$\neg q \rightarrow p$）
6. 真；真；重言式
7. 假；真
8. 真
9. $\wedge$
10. 三；AAI

二、单项选择题

1. D　2. C　3. D　4. A　5. D　6. D　7. C　8. C　9. C　10. C　11. A　12. C

三、双项选择题

1. CE　2. DE　3. AB　4. BD　5. CD　6. AD　7. BC　8. AC　9. BE　10. CD

四、多项选择题

1. BCDE　2. ACE　3. ABC

五、欧拉图解题

1. 用欧拉图表示下列标有横线的概念间的外延关系。

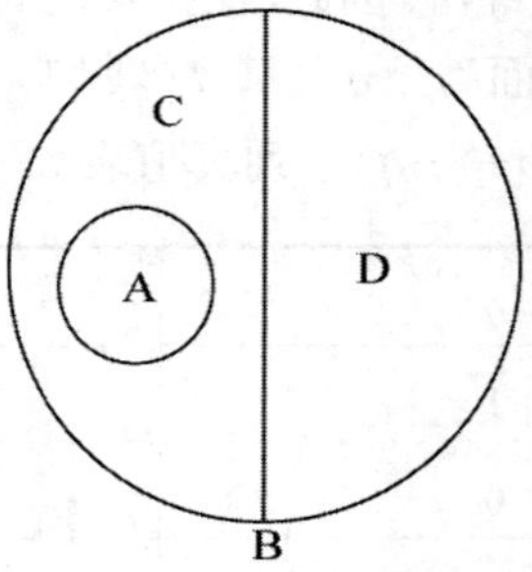

2. SAP 真时，S 与 P 外延间的关系有两种可能：全同关系、真包含于关系。欧拉图如下：

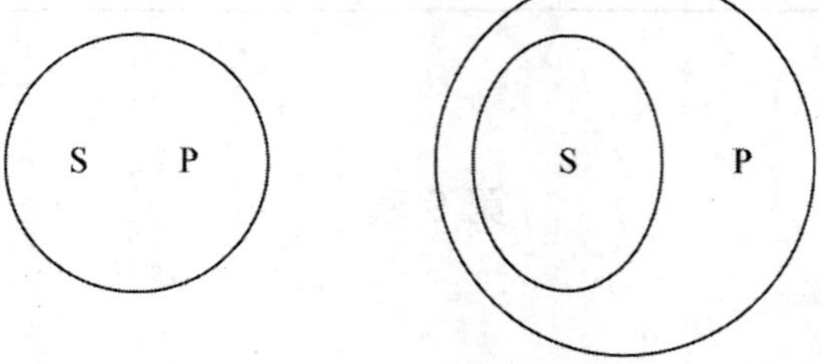

六、真值表解题

p	q	$\neg p$	$\neg q$	$p \rightarrow \neg q$	$\neg p \leftrightarrow \neg q$
1	1	0	0	0	1
1	0	0	1	1	0
0	1	1	0	1	0
0	0	1	1	1	1

由上表可知，B 不是 A 的充分条件。

七、分析题

1. SIP 与 SOP 为真。SIP 可以进行换位法推理。SIP→PIS

2. 断定一个复合命题为假，并不意味着断定了其所有支命题为假。如，当 p与 q均真时不相容选言命题“要么 p，要么 q”为假。

3. 假定 C 取真，由此得到 p、q都取假；进而 A、B 都取真，与题设的两真一假矛盾。因此 C 为假且 A、B 为真。由 C 假可得 p、q至少有一为真，因此，再据 A、B 都为真可得r取值为真。也可以使用真值表将 A、B 和 C 的取值情况在一张真值表上显示出来，由此可知 r在 A、B、C 三公式两真一假的情形下为真。

4. 根据三段论规则，由 a 与 b 可推出 SE$\overline{P}$，而 SE$\overline{P}$与（c）SI$\overline{P}$互相矛盾，所以同时肯定 a、b、c 三个命题违反了矛盾律的要求。

八、证明题

若（3）真，则（1）和（2）都真。矛盾。因此（3）假，（1）和（2）真。所以（3）的否定真，即 A 不与 C 全异或者 B 不与 C 全异。如果 A 不与 C 全异，则它和（1）根据充分条件假言命题推理的否后式得 A 与 B 全同。这时我们有：所有 A 是 B；且由 A 不与 C 全异得到：有 A 是 C。由此推得：有 B 是 C。如果 B 不与 C 全异，则直接可得到有 B 是 C。

九、综合题

1. 运用换质法可知（1）与有 S 是 P 等值。它与（2）构成下反对关系，必有一真，而据题设只有一真，因此（3）假，故其否定为真，即所有非 S 不是 P 成立，经换位换质得所有 P 是 S 为真。由此有 P 是 S 真，因而（1）成立，（2）为假。故其否定为真，因此所有 S 是 P 为真。综上可得，S 与 P 为全同关系。

2. 以“甲”表示“甲作案”，其他类似。四人说的话分别可表示为：

甲：¬甲∧乙

乙：¬乙∧¬丙

丙：¬甲→¬乙

丁：甲∨丙

甲和丙的话具有矛盾关系，不可同假，必有一真，因此乙和丁的话为假，它们的负命题为真，即¬(¬乙∧¬丙)和¬(甲∨丙)为真，即：乙∨丙、¬甲∧¬丙为真。由后者得¬丙，再与前者据相容选言推理的否定肯定式得到乙，因此乙作案。综上可得说真话的是甲。

第 10 套

第一部分

1. D　2. A　3. D　4. A　5. C　6. B　7. E　8. D　9. B　10.D　11. E　12. C　13. D　14. C　15. D　16. D　17. C　18 . E　19. E　20. C　21. A　22. D　23. C　24. D　25. E　26. D　27. A　28. C　29. E　30. E

第二部分

一、填空题

1. S、P；∧、→
2. 定义过宽
3. 限制、概括；概括
4. 矛盾律；“甲不是大学生但甲是运动员”
5. “有些教师不是球迷”
6. 相容选言命题、不相容选言命题；所有选言支为假；仅有一个选言支为真
7. 真包含；真包含
8. 真
9. →
10. 谓；主

二、单项选择题

1. D　2. C　3. C　4. B　5. C　6. A　7. C　8. D　9. D　10. C　11. D　12. C

三、双项选择题

1. AE　2. CD　3. AE　4. AD　5. CE　6. DE　7. CD　8. DE　9. AC　10. BD

四、多项选择题

1. ABCDE　2. ABD　3. BDE

五、欧拉图解题

1. SIP 假时，S 与 P 外延间的关系为全异关系。

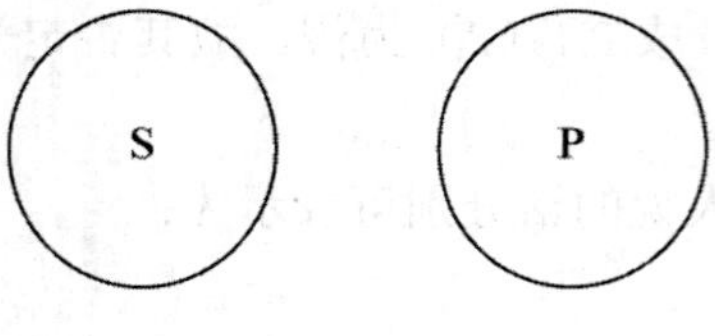

2.

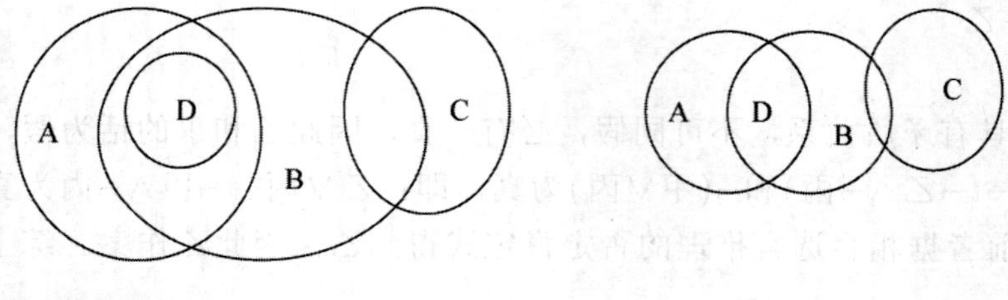

六、真值表解题

以 p 表示“小王第一”，q 表示“小李第二”。列真值表如下：

p	q	$\neg p$	$\neg q$	$p \to q$（甲）	$\neg p \leftarrow q$（乙）	$p \dot{\vee} q$（丙）
1	1	0	0	1	0	0
1	0	0	1	0	1	1
0	1	1	0	1	1	1
0	0	1	1	1	1	0

1	1	0	0	1	0	0
1	0	0	1	0	1	1
0	1	1	0	1	1	1
0	0	1	1	1	1	0

上述真值表显示，不存在一种情况使得甲、乙、丙三人的话同时不成立；因此丁的话不能成立。

七、分析题

1. “所有 P 不是 Q”不为真。因为由 S 真包含于 P、S 与 Q 交叉可得 SAP、SIQ，根据三段论由此可推出 PIQ，因此 PEQ 为假。

2. a 与 b 互为下反对关系，可以同真。b 与 c 矛盾，断定 c 假，相当于断定 b 真。可见，断定 a 和 b 都真，又断定 c 假，不违反矛盾律的要求。

3. 假定 C 取真，由此得到 p、q都取假；进而 A、B 都取真，与题设的两真一假矛盾。因此 C 为假且 A、B 为真。由 C 假可得 p、q至少有一为假，因此，再据 A、B 都为真可得 r与 s至少有一为假，因此$\neg r\vee\neg s$为真。也可以使用真值表将 A、B 和 C 的取值情况在一张真值表上显示出来，由此可知 $\neg r\vee\neg s$在 A、B、C 三公式两真一假的情形下为真。

4. 以甲表示“甲是罪犯”，乙、丙类似。以“同省”表示“甲、乙、丙三人都来自同一个省份”。题中所给条件分别可表示为：

（1）甲∧乙∧丙→同省

（2）¬同省

（3）¬甲→¬乙

（4）¬乙→乙与丙是好朋友

（5）¬（乙与丙是好朋友）

由（5）和（4）可得乙，再和（3）可得甲。由（1）和（2）可得¬甲∨¬乙∨¬丙，所以¬丙。因此，甲和乙是罪犯，丙不是罪犯。

八、证明题

由（3）和（1）根据三段论第一格得到 MOP，由此再据（2）根据充分条件假言命题推理的肯前式得到 SIP，再由直言命题的换位式得到 PIS。因此肯定（1）、（2）和（3）就要肯定 PIS 和 PES，而这二者具有矛盾关系，因此便违反了矛盾律。

九、综合题

1. 由（8）和（3）知不是 A 谋害的，再和（5）可得作案不在落雨前，由此和（6）可推得张先生临死前搏斗过，再和（7）可推知不是 B 谋害的。由此和（1）便可得到是 C 谋害了张先生。

2.（1）和（2）为下反对关系，不能都假，所以，这三句话中为真的那句应是（1）或（2）。于是（3）假，所以其否定，即并非有 P 不是 S 真，也即所有 P 是 S 真。由换位法得有 S 是 P 真，即（1）真，因此（2）为假，因此它的否定，即并非有 S 不是 P 真，也即所有 S 是 P 真。综上，S 与 P 为全同关系。

参考文献

1. 爱因斯坦. 爱因斯坦文集：第 1 卷. 北京：商务印书馆，2010.

2. 安德烈・叶尔绍夫. 火箭发射与致命的巧合. 俄罗斯消息报，1996-07-20.

3. 波普尔. 科学知识进化论. 北京：三联书店，1987.

4. 董毓. 批判性思维原理和方法：走向新的认知和实践. 北京：高等教育出版社，2010.

5. 马克思恩格斯选集：第 3 卷. 北京：人民出版社，2012.

6. 冯契. 逻辑思维的辩证法. 上海：华东师范大学出版社，1996.

7. 冯契，徐孝通. 外国哲学大辞典. 上海：上海辞书出版社，2000.

8. 韩非子. 韩非子・难一.

9. 黑格尔. 小逻辑. 北京：商务印书馆，1980.

10. 黑格尔. 哲学史讲演录：第 2 卷. 北京：三联书店，1957.

11. 金炳华，等编. 哲学大辞典（修订本）. 上海：上海辞书出版社，2001.

12. 列宁全集：第 28 卷. 北京：人民出版社，1990.

13. 马克思恩格斯选集：第 1 卷. 北京：人民出版社，2012.

14. 亚里士多德. 辩谬篇//苗力田主编. 亚里士多德全集：第 1 卷. 北京：中国人民大学出版社，1990.

15. 亚里士多德. 后分析篇//苗力田主编. 亚里士多德全集：第 1 卷. 北京：中国人民大学出版社，1990.

16. 杨武金. 逻辑思维能力训练. 北京：中国人民大学出版社，2020.

17. 余俊伟. 谈谈选言命题的真值表及其推理规则. 九江师专学报，1997（4）：54-57.

18. Michael Scanlan. The Known and Unknown H. M. Sheffer//Transactions of the Charles S. Peirce Society，Vol.36，No.2（Spring，2000），Indiana University Press，pp.193-224.

19. https://baike. baidu. com/item/%E5%94%AF%E4%BF%A1%E6%81%AF%E8%AE%

BA/5051334?fr=aladdin.

20. https://baike. baidu. com/item/%E7%9C%9F%E5%80%BC%E8%A1%A8/5017551?fr=aladdin.

21. https://www. bilibili. com/read/cv13144863.

图书在版编目(CIP)数据

逻辑学/中国人民大学哲学院逻辑学教研室编著. --4版. --北京：中国人民大学出版社，2022.4
新编21世纪哲学系列教材
ISBN 978-7-300-30440-3

Ⅰ. ①逻… Ⅱ. ①中… Ⅲ. ①逻辑学-高等学校-教材 Ⅳ. ①B81

中国版本图书馆CIP数据核字（2022）第046682号

新编21世纪哲学系列教材
逻辑学（第4版）
中国人民大学哲学院逻辑学教研室　编著
Luojixue

出版发行	中国人民大学出版社		
社　　址	北京中关村大街31号	**邮政编码**	100080
电　　话	010－62511242（总编室）		010－62511770（质管部）
	010－82501766（邮购部）		010－62514148（门市部）
	010－62515195（发行公司）		010－62515275（盗版举报）
网　　址	http://www.crup.com.cn		
经　　销	新华书店		
印　　刷	唐山玺诚印务有限公司	**版　　次**	2002年11月第1版
开　　本	787 mm×1092 mm　1/16		2022年4月第4版
印　　张	23.25 插页1	**印　　次**	2024年12月第3次印刷
字　　数	538 000	**定　　价**	58.00元